Persönliche Leitungspflicht

Europäische Hochschulschriften Recht

European University Studies in Law

Publications Universitaires Européennes de Droit

Band/Volume **6792**

Valentin Mezger

Persönliche Leitungspflicht

Zur Delegation durch den Vorstand einer Aktiengesellschaft

PETER LANG
Berlin - Bruxelles - Chennai - Lausanne - New York - Oxford

Bibliografische Information der Deutschen Nationalbibliothek
Die Deutsche Nationalbibliothek verzeichnet diese Publikation in der Deutschen Nationalbibliografie; detaillierte bibliografische Daten sind im Internet über http://dnb.d-nb.de abrufbar.

Zugl.: Passau, Univ., Diss., 2024

D 739
ISSN 0531-7312
ISBN 978-3-631-91889-0 (Print)
E-ISBN 978-3-631-91897-5 (E-PDF)
E-ISBN 978-3-631-91898-2 (EPUB)
DOI 10.3726/b21826

Verlegt durch: Peter Lang GmbH, Berlin, Deutschland

info@peterlang.com - http://www.peterlang.com/

Vorwort

Die vorliegende Arbeit wurde im Wintersemester 2023 von der Juristischen Fakultät der Universität Passau als Dissertation angenommen. Literatur und Rechtsprechung befinden sich auf dem Stand von August 2022.

Für die Betreuung meiner Arbeit und die Zusammenarbeit, die nicht nur fachlich außerordentlich bereichernd war, danke ich allen voran meinem Doktorvater, Herrn Professor Dr. Holger Altmeppen. Die schöne Zeit am Lehrstuhl habe ich insbesondere meinen Kollegen, Herrn Dr. Christian Conrad, Frau Esther Kuhn, Herrn Dr. Jonas Pöttgen und Herrn Maximilian Huber, zu verdanken. Besonderer Dank gebührt an dieser Stelle Frau Babette Milz für die fachlichen Diskussionen und die angenehme Bürogemeinschaft. Frau Nadja Blieninger danke ich für die kritische Durchsicht des Manuskripts.

Herrn Professor Dr. Michael Beurskens, LL.M. (Chicago), LL.M. (Düsseldorf), Attorney at Law (New York) danke ich für die Übernahme und Erstellung des Zweitgutachtens.

Abschließend möchte ich ganz besonders Charlotte, meinem Bruder und meinen Eltern danken, auf deren Unterstützung ich mich stets verlassen kann. Ihnen widme ich diese Arbeit.

München, 06.02.2024

Valentin Mezger

Inhaltsübersicht

Inhaltsverzeichnis

Einführung

Einleitung

„Das grundlegende Geheimnis der Kunst des Managens besteht im Delegieren“[1] konstatierte der Historiker und Publizist Cyril Northcote Parkinson einst treffend. Denn wie der Lyriker Richard von Schaukal erkennt: „Alles selbst machen zu wollen, ist das Kennzeichen des Unbegabten“[2]. Arbeitsteilung durch Delegation gehört daher zum Alltag der Unternehmenspraxis eines jeden fachkundigen Vorstandsmitglieds einer AG. Eingang in die deutschsprachige Betriebswirtschaftslehre fanden delegationsfreundliche Managementmodelle spätestens im Jahre 1956, als an der Akademie für Führungskräfte der Wirtschaft in Bad Harzburg das sogenannte „Harzburger Modell“ vorgestellt wurde[3]. Unter der Leitung des Staatsrechtlers Reinhard Höhn[4] wurde, angelehnt an den US-amerikanischen Führungsstil des „management by delegation“, ein Führungsmodell entwickelt, das mit den festgefahrenen, den Gesellschaftsstrukturen entsprechenden, autoritär-patriarchalischen Führungsstilen brach[5]. Das Harzburger Modell prägte fortan die Managementlehre des 20. Jahrhunderts und bildete den Grundstein dafür, dass das „management by delegation“ in Deutschland heute ein mittlerweile anerkanntes Prinzip darstellt[6]. Mit dem stetigen Wandel der Unternehmenswelt, der das Aufgaben- und Verantwortungsspektrum von Geschäftsleitern entsprechend vergrößert und verändert, besteht das Bedürfnis nach Delegation umso mehr. *Kremer* merkte im Sitzungsbericht zum deutschen

---

1 Cyril Northcote Parkinson war ein britischer Historiker, Soziologe und Publizist (1909 – 1993).

2 Richard von Schaukal war ein österreichischer Lyriker und Essayist (1874 – 1942).

3 *Höhn/Böhme,* Der Weg zur Delegation, S. 2 Fn. 2; *Schmidt-Husson,* Corporate Compliance, § 6 Rn. 1; *Spindler*, Unternehmensorganisationspflichten, S. 295.

4 Zu erwähnen ist an dieser Stelle, dass Reinhard Höhn als „Chefideologe“ des NS-Staates galt, weshalb dessen Erwähnung lediglich historische Zwecke verfolgt, jedoch keinerlei Ausdruck von Konformität mit dem dahinterstehenden Gedankengut darstellen soll, vgl. zu Reinhard Höhn und der Kontinuitätsthese Johann Chapoutots die Rezension von Stefan *Kühl,* Führen auf Harzburger Art in der Süddeutschen Zeitung vom 9. April 2021, abrufbar unter: https://www.sueddeutsche.de/politik/fruehe-bundesrepublik-fuehren-auf-harzburger-art-1.5248793 (Stand: 11.04.2022).

5 *Höhn/Böhme*, Der Weg zur Delegation, S. 1.

6 *Schmidt-Husson,* Corporate Compliance, § 6 Rn. 1.

Juristentag 2014 an, der Gesamtvorstand der Telekom habe sich allein im ersten Halbjahr 2014 mit mehr als 300 Themen befasst[7]. Dass hierbei nur die wichtigsten Angelegenheiten behandelt werden und alle sonstigen Geschäftsführungsmaßnahmen außerhalb des Gesamtvorstands stattfinden, liegt auf der Hand. Alle sonstigen Angelegenheiten sind auf einzelne Mitglieder, nachgeordnete Mitarbeiter oder gesellschaftsexterne Stellen delegiert. Delegation ist somit für jeden Vorstand eine Alltäglichkeit, zumal man annehmen darf, dass sich die Aufgabenlast seit 2014 tendenziell eher vergrößert als verkleinert hat.

Ist die praktische Bedeutsamkeit der Delegation eindeutig, so wird ein Vorstand bei einem Blick in das AktG enttäuscht. Jenes bietet, mit Ausnahme des § 77 Abs. 1 S. 2 AktG, der die vorstandsinterne Geschäftsverteilung legitimiert, keinen gesetzlichen Rahmen für die Delegation. Insbesondere gibt es keinerlei Regelung für deren Grenzen, auf die es, um sich rechtlich abzusichern, gerade ankommt. Das juristische Schrifttum befasst sich kaum tiefergehend mit den Grundlagen und den dogmatischen Fragen betreffend die Delegation[8]. Vielmehr werden von den Anhängern der hM meist bestehende Grundsätze rezitiert[9], was neuerdings Autoren Anlass gab, diese zu hinterfragen[10]. Die partielle Uneinigkeit verwundert nicht, wenn man erkennt, dass es bislang an einer grundlegenden dogmatischen Herleitung für eine der zentralen Fragen fehlt, *weshalb* bestimmte Angelegenheiten nicht delegiert werden dürfen und daher zwingend im Vorstand wahrgenommen werden müssen. Daher dreht sich die Diskussion weitgehend um die Definition und Auslegung einer Begrifflichkeit: Den aktienrechtlichen Leitungsbegriff. Zudem beleuchtet das Schrifttum die Problematik im Wesentlichen von der Rechtsfolgenseite. Dabei basieren die Erwägungen meist auf zweckgeleiteten Gesichtspunkten und vermeintlich etablierten Prinzipien, die teilweise ebenso unscharfe Konturen haben, wie die Delegationsproblematik selbst. Jene Lücke in der Dogmatik der Delegation durch den Vorstand bietet den Anlass für die folgende Arbeit. Bestehende Grundsätze sollen mit Hilfe allgemeiner Rechtsgrundsätze hinterfragt und bei Bedarf durch ein dogmatisches Fundament untermauert werden. Aufgrund der hohen praktischen

---

7 *Kremer,* DJT 2014 Bd. II/1, S. 30.

8 Vgl. aber *Dreher,* FS Hopt Bd. I, 2010, S. 517 ff.; *Kuntz* AG 2020, 801 ff.; *Linnertz,* passim; *Seibt,* FS K. Schmidt, 2009, S. 1463 ff.

9 *Fleischer,* in: BeckOGK AktG, § 76 Rn. 9; *Grigoleit/Tomasic,* in: Grigoleit AktG, § 93 Rn. 56 f.; *Grigoleit,* in: Grigoleit AktG, § 76 Rn. 7 ff.; *Spindler,* in: MüKoAktG, § 76 Rn. 15 ff., § 93 Rn. 169 ff.; *Weber,* in: Hölters/Weber AktG, § 76 Rn. 8 ff.

10 *Koch,* in: 50 Jahre AktG, S. 66 (100 f.); *Kuntz* AG 2020, 801 ff.; *Linnertz,* Delegation, passim; *Noack* ZHR 2019, 105 (124 f.); *Seibt,* FS K. Schmidt, 2009, S. 1463 ff.

Relevanz der Delegation, besteht aus wissenschaftlicher Sicht für eine lückenlose rechtliche Grundlage zweifelsohne Bedarf. Das aktienrechtliche Delegationsverbot und die Anforderungen und Rechtsfolgen einer Delegation sind mithin Gegenstand dieser Arbeit.

Gang der Darstellung

Inhaltlich ist die Arbeit auf die Delegation innerhalb einer unverbundenen AG durch den Vorstand beschränkt. Weiterhin wird die Delegationsproblematik mit Ausnahme eines Exkurses nur in Zusammenhang mit der Verantwortlichkeit des Vorstands im Innenverhältnis gem. § 93 AktG thematisiert. Zudem ist Ziel der Arbeit die Entwicklung und Infragestellung allgemeiner Grundsätze, weshalb davon abgesehen wurde, einzelne Vorstandspflichten in aller Breite zu thematisieren. Strukturell ist die Arbeit in drei Kapitel untergliedert. Das erste Kapitel dient der Einordnung der Delegation in den Haftungstatbestand des § 93 AktG, wobei dazu der Rechtstatbestand der Delegation in Zusammenhang mit dem Vorstand näher definiert wird. Nachfolgend ist die Arbeit thematisch in das „Ob" und das „Wie" der Delegation unterteilt, wobei beidem ein Kapitel gewidmet ist. Das zweite Kapitel beinhaltet demnach eine Auseinandersetzung mit dem aktienrechtlichen Delegationsverbot, wobei die Kernfrage die Korrelation zwischen dem Leitungsbegriff des § 76 Abs. 1 AktG und der Delegationsgrenze betrifft. Um diese zu ergründen, wird die hinter dem Delegationsverbot stehende Dogmatik ergründet und der historische Zusammenhang beleuchtet. Das Delegationsverbot wird im Rahmen dessen anhand eines gänzlich neuen Ansatzes erschlossen. Das dritte Kapitel widmet sich den Anforderungen und den Rechtsfolgen der Delegation, was hier generalisierend als das „Wie" der Delegation bezeichnet ist. Dabei wird zwischen horizontaler, vertikaler und externer Delegation unterschieden. Diese Begriffe werden im einleitenden Kapitel näher erläutert. Die Formulierung der Anforderungen und Rechtsfolgen erfolgt unter Berücksichtigung des Spannungsverhältnisses zwischen der Gesamtverantwortung der Vorstandsmitglieder und der notwendigen verantwortungsreduzierenden Wirkung der Delegation. Zudem werden einige haftungsrechtliche Fragen betreffend die gesamtschuldnerische Haftung zwischen Delegant (dem Vorstand) und Delegatar erörtert. Die Arbeit schließt mit einer Zusammenfassung der wesentlichen Thesen.

Kapitel 1: Delegation und Vorstandshaftung

§ 1 Vorstandshaftung und Delegation

Es handelt sich bei der Delegation um ein Enthaftungsinstrument für den Vorstand, welches im Wege der Arbeitsteilung Verantwortung innerhalb des Unternehmens streut und so diejenige des Vorstands reduziert. Insofern steht die Delegation in unmittelbarem Zusammenhang mit der Haftungsvorschrift § 93 AktG.

A. Vorstandshaftung für Eigenverschulden

§ 93 Abs. 1 S. 1 AktG wohnt der Grundsatz inne, dass der Vorstand nicht umfassend für den Erfolg der Geschäftsführung einzustehen hat, sondern nur dann gem. § 93 Abs. 2 AktG in die Haftung gerät, wenn er *schuldhaft* seine Pflichten verletzt[11]. Der Vorstand ist eben nicht eigenes Vermögen verwaltender Einzelkaufmann, der für den eigenen geschäftlichen Erfolg einzustehen hat, sondern wahrer fremder Vermögensinteressen unter Berücksichtigung der Aktionärs-, Arbeitnehmer- und Allgemeininteressen[12]. Daher hat er gegenüber der Gesellschaft nur diejenigen Pflichten zu erfüllen, die sich aus dem Gesetz, der Satzung, der Geschäftsordnung oder dem Anstellungsvertrag ergeben[13]. Dabei haftet er zudem nur für *eigenes* Verschulden. Nach allgemeiner Auffassung werden vom Vorstand eingeschaltete nachgeordnete Mitarbeiter[14] und externe Dritte[15] im Pflichtenkreis der Gesellschaft tätig und sind somit deren Erfüllungsgehilfen und keine Erfüllungsgehilfen des Vorstands[16]. Eine Zurechnung an den Vorstand gem.§ 278 BGB scheidet somit aus. Das hat der BGH in der ISION-Entscheidung in Bezug auf die Einschaltung von Rechtsberatern erneut

11 *Spindler,* in: MüKoAktG, § 93 Rn. 5.

12 *Spindler,* in: MüKoAktG, § 93 Rn. 64 ff.

13 *Mertens/Cahn,* in: Kölner Komm AktG, § 93 Rn. 4.

14 *Mertens/Cahn,* in: Kölner Komm AktG, § 93 Rn. 48.

15 BGH NZG 2011, 1271 (1273).

16 *Freund* GmbHR 2009, 1185 (1186); *Hegnon* CCZ 2009, 57 (58); *Spindler,* in: MüKo-AktG, § 93 Rn. 202; *Weyland* NZG 2019, 1041 (1042); etwas anderes gilt nur, wenn er Hilfspersonen in die Erfüllung eigener Verbindlichkeiten einschaltet, vgl. BGH NZG 2011, 1271 (1273) Rn. 17 mit Hinweis auf BGHZ 13, 61 (66) = NJW 1954, 1158.

betont[17]. *Cahn* erlaubt sich dazu zu bemerken, dass sich die Pflichtenkreise des Vorstands und der Gesellschaft weitestgehend decken und sich Vorstandsmitglieder Dritter letztlich nahezu immer auch zur Erfüllung *eigener* Amtspflichten bedienen[18]. Doch kommt auch *Cahn* im Ergebnis dazu, dass die Anwendung des § 278 BGB zu einem unüberschaubaren Haftungsrisiko der Vorstände führen würde. Einer der wesentlichen Zwecke des § 93 AktG ist es, den Vorstand selbst zu sorgfältigem Geschäftsleiterhandeln anzuhalten (Verhaltenssteuerung)[19]. Der Vorstand soll jedoch nicht Kompensationsgarant für jedes Fehlgehen innerhalb des Unternehmens sein. Eine Enthaftungswirkung durch die Möglichkeit, sich zuarbeiten zu lassen und somit ein Ausschluss der Zurechnung bedingt deren praktische Notwendigkeit. Daher ist mit der hM die Zurechnung für das Verschulden Dritter grundsätzlich abzulehnen. Ebenfalls auszuscheiden hat die Anwendung des § 831 BGB, da Angestellte und Dritte unstrittig als Verrichtungsgehilfen der Gesellschaft bestellt sind und nicht als solche des Vorstands[20]. In deren Geschäftsherrinenstellung tritt der Vorstand auch nicht ein, weshalb § 831 Abs. 2 BGB ebenfalls nicht einschlägig ist[21]. Das Direktionsrecht führt der Vorstand an Stelle der Gesellschaft aus und nicht an derer statt. Die Beschränkung auf die Haftung für Eigenverschulden verhindert darüber hinaus eine gegenseitige Zurechnung innerhalb des Vorstands. Jedes Vorstandsmitglied erfüllt seine eigenen Organpflichten und ist weder Verrichtungs- noch Erfüllungsgehilfe der anderen[22]. Das gilt auch für den Fall, dass ein Prokurist an Stelle eines Vorstandsmitglieds handelt, da der Prokurist eigener Pflichtadressat wird und zu sorgfältigem Handeln verpflichtet ist[23].

B. Delegationsbegriff

Dem Vorstand kommt innerhalb der AG die Aufgabe zu, das Unternehmen eigenverantwortlich zu leiten (§ 76 Abs. 1 AktG). Er ist alleiniges Handlungsorgan, da

---

17 BGH NZG 2011, 1271 (1273); anders wohl noch in BGHZ 13, 61 (66) = NJW 1954, 1158 zum GmbH Geschäftsführer bzgl. dessen Überwachungspflicht.

18 *Cahn* Der Konzern, 2015, 105 (106 f.).

19 *Spindler,* in: MüKoAktG, § 93 Rn. 1; für eine rein verhaltenssteuernde Wirkung *Bayer/Scholz* NZG 2014, 926 (928).

20 *Dreher* FS Hopt Bd. I, 2010, S. 517 (535 f.); *Koch,* in: Koch AktG, § 93 Rn. 85; *Mertens/Cahn,* in: Kölner Komm AktG, § 93 Rn. 48.

21 BGHZ 109, 297 (304); 125, 366 (375)

22 HM, statt aller *Spindler,* in: MüKoAktG, § 93 Rn. 202.

23 BGHZ 13, 61 (65) = NJW 1954, 1158; BGHZ 62, 166 (171 f.) = NJW 1974, 1194.

der Aufsichtsrat und die Hauptversammlung von der Geschäftsführung ausgeschlossen sind (vgl. §§ 111 Abs. 4 S. 1, 119 Abs. 2 AktG). Daher ist unabdingbar, dass der Vorstand im Wege der Arbeitsteilung die Geschäftsführungsaufgabe auf seine Mitglieder, nachgeordnete Angestellte und Externe aufteilt. Hier kommt der Rechtstatbestand der Delegation ins Spiel. Er ermöglicht dem Vorstand einerseits, der gesamten Geschäftsführungsaufgabe Herr zu werden, verpflichtet ihn andererseits jedoch bei der Aufgabenverteilung selbst sorgfältig zu handeln. Letztlich wird mit dem Rechtstatbestand der Delegation die Haftungslücke gefüllt, die durch die Nichtanwendung des § 278 BGB droht. Dass der Vorstand sich nämlich durch Arbeitsteilung seiner Verantwortung für die Geschäftsführung umfassend begibt, ist nicht haltbar. Das AktG erwähnt den Begriff der Delegation nicht, weshalb für die hier angestellte Untersuchung eine Definition erschlossen werden soll.

I. Etymologie und allgemeines Sprachverständnis

Der Begriff der Delegation stammt ursprünglich aus dem Lateinischen. Übersetzt bedeutet das Ursprungswort „delegare“ „hinschicken“, „anvertrauen“, „übertragen“, „jemandem zu etwas den Auftrag geben/jemanden beauftragen“[24]. Verwendet wird er im allgemeinen Sprachgebrauch überwiegend im politischen Kontext, wenn es um Delegierte geht[25]. Ein Politiklexikon beschreibt die Delegation „rechtlich [als] die Überantwortung von einer Institution an eine andere“, während Delegierte als „von einer Institution Bevollmächtigte, die an deren Stelle auftreten und mit der Ausführung bestimmter Aufgaben beauftragt sind“

24 Vgl. PONS Online-Wörterbuch, abrufbar unter: https://de.pons.com/%C3%BCbersetzung/latein-deutsch/delegare.

25 Siehe nur den Beitrag in der F.A.Z. „ Die Macht der Delegierten“ von Frank Pergande und Konrad Schuller vom 15.01.2021, abrufbar unter: https://www.faz.net/aktuell/politik/inland/cdu-vor-der-wahl-die-macht-der-delegierten-17147857.html, aus der Süddeutschen Zeitung „Delegiertenwahlen nach dem Fließband-Prinzip“, 22.02.2021 von Matthias Köpf und „Wie die CDU-Delegierten den neuen Parteivorsitzenden wählen“ vom 14.01.2021, abrufbar unter: https://www.sueddeutsche.de/bayern/altoetting-csu-delegierte-wahlen-1.5213657 bzw. https://www.sueddeutsche.de/politik/parteien-wie-die-cdu-delegierten-den-neuen-parteivorsitzenden-waehlen-dpa.urn-newsml-dpa-com-20090101-210114-99-23380, aus dem Online Auftritt der Zeit, „Zeit Online“ der Beitrag „46 Nord-Delegierte wählen neuen CDU-Vorsitzenden mit“ vom 14.01.2021 (Stand: jeweils 08.03.2021) um nur einige wenige aktuelle Beiträge zu nennen.

definiert werden[26]. Entnehmen lässt sich daraus, dass mit dem Begriff Delegation jedenfalls ein Übertragungstatbestand in Form einer Beauftragung eines anderen zu bestimmten Aufgaben gemeint ist.

II. Verwendung im betriebswirtschaftlichen Zusammenhang

In der betriebswirtschaftlichen Organsationslehre wird Delegation überwiegend als Übertragung von Kompetenz (und Verantwortung) durch das Management auf hierarchisch nachgeordnete organisatorische Einheiten[27] bzw. als „Abtreten von Entscheidungskompetenzen an nachgeordnete Stellen" verstanden[28]. In einer generalisierenden Definition wird Delegation „(z)usammenfassend [...] als eine auf Dauer angelegte Übertragung von Aufgaben, Kompetenzen und Verantwortung begr[iffen], die sich im Verhältnis zwischen Delegierendem und Delegationsempfänger realisiert und auf das Schaffen zurechenbarer Handlungsspielräume gerichtet ist"[29]. Außerdem gilt in der Betriebswirtschaft das sog. Kongruenzprinzip, wonach sich Aufgaben, Kompetenzen und Verantwortung stets decken sollen[30].

III. Verwendung im anderweitigen juristischen Kontext

1. Delegatio des römischen Privatrechts

Ein Blick zurück in das römische Privatrecht führt zur *delegatio* (Anweisung) als Anwendungsfall der *iussum* (Ermächtigung)[31]. Grundsätzlich gestand das römische Recht dem Gläubiger aufgrund der Leistungszusage bei Fälligkeit die unbeschränkte Herrschaftsgewalt über die Person des Schuldners zu[32]. Daher entwickelten sich Möglichkeiten, diese strikte persönliche Bindung der Haftung abzuändern. Dazu entstand das Rechtsinstitut der Novation, zu der die *delegatio* einen Unterfall bildete. Die *delegatio* beinhaltete die formfreie Erklärung die

26 *Lenz/Ruchlak*, Kleines Politik-Lexikon, S. 35.

27 Hier auch als „Kompetenzdelegation" bezeichnet, vgl. *Maier/Schewe/Krumme/Nissen*, Gabler Wirtschaftslexikon unter Delegation (abrufbar unter: https://wirtschaftslexikon.gabler.de/definition/delegation-29094/version-252711); *Wöhe* sieht in der Delegation die Übertragung von Aufgaben, Entscheidungsbefugnissen und Verantwortung, vgl. *Döring/Brösel*, Einführung in die Allgemeine Betriebswirtschaftslehre, S. 110.

28 *Schertler*, Unternehmensorganisation, 7. Aufl., S. 50.

29 *Bruch*, Intra- und interorganisationale Delegation, S. 15.

30 *Nicolai*, Betriebliche Organisation, 2. Aufl., S. 52 ff.

31 *Lohsse*, RömPrivatR, § 65, III, Rn. 9 ff..

32 *Schnauder* JZ 2009, 1092 (1093).

Handlung eines anderen gegen sich wirken zu lassen, also die Umschaffung und Überleitung einer Schuld in eine andere. Die *delegatio* trat dabei in Form der *delegatio solvendi* (Zahlungsanweisung) und der *delegatio obligandi* (Verpflichtungsanweisung) auf[33]. Durch die *delegatio solvendi* ermächtigte der Angewiesene (Delegat) den Anweisenden (Delegant) an den Anweisungsempfänger (Delegatar) zu leisten, wodurch der Delegat seiner Schuld gegenüber dem Deleganten befreit war und jener von seiner Schuld gegenüber dem Delegatar frei wurde[34]. Der Anweisende delegierte seine Pflicht zur Leitungserfüllung gegenüber dem Anweisungsempfänger also auf den Angewiesenen. Gleichzeitig akzeptierte der Gläubiger (Delegatar) die Anweisung seines Schuldners (Delegant), zur Schuldtilgung eine Verbindlichkeit mit einer dritten Person (Delegat) einzugehen, die wiederum die Forderung gegen den Deleganten befriedigen sollte. Die *delegatio obligandi* beschrieb die Ermächtigung durch den Anweisenden an den Angewiesenen sich dem Anweisungsempfänger durch *stipulatio* (Verbalvertrag) zu verpflichten[35]. War die Verpflichtung in der *stipulatio* genannt, so handelte es sich um den typischen Fall der Novation bzw. des Gläubiger- oder Schuldnerwechsels. Dabei sollte eine Obligation umgewandelt werden, indem eine bestehende Verbindlichkeit durch die neubegründete *stipulatio* getilgt wird[36]. Dadurch erlosch die alte Verbindlichkeit ipso iure. Bezüglich der materiellen Rechtsfolgen wurden also zwei Leistungsvorgänge unterschieden: Der Delegat leistet an den Deleganten, der also Leistungsempfänger ist, während der Delegant als Leistungsüberbringer gegenüber dem Delegatar erschien[37]. Das Rechtsverständnis der Römer knüpfte an eine Delegation das Erlöschen der ursprünglichen Verbindlichkeit. So wurde der Delegant von seiner Verpflichtung gänzlich frei. Mit *delegare* wurde die Handlung des Deleganten bezeichnet und auch die darauffolgende Verpflichtung zur Leistung an den Delegatar[38]. Delegation meinte demnach die Befreiung von einer eigenen Verpflichtung und die Übertragung jener auf einen anderen.

33 *Lohsse,* in: RömPrivatR, § 65, III. Rn. 9 ff.
34 *Lohsse,* RömPrivatR, § 65, III, Rn. 10.
35 *Lohsse,* RömPrivatR, § 65, III, Rn. 11 ff.
36 *Lohsse,* RömPrivatR, § 65, I, Rn. 1, 4.
37 *Schnauder* JZ 2009, 1092 (1094); *Wendt,* Das allgemeine Anweisungsrecht, 1895, S. 30
38 *V. Salpius,* Novation und Delegation nach römischem Recht, 1864, S. 40.

2. *Begriffsverständnis im öffentlichen Recht*

Das Rechtsinstitut der *delegatio* hat sich in der damaligen Form nicht durchgesetzt. *Webers* (ehemals *Creifelds*) Rechtswörterbuch definiert heute den Delegationsbegriff allein anhand seiner Bedeutung im öffentlichen Recht[39]. Einerseits sei Delegation „im zwischenstaatlichen Verkehr [...] eine Gruppe von diplomatischen, wirtschaftlichen oder militärischen Bevollmächtigten oder Unterhändlern.". Im innerstaatlichen Zusammenhang sei „Delegation die Übertragung von Zuständigkeiten eines Staatsorgans auf eine anderes (meist nachgeordnetes)." Auf die Bedeutung in anderem Kontext geht das Nachschlagewerk nicht ein. In anderen Abhandlungen des öffentlichen Rechts wird Delegation als „Rechtsakt, durch den ein Hoheitsträger oder ein Hoheitsorgan seine ihm durch das Recht eingeräumte Befugnis zum Erlass von Hoheitsakten auf ein anderes Subjekt überträgt" definiert[40]. Durch Delegation werden hier also die Befugnis zur Aufgabenwahrnehmung und die dazu nötige Rechtsmacht auf ein Rechtssubjekt übertragen. Abgegrenzt wird die Delegation im Verwaltungsrecht von der Mandatierung. Entscheidender Unterschied ist, dass der Delegant bei der Delegation aus der Verantwortung hinaustritt, während die Verantwortung bei der Mandatierung bei dem Mandanten - dem regulären Zuständigkeits- und Kompetenzinhaber - bleibt[41]. Es geht bei Letzterem mithin ausschließlich um die tatsächliche Wahrnehmung der jeweiligen Maßnahme im Namen des Mandanten. Die Handlungen bleiben gänzlich zurechenbar. Delegation meint demgegenüber auch die Übertragung von Verantwortung.

IV. Gesellschaftsrechtliches Verständnis von Delegation

Eine Auseinandersetzung mit dem aktienrechtlichen Delegationsbegriff findet sich kaum. Gleichzeitig wird eingeräumt, dass um dessen Bedeutung kein gesichertes Verständnis besteht[42].

---

39 *Weber*, in: Weber Rechtswörterbuch, 24. Aufl., unter „Delegation".

40 *Reinhardt*, Delegation und Mandat im öffentlichen Recht, S. 20; *Triepel*, Delegation und Mandat im öffentlichen Recht, 1942, S. 23 und *Moench*, Verfassungsmäßigkeit der Bundestagsausschüsse, S. 17, beschreiben Delegation wiederum noch breiter als die „Verschiebung von Kompetenzen".

41 *Kintz*, in: BeckOK VwGO, § 78 Rn. 29; *Reinhardt*, Delegation und Mandat im öffentlichen Recht, S. 20; *Triepel*, Delegation und Mandat im öffentlichen Recht, 1942, S. 8 ff..

42 „(D)er gerne gebrauchte Begriff der Delegation ist aktienrechtlich wenig gesichert", vgl. *Fleischer*, ZIP 2003, 1 (7); „Bereits der Begriff der Delegation ist jedoch nicht eindeutig bestimmt.", *Dreher*, FS Hopt Bd. I, S. 517 (517).

Zum Teil wird im weitestmöglichen Sinne jede Form der Unterstützung für den Vorstand als Delegation bezeichnet[43]. *Hüffer* dagegen orientiert sich an öffentlich-rechtlichen Vorstellungen[44]. Er versteht unter Delegation eine Zuständigkeitsübertragung des Vorstands auf seine Mitglieder oder nachgeordnete, in eine Weisungskette eingebundene Stellen der Gesellschaft. Die Übertragung auf rechtlich und wirtschaftlich selbstständige Funktionsträger („Outsourcing") trennt er davon. Jene sieht er aufgrund des Subjektwechsels nur unter der Bedingung einer andauernden Ingerenz- oder Einwirkungspflicht als zulässig[45]. Es handele sich mangels Übertragung von Verantwortung aber nicht um Delegation. *Schneider/Brouwer* verstehen bezüglich der Delegation der Pflicht zur Erfüllung öffentlich-rechtlicher Vorschriften den Begriff als Verteilung öffentlich-rechtlicher Pflichtaufgaben im Unternehmen bzw. die Beauftragung Dritter damit *ohne Wechsel des Aufgabenträgers*[46]. Eine Delegation führt ihnen zur Folge zudem nicht zu einer Verschiebung von Verantwortung. Ohnehin sei die Übertragung der Verantwortung nur dort möglich, wo das Gesetz eine entsprechende ausdrückliche Regelung vorsieht (vgl. z.B. § 62 BBergG) oder selbst bestimmte Pflichtaufgaben zur Erfüllung auf Unternehmensverantwortliche überträgt[47]. Delegation bezwecke daher Arbeitsteilung. Der Geschäftsleiter bleibe weiterhin für die Erfüllung verantwortlich und hat nur sicher zu stellen, dass die Aufgaben erledigt werden, was eine Einräumung von Selbstständigkeit nicht ausschließe[48]. Delegationsinhalt und -adressat sind nach *Schneider/Brouwer* nur für die Organisations- und Überwachungspflicht von Belang und können nur in Ausnahmefällen eine persönliche Wahrnehmungspflicht begründen[49]. *Hüffer* sieht in der Aufgabenübertragung ohne Übergang der Verantwortung dagegen lediglich eine stets zulässige Form der Zuarbeit, was auf ein engeres Begriffsverständnis folgern lässt[50]. *Hommelhoff* erläutert in einer allgemeingehaltenen Definition, Delegation beinhalte die Einräumung eines Handlungsspielraums an den Delegatar, während der Delegant für die Lenkung des Delegatars verantwortlich

43 So wohl *Endres* ZHR 1999, 441 (449).

44 Dies und zum Nachfolgenden, *Hüffer*, Liber amicorum Happ, 2006, S. 93 (104 ff.).

45 *Hüffer*, Liber amicorum Happ, 2006, S. 93 (105).

46 *Schneider/Brouwer*, FS Priester, 2007, S. 713 (719).

47 Zweiteres nennen sie „obligatorische Delegation", vgl. *Schneider/Brouwer*, FS Priester, 2007, S. 713 (719).

48 *Schneider/Brouwer*, FS Priester, 2007, S. 713 (719 f.).

49 *Schneider/Brouwer*, FS Priester, 2007, S. 713 (720).

50 *Hüffer*, Liber amicorum Happ, 2006, S. 93 (105).

bleibe[51]. Im übrigen Schrifttum wird der Begriff überwiegend entsprechend dem allgemeinen Sprachgebrauch als Arbeitsteilung oder Aufgabenverteilung verwendet[52]. Insbesondere wird entgegen der engen Auslegung *Hüffers* auch bei Vorbereitungs- und Ausführungsaufgaben von Delegation gesprochen[53]. Im Konzernrecht findet sich der Begriff der Delegation bei der Frage der Delegationsmöglichkeit des beherrschungsvertraglichen Weisungsrechts. Abgegrenzt wird die Delegation von der Übertragung des Weisungsrechts[54]. Von Letzterer ist die Rede, wenn das Weisungsrecht einem Dritten selbst verschafft werden soll und dieser es an Stelle des herrschenden Unternehmens bzw. deren Vorstands ausübt[55]. Unter Delegation versteht man dagegen den Fall, dass die Weisungsbefugnis beim herrschenden Unternehmen verbleibt und der Delegatar lediglich zur Ausübung der Befugnis herangezogen wird[56]. Dieser tritt also neben den nach wie vor zur Weisung befugten Deleganten.

V. Stellungnahme

Hüffers Unterscheidung zwischen Delegation und Auslagerung[57] verfängt nicht, da der Unterschied, dass externe Delegatare nicht in die gesellschaftsinterne Weisungskette eingebunden sind nur die Frage der Ausgestaltung der Delegation betrifft[58]. Eine Auslagerung ohne Einwirkungs- und Überwachungsrechte bzw. Pflichten ist eine Übertragung, die den Vorstand aus seiner Rechtsposition verdrängen würde, was selbstverständlich nicht möglich ist. Dadurch würde er über seine Organfunktion disponieren, was er nur tun kann, indem er diese aufgibt. Wenig zielführend erscheint auch die oftmals erwähnte begriffliche Unterscheidung zwischen Zuständigkeit und Verantwortung[59]. Aufgrund der Vielschichtigkeit des Verantwortungsbegriffs ist anhand dessen keine

51 *Hommelhoff*, Konzernleitungspflicht, S. 182.

52 *Fleischer*, in: BeckOGK AktG, § 91 Rn. 12.

53 *Hopt*, in: Großkomm AktG, § 93 Rn. 55; *Mertens/Cahn*, in: Kölner Komm AktG, § 91 Rn. 5.

54 *Emmerich*, in: Emmerich/Habersack KonzernR, § 308 Rn. 12.

55 *Emmerich*, in: Emmerich/Habersack KonzernR, § 308 Rn. 12.

56 *Altmeppen*, in: MüKoAktG, § 308 Rn. 34.

57 *Hüffer*, Liber amicorum Happ, 2006 S. 93 (104 f.).

58 *Dreher* FS Hopt Bd. I, 2010, S. 517.

59 Vgl. *Hüffer*, Liber amicorum Happ, 2006, S. 93 (104 f.); *Schneider/Brouwer*, FS Priester, 2007, S. 713 (719 f.).

trennscharfe Abgrenzung möglich[60]. Die Begriffe Zuständigkeit und Verantwortung decken sich weitestgehend[61], da auch Verantwortung eine Aufgabenwahrnehmungspflicht meinen kann[62]. *Kuntz* beispielsweise beschreibt dies schlicht als Verantwortung *ex-ante*[63]. Diese beiden Elemente müssen stets zusammen gedacht werden, „auch wenn das Gewicht im Einzelfall auf der Aufgabenzuweisung oder auf der Einstandspflicht liegen kann“[64]. In anderem Zusammenhang wird Verantwortung zudem auch als Kausalattribution verwendet[65]. Rechenschaft und Haftung sind jedenfalls nicht die einzigen rechtlichen Komponenten der Verantwortung[66]. Wenn *Hüffer* daher Auslagerung in Abgrenzung zur Delegation nur unter dauernder Ingerenz- und Einwirkungspflicht zulässt, so wird dabei genauso Verantwortung für die Wahrnehmung und Ausführung der Aufgabe übertragen. Die verbleibende Haftungsverantwortung bezieht sich eben nur auf die verbleibende Zuständigkeit für die Überwachung. Letztlich handelt es sich um einen Streit über Begrifflichkeiten, weshalb auch die Abweichung von dem betriebswirtschaftlichen Kongruenzprinzip nur scheinbar erfolgt[67]. Aufgaben, Kompetenzen und Verantwortung werden durch Delegation schlicht weiter untergliedert und verteilt.

Delegation ist ein Instrument der Arbeitsteilung, durch das sich der Delegant bei der Erfüllung eigener Pflichten bedient. Festzustellen ist, dass der entscheidende Unterschied der Delegation durch den Vorstand im Vergleich zu anderen rechtlichen Übertragungstatbeständen darin besteht, dass der Delegant aus seiner Rechtsposition nicht heraustritt, Rechte und Pflichten mithin nicht tatsächlich übergehen. Beispielsweise führt Delegation im Gegensatz zu einer Eigentumsübertragung, die den ursprünglichen Rechtsinhaber aus seiner Rechtsposition verdrängt, nur dazu, dass eine andere Person mit der Ausübung des Rechts bzw. der Erfüllung der Pflicht betraut ist. Der Verantwortungsträger wird nicht ausgetauscht, sondern es wird ein weiterer hinzugezogen. Der

---

60 Dazu auch *Wiedemann* ZGR 2011, 183 (185); zur Vielschichtigkeit der Verantwortung allgemein *Nummer-Winkler,* in: Verantwortlichkeit und Recht, S. 169; in diesem Zusammenhang zu Verantwortung als „Modebegriff“ *Klement,* Verantwortung, S. 7 ff.

61 *Klement,* Verantwortung, S. 265.

62 *Wiedemann* ZGR 2011, 183 (184 ff.).

63 *Kuntz* AG 2020, 801 (803).

64 *Wiedemann* ZGR 2011, 183 (185).

65 *Graumann,* in: Verantwortlichkeit und Recht, S. 161 (162).

66 Explizit im Zusammenhang mit der Verantwortung des Vorstands *Emde,* FS. U. H. Schneider, 2011, S. 295 (298); etwas allgemeiner *Wiedemann* ZGR 2011, 183 (184 ff.);

67 Von einer Abweichung geht *Fleischer* ZIP 2003, 1 (8) aus.

Delegant behält stets eine Restverantwortung für den Übertragungsakt und die Pflicht für die Erledigung der Aufgabe zu sorgen[68]. Dies ist eine notwendige Folge des Umstands, dass er sich als ursprünglicher Pflichtadressat von seiner Pflicht nicht eigenständig befreien kann. Eine Pflicht besteht und wird nicht ausgesucht. Daher kann der Vorstand sich seiner aus seinem Amt resultierenden Pflichten ebenso wenig begeben, wie der Verkehrspflichtige bestimmen kann, dass nun ein anderer die notwendig spezifische Beziehung zur betroffenen rechtsgutsgefährdenden Gefahrenquelle aufweist[69]. Denn die Verkehrspflicht ist normativ dadurch begründet, dass die Gefahrenquelle aus der eigenen Sphäre stammt[70]. Eine Pflicht kann also nicht übertragen werden und wenn Dritte in die Erfüllung mit einbezogen werden, bleibt der primär Verantwortliche entweder entsprechend § 278 BGB einstandspflichtig oder für deren Überwachung selbst verantwortlich (vgl. § 831 BGB). Für den Vorstand bedeutet dies, dass Delegation einen Übertragungstatbestand bezeichnet, durch welchen die Organmitglieder Verantwortung für die ihnen auferlegten Pflichten reduzieren können, mithin um ein Enthaftungsinstrument.

Daher trifft die abstrakt gehaltene Definition *Hommelhoffs* den Kern der Delegation bezogen auf das Aktienrecht am besten[71]. Es geht um die Einräumung von Handlungsspielräumen an den jeweiligen Delegatar, während der Delegant verpflichtet bleibt, „den Delegatar in der Ausfüllung der Handlungsspielraums – instruens et custodiens – zu lenken" und so „weiterhin rechtlich verantwortlich" bleibt[72]. Übertragen wird dabei die Zuständigkeit für Aufgaben im Sinne einer Wahrnehmungspflicht, derer sich der Delegant begibt. Damit geht auch die Rechenschaftspflicht für die unmittelbare Ausführung der Aufgabe über. Diese Komponenten der Verantwortung verschieben sich infolgedessen zwingend. Wäre das nicht der Fall, würde die Delegation als Arbeitsteilungs- und Enthaftungsinstrument ihren Zweck verlieren. Die stetige Modernisierung und dadurch steigende Komplexität machen Arbeitsteilung und Auslagerung unabdingbar[73]. Für den Vorstand verhindert dies die Nichtanwendung des § 278 BGB. Was Delegation von der Mandatierung im Verwaltungsrecht daher negativ

---

68 *Schneider/Brouwer,* FS Priester, 2007, S. 713 (720).

69 *Wagner,* in: MüKoBGB, § 823 Rn. 450.

70 *Wagner,* in: MüKoBGB, § 823 Rn. 453.

71 *Hommelhoff,* Konzernleitungspflicht, S. 182.

72 Beide Zitate: *Hommelhoff,* Konzernleitungspflicht, S. 182.

73 *Dreher*, FS Hopt Bd. I, 2010, S. 517 (526); *Froesch*, DB 2009, 722 (723); *Grigoleit/Tomasic*, in: Grigoleit, § 93 Rn. 38 f.; *Kort*, in: Großkomm. AktG, § 76 Rn. 49; *Schiessl*, ZGR 1992, 64 (80); *Wettich*, Vorstandsorganisation, S. 39, 87 f., 177.

abgrenzt – nämlich das Austreten aus der Verantwortung – ist das, was sie nach dem hier zugrundeliegenden Verständnis auszeichnet. Delegation wirkt auf die Verantwortung des Vorstands nur modifizierend. Kernelement der Delegation ist demnach die Aufgabenwahrnehmung durch einen anderen, mit der zwingenden Folge der Verantwortungsverschiebung. Entsprechend ist auch bezüglich des § 111 Abs. 6 AktG die Rede von einem Delegationsverbot, wonach es Aufsichtsratsmitgliedern verboten ist, ihre Aufgaben durch andere wahrnehmen zu lassen[74]. Auch hier würde Verantwortung im Sinne einer Wahrnehmungspflicht übergehen. Wenn, wie im Rahmen des § 107 Abs. 3 S. 1 AktG, zwischen Entscheidungsdelegation und Aufgabendelegation unterschieden wird, betrifft dies bereits den Inhalt der Delegation, der mit dem eigentlichen Rechtsakt zunächst nichts zu tun hat, sondern nur Auswirkungen auf die Grenzen der Delegationsmöglichkeit hat[75]. Delegation meint also eine Reduktion der Verantwortung des Deleganten und die Begründung von Verantwortung des Delegatars wobei Aufgaben und Kompetenzen an den Delegatar übertragen werden.

C. Haftung für Delegation: „Ob" und „Wie"

Für die Frage, inwiefern die Delegation haftungsrechtlich relevant wird, lässt sich in das „Ob" und das „Wie" der Delegation unterteilen[76].

Zum einen gibt es Aufgaben, die einer Delegation nicht zugänglich, also delegationsfest sind. Wird eine solche Maßnahme außerhalb des Vorstands vorgenommen, besteht bereits darin ein Pflichtverstoß. In diesen Fällen ist dem Vorstand die Delegation per se verwehrt, betroffen ist also das „ob".

Ist dies nicht der Fall, so stellt sich die Frage, welche Anforderungen der Vorstand zu erfüllen hat, damit die verantwortungsreduzierende Wirkung eintritt und die Verantwortung des Delegatars begründet wird. Wie also wird die Haftungslücke, die die Nichtanwendung des § 278 BGB hinterlässt geschlossen? Dies orientiert sich an den allgemeinen Grundsätzen der *culpa deligendo,* ist jedoch inhaltlich maßgeblich davon abhängig, um welche Form der Delegation es sich handelt. Im Ausgangspunkt lassen sich die Anforderungen jedoch aus der Eigenschaft der Delegation als Übertragungstatbestand ableiten. Der ursprüngliche

74 *Habersack,* in: MüKoAktG, § 111 Rn. 156; *Koch,* in: Koch AktG, § 111 Rn. 52; *Spindler,* in: BeckOGK AktG, § 111 Rn. 109 ff.

75 Vgl. zu § 107 Abs. 3 S. 1 AktG: *Fleischer,* in: BeckOGK AktG, § 84 Rn. 9; *Hoffmann-Becking,* in: MHdb GesR Bd. IV, § 32 Rn. 4.

76 Zu dieser Einteilung in „ob" und „wie" explizit *Schmidt-Husson,* in: Corporate Compliance, § 6 Rn. 15 mit zahlr. Nachw. zur hM.

Adressat eines Rechts bzw. einer Pflicht wird danach ausgewählt, in welcher Rechtsstellung er sich befindet und welche individuellen Kriterien ihn dazu qualifizieren. Das ist im Falle des Vorstands der Eintritt in die Organstellung, zu der eine bewusste Entscheidung zur Bestellung geführt hat und bei der das Mitglied bewusst eine unternehmerische Führungsrolle übernimmt, deren Art und Umfang das Mitglied kennt. Diese Auswahlentscheidung und das Bewusstsein über den übernommenen Pflichtenrahmen muss reflektiert werden, wenn sich der Vorstand der ihm auferlegten Verantwortung begeben möchte. In Anlehnung an die deliktsrechtliche Gehilfenhaftung, wandelt sich die originäre Handlungsverantwortung folglich in die *culpa deligendo,* die aus der *culpa in eligendo*, der *culpa in instruendo* und der *culpa in custodiendo* besteht[77]. Die Residualpflicht entsteht jedoch selbstverständlich erst nachdem eine Aufgabe delegiert wurde und sichert letztlich, dass auch im Zeitpunkt der fehlerhaften Handlung der richtige Mitarbeiter ausgewählt wurde[78]. Ex ante ergibt sich daher die Pflicht zur Auswahl eines geeigneten Delegatars (*eligendo)* und die Einweisung (*instruendo*) desselben[79]. Eine Übertragung des Delegationsgegenstandes kann nur erfolgen, wenn eine Person ausgewählt wird, die der übertragenen Verantwortung gleichermaßen gerecht werden kann. Andernfalls würde die ursprüngliche Zuweisung der rechtlichen Verantwortung gerade an den Deleganten umgangen. Sodann muss der Delegant den Handlungsrahmen für den Delegationsgegenstand bestimmen, den notwendigen Informationsfluss sicherstellen und sich Eingriffsrechte einräumen[80]. Zudem bedarf es der Einräumung der notwendigen Rechtsmacht, da dem Delegatar andernfalls die Aufgabenerfüllung unmöglich bliebe[81]. Der Delegant muss also seiner ursprünglichen Verantwortung gerecht werden, indem er für einen adäquaten Ersatz für die Ausführung sorgt und dem Delegatar auch die Möglichkeit gibt, die delegierte Angelegenheit angemessen auszuführen. Erst dann rechtfertigt sich die delegationsimmanente Verantwortungsverschiebung. Diese Anforderungen sind im Rahmen der Beurteilung

---

77 BGH NJW 1986, 54 (55); zur GmbH OLG Frankfurt a.M. GmbHR 2019, 940 (945); *Dreher,* FS Hopt Bd. I, 2010, S. 517 (528 f., 536 ff.); *Fischer/Schucht* BB 2018, 67 (73); *Hopt,* in: Großkomm AktG, § 93 Rn. 59; *Hüffer,* Liber amicorum Happ, 2006, S. 97 (106); *Mertens/Cahn,* in: Kölner Komm AktG, § 93 Rn. 92; *Turiaux/Knigge* DB 2004, 2199, (2205).

78 So zu § 831 RGZ 53, 53 (57); 78, 107 (108 f.); BGHZ 8, 239 (243) = NJW 1953, 584 (585); *Kleindiek,* Deliktshaftung und juristische Person, S. 288 f..

79 *Dreher* FS Hopt Bd. I, 2010, S. 517 (536).

80 *Kuntz* AG 2020, 801 (811).

81 *Kuntz* AG 2020, 801 (813).

einer sorgfältigen Delegationsentscheidung zu berücksichtigen. Was im Einzelnen konkret verlangt ist, hängt von der jeweiligen Art der Delegation, dem Delegationsgegenstand und den Umständen des Einzelfalls ab.

D. Delegationsarten im Vorstandsrecht

Es werden drei Formen der Delegation unterschieden[82]: Horizontale Delegation, vertikale Delegation und externe Delegation. Zum Teil ist noch die Rede von einer vierten Art, der inter-organschaftlichen Delegation, vom Vorstand auf ein anderes Organ der Gesellschaft[83], die jedoch für die hier angestellte Untersuchung außer Betracht bleibt, da sie kaum praktische Relevanz besitzt und aufgrund der Geschäftsführungsverbote gem. §§ 119 Abs. 2 und 111 Abs. 4 S. 1 AktG andere Rechtsfragen aufwirft. Als horizontale Delegation wird die Geschäftsverteilung innerhalb des Vorstands bezeichnet. Dahinterstehender Gedanke ist, dass Verantwortung von dem Vorstand als Gesamtorgan auf ein oder mehrere Vorstandsmitglieder übertragen wird. Dies geschieht durch die Schaffung von Ressorts, die für die betreffenden Mitglieder eine sog. Ressortverantwortung begründet[84]. Die im Grundsatz bestehende gemeinsame Gesamtverantwortung wird so in einzelne Verantwortungsbereiche untergliedert. Vertikale Delegation bezeichnet die Einbeziehung nachgeordneter Mitarbeiter des Unternehmens in die Geschäftsführung[85]. Als Gesellschaftsform für Großunternehmen sind AGs zwingend so zu organisieren, dass der Vorstand lediglich das Zentrum der Geschäftsführung bildet. Das operative Geschäft findet dagegen überwiegend auf nachgeordneten Ebenen statt, da dem Vorstand dafür meist sowohl Expertise als auch Kapazitäten fehlen. Externe Delegation beschreibt das, was geläufig als „Outsourcing" beschrieben wird[86]. Es geht um die Einbeziehung unternehmensfremder Dritter in die Geschäftsführung.

---

82 *Dreher* FS Hopt Bd. I, 2010, S. 517 (517 f.).

83 *Dreher* FS Hopt Bd. I, 2010, S. 517 (528 ff.); *Hüffer,* in: AktienR im Wandel, Bd. II 7. Kap., Rn. 37; *Seibt,* FS K. Schmidt, 2009, S. 1463 (1472).

84 *Emde,* FS U. H. Schneider, 2011, S. 295 (306 ff.); *Schulze* NJW 2014, 3484 (3485); *Vetter,* in: Hdb. Managerhaftung, § 18 Rn. 17.

85 *Froesch* DB 2009, 722 (723); *Schulze* NJW 2014, 3484 (3485); *Turiaux/Knigge,* DB 2004, S. 2199 (2204 f.).

86 *Spindler,* in: MüKoAktG, § 76 Rn. 18 ff.

E. Verortung der Delegation im Haftungstatbestand

Nachdem Delegation die Verantwortung der Vorstandsmitglieder reduziert, stellt sich die Frage, wo die Delegation im Haftungstatbestand des § 93 AktG zu verorten ist[87]. In Betracht kommt dies auf der Ebene des Verschuldens und auf der Pflichtebene. Verortet man sie auf der Verschuldensebene, bestünde in der Berufung auf eine ordnungsgemäße Delegation eine Exkulpationsmöglichkeit, während sie im letztgenannten Sinne ein Weg zur Pflichtenreduktion wäre. Im Schrifttum wird die Frage häufig im Zusammenhang mit dem sog. Vertrauensgrundsatz[88] und dem Vertrauen auf Informationen Dritter behandelt[89]. Der Vertrauensgrundsatz besagt, dass bei arbeitsteiligem Zusammenwirken auf die ordnungsgemäße Erfüllung eines Dritten vertraut werden darf, solange dessen sorgfaltswidriges Verhalten nicht erkannt wurde oder erkannt werden musste[90]. Er steht demnach in unmittelbarem Zusammenhang mit der Delegation[91].

I. Relevanz

Relevant ist die Verortung der Delegation im Haftungstatbestand zum einen schlicht aus rechtsdogmatischen Gründen, andererseits jedoch auch insofern, da ein Pflichtverstoß immer Zweifel an der Einwandfreiheit der Geschäftsführung schürt und jene somit bemakelt. Es spielt faktisch durchaus eine Rolle, ob ein Vorstandsmitglied vorbringen kann, es habe stets pflichtgemäß gehandelt oder ob es einzuräumen hat, es habe pflichtwidrig, aber schuldlos gehandelt. Zwar wird § 93 Abs. 1 S. 1 AktG nach verbreiteter Auffassung eine Doppelfunktion zugesprochen[92]. Danach

---

87 *Schockenhoff* GmbHR 2019, 514 (516); *Fleischer* DB 2019, 472 (473); *Hülsmann* GmbHR 2019, 209 (211, 213); *Harbarth* ZGR 2017, 211 (234).

88 S. *Hannes*, Vertrauensgrundsatz, S. 182, 184, 196 f.; *Harbarth* ZGR 2017, 211 (234); *Mascherini*, Ressortverteilung, S. 96 ff.

89 *Fleischer* ZIP 2009, 1397 (1405); *Sander/S. Schneider* ZGR 2013, 725 (738);

90 *Harbarth* ZGR 2017, 211 (216).

91 *Abeltshauser*, Leitungshaftung, S. 135 f.; *Fleischer* ZIP 2009, 1397 (1402 f.); *Habersack* WM 2004, 2360 (2363); *Harbarth* ZGR 2017, 211 (223); *Leuering/Dornhegge* NZG 2010, 13 (15); *Linnertz*, Delegation, S. 278 ff.; *Löbbe/Fischbach* AG 2014, 717 (719 ff.); *Sander/S. Schneider* ZGR 2013, 725 (726); *Schneider/Brouwer*, FS Priester, 2007, S. 713 (718); *Wettich*, Vorstandsorganisation, S. 243; *Rehm*, Einzel- und Gesamtverantwortung, S. 196 f..

92 So aber *Fleischer*, in: Spindler/Stilz AktG, § 93 Rn. 10; *Hopt/Roth*, in: Großkomm AktG, § 93 Rn. 43; *Koch*, in: Koch AktG, § 93 Rn. 7; *Hölters*, in: Hölters/Weber AktG, § 93 Rn. 2 f.; aA für die GmbH *Oetker*, in: Henssler/Strohn GesR, § 43 GmbHG Rn. 15; *Diekmann*, in: MHdb GesR Bd. III, § 46 Rn. 11; allg. *Freund* NZG 2022, 297 ff.; zur AG *Hüffer* FS Raiser, 2005, 163 (165 ff.).

soll die Vorschrift eine allgemeine Sorgfaltspflicht statuieren, aus der sich wiederum Einzelpflichten ableiten lassen[93]. Dadurch würden Verschuldens- und Pflichtebene weitestgehend deckungsgleich[94]. Dennoch handelt es sich bei § 93 Abs. 2 AktG um einen Schadensersatzanspruch, der nach dem allgemeingültigen Verschuldensprinzip das Vorliegen einer pflichtwidrigen *und* schuldhaften begangenen Handlung voraussetzt[95]. Dass sich aufgrund des objektivierten Sorgfaltsmaßstabs des § 93 Abs. 1 S. 1 AktG dasjenige, was als pflichtwidrig und dasjenige, was schuldhaft gilt annähern, rechtfertigt keinen immerwährenden Gleichlauf der zwei Ebenen[96].

II. Meinungsstand

Die durch die Rechtsprechung des RG[97] etablierte und von Literatur[98] und BGH[99] aufgegriffene Formel, durch die Delegation wandele sich die Handlungspflicht in eine Überwachungspflicht, deutet auf eine Verortung auf der Pflichtebene hin. Diese Auffassung findet sich vermehrt auch in obergerichtlicher Rspr.[100]. Doch verortet der BGH sie in der jüngst ergangenen „Weltruf"-Entscheidung, die die Ressortverteilung von Geschäftsleitern (horizontale Delegation)[101] zum Gegenstand hatte, ohne nähere Begründung augenscheinlich auf der Verschuldensebene[102]. Dort heißt es, als sich das Gericht dem Beklagtenvorwurf widmet: „Der Geschäftsführer, der die Vermutung schuldhaften Verhaltens widerlegen will, muss daher die Gründe vortragen und erläutern, die ihn gehindert haben, eine tatsächlich bestehende Insolvenzreife der Gesellschaft zu erkennen."[103] Dennoch ist es verwunderlich, dass das Gericht im Anschluss daran die Anforderungen an eine Ressortverteilung ausführt, was auf die Formulierung eines Pflichtenmaßstabs hindeutet[104]. Eindeutig ist die Auffassung des zweiten Senats also nicht. Zum Teil wird der BGH so verstanden, dass neben den Pflichtverstoß wegen

93 *Koch,* in: Koch AktG § 93 Rn. 7.

94 *Fleischer,* in: BeckOGK AktG, § 93 Rn. 247; *Hopt/Roth,* in: Großkomm AktG, § 93 Rn. 392; *Spindler,* in: MüKoAktG, § 93 Rn. 176, 198.

95 *Grüneberg,* in: Grüneberg BGB, § 276 Rn. 3.

96 So auch *Freund* NZG 2022, 297 (297 f.).

97 RGZ 98, 98 (100)

98 *Schockenhoff* GmbHR, 2019, 514 (516); *Peitsmeyer/Klesse* NZG 2019, 501 (501).

99 BGHZ 220, 162 (168) Rn. 18 = NZG 2019, 225.

100 OLG Zweibrücken NZG 1999, 506 (508);

101 Es handelt sich dabei um eine sog. horizontale Delegation, dazu sogleich.

102 BGHZ 220, 162 (166) Rn. 14 = NZG 2019, 225.

103 Ebd.

104 Dies erkennt insbesondere *Schockenhoff* GmbHR 2019, 514 (516).

unzulässiger Delegation noch der Verstoß gegen die Überwachungspflicht treten kann und sich das Gericht deshalb weiter mit der Ressortverteilung befasste[105]. In Bezug auf das Vertrauen auf Informationen Dritter, bei der der Vorstand faktisch auch Verantwortung delegiert, geht der BGH von entschuldigender Wirkung aus[106]. Dagegen richtet sich das gesellschaftsrechtliche Schrifttum und lässt in Anlehnung an § 93 Abs. 1 S. 2 AktG aufgrund der Schaffung einer angemessenen Informationsgrundlage bereits die Pflichtverletzung entfallen[107]. *Harbarth* zieht bezüglich des Vertrauensgrundsatzes eine Parallele zum Strafrecht, wo ebenfalls die Annahme einer Pflichtenreduktion vorherrscht[108].

III. Stellungnahme

Überzeugend ist es, mit der herrschenden Auffassung die Delegation als Reduktion des Pflichtenmaßstabs zu verstehen[109]. Die Annahme, jedes Vorstandsmitglied habe jede Geschäftsführungspflicht immer persönlich zu erfüllen und könne sich durch Delegation allenfalls exkulpieren ist schlicht lebensfremd. Außerdem ginge damit einher, dass genau genommen jede Geschäftsführungshandlung, die nicht durch einen Vorstand wahrgenommen wird, einen Pflichtverstoß darstellt, da die Pflicht dann nicht persönlich erfüllt wurde. Auf diese Weise lässt sich auch der Unterschied zur Einholung von Rechtsrat erklären, dem in der höchstrichterlichen Rspr. erst auf Verschuldensebene enthaftende Wirkung beigemessen wird[110]. Hier wird der Vorstand nämlich immer noch selbst tätig. Er modifiziert den eigenen Pflichtenmaßstab nicht, sondern erfüllt ihn mit Hilfe fachkundiger Beratung. Anders ist dies bei der Delegation, die dem Vorstand gerade dazu dienen soll, nicht mehr selbst tätig werden zu müssen[111]. Ein weiteres Problem mit der Verortung auf der Verschuldensebene wäre, dass

---

105 *Mascherini,* Ressortverteilung, S. 97.

106 BGH NZI 2020, 180 (181) Rn. 21.

107 So ausdr. *Fleischer* ZIP 2009, 1397 (1405); zust. *Harbarth* ZGR 2017, 211 (234 f.); ausf. auch *Sander/S. Schneider* ZGR 2013, 725 (738 ff.); aA *Strohn* CCZ 2013, 177 (179).

108 *Harbarth* ZGR 2017, 211 (235) unter Berufung auf *Sternberg-Lieben/Schuster,* in: Schönke/Schröder StGB, 29. Aufl., § 15 Rn. 151.

109 S. auch *Abeltshauser,* Leitungshaftung, S. 138, 225; *Harbarth* ZGR 2017, 211 (234 f.); *Linnertz,* Delegation, S. 280 f.; *Sander/S. Schneider* ZGR 2013, 725 (738); *Voß,* Gesamtschuldnerische Organhaftung, S. 18; *Wettich,* Vorstandsorganisation, S. 234, 240; *Rehm,* Einzel- und Gesamtverantwortung, S. 197.

110 BeckRS 2019, 31312, Rn. 21 mwN; so auch *Strohn* CCZ 2013, 177 (179).

111 Diesen Unterschied ebenfalls als Differenzierungsmerkmal heranziehend *Mascherini,* Ressortverteilung, S. 99 f.

auf der Verschuldensebene objektive Verhaltenspflichten formuliert werden müssten, um im Anschluss zu fragen, ob diese schuldhaft verletzt wurden[112]. Zudem ist dies im Einklang mit der Lehre zur Delegation deliktischer Verkehrspflichten[113] und den strafrechtlichen Ansätzen zum Vertrauensgrundsatz, wo der Grundsatz seine Wurzeln hat und im Rahmen des objektiven Tatbestands erörtert wird[114]. Die aus dem jüngst ergangenen Urteil des BGH entstandene Unsicherheit rührt daher, dass es sich im Grundsatz um eine nichtdelegierbare Pflicht handelt, deren Pflichtinhalt grundsätzlich nicht modifiziert werden kann[115]. Im Rahmen des Unterlassens, der gegenständlichen verbotenen Zahlung iSd § 64 GmbHG aF, suchte das Gericht daher die Ressortverteilung im Rahmen des Verschuldens zu berücksichtigen. Daran lässt sich auch der zwingende Gleichlauf zwischen Pflichtwidrigkeit und Verschulden im Rahmen der Vorstandshaftung widerlegen. Wie auch der BGH annimmt, kann eine Ressortverteilung den Sorgfaltsmaßstab abändern. Das aber ändert nichts an der grundsätzlich pflichtreduzierenden Wirkung der Delegation. Auf den Zusammenhang der exkulpierenden Wirkung der Delegation und nichtdelegierbaren Angelegenheiten ist an späterer Stelle dieser Arbeit noch zurückzukommen[116].

Delegation ändert somit grundsätzlich den Pflichtenrahmen des Vorstands[117]. Hat ein Vorstandsmitglied ordnungsgemäß delegiert, kann ihm nicht mehr der Vorwurf gemacht werden, nicht selbst die zur Pflichterfüllung erforderliche Handlung vorgenommen zu haben. Allenfalls kann ihm ein Vorwurf wegen pflichtwidriger Delegation, mangelnder Überwachung oder unterlassenem Einschreiten gemacht werden.

§ 2 Zwischenergebnis

Delegation ist ein Enthaftungsinstrument des Vorstands. Mangels Anwendbarkeit des § 278 BGB auf die Vorstandshaftung nach § 93 AktG, haftet er weiterhin nur für eigenes Verschulden. Ein Pflichtverstoß kann entweder in einer unzulässigen Delegation liegen oder in einer nicht pflichtgemäßen Delegation unter

---

112 *Mascherini,* Ressortverteilung, S. 96.

113 Statt aller BGH NJW 2006, 3629 (3628); *Spindler,* in: BeckOGK BGB, § 823 Rn. 433 ff.

114 Zur Übersicht unterschiedlicher dogmatischer Ansätze im Strafrecht *Harbarth* ZGR 2017, 211 (217).

115 BGHZ 220, 162 Rn. 14 = NZG 2019, 225.

116 Dazu Kapitel 2 § 1 IV.

117 OLG Zweibrücken NZG 1999, 506 (508); *Fleischer* NZG 2003, 449 (455); *Schneider/Brouwer* FS Prieser, 2007, S. 713 (719).

Verstoß gegen die *culpa deligendo.* Wie diese im Einzelnen ausgestaltet ist, ist abhängig davon, ob es sich um eine horizontale, eine vertikale oder eine externe Delegation handelt.

Kapitel 2: Leitung und das „Ob“ der Delegation

Das folgende Kapitel widmet sich dem ersten Anknüpfungspunkt für die Haftung des Vorstands aufgrund von Delegation, dem „Ob“. Wo sind der Delegationsmöglichkeit durch den Vorstand inhaltlich Grenzen gesetzt?

Der Vorstand ist *notwendiges* Handlungsorgan der AG, die als juristische Person nicht handlungsfähig ist. Dafür ist er gem. § 76 Abs. 1 AktG zur eigenverantwortlichen Leitung verpflichtet[118]. Der Gesetzgeber erachtete Hauptversammlung und Aufsichtsrat für die Unternehmensleitung als ungeeignet und räumte dem Vorstand eine Monopolstellung ein, was gemeinhin als alleinige Leitungsverantwortung umschrieben wird[119]. Aus der Zuweisung der Leitungsaufgabe wird zum einen gefolgert, dass der Vorstand im Rahmen der Leitung autonom, also ohne äußeren Einfluss handelt, zum anderen aber auch, dass sich der Vorstand dieser Leitungsverantwortung nicht eigenständig begeben kann. Die herrschende Auffassung erkennt in dem Leitungsbegriff nämlich einen Zweckbegriff. Er soll der Abgrenzung delegierbarer und nichtdelegierbarer Aufgaben dienen, weshalb aus § 76 Abs. 1 AktG ein Delegationsverbot abgeleitet wird[120]. Die im Rahmen des Leitungsbereichs zu treffenden Letztentscheidungen seien zwingend vom Gesamtvorstand zu treffen und daher nicht delegierbar, weder auf einzelne Mitglieder noch auf unternehmensinterne oder

118 *Spindler*, in: MüKoAktG, § 76 Rn. 7.

119 Vgl. nur *Henze* BB 2000, 209 ff.; *Hüffer* Liber amicorum Happ, 2006, S. 93 ff.; *Kuntz* AG 2020, 801 ff.;

120 *Dreher*, FS Hopt Bd. I, 2010, 517 (519); *Emde* FS U. H. Schneider, S.295 (299); *Fleischer* ZIP 2003, 1 (3); *ders*. in: BeckOGK AktG, § 76 Rn. 14; *Henze* BB 2000, 209 (209); *Herwig* Leitungsautonomie und Fremdeinfluss, S. 49 f.; *Kort*, in: Großkomm AktG, § 76 Rn. 29a; *Spindler*, in: MüKoAktG, § 76 Rn. 17; *Weber*, in: Hölters/Weber AktG, § 76 Rn. 8; *Seibt* lockert die „Dichotomie von Geschäftsführungsaufgaben einerseits und Leitungsaufgaben andererseits“ auf, misst der Leitungsaufgabe jedoch eine zu hohe Bedeutung bei, um sie gänzlich aufzugeben, vgl. *Seibt*, FS K. Schmidt, 2009, 1463 (1464); *Wettich* spricht ebenfalls davon, Leitung sei „etwas herausgehobenes“ und insofern von der Geschäftsführung abzugrenzen, vgl. *Wettich*, Vorstandsorganisation, S. 7 f.; krit. *Koch*, in: 50 Jahre AktG, 2016, 65, 92 ff; *Linnertz* kommt nach einer eingehenden Analyse zu dem Schluss, dass dem Leitungsbegriff lediglich eine symbolische Funktion zukommt, vgl. *Linnertz*, Delegation, S. 40 ff., S. 105 f.

-externe Dritte[121]. Andernfalls würde sich der Vorstand seiner Organfunktion entäußern[122]. Die Leitungsmacht des Vorstands ist nach herrschender Auffassung demnach unveräußerlich (sog. Prinzip der Unveräußerlichkeit der Leitungsmacht). Aufgrund der Aufgabenfülle des Vorstands soll dies jedoch nicht bedeuten, dass Leitungsaufgaben gänzlich höchstpersönlich zu erledigen sind. Aufgaben werden in Vorbereitung, Entscheidung und Ausführung untergliedert[123], wobei sich der Diskurs bezüglich des Delegationsverbots nahezu ausschließlich auf der Entscheidungsebene abspielt. Solange die Letztentscheidung jeweils eigenverantwortlich vom Gesamtvorstand getroffen wird, können auch nach herrschender Auffassung Vorbereitungs- und Hilfsaufgaben sowie die Ausführung der Entscheidung delegiert werden[124]. *Fleischer* unterscheidet hier das delegierbare „decision-shaping“ und das nicht delegierbare „decision-taking“[125]. Alle sonstigen (Nichtleitungs-) Aufgaben sind demzufolge übertragbar. Aus der Kompetenz- und Aufgabenzuweisung an den Vorstand, die Leitung wahrzunehmen und somit letztlich der gesetzgeberischen Entscheidung bezüglich der innergesellschaftlichen Organisation, soll sich demnach ein Delegationsverbot ergeben[126]. Problematisch daran wird gesehen, dass keine subsumtionsfähigen Kriterien für die Bestimmung von Leitungsaufgaben existieren sollen[127]. Außerdem wird in der Herstellung einer Korrelation zwischen dem Leitungsbegriff und dem Delegationsverbot ein „begriffsjuristisches Konzept“ erkannt[128].

Mit dem Delegationsverbot ist der oben benannte erste Anknüpfungspunkt für eine Haftung des Vorstands im Rahmen der Delegation betroffen. Um der

---

121 Dies wird zum Teil für autonome Software anders gesehen, vgl. *Weber/Kiefner/Jobst* NZG 2018, 1131 (1134); die wohl herrschende Auffassung rekurriert jedoch auf die verbreiteten Grundsätze des Delegationsverbots für „menschliche Delegatare“, vgl. *Becker/Pordzik*, ZfPW 2020, 334 (345).

122 *Henze* BB 2000, 209 (209); *Semler*, Leitung und Überwachung, Rn 22.

123 *Bürgers*, in: Bürgers/Körber/Lieder, § 76 Rn. 8; *Dreher*, FS Hopt Bd. I, 2010, S. 517, 527; *Fleischer*, AG 2003, 291 (292); *Koch*, in: Koch AktG, § 76 Rn. 8; *Kort*, in: Großkomm. AktG, § 76 Rn. 49; *Spindler*, in: MüKoAktG, § 76 Rn. 18; *Weber*, in: Hölters/Weber AktG, § 76 Rn. 12.

124 *Kort*, in: Großkomm AktG § 76 Rn. 49; *Fleischer* ZIP 2003, 1 (5); *ders.*, in: BeckOGK AktG, § 76 Rn. 20; *Koch* in: Koch AktG, § 76 Rn. 8.

125 *Fleischer* ZIP 2003, 1 (6).

126 *Hommelhoff*, Konzernleitungspflicht, S. 262; ähnlich *Semler*, Leitung und Überwachung, Rn. 2, 22 f.

127 *Henze* BB 2000, 209 (210); *Koch*, in: Koch AktG, § 76 Rn. 9; dies kritisieren auch *Kuntz* AG 2020, 801 (802) und *Seibt*, FS K. Schmidt, 2009, S. 1463 (1464).

128 *Seibt*, FS K. Schmidt, 2009, S. 1463 (1464).

Verbindung zwischen dem Leitungsbegriff und dem „ob" der Delegation auf den Grund zu gehen, ist zunächst der Dogmatik hinter dem Delegationsverbot auf den Grund zu gehen.

§ 1 Begründung des aktienrechtlichen Delegationsverbots

Die Kritik der das Delegationsverbot bestreitenden Gegenauffassung[129] ist verständlich, wenn man die dürftige Begründung dessen im Schrifttum betrachtet. In der Regel bleibt es nämlich bei der apodiktischen Feststellung, die Leitungspflichten seien nicht delegierbar, ohne dass dies näher erläutert wird[130]. Das ist misslich, denn die Einschränkung der Delegationsmöglichkeit stellt selbst eine rechtliche Pflicht dar, für die es, da sie nicht privatautonom selbstbestimmt ist, „stets eines besonderen, sachlich einleuchtenden Grundes" bedarf[131].

A. Dogmatische Erschließung

Die herrschende Auffassung leitet das Delegationsverbot unter Berufung auf den Leitungsbegriff aus § 76 Abs. 1 AktG ab[132]. Zu Beginn ist die Vorschrift daher einer methodischen Untersuchung zu unterziehen.

I. Historische Genese zu § 76 Abs. 1 AktG

Die Fassung des § 76 Abs. 1 AktG ist das Ergebnis mehrerer Reformen der die AG betreffenden Vorschriften. Der rechtshistorische Hintergrund soll daher zunächst Aufschluss über die gesetzgeberische Intention hinter der heutigen Fassung geben.

1. Entwicklung bis zur heutigen Fassung

Die heutige Organisationsverfassung der AG ist das Ergebnis einer Vielzahl an Reformen und war ursprünglich in einer Weise strukturiert, die derjenigen der heutigen GmbH vielmehr ähnelt, als es die §§ 76 ff. AktG heute tun. Nach dem durch den Liberalismus des 19. Jahrhundert geprägten gesetzlichen Leitbild des ADHGB und des HGB von 1897, sollte die damalige Generalversammlung oberster Souverän in der AG sein[133]. Die Aktionäre selbst waren das Zentrum

---

129 *Kuntz* AG 2020, 801 (801); *Linnertz,* Delegation, S. 59 ff; *Seibt,* in: FS K. Schmidt, 2009, 1463 ff.

130 Vgl. Bspw. *Schmidt-Husson,* in: Coporate Compliance, § 6 Rn. 15.

131 *Canaris,* Vertrauenshaftung, S. 433.

132 Vgl. Fn. 120.

133 *Spindler,* in: MüKoAktG, Vor § 76 Rn. 7 f.

der Willensbildung und kontrollierten das Geschehen sowohl innerkorporativ als auch die Geschäftsführung nach außen (vgl. Art. 224 Abs. 1 ADHGB, § 250 HGB 1897). Das Reichsgericht sprach dazu: „Die AG ist kein selbstnütziges Vermögenssubjekt; ihre Bestimmung ist es, für die Aktionäre zu arbeiten und diesen, während ihres Bestehens in Form des Gewinns, nach der Auflösung durch Verteilung, das Vermögen wieder zufließen zu lassen“[134]. Quintessenz dessen ist: Die AG existierte zur Gewinnerzielung für Anleger. Daran anknüpfend hatte die Generalversammlung ein Alleinentscheidungsrecht in allen Angelegenheiten betreffend die Leitung der AG[135]. Der Vorstand wiederum war weisungsgebunden und lediglich Ausführungsorgan für gefasste Versammlungsbeschlüsse, denn die grundsätzliche Zuständigkeit für die Geschäftsführung lag bei der Mitgliederversammlung[136]. Auch dem Aufsichtsrat konnten satzungsmäßig durch die Generalversammlung Geschäftsführungskompetenzen eingeräumt werden und so geschäftsleitende Gesellschafterausschüsse gebildet werden[137]. Dadurch war den Gesellschaftern die umfassende Kontrolle über Besetzung und Ausübung der Geschäftsleitung gewährt[138]. Die Aufgabe des Vorstands war dagegen eher repräsentativer Natur[139]. Auch mit der Reform von 1884 änderte sich daran im Wesentlichen nichts. Die Entscheidungskraft sollte weiterhin bei der damaligen Generalversammlung liegen[140].

Problematisch daran war, dass die AG bereits damals eine Gesellschaftsform für Großunternehmen und daher oftmals einem breiten Anlegerkreis eröffnet war. Dies führte dazu, dass eine Vielzahl an Aktionären existierte, die nicht in der Lage waren, ihre Belange durch die AG in kooperativer Zusammenarbeit effizient zu verwirklichen[141]. Faktisch lag die Leitung dann oftmals in einem nicht durch einen Aufsichtsrat überwachten Vorstand[142]. In anderen Gesellschaften hatte die Aktionärsherrschaft zur Folge, dass monetäre Belange einzelner Aktionäre die Interessenlage ohne Berücksichtigung der wirtschaftlichen

---

134 RGZ 59, 423 (425).
135 *Kort,* in: Großkomm AktG, Vor § 76 Rn. 5.
136 Zur Abgrenzung von Leitungs- und Ausführungsorgan *Hüffer,* in: AktienR im Wandel Bd. II, 7. Kap., Rn. 8.
137 *Hüffer,* in: AktienR im Wandel Bd. 2, 7. Kap., Rn. 10.
138 *Kort,* in: Großkomm AktG, Vor § 76 Rn. 5.
139 *Kießling,* in: AktienR im Wandel Bd. I, 8. Kap. Rn. 56.
140 *Schubert/Hommelhoff,* Aktienrechtsreform 1884, S. 464.
141 *Kort,* in: Großkomm AktG, Vor § 76 Rn. 5; *Spindler,* in: MüKoAktG, Vor § 76 Rn. 9.
142 Der Aufsichtsrat war damals noch nicht obligatorisch, *Kort,* in: Großkomm AktG, Vor § 76 Rn. 5.

Lage des Unternehmens bestimmten. Der Fokus auf Eigeninteressen wurde durch die fehlende persönliche Haftung abgesichert, weshalb kein Schutz des eigentlichen Unternehmensinteresses gewährleistet war. Aufgrund des meist anonymen, inhomogenen Aktionärskreises sah die Realität folglich oftmals so aus, dass Großaktionäre bzw. Aktionärsgruppen Partikularinteressen durchsetzten und sich dazu der Verwaltungsorgane bedienten[143]. Als Resultat folgten Unstimmigkeiten über die Machtverhältnisse innerhalb vieler AGs, was dazu führte, dass die Rechtsform der AG in Frage gestellt wurde[144].

Die „Aktionärsdemokratie" wurde alsbald nicht mehr als mit dem nationalsozialistischen Gedankengut vereinbar angesehen[145]. Durch das am 30.01.1937 inkraft getretene Aktiengesetz änderte sich die Organisationsstruktur der AG daher wesentlich. Die politische Führung sah ihrer Zeit weiterhin eine zwingende Notwendigkeit für die Existenz der AG, weshalb von deren Abschaffung abgesehen wurde[146]. Für große Unternehmen sollte die Kapitalsammelfunktion der Rechtsform der AG weiterhin nutzbar bleiben. Von nun an gab es jedoch eine strikte Kompetenzabgrenzung zwischen den Gesellschaftsorganen[147]. Im Einklang mit der damaligen Wirtschaftsauffassung fand das nationalsozialistische Führerprinzip[148] Eingang in das Aktiengesetz, wodurch die Stellung des Vorstands erheblich an Bedeutung gewann und gleichzeitig die Stellung der Hauptversammlung abgewertet wurde[149]. Im Vorstand wurde das für die Unternehmensleitung geeignetere Organ erblickt. Zudem ging man davon aus, er könne entsprechend dem damaligen Vorstellungsbild das Gesellschaftswohl besser im Blick haben[150]. Nunmehr sollte der Vorstand die AG gem. § 70 Abs. 1 AktG 1937 so „leiten, wie das Wohl des Betriebes und seiner Gefolgschaft und der gemeine Nutzen von Volk und Reich es fordern." Zudem konnte ein

143 *Kort,* in: Großkomm AktG, Vor § 76 AktG Rn. 5.

144 *Klausing* RegBegr, S. 56.

145 *Klausing* RegBegr, Einleitung Rn. 8.

146 *Klausing* RegBegr, Einleitung Rn. 8.

147 *Bayer/Engelke,* in: AktienR im Wandel Bd. I 15. Kap. Rn. 62; *Kort,* in: Grokomm AktG, Vor § 76 AktG Rn. 6.

148 Dass die Stärkung der Stellung des Vorstands auf dem Führerprinzip fußte, wurde jedoch nicht einheitlich so gesehen, vgl. *Kropff,* in: AktienR im Wandel Bd. I, 16. Kap., Rn. 57 f.

149 *Klausing* RegBegr, S. 59 ff.; *Kort,* in: Grokomm AktG, Vor § 76 AktG Rn. 6; dazu auch der BGHZ 159, 30 (43 f.) = BGH NJW 2004, 1860.

150 *Klausing,* RegBrg, S. 56 f.; sa *Bayer/Engelke,* in: AktienR im Wandel Bd. I, 15. Kap. Rn. 16 ff., 79.

Vorstandsvorsitzender benannt werden, dem innerhalb des Vorstands ein Alleinentscheidungsrecht zukam[151]. Die jetzt als Hauptversammlung bezeichneten Aktionäre wurden von der Leitung der AG ausgeschlossen und konnten nur noch über Geschäftsführungsfragen entscheiden, sofern der Vorstand dies verlangte (§ 103 Abs. 2 AktG 1937). Insbesondere hatten sie auch kein Weisungsrecht dem Vorstand gegenüber und somit keine unmittelbare Einflussmöglichkeit mehr auf die Geschäftsführung. Es fand also eine Machtverschiebung zugunsten der Verwaltung statt. Außerdem gab es fortan einen obligatorischen Aufsichtsrat, der aber zum reinen Kontrollorgan wurde (§ 95 Abs. 1 AktG 1937) und fortan ebenfalls nicht mehr mit Geschäftsführungsmaßnahmen betraut werden konnte[152]. Jedoch stand ihm jetzt die Personalkompetenz bezüglich der Zusammensetzung des Vorstands zu (§ 75 Abs. 1, 3 AktG), wodurch seine Überwachungsaufgabe aufgewertet wurde und die Aktionäre mittelbar Einfluss auf die Geschäftsführung behielten. Als Korrelat des gesteigerten Einflusses der Verwaltung wuchs jedoch auch die Haftungsverantwortung für Sorgfaltspflichtverstöße (§ 84 AktG 1937). Auch dies ist als Ausdruck des Führerprinzips zu verstehen. Macht und Verantwortlichkeit sollten aneinander gekoppelt sein[153]. Zudem war der Vorstand nunmehr auch für die Feststellung des Jahresabschlusses zuständig, wobei er offene und stille Rücklagen bilden und auf diesem Wege Selbstfinanzierung vornehmen konnte. Das Dividendenrecht der Aktionäre reduzierte sich dadurch auf das, was die Verwaltung zur Verteilung „übrigließ“ und verwässerte zunehmend[154]. Unternehmerische Entscheidungen wurden mithin in die Hände des Vorstands als Zentrum der Geschäftsführung gelegt.

Die Reform von 1965, die die Grundlage für das AktG in der heutigen Fassung bildet, behielt die Aufgabenverteilung zwischen den Organen im Kern bei[155]. In der Hauptversammlung werden die grundsätzlichen Entscheidungen über die AG getroffen und der Aufsichtsrat gewählt. Dieser wiederum wählt und überwacht den Vorstand bei dessen eigenverantwortlicher Leitung der AG. Nachdem zuvor ausführliche Diskussionen über die Einführung eines Board-Systems geführt wurden, hielt man an der dualistischen Führungsstruktur bestehend aus einem Geschäftsführungs- und einem Überwachungsorgan fest, da man

---

151 *Kropff,* in: AktienR im Wandel Bd. I, 16. Kap., Rn. 57.

152 *Klausing* RegBegr, S. 57; *Kort,* in: Grokomm AktG, Vor § 76 AktG Rn. 6.

153 *Teichmann/Koehler,* in: AktG Komm 1939, 2. Aufl., § 70 Rn. 1.

154 *Spindler,* in: MüKoAktG, Vor § 76 Rn. 16

155 *Kort,* in: Grokomm AktG, Vor § 76 AktG Rn. 6.

sie nach wie vor für geeigneter hielt[156]. Die 1937 etablierte Aufgabendreiteilung hatte sich demnach durchgesetzt. Die Geschicke der AG sollten weiterhin durch den kleinen Kreis fachkundiger Personen im Vorstand gelenkt werden.

2. *Deutung der Rechtsentwicklung und systematische Einbettung der Vorschrift*

§ 76 Abs. 1 AktG als Nachfolger des § 70 AktG 1937 hat nach alledem historisch gesehen seine Bedeutung darin, die Kompetenzabgrenzung der drei Gesellschaftsorgane zu verdeutlichen[157], denn dies stand unzweifelhaft im Zentrum der Aktienrechtsreformen[158]. Die Implementierung des Leitungsbegriffs mit dem Machtübergang lässt sich kaum als Zufall deuten. Dennoch lässt sich eine negative Auswirkung auf die Delegation daraus nicht ableiten, was sich insbesondere daran zeigt, dass sich der Gesetzgeber in den jeweiligen Regierungsbegründungen ausschließlich mit dem Verhältnis zwischen den Organen befasste[159]. Von einer Beschränkung der Möglichkeit zur Kompetenzentäußerung war hier niemals die Rede. Vielmehr lässt sich § 76 Abs. 1 AktG im Gegensatz zu seiner Vorgängervorschrift (§ 70 AktG 1937) sogar dahingehend interpretieren, dass er seine Bedeutung für die Binnenorganisation und somit zumindest für die horizontale Delegation verloren hat. § 70 AktG 1937 beinhaltete in Abs. 1 bereits die Pflicht zur Leitung, während Abs. 2 aber noch das Alleinentscheidungsrecht des Vorsitzenden beinhaltete und so auch die vorstandsinterne Organisation betraf. 1965 wurde dann mit § 77 AktG eine eigenständige Regelung für die vorstandsinterne Organisation geschaffen, die mitunter den Zweck hatte das Kollegialitätsprinzip einzuführen und die interne Vorstandsorganisation zu regeln[160]. Dadurch verlor § 76 Abs. 1 AktG seine Bedeutung für die Binnenorganisation des Vorstands. Auch die damalige Kommentarliteratur interpretierte den damaligen § 70 AktG 1937 nur in seiner Bedeutung als Organisationsvorschrift für

---

156 *Bahrenfuss,* Die Entstehung des Aktiengesetzes von 1965, 2001, S. 662 ff.; *Lieder,* Der Aufsichtsrat im Wandel der Zeit, 2006, S. 417 ff.

157 *Hoffmann-Becking* ZGR 1998, 497 (507 f.); auch *Seibt,* FS K. Schmidt, 2009, S. 1463 (1469 f.) kommt zu dem richtigen Ergebnis, dass in der historischen Entwicklung des § 76 Abs. 1 AktG keine Einführung eines Delegationsverbots erkennbar ist.

158 *Hoffmann-Becking,* ZGR 1998, 497 (506 ff.); *Seibt,* FS K. Schmidt, 2009, S. 1463 (1469 f.); *Weber,* in: Hölters/Weber, § 76 Rn. 8; *Wettich,* Vorstandsorganisation, S. 32; auch *Fleischer,* in: Spindler/Stilz, § 76 Rn. 13; *Böttcher/Blasche,* NZG 2006, 569 (570).

159 S. sowohl *Klausing,* RegBegr, S. 56 f., als auch *Kropff,* RegBegr, S. 95 f.

160 *Kropff,* RegBegr, S. 99.

die AG[161]. Historisch gesehen ist Zweck der Vorschrift mithin die Sicherung der Autonomie des Vorstands gegenüber Aufsichtsrat und Hauptversammlung im Sinne des Schutzes vor externer Einwirkung[162].

Im Rahmen dieser Autonomie wäre daher zunächst die Annahme gerechtfertigt, der Vorstand könne den ihm zugeteilten Zuständigkeitsbereich frei bestimmen. Aus umfassender Autonomie könnte man eine umfassende Gestaltungsfreiheit ableiten, die eine Zulässigkeit weitreichender Delegation nahelegen würde. Mit der Verpflichtung des Vorstands zur Beschlussfassung in Leitungsangelegenheit ginge die Annahme einer zwingenden Gesamtgeschäftsführungsbefugnis für Leitungsentscheidungen einher. Von dem Grundsatz der Gesamtgeschäftsführung kann ausweislich des § 77 Abs. 1 S. 2 AktG jedoch ausdrücklich abgewichen werden. Wenn wie vielseits behauptet in § 76 Abs. 1 AktG eine Rückausnahme dieser Dispositionsmöglichkeit hineingelesen wird, löst dies in rechtsdogmatischer Sicht doch ein Störgefühl aus. Dazu finden sich zum einen keinerlei Anhaltspunkte im Gesetz, geschweige denn in der Gesetzesbegründung. Zum anderen liegt die Kompetenz zur Disposition über den Grundsatz der Gesamtgeschäftsführung gem. § 77 Abs. 1 S. 2 Hs. 1 AktG zuvorderst bei der Hauptversammlung, nachrangig beim Aufsichtsrat und erst sofern keiner der beiden von ihrer Kompetenz Gebrauch gemacht hat, beim Vorstand. Bestimmt dieser eine eigene Geschäftsordnung, so gilt diese auch nur, sofern Hauptversammlung und Aufsichtsrat sie billigen, vgl. § 77 Abs. 2 S. 1 AktG. Übt keiner der anderen Organe die eigene Kompetenz aus, so ist es nur konsequent, dem Vorstand so lange freie Hand zu lassen, bis ihm diese wieder entzogen ist.

Freilich ließe sich aus der Bestimmung, *der Vorstand* habe die Gesellschaft zu leiten leicht der Schluss ziehen, dass niemand sonst Leitungsaufgaben wahrnehmen darf. Zum einen lässt sich dies aus der Vorschrift aber mitnichten eindeutig entnehmen, da eine Pflicht per se noch nichts über deren Delegationsmöglichkeit aussagt und es bei der Delegation von Aufgaben nicht darum geht, diese einem anderen zu übertragen, sondern nur um die Einschaltung Dritter in die Wahrnehmung der Aufgabe und somit um die Art und Weise der Pflichterfüllung.

---

161 *Meyer-Landrut,* in: Großkomm AktG, 2. Aufl., § 70 Anm. 1; *Schlegelberger/Quassowski,* in: Kommentar zum AktG, 3. Aufl., § 70 Rn. 1; *Zöllner,* in: Kölner Komm AktG, 1. Aufl., Einl. Rn. 68.

162 In diese Richtung *Herwig,* Leitungsautonomie und Fremdeinfluss, S. 72 f.; *Leuschner*, Konzernrecht, S. 34 ff.; *Lutter*, FS Barz, 1974, S. 199 (213); *Martens*, FS R. Fischer, 1979, S. 437 (454 f.); *Mülbert*, Aktiengesellschaft, S. 157 und 284; *Timm*, Aktiengesellschaft als Konzernspitze, S. 52; *Tröger*, Treupflicht, S. 109.

Über die Art und Weise wie der Vorstand die Leitungspflicht zu erfüllen hat, lässt sich aus der historischen Entwicklung jedoch nichts entnehmen, weshalb damit auch kein in § 76 Abs. 1 AktG verankertes Delegationsverbot begründet werden kann.

II. Prinzip der Gesamtverantwortung

Für mehrköpfige Geschäftsleitungsgremien gilt das allgemein anerkannte Prinzip der Gesamtverantwortung[163]. Danach tragen Vorstandsmitglieder aufgrund ihrer Amtsstellung gemeinsam die Verantwortung für die Geschäftsführung[164]. Von dieser Gesamtverantwortung können sich Geschäftsleiter nicht befreien. Zum Teil wird aus diesem Prinzip das Delegationsverbot für die Unternehmensleitung gefolgert[165]. Dem ist im Folgenden nachzugehen.

1. Gesamtverantwortungsprinzip als anerkannter Grundsatz des Rechts des Vorstands

Entgegen Forderungen aus dem Schrifttum[166] findet sich keine Kodifikation des Gesamtverantwortungsprinzips. § 25a Abs. 1 S. 2 KWG und § 25c Abs. 3, Abs. 4a, Abs. 4b S. 2 KWG konkretisieren für Kredit- und Finanzdienstleistungsinstitute die gesellschaftsrechtliche Gesamtverantwortung der Geschäftsleiter, indem sie spezielle Pflichten zur ordnungsgemäßen Geschäftsorganisation anordnen[167]. Und auch in der Regierungsbegründung zum Entwurf des KonTraG wird die Verankerung der Risikoüberwachungspflicht in § 91 Abs. 2 AktG mit deren Zugehörigkeit zur Gesamtverantwortung des Vorstands begründet[168]. Auch der Gesetzgeber geht also von dessen Existenz aus und erachtet die „Orientierungsfunktion“[169] einer Kodifikation wohl als nicht notwendig[170]. Das

163 BGHZ 133, 170 (377 f.) = NJW 1997, 130; BGH NJW 2002, 1585 (1587); *Schmidt-Husson*, in: Coporate Compliance, § 6 Rn. 10; *Schiessl* ZGR 1992, 64 (69).

164 RGZ 98, 98 (100); *Emde*, FS Uwe. H. Schneider, 2011, S. 295 (298 ff.); *Fleischer* NZG 2003, 449 ff.; *Hoffmann-Becking* ZGR 1998, 497 (506 ff.); *Martens*, FS Fleck, 1988, S. 191 ff.;

165 *Löbbe/Fischbach* AG 2014, 717 (718 f.).

166 *Fleischer* DB 2014, 1971 (1972); *Kort*, in: Großkomm AktG, § 77 Rn. 35;

167 *Fischer/Ch. Müller*, in: Boos/Fischer/Schulte-Mattler, KWG, § 36 Rn. 17, 27, § 25a Rn. 53 ff., § 25c Rn. 53; *Wilhelmi*, ZVglRWiss 2018, 557 (564 f.).

168 RegBegr. zum KontraG BT-Drs. 13/9712, S. 15.

169 *Fleischer* DB 2014, 1971 1972)

170 Zweifelnd an der Verbesserung des Kenntnisstandes von Geschäftsleitern durch eine Kodifikation auch *Reichert* ZGR 2017, 671 (701).

Gesamtverantwortungsprinzip besagt als Maxime kollektiver Leitungsausübung und kollektiver Verantwortlichkeit im Kern, dass die Delegation von Aufgaben nicht von der Verantwortung für die Leitung in ihrer Gesamtheit entbindet, Vorstandsmitglieder folglich stets gemeinsame Verantwortung für die gesamte Unternehmensleitung tragen[171]. Der BGH beschreibt dies in Bezug auf GmbH-Geschäftsführer wie folgt: „Deshalb trifft, auch wenn wie hier mehrere zum Geschäftsführer einer GmbH bestellt sind, im Grundsatz jeden von ihnen die Pflicht zur Geschäftsführung und damit auch für die Geschäftsführung im ganzen, denn die Führung der Geschäfte umfaßt nicht in erster Linie die Besorgung bestimmter Geschäfte, sondern die verantwortliche Leitung der Geschäfte in ihrer Gesamtheit.“[172] Es geht mithin um eine unentrinnbare Gesamtverantwortung aller Geschäftsleiter, die sich dadurch auszeichnet, dass sie nicht delegierbar ist und sich auf den gesamten Bereich der Geschäftsführungstätigkeit bezieht[173]. Insofern stellt sie auch eine Grenze der Disponibilität der Geschäftsführungs- und Vertretungsbefugnis dar, die das Gesetz mit § 77 Abs. 2 S. 2 HS. 1 AktG bzw. § 78 Abs. 3 S. 1 AktG im Grundsatz zulässt[174]. Gesamtverantwortung ist also als Verantwortung der Gesamtheit der Mitglieder für die Gesamtheit der Leitungsaufgabe zu verstehen und beinhaltet insofern zwei unterschiedliche Ausprägungen: Bildlich gesprochen lässt sich sagen, der Grundsatz entfaltet sich in horizontale und vertikale Richtung[175]. Denn die genannte Restverantwortung trägt jedes Vorstandsmitglied für die Vorstandskollegen auf gleicher Ebene (horizontale Komponente), aber auch für alle nachgeordneten Stellen, an die Aufgaben delegiert wurden (vertikale Komponente).

2. *Dogmatik*

Ob mit dem Gesamtverantwortungsprinzip, wie zum Teil befürwortet, eine zwingende Gesamtzuständigkeit im Sinne eines Delegationsverbots verbunden ist, ist mit dem Vorstehenden noch nicht gesagt. Um der Frage nachzugehen,

---

171 BFH BStBl II 1984, 776 (777); BGHZ 133, 370 (376 f.) = NJW 1997, 130; BGHSt 37, 106 (123) = NJW 1990, 2560; *Fleischer* NZG 2003, 449 (449 f.); *Hoffmann-Becking* ZGR 1998, 497 (506); *Kort*, in: Großkomm AktG, § 77 Rn. 35; *Mertens/Cahn*, in: Kölner Komm AktG, § 77 Rn. 24 f..

172 BGHZ 133, 370 = NJW 1997, 130.

173 BGHZ 133, 370, 377 f. = NJW 1997, 130; BGH NJW 2002, 1585 (1587); *Schiessl* ZGR 1992, 64 (69); *Schmidt-Husson*, in: Coporate Compliance, § 6 Rn. 10.

174 *Martens*, FS Fleck, 1988, S. 191 (194).

175 *Hoffmann-Becking* NZG 2003, 745 (747).

bedarf es einer Auseinandersetzung mit der umstrittenen dogmatischen Einordnung des Gesamtverantwortungsprinzips.

a. *Herleitung aus dem Letztentscheidungsrecht § 77 Abs. 1 S. 2 Hs. 2 AktG*

Einer Ansicht nach ist die gegenseitige Überwachungspflicht in dem in § 77 Abs. 1 S. 2 Hs. 2 AktG statuierten Letztentscheidungsrecht verankert[176]. Mit dem Verbot ungleicher Machtbefugnisse innerhalb des Vorstands soll das Gebot ausgewogener Verantwortungsverteilung einhergehen[177]. Weder Gesamtzuständigkeit noch Gesamtverantwortung können gänzlich abbedungen werden. Um insbesondere die Möglichkeit der Durchsetzung des Letztentscheidungsrechts zu gewährleisten, habe eine gegenseitige Überwachung zwingend stattzufinden[178]. Die Vorschrift bringe damit ein aus dem Deliktsrecht bekanntes, allgemeines Organisationsprinzip zum Ausdruck, wonach die Verantwortung für die Erfüllung gesetzlicher Pflichten grundsätzlich nur in Teilen delegiert werden könne und sei daher auch auf andere Gesellschaftsformen anwendbar[179].

b. *Ableitung aus dem Kollegialprinzip*

Hoffmann-Becking wiederum beruft sich insbesondere aufgrund der rechtsformübergreifenden Geltung des Gesamtverantwortungsprinzips auf das für Kollegialorgane geltende Kollegialitätsprinzip[180]. Demnach sind Kollegialorgane Gremien, die einer gemeinsamen Aufgabenbindung unterliegen und deshalb zu gegenseitiger Loyalität verpflichtet sind und ihre Aufgaben in gemeinsamer Beratung und Beschlussfassung gleichberechtigt wahrnehmen[181]. Aufgrund der obligatorischen Gleichberechtigung besteht auch eine gleichmäßig verteilte Pflichtbindung und Verantwortung für Angelegenheiten des Kollegialorgans[182]. Die Organisationsidee des Kollegialitätsprinzips – loyale, kollegiale

176 *Rehm,* Einzel- und Gesamtverantwortung, S. 143 ff.

177 *Rehm,* Einzel- und Gesamtverantwortung, S. 143.

178 *Rehm,* Einzel- und Gesamtverantwortung, S. 144 ff.

179 *Rehm,* Einzel- und Gesamtverantwortung, S. 148 f.

180 *Hoffmann-Becking* ZGR 1998, 497 (507); Ähnlich auch *Rehm,* Einzel- und Gesamtverantwortung, S. 114 f.; *Wettich,* Vorstandsorganisation, S. 31.

181 *Hamann,* Evidenzbasierte Jurisprudenz, S. 202 f.; *Wettich,* Vorstandsorganisation, S. 38.

182 *Hamann,* Evidenzbasierte Jurisprudenz, S. 203; *Hoffmann-Becking* NZG 2003, 745 (746 f.); *Wettich,* Vorstandsorganisation, S. 38.

Zusammenarbeit, Gleichberechtigung und Gleichverpflichtung – entspreche der Definition des Gesamtverantwortungsprinzips[183].

c. *Herleitung aus der Pflicht zur Selbstkontrolle*

Fleischer leitet den Grundsatz der gegenseitigen Überwachung aus einer Geschäftsleiterpflicht zu Selbstkontrolle kraft Organstellung ab[184]. Er sieht sich damit jedoch der Kritik eines Zirkelschlusses ausgesetzt, da die Kontrollpflicht erst Folge und nicht Grundlage für die Gesamtverantwortung sei[185]. Die Aussage *Fleischers* kann gleichwohl auch methodisch sauber verstanden werden. Setzt man, wie *Fleischer* genau gesehen ebenfalls, an der Organstellung an, aus der die Leitungspflicht resultiert, so ist es kein Zirkelschluss zu behaupten, aus der Organstellung folge eine Pflicht für die Erfüllung dieser Pflicht Sorge zu tragen, was letztlich zu der Komponente der Überwachung als Ausprägung des Gesamtverantwortungsprinzips führt.

d. *Pflicht zur eigenverantwortlichen Leitung*

Am weitesten verbreitet ist die Ansicht, das Gesamtverantwortungsprinzip sei aus der Pflicht zur eigenverantwortlichen Leitung aus § 76 Abs. 1 AktG abzuleiten[186]. Demnach hat § 76 Abs. 1 AktG nicht nur die Funktion der Kompetenzabgrenzung zwischen den Organen, sondern auch organisationsrechtliche Bedeutung für die Vorstandsmitglieder untereinander. Die Vorschrift richte die Leitungsaufgabe an das Gesamtorgan zur eigenverantwortlichen und gleichberechtigten Wahrnehmung aller Mitglieder[187]. Daraus resultiere auch eine gemeinsame Verantwortung.

---

183 *Hamann,* Evidenzbasierte Jurisprudenz, S. 203 f.; *Hoffmann-Becking* NZG 2003, 745 (746); *Mascherini,* Die Ressortverteilung als Instrument zur Enthaftung der GmbH-Geschäftsführung, S. 52 f.

184 *Fleischer* NZG 2003, 449 (450); so auch *Turiaux/Knigge,* DB 2004, 2199 (2203).

185 *Hoffmann-Becking* NZG 2003, 745 (747); *Linnertz,* Delegation, S. 113; *Wettich,* Vorstandsorganisation, S. 31.

186 *Emde,* FS Uwe H. Schneider, 2011, S. 295 (298); *Fleischer* NZG 2003, 449 (450); *Schiessl,* ZGR 1992, 64 (67); *Martens,* FS Fleck, 1988, 191 (194); *Schwark,* ZHR 1978, 203 (214 f.);

187 *Fleischer* NZG 2003, 449 (450); *Martens* FS Fleck, 1988, S. 191 (194); *Wettich,* Vorstandsorganisation, S. 32 ff.

e. Stellungnahme

(1) Widerlegung der genannten Auffassungen

Die verbreitete Verankerung bei § 76 Abs. 1 AktG[188] überzeugt insofern nicht, da der Grundsatz der Gesamtverantwortung auch für andere Kollegialorgane gilt und § 76 Abs. 1 AktG daher höchstens eine Übertragung auf den Vorstand zu erklären vermag, für eine konsequenterweise rechtsformübergreifende dogmatische Herleitung aber untauglich ist[189]. Insbesondere erschließt sich nicht, weshalb mit der Zuweisung der Leitungsaufgabe auch eine gleichberechtigte Wahrnehmung einhergehen soll, dieser Zusammenhang bleibt eine Behauptung, die die Pflichtbindung gem. § 76 Abs. 1 AktG nicht ohne näheren Anknüpfungspunkt zulässt. Überdies hat § 76 Abs. 1 AktG mit der Einführung des § 77 AktG seine vorstandsinterne Bedeutung verloren, was anhand der Gesetzeshistorie bereits nachgewiesen wurde[190]. Deshalb ist auch für das Gesamtverantwortungsprinzip ein Rekurs darauf wenig überzeugend. Gegen die vereinzelt vorgebrachte Berufung auf § 77 Abs. 1 AktG[191] und damit dem Grundsatz der Gesamtgeschäftsführung spricht, dass das Gesamtverantwortungsprinzip indisponibel ist und davon nicht, wie es § 77 Abs. 1 S. 2 AktG gestattet, abgewichen werden kann[192]. Das Gesamtverantwortungsprinzip soll gerade auch dann gelten, wenn vom Grundsatz der Gesamtgeschäftsführung abgewichen wird. Daher bliebe von den genannten Auffassungen nur die Ableitung aus dem Kollegialitätsprinzip, aus welchem gemeinhin die Tatsache erschlossen wird, dass alle Mitglieder eines Kollegialorgans gleichermaßen verpflichtet werden[193], was sich im Sinne des Gesamtverantwortungsprinzips interpretieren ließe.

(2) Gesamtverantwortungsprinzip als rechtdogmatische Überhöhung

Bei genauerer Betrachtung erweist sich der Grundsatz der Gesamtverantwortung für Geschäftsleiter als rechtsdogmatische Überhöhung. Seinen Kern hat er in dem Rechtstatbestand der Delegation selbst. Genau genommen besagt er nämlich nichts anderes, als dass Geschäftsleiter für die delegierte Pflicht eine

---

188 *Martens* FS Fleck, 1988, S. 191 (194); *Schiessl* ZGR 1992, 64 (67); *Schwark* ZHR 1978, 203 (214 f.).

189 Dagegen auch *Hoffmann-Becking* NZG 2003, 745 (749 f.).

190 Mit etwas abweichender Argumentation *Hoffmann-Becking* ZGR 1998, 497 (506 f.); *ders.* NZG 2003, 745 (747).

191 BGHSt 47, 187 (196 f.) = NJW 2002, 1585.

192 So auch *Wettich*, Vorstandsorganisation, S. 31.

193 *Hamann*, Evidenzbasierte Jurisprudenz, S. 203 f.

Restverantwortung in Form der *cura custodiendo* als Teil der *cura deligendo* trägt. Als alleiniges Geschäftsführungsorgan (vgl. §§ 111 Abs. 4 S. 1, 119 Abs. 2 AktG) sind alle in Zusammenhang mit der Geschäftsführung auftretenden Pflichten grundsätzlich an „den Gesamtvorstand" und somit an alle Geschäftsleiter gleichermaßen gerichtet. Nimmt ein Geschäftsleiter sie nicht selbst wahr, sind sie delegiert. Das Epizentrum der Geschäftsführung ist aber immer das Organ (Gesamt-)Vorstand. Über die Delegationsebenen lässt sich jede Pflicht auf ihn als primären Adressaten zurückführen. Besteht ein Vorstand aus mehreren Mitgliedern, so sind im Ausgangspunkt alle Mitglieder nur gemeinsam zur Geschäftsführung befugt und verpflichtet. Das statuiert § 77 Abs. 1 S. 1 AktG mit der Anordnung der Gesamtgeschäftsführung. Nachdem jede Abweichung davon bereits eine horizontale Delegation darstellt, geht damit an den Gesamtvorstand als Delegant eine Verantwortung für die *cura deligendo* einher. Jeder Delegatar, sei es nun ein einzelnes Vorstandsmitglied oder ein nachgeordneter Angestellter, muss bei der Wahrnehmung seiner Pflicht nach allgemeinen Grundsätzen durch den Gesamtvorstand, also durch alle Geschäftsleiter gleichermaßen, überwacht werden. Dabei handelt es sich aber nicht um einen aktienrechtlichen Grundsatz, sondern um ein allgemeingültiges Prinzip, welches jeder Delegation immanent ist[194]. Für einen mehrköpfigen Vorstand stellt dies insofern eine Besonderheit dar, dass sich die Pflichten des Gesamtvorstands wiederum individuell an die einzelnen Vorstandsmitglieder richten, die aufgrund ihrer Amtsstellung alle gleichermaßen mit den Gesamtvorstandspflichten betraut sind. Dies zeigt sich an § 93 Abs. 2 S. 1 AktG, wonach die individuelle Haftungsverantwortung eines jeden Vorstandsmitglieds im Rahmen einer Gesamtschuld zu erfüllen ist. Jedes Vorstandsmitglied hat also der Gesellschaft gegenüber unabhängig von einer Beteiligung eines anderen Vorstandsmitglieds für Pflichtverletzungen einzustehen, vgl. § 421 S. 1 BGB – die Berufung auf § 254 BGB ist deshalb untersagt[195]. Gilt dies primär im Rahmen der Haftung, verbirgt sich dahinter aber doch dieselbe Aussage für die originäre Pflicht. Die Pflichten, die an alle Vorstandsmitglieder gerichtet sind, können von jedem im Gesamten eingefordert werden, da sie dafür als Gesamtschuldner einzustehen haben – ex post, aber konsequenterweise auch ex ante[196]. Daher trägt jeder Geschäftsleiter eine Gesamtverantwortung für die gesamte Geschäftsführung[197].

---

194 Dazu bereits Kapitel 1 § 1 B und C.

195 *Freund* NZG 2021, 579 (581); *Spindler/Stilz/Fleischer* AktG, § 93 Rn. 210

196 Vgl. zu den steuerlichen Pflichten *Altmeppen*, GmbHG, § 43 Rn. 39.

197 *Schmidt-Husson*, in: Corporate Compliance, § 6 Rn. 10 führt daz aus, das Gesamtverantwortungsprinzip sei ein „Grundsatz aus dem Reich des Sollens, der allen

(3) Allgemeingültigkeit der Gesamtverantwortung

Daher ist es auch falsch, wenn davon die Rede ist, die Gesamtverantwortung gelte nur für herausgehobene Leitungsaufgaben[198]. Verantwortung trägt der Vorstand für alle Geschäftsführungsangelegenheiten, aber in welcher Form und in welchem Ausmaß ihn dies haftungsrechtlich verpflichtet, ist abhängig von der jeweiligen Pflicht und ob diese delegiert ist. Daher besagen auch die oftmals gesondert genannten Grundsätze der Gesamtverantwortung und der Allzuständigkeit ein und dasselbe[199]. Das zeigt sich, wenn man in einem BGH-Urteil liest: „Dieser vom Gesetz vorgesehenen Allzuständigkeit des Geschäftsführers steht eine entsprechend umfassende Verantwortung für die Belange der Gesellschaft gegenüber“[200] und es in demselben Urteil wenig später heißt: „Doch verbleiben dem nicht betroffenen Geschäftsführer in jedem Fall kraft seiner Allzuständigkeit gewisse Überwachungspflichten, die ihn zum Eingreifen veranlassen müssen, wenn Anhaltspunkte dafür bestehen, daß die Erfüllung der der Gesellschaft obliegenden Aufgaben durch den zuständigen Geschäftsführer nicht mehr gewährleistet ist“[201], womit im Kern das gesagt ist, was wiederum aus dem Gesamtverantwortungsprinzip abgeleitet wird. An anderer Stelle spricht das Gericht auch einfach pauschal von dem „Grundsatz der Generalverantwortung und Allzuständigkeit“[202]. Somit ist mit beidem nichts anderes gesagt, als dass der Vorstand als Handlungsorgan grundsätzlich für die gesamte Geschäftsführung zuständig und somit verantwortlich oder im Falle der Delegation restverantwortlich ist.

Handlungen des Leitungsorgans im Reich des Seins unverrückbar vorgegeben ist und nicht angetastet werden kann“ und kritisiert die Annahme, das Gesamtverantwortungsprinzip sei bei der Delegation zu wahren, da es eben jener vorgeschaltet ist.

198 So bspw. *Dauner-Lieb*, in: Henssler/Strohn GesR, § 76 AktG Rn. 7a; *Götz* ZIP 2002, 1745 (1747 f.).

199 Beispielhaft *Schmidt-Husson*, in: Coporate Compliance, § 6 Rn. 4.

200 BGHZ 133, 370 (376 f.) = NJW 1997, 130 (132).

201 BGHZ 133, 370 (376 f.) = NJW 1997, 130 (132).

202 BGHSt 37, 106 = NJW 1990, 2560 (2565).

(4) Unüberschaubare Prinzipienflut

Befasst man sich mit der Leitungsverantwortung des Vorstands, so begegnet man einer nahezu unüberschaubaren Flut an Prinzipien: Prinzip der Gesamtgeschäftsführung[203], Prinzip der Allzuständigkeit[204], Prinzip der Gesamtverantwortung[205], Unveräußerlichkeitsprinzip, Prinzip der Gesamtleitung[206], Prinzip der gegenseitigen Überwachung[207], Kollegialprinzip[208], usw. Diese sollen sich gegenseitig bedingen, aufeinander aufbauen und in manchen Punkten schlicht decken[209]. Das Problem daran ist, dass die Konturen dieser Prinzipien dadurch unklar werden, deren Grenzen verschwimmen und daher eine Argumentation auf Grundlage derer zwar leicht zu führen ist, aber immer mehr an Substanz verliert, da die eigentliche Sachaussage durch fehlende inhaltliche Schärfe unklar oder zumindest unpräzise wird[210]. Alle Vorstandsmitglieder tragen Leitungsverantwortung, was sich als Gesamtverantwortung bezeichnen lässt. §§ 76 Abs. 1 und 77 AktG spielen diesbezüglich insofern eine Rolle, als dass aus ihnen mitunter die originäre Leitungs- und Geschäftsführungspflicht ergibt. Dogmatisch handelt es sich nach der hier vertretenen Auffassung bei der Gesamtverantwortung des Vorstands aber um nichts anderes als die Restverantwortung einer jeden Delegation. Diese spaltet sich bei einer Delegation durch den Gesamtvorstand auf alle einzelnen Mitglieder auf, die ihrerseits die Pflichten des Gesamtvorstands in Gänze zu erbringen haben. Auf diese Weise wird aus der Überwachungspflicht des Gesamtvorstands eine Pflicht zur organinternen Selbstkontrolle[211]. Gegenüber nachgeordneten Mitarbeitern und externen Dritten gilt Entsprechendes.

---

203 *Mertens/Cahn,* in: Kölner Komm AktG, § 77 Rn. 10; *Seibt,* FS K. Schmidt, 2009, S. 1463 (1466).

204 BGHZ 133, 370 (376 ff.) = NJW 1997, 130 (132); *Schmidt-Husson,* in: Coporate Compliance, § 6 Rn. 4.

205 *Seibt,* FS K. Schmidt, 2009, S. 1463 (1466).

206 *Fleischer* NZG 2003, 449 (450 f.).

207 *Fleischer* NZG 2003, 449 f.

208 *Seibt,* FS K. Schmidt, 2009, S. 1463 (1466).

209 Die synonyme Verwendung des Kollegialitätsprinzips und des Gesamtverantwortungsprinzips kritisierend auch *Hamann,* Evidenzbasierte Jurisprudenz, S. 204.

210 Ähnlich auch *Linnertz,* Delegation, S. 114; *Hamann,* Evidenzbasierte Jurisprudenz, S. 204 erkennt, dass bereits der Begriff Gesamtverantwortung keine Abgrenzung zwischen Berechtigung und Verpflichtung ermöglicht.

211 Zur Überwachungspflicht des Gesamtvorstands *Schiessl* ZGR 1992, 64 (69), ihm folgend *Fleischer* NZG 2003, 449 (452) und *Spindler,* in: MüKoAktG, § 93 Rn. 180.

Einzuräumen ist jedoch, dass die Gesamtverantwortung des Vorstands im Rahmen der horizontalen Delegation insofern eine Besonderheit darstellt, als dass es nicht immer der Vorstand selbst ist, der die Geschäftsverteilung vornimmt. Häufig ist es vielmehr der Aufsichtsrat, der in der Geschäftsordnung die Ressortverteilung regelt. Er hat dazu die vorrangige Kompetenz[212]. Das lässt sich lösen, wenn man die in der Geschäftsordnung vorgenommene Aufgabenverteilung als Anweisung an den Gesamtvorstand versteht, in der vorgegebenen Weise in horizontaler Richtung zu delegieren.

(5) Folgerung für das Delegationsverbot

Wenn die Gesamtverantwortung - wie hier - als Restverantwortung der Delegation begriffen wird, kann sie jedoch keine Gesamtzuständigkeit in Form eines Delegationsverbots begründen. Sie ist der Delegation selbst immanent. Das Prinzip der Gesamtverantwortung setzt der Delegation nur insofern Grenzen, als dass ein jeder Geschäftsleiter seiner Verantwortung, wie bei jeder Delegation sonst auch, nicht in Gänze entrinnen kann. An ihm ist daher in seinem Kernbestand insofern festzuhalten, als dass jeder Geschäftsleiter eine Verantwortung für die gesamte Geschäftsführung trägt. Es gehört zum Kernbestand des Vorstandsrechts und soll weiterhin als appellatorischer Hinweis an das Verantwortungsbewusstsein der Organwalter dienen. Ein Delegationsverbot vermag das Gesamtverantwortungprinzip aber nicht zu begründen.

III. Höchstpersönlichkeit der Vorstandsaufgabe

Eine Durchdringung zu dem Kern des Delegationsverbots ist nach dem Vorstehenden noch nicht gelungen. Daher ist auf die Rechtswirkung einer Delegation zurückzukommen. Jene besteht darin, Verantwortung dadurch zu reduzieren, dass dem Delegatar Handlungsverantwortung im Sinne einer Wahrnehmungspflicht übertragen wird. Eine Wahrnehmung bzw. die Erfüllung einer Pflicht durch einen Dritten ist aber nach dem in § 267 Abs. 1 S. 1 BGB verankerten Grundsatz immer dann nicht möglich, wenn es sich um eine höchstpersönliche Pflicht handelt. Denknotwendig verbietet sich jede Form der Übertragung, wenn nur eine persönliche Wahrnehmung erfüllende Wirkung hat. Ob eine Pflicht höchstpersönlichen Charakter hat, kann sich aus dem Gesetz, aus einer gesonderten Vereinbarung oder dem Sinn und Zweck des Rechtsverhältnisses

---

212 *Spindler*, in: MüKoAktG, § 77 Rn. 46 ff.

ergeben[213]. Grund für die Höchstpersönlichkeit einer Pflicht ist im Regelfall ein besonders ausgeprägtes Vertrauensverhältnis[214].

Das hier in Frage stehende Rechtsverhältnis ist das Organverhältnis zwischen dem Vorstand und der AG. Erblickt man darin, wie gleich dargetan wird, ein Geschäftsbesorgungsverhältnis, so ergibt sich, dass die Leitungspflicht des Vorstands zur Erfüllung eines Mandats erbracht wird. Für ein Geschäftsbesorgungsverhältnis gilt gem. § 664 BGB grundsätzlich, dass die Pflichten höchstpersönlich zu erledigen sind. Der Vorschrift wird ein allgemeiner Rechtsgedanke beigemessen, wonach die Auftragsausführung grundsätzlich nicht einem Dritten überlassen werden darf. So wird beispielsweise auch § 713 BGB[215] interpretiert, der auf § 664 BGB verweist und damit klarstellt, dass sich der geschäftsführende Gesellschafter seiner eigenen Entscheidungsbefugnis nicht begeben darf[216]. Somit lässt sich die Leitungspflicht aus § 76 Abs. 1 AktG grundsätzlich als höchstpersönliche Pflicht begreifen, was letztlich mangels Übertragbarkeit der Pflicht im Ergebnis ein bzw. das vorstandliche Delegationsverbot statuiert. Damit ist die hier vertretene Kernthese dieser Arbeit zur Frage der Dogmatik betreffend das Delegationsverbot umrissen. Ob diese These haltbar ist, wird im Folgenden untersucht.

1. *Geschäftsbesorgungsrecht und Übertragbarkeit in das Gesellschaftsrecht*

Das Recht der Geschäftsbesorgung bezeichnet weder ein geschlossenes System noch ist damit ein bestimmter Vertragstyp umschrieben. Man unterteilt der Gesetzessystematik zur Folge in entgeltliche und unentgeltliche Geschäftsbesorgungsverhältnisse. Der Verweis in § 675 Abs. 1 BGB für solche, die gegen Entgelt erbracht werden, führt indes auch in die Vorschriften für den unentgeltlichen Auftrag bzw. die unentgeltliche Geschäftsbesorgung gem. §§ 662 ff. BGB. Demzufolge beinhalten die Vorschriften der §§ 662 ff. BGB in ihrer Gesamtheit die Grundprinzipien, die jedem Verhältnis, das eine Geschäftsbesorgung zum Gegenstand hat, immanent sind[217]. Aufgrund der Allgemeingültigkeit der Geschäftsbesorgungsprinzipien dient das Auftragsverhältnis auch als Vorbild für sonstige gesetzliche Geschäftsbesorgungsverhältnisse, weshalb es an vielen Stellen entsprechend angewandt[218], zur Schließung von Regelungslücken im

---

213 *Krüger,* in: MüKoBGB, § 267 Rn. 4.

214 So zu § 267 BGB *Krüger,* in: MüKoBGB, § 267 Rn. 4.

215 Künftig § 711a BGB

216 *Servatius,* in: Henssler/Strohn GesR, § 713 BGB Rn. 3; dazu bereits Mot. II 606.

217 *Larenz,* SchuldR BT I, § 56 I, S. 408.

218 Vgl. nur §§ 27 Abs. 3, 86, 675, 713, 2218 BGB usw.

Wege der Analogie herangezogen wird[219] oder der Begründung von allgemeinen Rechtsgedanken dient[220]. Insbesondere die Entgeltlichkeit einer Tätigkeit steht einer solchen Ausdehnung des Anwendungsbereichs nicht entgegen, obwohl sich der Auftrag grundsätzlich durch seine Unentgeltlichkeit auszeichnet[221]. Gebietsübergreifend dient das Auftragsrecht daher der grundlegenden Strukturierung spezieller Geschäftsbesorgungs- und Geschäftsführungsverhältnisse[222]. Nachdem das Gesellschaftsrecht das Recht der privaten Organisationen und kooperativen Vertragsverhältnisse ist, befindet es sich selbstverständlich ebenfalls im Anwendungsbereich der allgemeinen privatrechtlichen Lehren[223] . Wie *K. Schmidt* treffend formuliert: „Ohne sorgsamen Umgang mit privatrechtlichen Grundfiguren kann demnach das Gesellschaftsrecht nicht betrieben werden.“[224]. Für all diejenigen Bereiche, in denen gesellschaftsrechtliche Regelungslücken bestehen oder allgemeine Rechtsgrundsätze Interpretationsstützen bereitstellen, muss demzufolge auf Grundlagen des BGB zurückgegriffen werden. Unzweifelhaft für die Teilnahme der Kapitalgesellschaften am Rechtsverkehr, aber auch für deren innere Ordnung gilt daher das BGB als lex generalis[225]. Insofern steht der Übertragbarkeit des Rechtsgedankens des § 664 BGB daher nichts entgegen, sie drängt sich sogar auf, wenn es ansonsten an einer entsprechenden Regelung fehlt.

2. *Der Vorstand als Geschäftsbesorger der AG*

In der Organisationsverfassung der AG ist der Vorstand Teil der Verwaltung der Gesellschaft. Eine Subsumtion unter den Geschäftsbesorgungsbegriff macht dessen Eigenschaft als Geschäftsbesorger der AG deutlich. Vorweg sei noch erwähnt, dass es nicht darum geht, ein Auftragsverhältnis zwischen dem Vorstand und den Aktionären zu konstruieren. Nach höchstrichterlicher Rechtsprechung besteht weder ein Auftrag oder ein auftragsähnliches Verhältnis zwischen dem Vorstand und den einzelnen Aktionären noch zwischen dem Vorstand und

219 S. beim Handelsvertretervertrag die Anwendung des § 667, BGH NJW 2009, 1420 (1421); zur dessen Anwendbarkeit im Arbeitsrecht, vgl. nur BAG NZA 2012, 501 (502);

220 Vgl. zu § 670, BAG NJW 2004, 2036 (2037); NZA 1999, 38 (39); BAG NZA 2015, 1319 (1322) Rn. 32.

221 Dazu ausdrücklich BAG NZA 2015, 1319 (1322) Rn. 32.

222 *Larenz,* SchuldR BT I, § 56 I, S. 408.

223 *K. Schmidt,* GesR, § 1 II 2 a).

224 *K. Schmidt,* GesR, § 1 II 2 a).

225 *Wilhelm,* Kapitalgesellschaftsrecht, Rn. 13

der Hauptversammlung[226]. Der Vorstand handelt nicht aufgrund einer schuldrechtlichen Beziehung zu den Aktionären als Treugeber, sondern ist diesen gegenüber nur wegen deren Organverhältnisses zur AG verpflichtet[227]. Es geht vielmehr um das Verhältnis des Vorstands zur AG als juristische Person.

a. Subsumtion unter den Geschäftsbesorgungsbegriff

Geschäftsbesorgung bezeichnet ganz allgemein jede fremdnützige Tätigkeit im Interessenbereich eines anderen[228]. Geschäftsführungsorgane von juristischen Personen sind dafür geradezu ein Paradebeispiel, denn ihr einziger Zweck besteht in dem Wirken für den Verband. Der Vorstand handelt ausschließlich im (fremden) Unternehmensinteresse für die Gesellschaft und führt deren Geschäfte. Oftmals findet man noch konkreter die Bezeichnung des Vorstands als Treuhänder der Gesellschaft[229]. Um die genaue Definition des Begriffs der Treuhand herrscht keine Einigkeit, doch ist Kernelement derer die Übertragung von vermögenswerten Rechten und der notwendigen Rechtsmacht mit einer Bindung an die Interessen des Treugebers[230]. Auf Geschäftsleiter von Kapitalgesellschaften trifft dies zu, da sie das der juristischen Person übertragene (fremde) Vermögen verwalten, wofür ihnen die Geschäftsführungsbefugnis bzw. dem Vorstand die Leitungsmacht eingeräumt ist[231]. Die enge Verflechtung des Treuhandverhältnisses und des Auftrags, die auch die Anwendung des § 664 BGB auf den Treuhänder[232] erklärt, ist an der Stelle eine weitere Parallele, die allgemein die Heranziehung geschäftsbesorgungsrechtlicher Grundsätze rechtfertigt[233].

---

226 So die Rspr., die auf dieser Grundlage auch eine Auskunfts- und Rechenschaftspflicht des Vorstands gegenüber den einzelnen Aktionären aus § 666 BGB ablehnt, vgl. BGH 30.3.1967 – II ZR 108/07 = NJW 1967, 1462 (1463) und auch die Möglichkeit der Hauptversammlung, besondere Informationspflichten des Vorstands durch Beschluss herbeizuführen, vgl. *Hüffer,* ZIP 1996, 401 (404); *Spindler,* in: MüKoAktG, § 76 Rn. 24.

227 *Mülbert,* in: Großkomm AktG, Vor §§ 118-147 Rn. 194.

228 RGZ 65, 17 (18).

229 OLG Frankfurt a. M. AG 2011, 462 (463); *Fleischer* WM 2003, 1045 (1045 f.); *Raiser/Veil,* in: Recht der Kapitalgesellschaften, § 14 Rn. 92; *Spindler,* in: MüKo AktG, § 93 Rn. 125; krit. dazu *Dubovitskaya* NZG 2015, 983.

230 *Schilken,* in: Staudinger BGB, Neubearb. 2019, Vor. §§ 164 Rn. 48; *Schubert,* in: MüKoBGB, 9. Aufl., § 164 Rn. 59.

231 *Mertens/Cahn,* in: Kölner Komm AktG, § 76 Rn. 32.

232 BGH NJW 1993, 1704; Zur treuhänderischen Stellung eines Beauftragten, vgl. *Larenz,* SchuldR BT I § 56 II, S. 414.

233 *Omlor/Martinek,* in: Staudinger BGB, Vorbem. §§ 662 BGB, Rn. 40 ff.

Aufgrund der Eigenverantwortlichkeit, die dem Vorstand dabei zusteht, ist er im Gegensatz zur GmbH und dem Verein kein reines Ausführungsorgan. An dem grundlegenden Verhältnis ändert dies jedoch nichts. Problematisch ist daher auch nicht, dass es an der § 665 BGB entsprechenden Weisungsbefugnis fehlt, die Geschäftsbesorgungsverhältnisse mitunter charakterisiert[234]. Diese Selbstständigkeit macht die Vertrauensstellung des Vorstands nur in höherem Maße zwingend.

b. Trennung von Anstellungs- und Organverhältnis

Zu trennen vom Organverhältnis ist nach allgemeinen Grundsätzen das Anstellungsverhältnis, welches den genauen Umfang der Leitungspflichten festsetzt, die Gegenleistung der Gesellschaft bestimmt und nachrangig zum Organverhältnis all diejenigen Aspekte regelt, die nicht bereits durch die Organbestellung vorgegeben sind[235]. Es handelt sich bei dem Anstellungsvertrag üblicherweise um einen Dienstvertrag mit Geschäftsbesorgungscharakter[236]. Trotz der Trennungstheorie indiziert auch dies, wie der Vorstand der AG organschaftlich als Geschäftsbesorger gegenübersteht.

c. § 27 Abs. 3 S. 1 BGB als gesetzlicher Anknüpfungspunkt

Der Zusammenhang zum Auftragsrecht als Grundtypus des Geschäftsbesorgungsverhältnisses eines gesetzlichen Vertreters einer Kapitalgesellschaft wird mit einem Seitenblick auf § 27 Abs. 3 S. 1 BGB unverkennbar[237]. Für den Verein

---

234 Die Selbstständigkeit des Geschäftsbesorgers und die Weisungsbefugnis des Geschäftsherrn stehen laut *Martinek/Omlor* ohnehin in einem Spannungsverhältnis, denn grundsätzlich macht sich der Geschäftsherr die Eigenverantwortlichkeit und weitgehende Autonomie des Geschäftsführers zunutze, da dieser dadurch seine individuellen Fähigkeiten bestmöglich einbringen kann, vgl. *Martinek/Omlor,* in: Staudinger BGB, § 675 A 12 f.

235 BGHZ 78, 82 (84) = NJW 1980, 2415; BGHZ 79, 38 (41) = NJW 1981, 757; BGHZ 89, 48 (52) = NJW 1984, 733; BGH NJW 2003, 351; *Kropff,* RegBegr., S. 106; *Fleischer,* in: BeckOGK AktG, § 84 Rn. 7; *Kort,* in: Großkomm AktG, § 84 Rn. 16ff.; *K. Schmidt* GesR § 28 II 2; *Spindler,* in: MüKoAktG, § 84 Rn. 11. Der von *Baums,* Geschäftsleitervertrag, S. 3ff., vertretenen Einheitstheorie steht schon der eindeutige Wortlaut entgegen, vgl. § 84 Abs. 3 S. 5 AktG.

236 *Teichmann,* in: BeckOGK BGB, § 675 Rn. 98 f.; *Koch,* in: Koch AktG, § 84 Rn. 21 ff.; *Spindler,* in: MüKoAktG, § 84 Rn. 59 ff.

237 Die Nichtheranziehung des § 27 Abs. 3 BGB wird an anderer Stelle mit der Begründung, die aktienrechtliche Lage habe sich aufgrund der Veränderung des Verhältnisses zwischen Vorstand und Aktionären durch § 70 AktG 1937, abgelehnt.

als Grundform der privatrechtlichen Körperschaften[238] verweist das BGB für dessen Verhältnis zu seinem Vorstand auf die auftragsrechtlichen Vorschriften der §§ 664-670 BGB. Dabei ist zwar zu bedenken, dass der Vereinsvorstand lediglich Ausführungsorgan ist und insofern wie der Geschäftsführer der GmbH gem. §§ 45, 46 GmbHG den Beschlüssen der Gesellschafterversammlung unterworfen ist[239]. Zudem besteht die Möglichkeit dem Vorstand des Vereins satzungsmäßig die Geschäftsführung zu entziehen und auf ein anderes Organ zu übertragen[240]. Die Stellung eines Beauftragten ist hier deutlicher verankert, da es sich in beiden Fällen „nur" um Ausführungsorgane handelt, während der Vorstand der AG als eigenverantwortliches Leitungsorgan agiert. Diese typenbedingten Eigenheiten ändern aber nichts an dem grundsätzlichen Verhältnis zur juristischen Person. § 76 Abs. 1 AktG schließt die Aktionäre von der Geschäftsführung lediglich insofern aus, als dass sie dem Vorstand gegenüber nicht weisungsbefugt sind. Zum Teil wird daher auch angenommen, § 27 Abs. 3 BGB und somit die §§ 664-670 BGB seien auf den Vorstand der AG entsprechend anwendbar[241].

d. Zwischenergebnis

Die AG bedient sich als Verband und somit als Zweckzusammenschluss für die Verfolgung seines Gesellschaftszwecks des Vorstands zur Besorgung ihrer Geschäfte[242]. Man kann den Vorstand seinem Wesen nach daher auch als Beauftragten, Mandatar oder eben als Geschäftsbesorger bezeichnen, woher sich erklärt, weshalb oftmals die Rede von dem Vorstands*mandat* ist[243]. Bereits in dem preußischen Entwurf eines Handelsgesetzbuches von 1857, der dem ADHGB zugrundelag, wurde das korporationsrechtliche Verhältnis zwischen den Vorstandsmitgliedern und der Gesellschaft als Mandat bzw. Vollmachts*auftrag*

238 *Segna,* in: BeckOGK BGB, § 21, Rn. 1.

239 Zu dieser Abgrenzung *Hüffer,* in: AktienR im Wandel Bd. II, 7. Kap., Rn. 8.

240 BGHZ 69, 250 (252) = NJW 1977, 2310 (2311); *Leuschner,* in: MüKoBGB, § 27 Rn. 38; *Schwennicke,* in: Staudinger BGB, 2019, § 27 Rn. 66 mwN.

241 *Kort,* in: Großkomm AktG, § 77 Rn. 6a; *Mertens/Cahn,* in: Kölner Komm. AktG, § 77 Rn. 6.

242 *Seibt* FS K. Schmidt, 2009, S. 1463 (1467).

243 Dies findet man insbesondere bei Vorstandsdoppelmandaten, vgl. nur *Grigoleit,* in: Grigoleit AktG, § 76 Rn. 104 ff.; *Koch,* in: Koch AktG, § 76 Rn. 53 ff.; jedoch auch, wenn es um das „einfache" Vorstandsmandat geht, vgl. *Apfelbacher/Hemeling/Hoffmann-Becking/Kremer/Krieger/Löbbe/Maier-Reimer* NZG 2020, 1281; *Nehls,* in: MAHdbAktR, Teil E, Rn. 225 f.

angesehen[244]. Dies hat seinen Hintergrund im römischen Rechtsinstitut des *mandatum,* auf welches sogleich zurückzukommen ist[245]. Die Grundprinzipien des Geschäftsbesorgungsrechts gelten jedenfalls auch für den Vorstand der AG.

3. *Telos des § 664 BGB und Übertragung auf den Vorstand*

Zentrale Norm betreffend die Aufgabenübertragung im Geschäftsbesorgungsrecht ist § 664 BGB, der anordnet, dass der Auftrag grundsätzlich höchstpersönlich auszuführen und daher im Zweifel nicht übertragbar ist. Dies ist insofern eine Besonderheit, da nach § 267 Abs. 1 BGB der Grundsatz gilt, dass auch Dritte zur Leistungserbringung berechtigt sind[246]. Über eine historische Betrachtung ist der Hintergrund dieses Telos zu untersuchen und dann zu fragen, ob es auch auf den Vorstand der AG übertragbar ist.

a. *Historische Genese*

Die für das Geschäftsbesorgungsrecht maßgeblichen Regelungen der §§ 662 ff. BGB sind auch heute noch stark an der Konzeption des *mandatum* des römischen Rechts orientiert.

(1) Das mandatum des römischen Rechts

Führt man sich die immense Bedeutung der *fides*[247] und der *amicitia*[248] für das römische Recht vor Augen, so verwundert die große praktische Rolle der geschäftsbesorgerischen Treueverhältnisse *mandatum*[249] und *negotiorum gestio*[250] nicht. Treue gehörte zu den Lebensprinzipien der Römer. Ein enges Geflecht von freundschaftlichen Beziehungen prägte das soziale Leben und spiegelte sich in den Grundwerten wider. Die *fides* mit all ihren Ausprägungen bildete das Fundament dazu[251]. Eingang in die Regeln des römischen Rechts fand die *fides* durch die Verrechtlichung in Form der *bona fides,* den Grundsatz von Treu und Glauben, der das deutsche Privatrecht noch heute maßgeblich prägt[252].

---

244 *Baums,* Organstellung und Anstellungsverhältnis, S. 122.
245 Dazu *Martinek/Omlor,* in: Staudinger BGB, 2017, Vorbem §§ 662 ff. Rn. 3.
246 *Schäfer,* in: MüKoBGB, § 664 Rn.8;
247 Dazu eingehend *Schulze,* Prinzipien des römischen Rechts, S. 151 ff.
248 *Kroppenberg* ZSR 2009, 284 (284 f.).
249 Entspricht dem heutigen Auftrag.
250 Entspricht der heutigen Geschäftsführung ohne Auftrag.
251 *Nörr,* Mandatum und Verwandtes, S. 14 ff.
252 *Nörr,* Mandatum und Verwandtes, S. 14.

Treueverhältnisse zählten daher in der Folge „zu den wichtigsten Rechtsinstituten in dieser römischen Welt"[253]. Ein solches Treueverhältnis stellte unter anderem das *mandatum* dar. Dessen Grundgedanken sind den von Kaiser Justinian in Auftrag gegebenen Digesten zu entnehmen: „Sicut autem liberum est mandatum non suscipere, ita susceptum consummari oportet, nisi renuntiatum sit [...] aut si redundet in eum captio qui suscepit mandatum."[254]. Ein Auftrag (*mandatum*) beinhaltete im römischen Recht die Wahrnehmung einer unentgeltlichen Tätigkeit in fremdem Interesse. Erfasst waren davon indes nur Tätigkeiten höherer Art (*operae liberales*), wie ärztliche oder rechtsanwaltliche Leistungen[255]. Bis der Prätor das *mandatum* im Wege der *bona fidei iudicium* klagbar machte, entsprach die Erfüllung eines *mandatums* lediglich einer sittlichen Pflicht, denn die Erbringung von Diensten höherer Art verstand man als freundschaftliche Leistung. *Amicitia* und *officium* standen der Entgegennahme eines Entgelts entgegen: „Mandatum ... originem ex officio et amicitia trahit"[256]. Das gesamte Auftragsverhältnis beruhte daher auf dem Vertrauens- und Treuegedanken[257]. Man ging davon aus, der durch den Auftrag Begünstigte werde sich durch eine zukünftige freundschaftliche Gegenleistung erkenntlich zeigen[258]. Insbesondere ging es darum, das gesellschaftliche Ansehen zu stärken und so einer möglichen politischen Laufbahn den Weg zu ebnen[259]. Gleichwohl war die Zahlung eines freiwilligen Honorars nicht unüblich. Sie war sogar sehr verbreitet[260].

Gegenstand des *mandatum* konnte nur das Handeln (zumindest auch) in fremdem Interesse sein. Ein Beispiel war schon damals die Bestellung eines *mandatum* zur Führung der Geschäfte des Auftraggebers: „Mea tantum gratia

---

253 *Schulze,* Prinzipien des römischen Rechts, S. 160

254 „So wie es einerseits freisteht, einen Auftrag nicht zu übernehmen, so muss andererseits ein Auftrag, wenn er übernommen worden ist, auch ausgeführt werden, sofern er nicht gekündigt ist [...] oder sofern auf denjenigen, der den Auftrag übernommen hat, aus dessen Ausführung erhebliche Schäden zukommen." Die Übersetzung stammt von *Rolf Knütel,* vgl. *Knütel,* Corpus Iuris Civilis III, Digesten 11-20, 1999, D 17.1.22.11, S. 376.

255 *Martinek/Omlor,* in: Staudinger BGB, 2017, Vorbem §§ 662 ff. Rn. 3 ff.

256 „... der Auftrag hat seinen Ursprung in Pflichtgefühl und Freundschaft.", Paulus D 17, 1, 1, 4 vgl. *Knütel,* Corpus Iuris Civilis III, D 17 1. 4. S. 355.

257 Vgl. dazu eingehend *Behrends,* FS Waldstein, 1993, S. 33 ff.

258 *Martinek/Omlor,* in: Staudinger BGB, 2017, Vorbem §§ 662 ff Rn. 3.

259 *Schulz,* Prinzipien des römischen Rechts, S. 125.

260 *Schäfer,* in: MüKoBGB, § 662 Rn. 4; dazu auch *Lammel,* in: HKK §§ 662–675b Rn. 5 ff.

intervenit mandatum, veluti si tibi mandem, ut negotia mea geras…“[261]. Inhalt eines Auftrags konnte mithin Handeln im Interesse des Auftraggebers oder eines Dritten sein, das möglicherweise auch dem Auftragnehmer diente, nicht jedoch *mandata*, die ausschließlich diesem zugutekamen[262]. Ein solches *mandatum gratia* verstand man als rechtlich bedeutungslosen *consilium*[263].

Eindeutige Übermittlungen über die Weiterübertragung der Ausführung des *mandatum* findet man kaum[264]. Bekannt ist wohl, dass sich der Beauftragte regelmäßig eines Unterbeauftragten bedienen, aber dabei die Grenzen des Mandats nicht überschreiten durfte[265]. In Anbetracht der Tatsache, dass das *mandatum* von persönlicher Verbundenheit geprägt war, wird man jedoch davon ausgehen dürfen, dass es mangels gegenteiliger Regelung unzulässig war, den Auftrag durch einen anderen ausführen zu lassen. Die Vermutung liegt nahe, dass die Prägung durch das Treueprinzip den Gedanken der Weiterübertragung weitestgehend verdrängte. Schließlich tat man sich gegenseitig Gefallen. Wechselseitiges Vertrauen und daher die subjektiven Parteiinteressen sind die grundlegenden Wesensmerkmale der fremdnützigen Geschäftsbesorgung.

(2) Auftragsübertragung im Entwurf zum BGB

In den Entwürfen zum BGB wurde über die Grundsätze der Substitutionsbefugnis innerhalb eines Auftrags diskutiert. Während das gemeine Recht dem Mandatar grundätzlich die Substitutionsbefugnis zugestand, sahen andere in der persönlichen Auftragserfüllung das dem Wesen des Mandates entsprechende[266]. Man sah sich aufgrund der elementaren Bedeutung gezwungen, es nicht bei der allgemeinen Regelung des § 226 BGB a.F.[267] zu belassen[268]. Bereits in den Ausführungen zu § 226 BGB a.F. sollte für den Auftrag und in diesem Zusammenhang für den zur Geschäftsführung berufenen Gesellschafter aufgrund des zugrundeliegenden Vertrauensverhältnisses eine Abweichung von dem in § 226 BGB a.F. statuierten Grundsatz vorgenommen werden. Dies wurde in den

---

261 D 17, 1, 2, 1. Übersetzung *Knütel*: Ein Auftrag nur meinetwegen ist zum Beispiel gegeben, wenn ich dir den Auftrag erteile, daß du meine Geschäfte führst…“

262 Vgl. dazu die Übersetzung *Knütels* zu Ulpian im 31. Buch zum Edikt in: *Knütel*, Corpus Iuris Civilis III, D. 17.1.6.5. S. 358

263 Gaius D. 17, 1, 2; *Martinek/Omlor*, in: Staudinger BGB, 2017, Vorbem §§ 662 ff Rn. 3.

264 *Lammel*, in: HKK BGB, §§ 662-675b, Rn. 31.

265 *Lohsse*, in: RömPrivatR, § 55 I 4. Rn. 9.

266 Mudgan Bd. II, 531.

267 Entspricht dem heutigen § 267 BGB.

268 Mugdan Bd. II, S. 531.

Ausführungen zu § 588 BGB[269] a.F. erneut bekräftigt. Dort heißt es: „Die meisten Aufträge werden nicht ohne Rücksicht auf das persönliche Vertrauen ertheilt, welches der Auftraggeber in den Beauftragten setzt. Hierdurch rechtfertigt sich für die Regelung die Versagung der Subsitutionsbefugnis.“[270] Selbiges wurde für den geschäftsführenden Gesellschafter zum damaligen § 639 BGB wiederholt[271].

Entscheidend für die Kodifikation der Auslegungsregel, die eine Übertragung der Auftragsausführung im Grundsatz verbietet, war demnach das Vertrauensverhältnis zwischen Mandant und Mandatar, was wiederum an das *mandatum* als von Treue geprägtes Rechtsverhältnis anknüpft.

b. Heutige Rechtslage und Übertragung auf den Vorstand

Hintergrund des heutigen § 664 BGB ist mithin der folgende Gedanke: Da der Beauftragte im Fremdinteresse für den Auftraggeber tätig wird, sucht der Geschäftsherr diesen mit Rücksicht auf dessen unverwechselbares Persönlichkeitsprofil aus[272]. Die Ausführung durch einen vertragsfremden Dritten entspricht in der Regel daher nicht dem Parteiinteresse. Mit der Auswahl eines bestimmten Mandatars ist verbunden, speziell diesen zur Pflichterfüllung zu veranlassen. Es entsteht eine persönliche Vertrauensbeziehung zwischen den Parteien, aufgrund derer der Mandant grundsätzlich davon ausgehen darf, dass der Mandatar das vereinbarte Geschäft auch persönlich erledigt. Zurückführen lässt sich das auf den Ursprung im römischen Recht. Die Prägung des *mandatum* durch die *fides* schlägt noch heute auf das Auftragsrecht durch. Mit der Mandatsübernahme geht mithin ein Treuebekenntnis einher. Das zeigt sich mitunter daran, dass sich auch all diejenigen Rechtsverhältnisse, auf die § 664 BGB heute entsprechend anwendbar ist, dadurch auszeichnen, dass mit ihnen ein persönliches Vertrauensverhältnis begründet wird[273]. Zudem geht die höchstrichterliche Rspr. davon aus, dass unter dieser Voraussetzung § 664 BGB auch auf die entgeltliche Geschäftsbesorgung anwendbar ist, obwohl in § 675 Abs. 1 BGB explizit

---

269 Entspricht heutigem § 664 BGB.

270 Mugdan Bd. II, S. 531.

271 Mugdan Bd. II, S. 606 f.

272 *Berger* in: Erman, BGB, § 664 BGB Rn. 1; *Martinek/Omlor*, in: Staudinger BGB, 2017, § 664 Rn.2.

273 Beispielhaft zu nennen sind hier der Vereinsvorstand gem. § 27 Abs. 3 BGB, der Stiftungsvorstand, der geschäftsführende Gesellschafter gem. § 713 BGB, der Testamentsvollstrecker gem. § 2218 BGB.

von der Nennung des § 664 BGB abgesehen wurde[274]. Die Pflicht zur Höchstpersönlichkeit entspringt mithin dem Kerngedanken, dass die Pflichtbindung innerhalb einer engen Vertrauensbeziehung besteht.

Dies lässt sich auf den Vorstand *mutatis mutandis* übertragen. An vielen Stellen des AktG lässt der Gesetzgeber erkennen, dass das korporationsrechtliche Verhältnis des Vorstands und der AG von besonderem Vertrauen in das Vorstandsorgan geprägt ist[275]. So ermöglicht § 84 Abs. 3 S. 1 AktG die Abberufung des Vorstands auf Grundlage des Vertrauensverlustes. Die umfangreichen Machtbefugnisse des Vorstands sind nur durch den Glauben in einen sorgfältigen Umgang und die individuellen Fähigkeiten legitimiert[276]. Der BGH führt dazu aus, dass „die Stellung des Vorstandes auf Vertrauen gegründet ist und daß seine Machtbefugnisse nur in dem ihm entgegengebrachten Vertrauen ihre Berechtigung finden. Deshalb brauchen Vorstandsmitglieder, die nicht mehr vom Vertrauen der Gesellschaft getragen werden, grundsätzlich nicht beibehalten zu werden.“[277]. Dies wird weiter anhand des Entlastungsbeschlusses gem. § 120 AktG deutlich, durch welchen die Hauptversammlung jährlich über die Billigung des Verwaltungshandelns entscheidet[278]. Dabei geht es ausdrücklich (vgl. § 120 Abs. 2 S. 2 AktG) nicht um einen Verzicht auf Ersatzansprüche, weshalb der Beschluss auch keinerlei vermögensrechtliche Folgen hat[279]. Unter Berücksichtigung des vergangenen Geschäftsjahres wird mit dem Entlastungsbeschluss vielmehr turnusmäßig das Vertrauen in die Verwaltungsorgane – und so eben auch in den Vorstand – erneuert und bekräftigt[280]. Bei der Begründung des Vertrauensverhältnisses lässt sich zudem auf die Begründung der allgemeinen Treuepflicht des Vorstands zurückgreifen. Jene fußt darauf, dass die AG

274 RGZ 78, 310 (313); BGH NJW 1952, 257; Diese Auffassung entspricht der hM im Schrifttum, vgl. *Koller* ZIP 1985, 1246; *Riesenhuber*, in: BeckOGK BGB, § 664 Rn. 4 ff.; *Wiese*, in: Schulze BGB, § 664 Rn. 9; aA gegen die Anwendung auf die entgeltliche Geschäftsbesorgung *Metzler* AcP 1960/61, 143 (154); *Schäfer*, in: MüKoBGB, § 664 Rn. 3.

275 So auch BGHZ 13, 188 (192) = NJW 1954, 998.

276 *Koch*, in: Koch AktG, § 76 Rn. 37; BGHZ 13, 188 (192 f.) = NJW 1954, 998.

277 BGH NJW 1954, 998 (999).

278 *Koch*, in: Koch AktG, § 120 Rn. 2;

279 Anders ist dies bei der GmbH, vgl. dazu BGHZ 97, 382 (384) = NJW 1986, 2250; BGHZ 94, 324, 326 = AG 1986, 21 = NJW 1986, 129 (130); OLG Köln NZG 2000, 1135 (1136).

280 BGH WM 1977, 361 f.; BGHZ 94, 324, 326; RGZ 167, 151, 166; BGH NJW 2003, 1032 (1033); *Koch*, in: Koch AktG, § 120 Rn. 2.

selbst als juristische Person nicht handlungsfähig ist. Daher bedient sie sich dazu natürlicher Personen als Organwalter für ihre Organe[281]. Diese agieren nach zutreffender Ansicht nicht an Stelle des Verbands, sondern für diesen, weshalb die Organtätigkeit auch originär nicht von der Körperschaft ausgeht. Vielmehr handelt es sich um zurechenbares Eigenhandeln der Organe[282]. Dieses Binnenverhältnis rückt den Vorstand in eine treuhänderische Stellung, die ihn einer organschaftlichen Treuepflicht unterwirft, die weit über den allgemeingültigen Grundsatz von Treu und Glauben (§ 242 BGB) hinausgeht[283] und neben die allgemeine Sorgfaltspflicht tritt[284]. Sowohl über die gesetzlichen als auch über die anstellungsvertraglichen Pflichten hinaus ist der Vorstand zu besonderer Treue gegenüber der AG verpflichtet[285]. Hinter der personellen Besetzung des Vorstands steht des Weiteren die verfassungsrechtliche Organisationsfreiheit des Verbandes und dessen Mitglieder. Art. 9 I GG gewährt dem Verband die Möglichkeit, über die Organisation und die Führung ihrer Geschäfte zu entscheiden[286]. Mit der Bestellung der Vorstandsmitglieder ist die Wahl darüber, wer die Kerntätigkeit des Vorstandsamtes wahrnehmen soll, gefallen. Es wäre somit auch aus verfassungsrechtlicher Sicht nicht wünschenswert, den Vorstandsmitgliedern selbst die freie Dispositionsmöglichkeit über die Wahrnehmung der Leitungsaufgabe zu überlassen.

Nach alledem lässt sich festhalten, dass das Verhältnis des Vorstands zur AG als besonderes Vertrauensverhältnis ausgestaltet ist, weshalb der dahinterstehende Rechtsgedanke des § 664 BGB auf den Vorstand übertragbar ist.

---

281 *Kort,* in: Großkomm AktG, § 76 Rn. 11; *Spindler,* in: MüKoAktG, § 76 Rn. 7; eingehend zur Organtheorie und zu deren Abgrenzung zur Vertretertheorie *Schürnbrand,* Organschaft im Recht der privaten Verbände, S. 17 ff.

282 *Altmeppen,* in: GmbHG, § 35 Rn. 7; *Flume,* BGB AT I 2, S. 377.

283 *Fleischer,* WM 2003, 1045 ff.; *Seibt,* in: K.Schmidt/Lutter, § 76 Rn. 7; *Spindler,* in: MüKoAktG, § 76 Rn. 13.

284 *Hopt/Roth,* in: Großkomm AktG, § 93 Rn. 224.

285 Wobei § 88 AktG und die Verschwiegenheitspflicht gem. § 93 Abs. 1 S. 3 AktG als Ausprägungen der Treuepflicht gesehen werden, vgl. *Fleischer,* in: BeckOGK AktG, § 93 Rn. 200 ff, 217; *Kort,* in: Großkomm AktG, § 93 Rn. 224.

286 BVerfGE 50, 290 (354) „Der Schutz des Grundrechts umfaßt sowohl für die Mitglieder als auch für die Vereinigungen die Selbstbestimmung über die eigene Organisation, das Verfahren ihrer Willensbildung und die Führung ihrer Geschäfte."

4. *Substitution, Delegation und Erfüllungsgehilfen*

Aus § 664 Abs. 1 S. 1 BGB ergeht, dass der Auftrag grundsätzlich nicht einem Dritten übertragen werden darf. Im Gegensatz dazu ist § 664 Abs. 1 S. 3 BGB zu entnehmen, dass die Einschaltung von Erfüllungsgehilfen in der Regel gestattet ist. Das Prinzip der Höchstpersönlichkeit bezieht sich mithin nur auf die Substitution. Daher stellt sich die Frage, ob Delegation eher vergleichbar mit der Substitution iSd § 664 BGB oder mit der Einschaltung von Erfüllungsgehilfen ist.

Unter Substitution versteht man üblicherweise basierend auf der lateinischen Wortherkunft *substituere* bzw. *substitutio* einen Ersatz bzw. eine Ersetzung[287]. Bei einer Substitution tritt also ein Aliud an die Stelle des Bestehenden. Unter Zugrundelegung dieser Bedeutung müsste man Substitution als Ersetzung des Aufgabenzuständigen verstehen. Im Medizinrecht wird bezüglich der Übertragung medizinischer Leistungen auf nichtärztliches Personal zwischen Substitution und Delegation unterschieden. Bei der Delegation geht im Wege einer ärztlichen Anordnung die Entscheidungshoheit über das „Wie" der Durchführung auf den Delegatar über[288]. Die Behandlung erfolgt dann weiterhin unter ärztlicher Überwachung und Verantwortung. Bei der Substitution wiederum findet eine Zuweisung der zunächst ärztlichen Leistung an das nichtärztliche Personal statt, das an die Stelle des Arztes tritt. Dabei findet eine Neuallokation der originären Zuständigkeit statt[289]. Da sowohl die Entscheidungsprärogative über das „Ob" als auch diejenige über das „Wie" übergehen, wird der Arzt von seiner Verantwortung gänzlich frei und haftet nur noch für den Übertragungsakt. Dieses Verständnis findet sich auch, wenn es um die Aufgabenübertragung durch den Insolvenzverwalter geht[290]. Dabei wird die Substitution als vollständige Amtsübertragung verstanden, die gerichtlich bestellten Vermögensverwaltern, wie auch dem Testamentsvollstrecker (§ 2218 BGB), nicht gestattet ist[291]. Die genannten Fälle lassen sich auf den Vorstand nicht genau übertragen. Der Einsatz von Erfüllungsgehilfen mit der Wirkung, dass dessen Handeln gem. § 278 BGB zugerechnet wird, ist, da der Vorstand immer nur Aufgaben der Gesellschaft wahrnimmt und Dritte nicht zur Erüllung eigener Verbindlichkeiten einsetzt, ist kein mögliches Szenario. Eine Substitution im Sinne einer Ersetzung

287 PONS Online-Wörterbuch, abrufbar unter: https://de.pons.com/%C3%BCbersetzung/latein-deutsch/substituere (Stand: 09.06.2021).

288 *Schabram,* Delegation und Substitution, S. 1.

289 *Bergmann,* Delegation und Substitution, S. 27.

290 *Graeber* NZI 2003, 569 (572).

291 *Graeber* NZI 2003, 569 (572).

kann der Vorstand aber auch nicht vornehmen, da ein Delegatar niemals in dessen Organstellung eintritt. Beides ist mit der Delegation im hier verstandenen Sinne daher nicht identisch. Dennoch lässt sich bei Betrachtung der Rechtsfolgen die Delegation mit der Substitution im Sinne des § 664 Abs. 1 S. 1 BGB vergleichen. Denn auch im Rahmen derer haftet der Beauftragte nur für das Übertragungsverschulden, worin dessen Privilegierung, gleichzeitig aber auch der Grund zu sehen ist, weshalb diese ihm grundsätzlich nicht gestattet ist. Einziges Unterscheidungskriterium zwischen Substitution und Erfüllungsgehilfenschaft ist also die Haftungsverkürzung, die bei letzterer wegen § 278 BGB nicht eintritt. Selbiges gilt auch für die Delegation, da es auch hier um eine Reduzierung der Verantwortung geht. Es geht eben nicht, wie im Falle des Erfüllungsgehilfen nur darum, dass ein anderer die Angelegenheit ausführt, die Verantwortung aber umfassend zurechenbar bleibt, sondern um eine Haftungsverkürzung auf die *cura deligendo*. Von den Rechtsfolgen her betrachtet gleichen sich die Delegation und die Substitution gemäß § 664 BGB mithin. Daher lässt sich auch das Höchstpersönlichkeitsprinzip auf die Delegation übertragen, während die grundsätzliche Gestattung der Einschaltung von Gehilfen für den Vorstand nur insofern Bedeutung entfaltet, dass ihm dies für seine eigenen persönlichen Verpflichtungen der Gesellschaft gegenüber gestattet ist, was aber mit dem Leitungsauftrag gerade nichts zu tun hat[292].

5. *Schlussfolgerung*

Wenn der Rechtsgedanke des § 664 BGB auf den Vorstand übertragbar ist, ist auch der folgende Schluss zulässig: Mit der Übernahme des Vorstandsmandats, begibt sich der Vorstand als *mandatar* bzw. noch allgemeiner als *negotiorum gestor* der juristischen Person in die Stellung eines Fremdgeschäftsbesorgers. Für einen solchen gilt entsprechend dem Rechtsgedanken des § 664 BGB, dass die übernommene Pflicht grundsätzlich höchstpersönlich zu erbringen ist.

---

292 *Weller*, Persönliche Leistungen, S. 97 ff. behandelt das Höchstpersönlichkeitsprinzip ebenfalls in Zusammenhang mit der Geschäftsführung von Gesellschaften, spricht aber von einer Einschaltung von anzuleitenden Erfüllungsgehilfen der Gesellschaft. ME wird dadurch aber nicht ganz klar, dass es sich gerade nicht um einen Erfüllungsgehilfen des Geschäftsleiters handelt. Die Übertragung der Auftragsausführung durch den Geschäftsleiter auf einen Dritten stellt im Verhältnis zu seinem Geschäftsherrn (der Gesellschaft) aber eher eine Substitution dar, wenn man, wie *Weller*, Persönliche Leistungen, S. 90 f. davon ausgeht, dass das entscheidende Differenzierungskriterium die Haftungsverkürzung ist. Dies gilt unabhängig davon, ob der Delegatar seinerseits Erfüllungsgehilfe der juristischen Person ist – Relativität der Schuldverhältnisse.

Insbesondere §§ 27 Abs. 3 i.V.m. § 664 BGB lässt den Schluss zu, das Amt des Geschäftsführungsorgans eines Verbandes im Grundsatz als höchstpersönlich anzusehen, da die Personen aufgrund ihrer persönlichen Eigenschaften ausgewählt sind und daher ein berechtigtes Vertrauen in eine persönliche Erfüllung besteht. Mit der spezifischen Wahl in das Amt, die eine besondere Vertrauensstellung begründet, wurde im Übrigen auch in dem Entwurf zum AktG 1884 das Delegationsverbot des Aufsichtsrats begründet. Dort heißt es: „Eine solche Uebertragung wäre weder mit der Vertrauenstellung, welche die Mitglieder des Aufsichtsraths der Gesellschaft gegenüber einnehmen, noch mit dem Grundsatze zu vereinbaren, daß von der Generalversammlung präsumptiv bei der Wahl auf die Person des Gewählten entscheidendes Gewicht gelegt worden ist“[293]. Die Annahme motivierte also den Gesetzgeber für den Aufsichtsrat zur Statuierung eines Delegationsverbots. Im Vergleich zum Aufsichtsrat nimmt der Vorstand in noch größerem Maße eine treuhänderische Stellung ein[294]. Mit einer solchen geht entsprechend § 664 BGB auch die Verpflichtung einher, das anvertraute Vermögen nicht einem Dritten zu überlassen[295].

Im Ergebnis ist die vorangestellte These, den Rechtsgedanken des § 664 Abs. 1 S. 1 BGB auf den Vorstand zu übertragen, haltbar. Somit ist der richtige dogmatische Ansatz für das Delegationsverbot mit dem auf Vertrauen basierenden Mandatsverhältnis des Vorstands zur AG gefunden bzw. die oben aufgestellte These[296] belegt. Schlussfolgerung bezüglich der hier angestellten Untersuchung muss daher sein, dass die Höchstpersönlichkeit der aus dem Vorstandsmandat resultierenden Pflicht ein organgebundenes Delegationsverbot rechtfertigt, welches sich auf diejenigen Pflichten bezieht, die dem Vorstand in „persönlichem Vertrauen“ übertragen sind. In persönlichem Vertrauen ist in Anlehnung an das Auftragsrecht der disziplinäre Kernbereich der Mandatstätigkeit übertragen, weshalb der Gedanke der Höchstpersönlichkeit enstprechend ebenfalls nicht für alle Aufgaben des Vorstands Geltung erlangen kann, sondern eben nur für den Kernbereich der Vorstandstätigkeit. Das meint im Kern die realitätsgetreue und doch banale Feststellung, dass der Vorstand selbstverständlich nicht alle Aufgaben, die ihm kraft seiner Allzuständigkeit zugewiesen sind, selbst wahrnehmen

293 *Schubert/Hommelhoff,* Aktienrechtsreform 1884, S. 463.

294 So bspw. *Annweiler/Graewe,* ZIP 2019, 2034 (2035); BGHZ 129, 30, 34 = NJW 1995, 1290; *Böttcher,* NZG 2009, 1047 (1049); *Koch,* in: Koch AktG, § 93 Rn. 8; *Krause,* BB 2009, 1370 (1371); *Spindler,* in: MüKoAktG, § 93 Rn. 25.

295 Dahingehend auch *Grabolle,* Kernbereich der Leitungsfunktion, S. 85 f.

296 Kapitel 2 § 1 A III.

kann und folglich auch nicht muss, sondern eben nur wichtige Kernaufgaben. Freilich bleibt dieser „Vertrauensschutz“ aufgrund der Abstraktheit der juristischen Person selbst ein Abstraktum. Das aber macht den Grundgedanken nicht weniger tragfähig, da sich dies gegen jede Form der Vertrauenshaftung oder Treuepflicht einer juristischen Person gegenüber anführen ließe.

Weiterhin lässt sich auf Grundlage der hier dargelegten Herleitung des Delegationsverbots aus dem Geschäftsbesorgungsrecht dieses auch auf jedes weitere Delegationsverhältnis innerhalb und außerhalb des Unternehmens anwenden. Denn jede Delegation beinhaltet im Kern einen Auftrag, der wiederum grundsätzlich persönlich zu erledigen ist. Daher muss auch jedes Vorstandsmitglied, an das eine Aufgabe delegiert ist und jeder Angestellte im Kern seines Pflichtenkreises persönlich tätig werden. Indem man das Delegationsverbot aus dem allgemeinen Rechtsgedanken des Geschäftsbesorgungsverhältnisses ableitet, lässt sich zudem erklären, weshalb auch der Geschäftsführer der GmbH den Kernbereich seiner Pflichten höchstpersönlich zu erledigen hat. Grund dafür sind eben nicht – und sie sie können es auch nicht sein – § 76 Abs. 1 AktG und der Leitungsbegriff, sondern die Eigenheiten des Organverhältnisses.

IV. Unzulässiges Haftungsdefizit durch Delegation

Der Aspekt des Vertrauens in eine eigenständige Unternehmensleitung als Ausdruck eines allgemeinen Rechtsgedankens lässt sich in weitere Argumentationsstrukturen für ein Delegationsverbot auf Grundlage vorstandsspezifischer Friktionspunkte übertragen.

1. Haftungsrechtliche Bedenken

Da es sich bei der Delegation um ein Instrument zur Haftungsvermeidung handelt, könnte aus Sicht der Gesellschaft und deren Gäubiger der zwingende Charakter der in § 93 AktG statuierten Haftungsregeln für ein Delegationsverbot sprechen. Aus dem Schrifttum wird zum Teil vorgebracht, das Delegationsverbot beuge einem Haftungsdefizit vor, welches entstünde, da die strengen Regeln des § 93 AktG umgangen würden[297]. *Veil* weist darauf insbesondere im Zusammenhang mit der Übertragung an außerhalb der Gesellschaft angesiedelte Stellen hin[298]. Er beruft sich dabei zum einen auf die Beweislast gem. § 93 Abs. 2

297 Insbes. *Veil*, Unternehmensverträge, S. 85 ff.; *Dose*, Rechtstellung der Vorstandsmitglieder, S. 63 ff.

298 *Veil*, Unternehmensverträge, S. 87 f.

S. 2 AktG und zum anderen auf die Verpflichtung zur Verschwiegenheit gem. § 93 Abs. 1 S. 3 AktG, die den Delegatar nicht treffen würden[299]. Außerdem gelte für den Vorstand die besondere Sorgfaltsanforderung an einen ordentlichen und gewissenhaften Geschäftsleiter, während ein vertraglicher Schuldner nur die im Verkehr erforderliche Sorgfalt zu beachten habe[300]. Der Anwendung des § 93 AktG auf Delegatare nach den Grundsätzen der faktischen Organschaft sei zudem verwehrt, da dies nur bei fehlerhaften Bestellungsakten, nicht jedoch allgemein, gelte[301]. *Dose* formuliert Bedenken auch aus Sicht der Gläubiger, die ebenfalls berechtigtes Vertrauen in eine gemeinsame Geschäftsführung haben sollen[302]. Dieses Vertrauen sei auch darauf bezogen, dass Fehlentscheidungen mit Schadensfolgen eine Pflichtverletzung aller Vorstandsmitglieder zugrundeliege, weshalb diese auch alle gem. § 93 AktG zu haften haben[303]. Zudem wird angeführt, dass den Interessen der Aktionäre und des Unternehmens ausreichend Schutz zu bieten ist, weshalb die Bündelung der Verantwortung für das Leitungshandeln notwendig ist, da andernfalls „die Gefahr gegenseitiger Schuldzuweisung und dadurch bedingter Schuldabwälzung“[304] bestünde.

2. *Stellungnahme*

Die Korrelation zwischen Verantwortlichkeit und Delegationsverbot stellte auch bereits der Gesetzgeber des AktG von 1884 für den Aufsichtsrat her. In dem Entwurf zur späteren Fassung wird darauf hingewiesen, dass die Aufsichtsratsmitglieder ihre Befugnisse bis dato oftmals nicht als Pflichten begriffen[305]. Daher suchte der Gesetzgeber diese zu präzisieren und verband damit in Art. 226 AktG 1884 die Pflicht zur Erfüllung mit der Sorgfalt eines ordentlichen Geschäftmanns und eine Schadensersatzpflicht bei Verletzung derer, was heute in § 116 AktG kodifiziert ist[306]. In Zusammenhang damit wird ausgeführt: „Als eine Folge der vorstehend erörterten Pflicht und Verantwortlichkeit eines Mitgliedes

299 Zum Zeitpunkt der Veröffentlichung noch Abs. 1 S. 2 AktG, vgl. *Veil,* Unternehmensverträge, S. 87.

300 *Veil,* Unternehmensverträge, S. 87 f.

301 *Veil,* Unternehmensverträge, S. 88 mit Verweis auf RGZ 152, 273 (277) und BGHZ 41, 282 (287).

302 *Dose,* Rechtstellung der Vorstandsmitglieder, S. 64.

303 *Dose,* Rechtstellung der Vorstandsmitglieder, S. 64; ähnlich *Martens,* FS Fleck, 1988, 191 (194).

304 *Martens,* FS Fleck, 1988, 191 (194).

305 *Schubert/Hommelhoff,* Aktienrechtsreform 1884, S. 461.

306 *Schubert/Hommelhoff,* Aktienrechtsreform 1884, S. 463.

des Aufsichtsraths erscheint es endlich, wenn verboten wird, daß die Mitglieder die Ausübung ihrer Obliegenheiten übertragen (Art. 225 Abs. 4) … Ueberdies würde die Verantwortlichkeit der Mitglieder des Aufsichtsraths zu einem Scheine herabsinken, wenn ihnen eine solche Delegationsbefugnis zustehen sollte, da sie dann nur für culpa in eligendo haften würden."[307]. Die Autoren befürchteten mithin durch die Delegation eine Verantwortungsflucht, die sie insbesondere für Beschlussfassungen und Beratungen für unstatthaft hielten. Folge einer Regelung für die Organverantwortung soll demnach sein, dass die Mitglieder auch die uneingeschränkte Verantwortung für die Kernbelange der Aufsichtsratstätigkeit tragen.

Dies lässt sich ebenso auf den Vorstand übertragen. Die den Vorstandsmitgliedern gem. § 93 AktG auferlegte Haftungsverantwortung ist als Regulativ für die weitgehenden Einflussmöglichkeiten zu verstehen. Seine Leitungsmacht ist nur gerechtfertigt, wenn dem eine entsprechende Haftungsgefahr gegenübersteht. Einer der Hauptzwecke der Organhaftung ist Verhaltenssteuerung. Der Vorstand soll durch die Gefahr in die Haftung geraten zu können zu sorgfältigem Handeln angehalten werden. Dafür ist die Vorstandshaftung spezifisch ausgestaltet. Als Geschäftsbesorger ist er gem. § 666 BGB zur Rechenschaft verpflichtet, was sich im Rahmen der Haftung auf die Beweislast zu Lasten der Vorstandsmitglieder auswirkt (vgl. § 93 Abs. 2 S. 2 AktG)[308]. Das aber gilt nur aufgrund der geschäftsbesorgerischen Stellung des Vorstands. Hinzu komm die Verschwiegenheitsverpflichtung sowie die Erlass- und Verzichtsmöglichkeiten[309]. Gem. § 93 Abs. 4 S. 3 AktG kann die Gesellschaft erst drei Jahre nach Entstehung eines Ersatzanspruchs gegen den Vorstand verzichten und dies auch nur, sofern die Hauptversammlung dem zustimmt und nicht eine 10 % Mehrheit dagegen Widerspruch einlegt. Zudem muss der Aufsichtsrat Ersatzansprüche gegen den Vorstand nach den Grundsätzen des ARAG/Garmenbeck Urteils grundsätzlich verfolgen[310].

Im Gegensatz dazu müssen Pflichtverletzungen eines Delegatars bewiesen werden. Außerdem könnte der Vorstand auf Ansprüche gegen nachgeordnete Mitarbeiter und unternehmensfremde Dritte ohne Einschaltung der Hauptversammlung verzichten, wenngleich dies in der Regel nicht im Interesse des

307 *Schubert/Hommelhoff,* Aktienrechtsreform 1884, S. 463.

308 Dazu schon RG JW 1931, 40 (42); JW 1936, 2313; eing. zur Entwicklung *Goette* ZGR 1995, 648 ff.

309 *Veil,* Unternehmensverträge, S. 88.

310 BGHZ 135, 244 Ls. 4 = NJW 1997, 1926.

Unternehmens und daher pflichtwidrig wäre. Für die innergesellschaftliche vertikale Delegation kommt hinzu, dass die Angestellten die Privilegierung durch die Grundsätze der betrieblich veranlassten Tätigkeit erfahren[311]. Von der Haftung für leichte Fahrlässigkeit sind Arbeitnehmer nämlich befreit. Zwar gibt es Stimmen, die die Anwendung der arbeitsrechtlichen Grundsätze auch für den Vorstand befürworten[312]. Das ist aber bislang eine rein rechtspolitische Erwägung[313].

Bedenkt man nun die haftungsrechtlichen Konsequenzen der Delegation, so lässt sich durchaus das befürchtete Haftungsdefizit ausmachen. Es macht doch insbesondere einen erheblichen Unterschied, ob Vorstandsmitglieder beweisen müssen, dass sie einen geeigneten Delegatar ausgesucht, eingewiesen und überwacht haben oder ob sie beweisen müssen, dass eine eigenständig getroffene Maßnahme, die zu einem Schaden geführt hat, pflichtgemäß war.

3. *Beschränkung auf den disziplinären Kernbereich*

Nun stellt sich die Frage, weshalb es gerade bestimmte Pflichten geben soll, bezüglich derer eine Haftungsreduzierung nicht gerechtfertigt ist[314]. Denn die geäußerten Bedenken würden einer Delegation grundsätzlich entgegenstehen, zumal bei der Delegation immer eine Verantwortungsreduzierung stattfindet. An dieser Stelle lässt sich das oben Gesagte fruchtbar machen. Wie bereits dargetan, besteht ein berechtigtes Vertrauen nur in die Wahrnehmung des disziplinären Kernbereichs der Vorstandstätigkeit[315]. Gleiches gilt dann auch für das Vertrauen in eine uneingeschränkte Haftungsverantwortung. Der hinter dem Delegationsverbot stehende Vertrauensgedanke schlägt sich im Rahmen der Haftung dergestalt nieder, dass in nichtdelegierbaren Angelegenheiten keine Haftungsreduzierung in Form einer Modifikation des Pflichtenmaßstabs stattfinden darf. Die Spezifika des § 93 AktG sollen bezüglich der Kerntätigkeit ihre gesamte Wirkung *zwingend* entfalten, was sie nur können, wenn der Vorstand dort auch persönlich tätig wird. Insbesondere kann es nicht angehen, dass sich der Vorstand in den wichtigsten Angelegenheiten seiner Organtätigkeit darauf

---

311 Vgl. dazu BAGE 78, 56 = NZA 1994, 1083; *Henssler,* in: MüKoBGB, § 619a Rn. 5 ff.

312 So insbesondere *Bachmann* ZIP 2017, 841; *Wilhelmi* NZG 2017, 681.

313 So ausdr. *Wilhelmi* NZG 2017, 681 (684).

314 *Linnertz,* Delegation, S. 134 f., 145 f. lehnt daher das Haftungsdefizit als Argumentationsgrundlage ab.

315 Dieser disziplinäre Kernbereich wird in § 2 dieses Kapitels in Zusammenhang mit dem Leitungsbegriff näher erschlossen.

beruft, er habe diese schlicht ausreichend überwacht und der zuständige Angestellte oder ein einzelnes Vorstandsmitglied habe für die getätigten Handlungen einzustehen. Die Verantwortung dafür hat ein jedes Vorstandsmitglied vollumfänglich persönlich zu tragen. Auch die Vorstandshaftung in Verbindung mit dem Argument des Vertrauens in eine persönliche Leitung lässt sich demnach als Argument für ein Delegationsverbot anführen.

V. Kontroll- und Überwachungsdefizit

Des Weiteren lässt sich ein im organbezogenen Kernbereich nicht hinnehmbares Überwachungsdefizit ausmachen.

1. Beeinträchtigung der Überwachungstätigkeit durch Delegation

Insbesondere bei vertikaler Delegation auf nachgeordnete Ebenen wird im Schrifttum die Gefahr eines Überwachungs- bzw. Kontrolldefizits durch ausufernde Delegation erkannt[316]. Ebenso wie die Haftungsverantwortung soll als „Gegengewicht“ für die eigenverantwortliche Unternehmensleitung die Überwachungsmöglichkeit durch den Aufsichtsrat wirken[317]. Weiter wird angeführt, der Vorstand könne den Berichtspflichten aus § 90 AktG nicht mehr in gleichem Maße nachkommen, wie wenn er Leitungsangelegenheiten selbst erledigt[318]. Die bereitgestellten Informationen seien getrübt, da lediglich Informationen Dritter übermittelt werden[319]. Zudem sei dadurch das Informationsrecht gem. § 90 Abs. 3 AktG beeinträchtigt und die ordnungsgemäße Wahrnehmung des Vetorechts gem. § 111 Abs. 4 S. 2 AktG gefährdet[320].

2. Stellungnahme

Im Ausgangspunkt überzeugt es, die ungestörte Überwachung durch den Aufsichtsrat als Argument dafür heranzuziehen, dass die Leitung zwingend durch den Vorstand zu erfolgen hat. Denn die Überwachung gem. § 111 Abs. 1 AktG

---

316 *Endres* ZHR 1999, 441 (449); *Grabolle,* Kernbereich der Leitungsfunktion, S. 164 ff.; *Veil,* Unternehmensverträge, S. 85 f.; in Zusammenhang mit organexternen Führungsgremien auch *Schürnbrand,* Organschaft im Recht der privaten Verbände, S. 421 ff.

317 *Veil,* Unternehmensverträge, S. 85 f.

318 *Veil,* Unternehmensverträge, S. 86.

319 *Veil,* Unternehmensverträge, S. 86.

320 *Mielke,* Leitung der AG, S. 103.

erfolgt grundsätzlich organbezogen[321], weshalb die Überwachungstätigkeit ihre Funktion die autonome Leitungsmacht des Vorstands auszugleichen nur entfalten kann, wenn die Leitungsaufgabe auch tatsächlich durch den Vorstand wahrgenommen wird. Es dürfen hier also keine überwachungsfreien Räume entstehen, die den Zweck des § 111 AktG unterlaufen. Letztlich ist das Argument die Störung der Aufsichtsratstätigkeit und somit ist es nicht nur auf der Kompetenz des Vorstands basierend, sondern eben auch auf derjenigen des Aufsichtsrats.

In Bezug auf den ungestörten Informationsfluss ist dem Argument eines Defizits jedoch entgegenzuhalten, dass auch bei dem eigenständigen Treffen von Leitungsentscheidungen, bei denen sowohl die Vorbereitung als auch die Ausführung der Entscheidung delegiert wurden, die Informationsgrundlage im Wesentlichen auf den Informationen Dritter basiert. Wenn eine Entscheidung in zulässiger Weise durch Dritte vorbereitet ist, so handelt es sich auch immer nur um mittelbare Informationen. Doch ist nicht zu leugnen, dass die §§ 90, 111 Abs. 1 AktG auf der Annahme der Wahrnehmung der Geschäftstätigkeit durch den Vorstand basieren.

Gänzlich den Boden verlöre das Argument des Überwachungsdefizits, wenn der Aufsichtsrat auch außerhalb der Berichterstattung des Gesamtvorstands eigenständig Informationen von nachgeordneten Mitarbeitern oder Dritten einholen könnte. Unzweifelhaft ist, dass sich die Überwachung auch auf die einzelnen Vorstandsressorts bezieht und einzelne Vorstandsmitglieder bei ihrer Geschäftsführung überwacht werden können[322]. Grundsätzlich darf er sich jedoch auf die Kontrolle des vorstandsinternen Berichts- und Überwachungssystems verlassen, sofern keine Anhaltspunkte für pflichtwidrige Geschäftsführung bestehen[323]. Ob der Aufsichtsrat nachgeordnete Mitarbeiter überwachen darf, wird unterschiedlich beurteilt[324]. Nach überwiegender Auffassung wird der Begriff der Geschäftsführung in § 111 Abs. 1 AktG eng ausgelegt und bezieht sich demnach nur auf die Leitungstätigkeit des Vorstands und sonstige wesentliche Einzelmaßnahmen[325]. Doch gibt es keine von vornherein „überwachungsfreien

321 *Habersack,* in: MüKoAktG, § 111 Rn. 20; *Spindler,* in: BeckOGK AktG, § 111 Rn. 7; differenzierend *Semler,* Leitung und Überwachung, S. 66 ff.

322 *Habersack,* in: MüKoAktG, § 111 Rn. 24; *Mertens/Cahn,* in: Kölner Komm AktG, § 111 Rn. 24.

323 *Habersack,* in: MüKoAktG, § 111 Rn. 24.

324 Zum Streitstand *Spindler,* in: BeckOGK AktG, § 111 Rn. 7 ff. mwN.

325 BGHZ 69, 207 (213) = NJW 1977, 2311; OLG München ZIP 2009, 2001 (2002); *Drygala,* in: K. Schmidt/Lutter AktG, § 111 Rn. 13; *Habersack,* in: MüKoAktG, § 111 Rn. 20 ff.; *Henze* BB 2000, 209 (213); *Spindler,* in: BeckOGK AktG, § 111 Rn. 9.

Räume“[326]. Da der Vorstand die Gesamtverantwortung für die Geschäftsführung trägt, unabhängig davon, ob dies nun in Form einer Handlungs- oder Überwachungsverantwortung gilt, muss es dem Aufsichtsrat möglich sein, sich in allen Unternehmensbereichen über Aktivitäten informiert zu halten. Schon um die Delegation, also die Auswahl, Einweisung und Überwachung durch den Vorstand sorgfältig zu überwachen, muss es dem Aufsichtsrat daher möglich sein, auch Tätigkeiten unterhalb der Vorstandsebene zu überwachen[327]. Weiterhin ist anzumerken, dass das Argument eines Kontrolldefizit zumindest für die horizontale Delegation entfällt[328]. Angelegenheiten verlassen dabei die Vorstandsebene nicht und die organbezogenheit der Überwachungsaufgabe ermögliche eine ebenso effiziente Kontrolle eines einzelnen Vorstandsmitglieds. Außerdem entfällt zumindest in Teilen das Argument eines Haftungsdefizits[329]. Die Maßstäbe des § 93 AktG, mithin der Organhaftung, die gegen eine Delegation sprechen, gelten nämlich gerade für Vorstandsmitglieder, weshalb sich an der Haftung des individuell Verantwortlichen durch eine horizontale Delegation nichts ändert.

Problematischer ist hingegen die Ausübung des Vetorechts gem. § 111 Abs. 4 S. 2 AktG. Für die Vorlage an den Aufsichtsrat hat der Vorstand zwingend zu sorgen, unabhängig davon, ob die Aufgabe delegiert ist, da er sich andernfalls pflichtwidrig verhält. Daran ändert sich auch durch die Delegation von Aufgaben nichts. In diesem Fall hat der Vorstand die Aufgabe unter Umständen durch Weisungen an sich zu ziehen und dem Aufsichtsrat vorzulegen[330]. *Mielke* führt dazu aus, die Delegation könne das Zustimmungsrecht des Aufsichtsrats nach § 111 Abs. 4 S. 2 AktG nicht beeinträchtigen, da es ohnehin nur für Geschäfte von besonderer Bedeutung gilt, die dem Vorstand vorbehalten sind und weniger wichtige Entscheidungen ohnehin nicht dem Vetorecht des Aufsichtsrats

326 *Drygala*, in: K. Schmidt/Lutter AktG, § 111 Rn. 13; zust. *Spindler*, in: BeckOGK AktG, § 111 Rn. 9 (Stand: 01.09.2021).

327 BGHZ 75, 120 (133) = NJW 1979, 1879; *Hopt/Roth*, in: Großkomm AktG, § 111 Rn. 243; *Mertens/Cahn*, in: Kölner Komm AktG, § 111 Rn. 26; *Spindler*, in: BeckOGK AktG, § 111 Rn. 10; aA OLG Köln AG 1978, 17 (21); *Lutter* ZHR 1995, 287 (290); *Hoffmann-Becking*, in: MHdB GesR Bd. IV, § 29 Rn. 31; *Verse*, in: Lutter/Krieger Aufsichtsrat Rn. 70 f. S.; auch *Semler*, Leitung und Überwachung, Rn. 115 ff. schließt eine unmittelbare Überwachung aus.

328 So auch *Linnertz*, Delegation, S. 131; *Veil*, Unternehmensverträge, S. 85 f. bezieht sich ohnehin nur auf die externe Delegation durch Vertrag.

329 Dazu und zum Folgenden *Linnertz*, Delegation, S. 132 ff.

330 So auch *Linnertz*, Delegation, S. 143.

unterworfen werden dürften[331]. Dies ist jedoch zu undifferenziert. Bereits vor dem TransPUG erkannte der BGH unter Umständen eine Pflicht des Aufsichtsrats zur Einführung von ad hoc Zustimmungsvorbehalten[332], was weiter fortgilt[333]. Bereits damals, seit dem TransPUG aber umso mehr, ist die Überwachungsaufgabe eben nicht nur darauf gerichtet, den Vorstand passiv zu beobachten. Vielmehr wurde er in eine aktivere Rolle gerückt, die ihn an die Seite des Vorstands stellt[334]. Seiner eigenen Mitwirkungpflicht für die Unternehmensleitung durch Zustimmungsvorbehalte zu erfüllen, kann der Aufsichtsrat aber nur dann ausreichend nachkommen, wenn er die nötige Einsicht in die Unternehmensleitung hat. Findet diese außerhalb des Vorstands statt, so ist die Einflussnahme zumindest erschwert, bei externen Stellen, über die der Aufsichtsrat keine Überwachungsgewalt hat, nahezu unmöglich. Aus diesem Grund, nämlich zur Sicherung der Teilhabe des Aufsichtsrats an der Leitung, hat diese zwingend im Vorstand stattzufinden.

Ein kompetenzrechtliches Problem ergibt sich auch aus § 84 Abs. 1 AktG, dem regulativen Seitenstück zu § 111 Abs. 1 AktG[335]. Denn der Aufsichtsrat trifft die personelle Entscheidung zur Besetzung des Vorstands. Dahinter steht faktisch die Begründung des oben beschriebenen organschaftlichen Mandatsverhältnisses, welches ein berechtigtes Vertrauen in die Wahrnehmung des Kernbereichs der Vorstandaufgabe schafft. Die Bestellungskompetenz des Aufsichtsrats ist ein reines Gebot der Zweckmäßigkeit, denn der große Kreis der Aktionäre ist dafür schlicht ungeeignet und dass das Überwachungsorgan die Tauglichkeit der Geschäftsleiter am besten beurteilen kann, bedarf keiner näheren Begründung[336]. Dennoch ist es grundsätzlich natürlich Sache des Geschäftsherrn (der Gesellschaft), sein Handlungsorgan zu bestimmen. Der Aufsichtsrat trifft demnach an deren Stelle die Entscheidung, die das Vertrauensverhältnis zum Vorstand begründet, weshalb auch § 84 Abs. 1 AktG für die Geltung des nach der hier vertretenen Auffassung hinter dem Delegationsverbot stehenden Höchstpersönlichkeitsprinzips eine Bedeutung zukommt. Umgeht der Vorstand

331 *Mielke,* Leitung der AG, S. 103.

332 BGHZ 124, 111 (127) = NJW 1994, 520.

333 Ferner OLG Braunschweig AG 2013, 47 (49); OLG Karlsruhe AG 2008, 900 (902); LG Bielefeld ZIP 2000, 20 (25); *Habersack,* in: MüKoAktG, § 111 Rn. 130.

334 BT Drs. 14/8769, S. 17.

335 Dazu in Zusammenhang mit schuldrechtlichen Bindungen *Heß,* Investorenvereinbarungen, S. 125 ff.; *Kuntz* AG 2016, 101 (109); *Reichert* ZGR 2015, 1 (27 ff.)

336 *Spindler,* in: MüKoAktG, § 84 Rn. 1.

diese Entscheidung, indem er den Kernbereich der Organtätigkeit delegiert, konterkariert er die Einräumung der Vertrauensstellung.

Auch das Kontroll- und Überwachungsdefizit vermag jedoch ein Verbot für die horizontale Delegation nicht begründen, da Aufgaben dabei das Vorstandsorgan gerade nicht verlassen. Darüber hinaus wird auch für den Geschäftsführer der GmbH ein Delegationsverbot konstruiert, wohingegen die Grundstruktur der GmbH einen Aufsichtsrat überhaupt nicht vorsieht. Dennoch stellt die Sicherstellung der Überwachungsmöglichkeit gepaart mit der Gefahr der Verantwortungsflucht einen Begründungsansatz für das Verbot, bestimmte Angelegenheiten zu delegieren dar. Die Kompetenzordnung der AG sieht einen überwachenden Aufsichtsrat zwingend vor, weshalb eine ausreichende Überwachung auch gewährleistet sein muss.

VI. Zwischenergebnis

Nach dem Vorstehenden ist das Delegationsverbot dogmatisch erschlossen und somit die Kernthese dieses Teils der Arbeit dargelegt. Das Delegationsverbot lässt sich gerade nicht begriffsjuristisch aus dem in § 76 Abs. 1 AktG enthaltenen Leitungsbegriff ableiten, sondern aus dem von Vertrauen geprägten Mandatsverhältnis, in welchem der Vorstand zu AG steht.

B. Der aktienrechtliche Leitungsbegriff

Auch wenn sich das Delegationsverbot im Grundsatz substantiiert begründen lässt, lässt sich weiterhin die Frage nach einer bestehenden Korrelation zwischen dem Leitungsbegriff des AktG und dem Delegationsverbot stellen. Es fragt sich, ob die hier vertretene These in der allgemeinen Interpretation des Leitungsbegriffs aufgeht, oder nicht und ob der Leitungsbegriff der richtige Anknüpfungspunkt für die Bestimmung nichtdelegierbarer Angelegenheiten ist. Das lässt sich nur beurteilen, wenn die Bedeutung des aktienrechtlichen Leitungsbegriffs selbst geklärt ist. Was das Gesetz mit Leitung der Gesellschaft meint, sucht man in den aktienrechtlichen Vorschriften vergebens. Um die Bedeutung herrscht seit dessen Einführung 1937 im juristischen Schrifttum Uneinigkeit. Wenn *Geschäftsführung* ensprechend dem herrschenden Verständnis jedes rechtliche und tatsächliche Tätigwerden für die Gesellschaft im Sinne der allgemeinen Fremdgeschäftsführung bezeichnet[337], drängt sich die Frage auf, in welchem Verhältnis

337 Statt aller *Spindler*, in: MüKoAktG, § 77 Rn. 3.

der Leitungsbegriff dazu steht. Dazu werden unterschiedliche Ansätze vertreten, die nachfolgend dargestellt und erörtert werden.

I. Verhältnis von Leitung und Geschäftsführung

Die Diskussion dreht sich im Wesentlichen darum, ob Leitung und Geschäftsführung unterschiedliche Aufgabenbereiche des Vorstands beschreiben. Aufgekommen ist diese Überlegung, da § 76 Abs. 1 AktG insofern ein Unikum darstellt, da keine andere Gesellschaftsform eine allgemeine Zuweisungsvorschrift für die Aufgabe des Geschäftsführungs- und Vertretungsorgans besitzt.

1. Meinungsstand

a. Strikte Trennung von Leitung und Geschäftsführung

Zum Teil wird vertreten, Leitung bedeute etwas gänzlich anderes als die Geschäftsführung und decke sich entweder nur in Einzelaspekten[338] oder überhaupt nicht mit dieser[339]. *Grabolle* trennt die Begriffe durch ein striktes Zweck-Mittel-Verhältnis voneinander ab[340]. Leitung soll ihr zur Folge die Lenkung der wirtschaftlichen Geschicke bezeichnen, wozu der Gesetzgeber dem Vorstand als Instrument die Geschäftsführung zur Hand gegeben hat.

b. Leitung als Gesamtheit von Geschäftsführung und Vertretung

Insbesondere aus älterer Zeit, finden sich Stimmen, die Leitung lediglich als den Oberbegriff für Geschäftsführung und Vertretung erachten[341]. Im Verhältnis zur Gesellschaft sollen sich die Begriffe demzufolge decken, denn nur die Vertretung als Handeln im Außenverhältnis könne etwas anderes bedeuten. *Semler* bringt die Frage in den Kontext der auch im Gesellschaftsrecht vorherrschenden Unterscheidung zwischen der Befugnis zum Handeln im Innenverhältnis und dem möglichen Vertretungshandeln im Außenverhältnis[342]. Er stellt sodann

338 *Henze* BB 2000, 209 (209).

339 *Grabolle,* Kernbereich der Leitungsfunktion, S. 78.

340 *Grabolle,* Kernbereich der Leitungsfunktion, S. 78.

341 *Mielke,* Leitung der AG, S. 35 ff.; *Schaefer/Missling* NZG 1998, 441 (442); *Semler,* Leitung und Überwachug, Rn. 5 ff.; *ders.* ZGR 1983, 1 (11 f.); *Teichmann/Koehler,* in: Kommentar zum AktG 1937, § 70 Anm. 2; auch *K. Schmidt,* GesR, § 24 III 2 a) spricht davon, dass der Vorstand des Vereins als Leitungsorgan Geschäftsführungs- und Vertretungsorgan ist.

342 *Semler,* Leitung und Überwachung, Rn. 3; § 84 AktG 1937 hatte noch den Wortlaut „… haben bei ihrer Geschäftsführung die Sorgfalt eines […] Geschäftsleiters anzuwenden“

eine historische Betrachtung an und erkennt, dass der Leitungsbegriff, im AktG 1937 nicht konsequent verwendet wurde. So fand man neben der Vorgabe, der Vorstand habe die Gesellschaft zu leiten, die Vorschrift zur *Vertretungs*befugnis (§ 74 AktG 1937) für die Beschränkungen im *Innen*verhältnis und den Begriff der Geschäftführung in Zusammenhang mit der Sorgfaltspflicht eines ordentlichen und gewissenhaften Geschäfts*leiters* (§ 84 AktG 1937)[343]. Um diese Ungereimtheiten auszuräumen, habe das Aktiengesetz von 1965, welches Neuregelungen sowohl zur Vertretungsbefugnis als auch zur Geschäftsführungsbefugnis traf, den Leitungsbegriff als Oberbegriff übernommen, um mit diesem die Vorstandstätigkeit begrifflich umfassend abzudecken und sowohl die Befugnisse im Innenverhältnis als auch diejenigen im Außenverhältnis zu erfassen[344]. Im Innenverhältnis würden sich Leitung und Geschäftsführung dementsprechend decken, während der Leitungsbegriff das Vertretungshandeln nach außen mitumfasse. Auch *Mielke* argumentiert dahingehend unter Berufung auf die Gesetzeshistorie[345]. Zudem weist er auf die Konflikte hin, die mit einer Unterscheidung von Leitung und Geschäftsführung einhergehen. Bei wortlautgetreuer Auslegung wäre die unternehmerische Funktion des Vorstands der Überwachung des Aufsichtsrats gem. § 111 Abs. 1 AktG entzogen. Dies stünde wiederum in Widerspruch mit den Berichtspflichten hinsichtlich der Geschäftspolitik gem § 90 Abs. 1 Nr. 1 AktG, die mitunter den Inhalt der Überwachungsaufgabe ausmache.

c. *Geschäftsführung als Teil der Leitung*

Vereinzelt wird vertreten, dass die Geschäftsführung einen Teil der Leitung darstellt[346]. *Dose* misst den Begriffen der Geschäftsführung und Vertretung eine exekutive Funktion bei[347]. Leitung bedeutet ihm zu Folge allgemein die unternehmerische Tätigkeit innerhalb der Gesellschaft. Zur Ausführung dieser Aufgaben dienen die Geschäftsführung und die Vertretung. Letztere sind also die Instrumente, die der Gesetzgeber dem Vorstand an die Hand gibt, um die unternehmerischen Geschicke umzusetzen. Es ergibt sich also, ähnlich wie

343 *Semler,* Leitung und Überwachung, Rn. 4.

344 *Semler,* Leitung und Überwachung, Rn. 5.

345 Dies und zum Nachfolgenden vgl. *Mielke,* Leitung der AG, S. 35 f.

346 Dahingehend *Dose,* Rechtsstellung der Vorstandsmitglieder, S. 40; *Godin/Wilhelmi,* in: AktG 1937, § 70 Anm. 1; *Rohde/Geschwandtner* NZG 2005, 996 (997); *Schwark* ZHR 1978, 203 (215).

347 *Dose,* Rechtsstellung der Vorstandsmitglieder, S. 40 f.

auch *Grabolle* vorschlägt, eine Art Zweck-Mittel Verhältnis[348]. Auch *Würdinger* konstatiert, die Leitung der Gesellschaft reiche über die Führung des Unternehmens hinaus und erfasse auch die Geschäftsführung[349]. Dabei wird nicht ganz klar, in welchem Verhältnis die beiden Begriffe stehen sollen, da er andererseits den Leitungsbereich als denjenigen Teil der Geschäftsführung beschreibt, in welchem der Vorstand zu eigener unabhängiger Entscheidung berufen ist[350]. Dass die Geschäftsführung von dem weitergehenden Leitungsbegriff umfasst ist, soll in der Gesetzesbegründung zu § 308 AktG anklingen[351]. Dort heißt es, die Weisungsbefugnis der Muttergesellschaft im Vertragskonzern sei nicht auf Fragen der Geschäftsführung beschränkt, sondern umfasst „den gesamten Bereich, in dem der Vorstand die Gesellschaft nach § 76 Abs. 1 zu leiten hat“[352]. Noch deutlicher trete dies in den Gesetzesmaterialien zu § 70 AktG 1937 zu Tage, wo es heißt, die „Leitung der Gesellschaft und damit die Geschäftsführung“ lägen beim Vorstand[353]. Auch aus den Kommentaren in der Zeit nach der Einführung des Leitungsbegriffs finden sich Ausführungen, die dem Leitungsbegriff eine weitergehende Bedeutung als dem der Geschäftsführung beimessen. So schreibt ein Kommentar aus dem Jahr 1959: „Der Vorstand ist der gesetzlich berufene Leiter der AG, ein Begriff, der über den des Geschäftsführers hinausgeht“[354]. Weiter heißt es, der Vorstand „habe nicht nur die Geschäfte der Ges(ellschaft) zu führen, sondern in jeder Weise tatkräftig für das Wohl des Betriebs, der Aktionäre [...], der Arbeitnehmer zu sorgen, aber auch das Interesse der Allgemeinheit zu berücksichtigen“[355]. Die Verfasser sahen in der neubegründeten Leitungsfunktion also eine Erweiterung des Leitungsermessens auf gesellschaftsexterne Belange. Mit Leitung wäre demnach über die Führung der

348 Zu einem solchen kommt *Grabolle,* Kernbereich der Leitungsfunktion, S. 78 und grenzt sich damit nur augenscheinlich von *Dose* ab, denn Leitung soll gleichzeitig selbst Aufgaben bezeichnen und stellt somit stets auch ein Mittel zur Zweckerreichung dar; auch *Abeltshauser,* Leitungshaftung, S. 31 kommt zu einem solchen Verhältnis, wenn auch mit einem anderen Verständnis vom Begriff der Leitung.

349 *Würdinger,* Aktienrecht, 4. Aufl., S. 120.

350 *Würdinger,* Aktienrecht, 4. Aufl., S. 119.

351 *Rohde/Geschwandtner* NZG 2005, 996 (997).

352 *Kropff,* RegBegr, S. 403.

353 *Klausing,* RegBegr, S. 56.

354 *Baumbach/Hueck,* Komm AktG, 10. Aufl., § 70, 3) A.

355 *Baumbach/Hueck,* Komm AktG, 10. Aufl., § 70, 3) A., der Klammerzusatz ist eine Ergänzung des Verfassers.

Geschäfte der Gesellschaft hinaus gemeint, die wirtschaftliche Tätigkeit auch an das sozialgesellschaftliche Allgemeininteresse anzupassen.

d. Leitung als herausgehobener Teil der Geschäftsführung

Unter Zugrundelegung der Dichotomie von Leitung und Geschäftsführung und der wachsenden Bedeutung des Vorstands, die mit der Einführung des Leitungsbegriffs verbunden war, versteht die herrschende Auffassung unter Leitung etwas Bedeutenderes, Gewichtigeres oder Herausgehobeneres als die sonstige Geschäftführung[356]. Ausgehend von der weiten Definition des Geschäftsführungsbegriffs und der Gesetzessystematik soll die Leitung ein integraler Bestandteil der Geschäftsführung sein. Es gehe um die Beschreibung der unternehmerischen Führungsfunktion des Vorstands[357]. Mit der Leitung beschreibe das Gesetz die strategische Weichenstellung, die dem Vorstand obliegt. Neben der Führung der laufenden Geschäfte beinhalte dessen Aufgabenbereich auch die Vorgabe der grundsätzlichen Richtung, die die Gesellschaft bei der Erfüllung des Gesellschaftszwecks im Rahmen des Unternehmensgegenstands einschlägt[358].

2. Stellungnahme

Die Schwierigkeit bei der Bestimmung des Leitungsbegriffs beruht darauf, dass auch eine saubere methodische Annäherung zu uneinheitlichen Ergebnissen führt. Ausgeschlossen werden kann jedoch diejenige Auffassung, die Leitung und Geschäftsführung strikt trennt. Aus der weit gefassten Definition des Geschäftsführungsbegriff („jedes Tätigwerden für die AG“) ist es nicht möglich, einen Aufgabenbereich auszumachen, der davon nicht umfasst ist.

a. Andeutung der Deckungsgleichheit in den Gesetzesbegründungen

Bei der Exegese der Gesetzesmaterialien betreffend § 76 bzw. 70 AktG klingt die Deckungsgleichheit von Leitung und Geschäftsführung unverkennbar an. Insbesondere in der Begründung zur Reform von 1937, mit der die Einführung des Leitungsbegriffs § 70 AktG 1937 einherging, ist keinerlei Hinweis auf eine Unterscheidung zwischen Leitung und Geschäftsführung enthalten. Folge der

---

356 *Hüffer*, in: AktienR im Wandel Bd. II, 7. Kap., Rn. 27; *ders.* Liber amicorum Happ, 2006, S. 93 (98 ff.); *Seibt*, in: K.Schmidt/Lutter AktG, § 76 Rn. 11.

357 *Hüffer*, Liber amicorum Happ, 2006, S. 93 (100 f.); *ders.*, in: AktienR im Wandel, Bd. II, 7. Kap., Rn. 27; *Kort*, in: Großkomm AktG, § 76 Rn. 29a; *Mertens/Cahn*, in: Kölner Komm AktG, § 76 Rn. 4; *Wettich*, Vorstandsorganisation, S. 8.

358 *Kort*, in: Großkomm AktG, § 76 Rn. 29 f.

Machtverschiebung war keine neue Aufgabenverteilung, sondern die Änderung der Einflussmöglichkeiten der anderen Gesellschaftsorgane. Zudem sprachen auch die Vorgängervorschriften nur von Rechten der Aktionäre bezüglich der Geschäftsführung (vgl. Art. 224 ADHGB: „Die Rechte [...] in Beziehung auf die Führung der Geschäfte...“), weshalb auch nicht behauptet werden kann, die Leitung sei auf den Vorstand übergegangen. Das AktG von 1965 übernahm den Leitungsbegriff in § 76 Abs. 1 AktG, nachdem dieser in den zeitgenössischen Kommentierungen oftmals als Oberbegriff für Geschäftsführung und Vertretung verstanden wurde[359]. Insofern streitet die Gesetzeshistorie gegen die herrschende Auffassung, wenn behauptet wird, § 76 Abs. 1 AktG würde dem Vorstand eine gesonderte, herausgehobene Aufgabe zuweisen. Darüber hinaus ist *Mielke* recht zu geben, wenn er konstatiert, seine Auffassung würde in der Gesetzesbegründung 1965 anklingen[360]. In der Begründung zum damals neuen AktG heißt es: „Das Aktiengesetz unterscheidet scharf zwischen der Vertretungsbefugnis nach außen und der Geschäftsführungsbefugnis nach innen. Beide Befugnisse stehen nach § 70 Abs. 1 AktG 1937 dem Vorstand zu.“[361] Daraus den Schluss zu ziehen, dass der Gesetzgeber mit § 76 Abs. 1 AktG die Vorschrift für die Zuweisung der Geschäftsführungs- und Vertretungsbefugnis fassen wollte, liegt keineswegs fern. Weiter heißt es in der Begründung zu § 76 AktG, der Vorstand könne sich durch einen Unternehmensvertrag nicht ohne die Aktionäre seiner „selbstständigen Geschäftsführung“[362] begeben, während es in § 291 Abs. 1 S. 1 AktG ausdrücklich heißt, ein Beherrschungsvertrag führe dazu, dass „die Leitung“ einem anderen Unternehmen unterstellt wird. Auch hier klingt eine Kongruenz von Leitung und Geschäftsführung eindeutig an. Nimmt man an, § 76 Abs. 1 AktG weist dem Vorstand die Kompetenz zur Geschäftsführung zu, so scheint auch das Gesetz nicht notwendigerweise von einer Divergenz zur Leitung auszugehen, wenn man §§ 111 Abs. 4 S. 1 und 119 Abs. 2 AktG als Verbot versteht, in den Kompetenzbereich des Vorstands einzugreifen[363].

---

359 *Schlegelberger/Quassowski*, in: Kommentar zum AktG 1937, 3. Aufl., § 70 Anm. 2; *W. Schmidt*, in: Großkomm AktG, 1939, § 70 Anm. 3.

360 *Mielke*, Leitung der AG, S. 35.

361 *Kropff*, RegBegr, S. 98.

362 *Kropff*, RegBegr, S. 96.

363 *Roth*, Unternehmerisches Ermessen, S. 79.

b. Wortsinn

Zu einem anderen Ergebnis kommt man bei einer Auseinandersetzung mit dem Wortsinn. Ein etymologisches Wörterbuch setzt „leiten“ mit „führen, an der Spitze stehen und den Verlauf bestimmen, befehligen, in eine bestimmte Richtung lenken“ gleich[364]. Eine solche Bedeutung legt auch *Kort* zugrunde und versteht Leitung als „Anführung, Anleitung oder Lenkung“[365]. In Abgrenzung dazu beschreibe Geschäftsführung „generell ein Handeln“[366]. In Anlehnung an den Geschäftsbesorgungsbegriff, sieht er Geschäftsführung daher als weitgreifender[367]. So sieht dies auch *Hüffer,* der Geschäftsführung nur als „Alltagstätigkeiten im Sinne umfassender Geschäftsbesorgung“[368] versteht, während Leitung die „Wahrnehmung der eigentlichen Führungsaufgaben beschreibt“[369]. Auch in der Betriebswirtschaftslehre wird Leitung mit Führung gleichgesetzt und so verstanden, dass es darum geht Ziele zu setzen und zu veranlassen, dass diese Ziele erreicht werden[370]. Mit dem Begriff der Geschäftsführung ist dagegen allgemein fremdnütziges Tätigwerden für einen anderen beschrieben, wodurch dem Begriff ein subordiniativer Charakter beiwohnt, während Leitung stets in Zusammenhang mit einer Vorrangstellung einhergeht. Ein Leiter bestimmt selbst die Zielausrichtung im Rahmen des ihm aufgegebenen Auftrags, während Geschäftsführung ganz allgemein die fremdnützige Tätigkeit beschreibt[371]. Begrifflich ist jedenfalls ein Unterschied zwischen Leitung und Geschäftsführung auszumachen, denn der Geschäftsführungsbegriff ist mit dem der Leitung nicht substituierbar. Insofern wäre die Deckungsgleichheit der Begriffe im aktienrechtlichen Zusammenhang untypisch und insbesondere daher eigentümlich, da in § 76 Abs. 1 AktG explizit der Leitungsbegriff verwendet wurde, während in § 77 AktG - der nicht bedeutungsgleiche - Geschäftsführungsbegriff auftaucht. Danach ist davon auszugehen, dass sich der Gesetzgeber diese sprachliche Divergenz zunutze gemacht hat und so auch eine besondere Bedeutung des

---

364 *Pfeifer,* Etymologisches Wörterbuch des Deutschen, zum Begriff „leiten“.

365 *Kort,* in: Großkomm AktG, § 76 Rn. 29.

366 *Kort,* in: Großkomm AktG, § 76 Rn. 29.

367 *Kort,* in: Großkomm AktG, § 76 Rn. 29.

368 *Hüffer,* Liber amicorum Happ, 2006, S. 93 (98).

369 So auch *Emde,* FS Uwe H. Schneider, S. 295 (299); *Gomer,* Delegation der Compliance-Zuständigkeit, S. 92; *Hoffmann Linhard,* Kompetenzordnung, S. 25; *Schwark* ZHR 1978, 203 (215).

370 *Ulrich/Fluri,* Management, 7. Aufl., S. 13 ff.

371 *Wettich,* Vorstandsorganisation, S. 7.

aktienrechtlichen Leitungbegriffs naheliegt[372]. Hinzu kommt, dass die Einführung des Leitungsbegriffs 1937 auch mit einer strukturellen Veränderung der AG verbunden war. Bis dahin war ausschließlich der Begriff der Geschäftsführung derjenige, der in Zusammenhang mit dem Vorstandshandeln Erwähung fand. Noch in den Gesetzesmaterialien zur Aktienrechtsreform von 1884 wurde der Vorstand als reines Ausführungsorgan mit Repräsentationsfunktion bezeichnet, während die Willensbildung allein in der Generalversammlung stattfinden sollte[373]. Auch das legt den Schluss nahe, dass der Gesetzgeber, indem er nun vorschrieb, der Vorstand habe die AG zu leiten, der Begrifflichkeit in § 70 AktG 1937 eine von der Geschäftsführung abweichende Bedeutung beimaß. Der Vorstand sollte fortan „die Richtschnur der Geschäftsführung“[374] vorgeben, was notwendige Folge der Entmachtung der Hauptversammlung war. Neben der laufenden Geschäftsführung musste der Vorstand nun eigenmächtig die Geschäftspolitik und die wesentlichen unternehmerischen Entscheidungen treffen, ohne dabei in Einzelaspekten nach dem Willen der Gesellschafter zu fragen. Eben auch im Lichte dessen wurde der Leitungsbegriff eingeführt. Seit der Aktienrechtsreform war der Vorstand Leiter der AG und eben nicht nur deren Geschäftsführer[375]. All diese Veränderungen, die mit dem Leitungsbegriff Eingang in das Aktiengesetz fanden, legen eine von der „normalen“ Geschäftsführung abweichende Bedeutung nahe. Die Tatsache, dass § 77 AktG mit Geschäftsführung überschrieben ist und dem § 76 Abs. 1 AktG unmittelbar nachfolgt, bekräftigt die Dichotomie der beiden Begriffe weiter. *Linnertz* dagegen hält dies für keinen eindeutigen Hinweis, da der Gesetzgeber die Unterscheidung andernfalls stärker hervorgehoben hätte[376]. Es bleibt jedoch offen, welche Möglichkeiten dem Gesetzgeber neben der Schaffung einer eigenen Vorschrift mit einem abweichenden Wortlaut noch zur Verfügung gestanden hätten. Vielmehr ist eine stärkere Abgrenzung außer durch ausdrückliche Nennung nicht möglich.

372 Mit dem Argument der sprachlichen Divergenz auch *Dreher,* FS Hopt Bd. I, 2010, 517 (518 f.); *Fleischer,* in: BeckOGK AktG, § 76 Rn. 14; *Spindler,* in: MüKoAktG, § 76 Rn. 14.

373 *Schubert/Hommelhoff,* Aktienrechtsreform 1884, S. 457.

374 *Godin/Wilhelmi,* in: Kommentar AktG 1937, § 70 Anm. 2.

375 So ausdrücklich *Baumbach/Hueck,* AktG 10. Aufl., § 70 1): „Stellung des Vorstands als Leiters u. Geschäftsführers der AG“.

376 *Linnertz,* Delegation, S. 67.

c. *Leitung kein Oberbegriff für Geschäftsführung und Vertretung*

Der sprachlichen Divergenz zwischen Leitung und Geschäftsführung könnte auch bei materieller Deckungsgleichheit im Innenverhältnis Rechnung getragen sein, wenn man mit der Leitung des Unternehmens letztlich die Gesamtheit des Vorstandshandelns bezeichnet. Unter Berufung auf die gesellschaftsrechtliche Besonderheit der Unterscheidung zwischen Befugnis im Innenverhältnis und derjenigen im Außenverhältnis, wie *Semler* und *Mielke* vorschlagen, würde sich erklären, weshalb der übergeordnete Begriff, der Vorstand *leitet* die Gesellschaft durchaus besser geeignet ist, dessen Aufgabenbereich umfassend zu beschreiben. Damit wäre auch das Vertretungshandeln im Außenverhältnis beschrieben. Er hätte somit lediglich die Funktion, dieser Besonderheit Rechnung zu tragen und die Vorstandsaufgabe umfassend zu beschreiben. Im Verhältnis zur AG wäre eine synonyme Verwendung dann sowohl konsequent als auch logisch. Bei genauerer Betrachtung ist die Auffassung indes nicht schlüssig, denn sie geht implizit von der unzutreffenden Annahme aus, dass das Handeln des Vorstands im Außenverhältnis keine Geschäftsführung darstellt. Dabei handelt es sich indes um eine veraltete Auffassung[377]. Jedes Tätigwerden des Vorstands im Außenverhältnis stellt nach mittlerweile allgemeiner Auffassung Verhältnis zur Gesellschaft auch einen Akt der Geschäftsführung dar[378], was auch vor der Aktienrechtsreform 1965 bereits so gesehen wurde[379] und für jede Form der juristischen Person gilt[380]. Daher kann eine Maßnahme Geschäftsführung sein, ohne gleichzeitig Vertreterhandeln zu sein, aber nicht vice versa[381]. Vertretungshandeln ist geradezu der Inbegriff einer Geschäftsführung für einen anderen. Die Unterscheidung dient lediglich der rechtlichen Beurteilung der Maßnahme, sofern sich das Dürfen im Innenverhältnis nicht im dem rechtlichen Können im Außenverhältnis deckt und somit um die Vertretungsmacht als Grundlage für die Vertretung[382]. Es geht also nur um die rechtliche Perspektive. Von dem Geschäftsführungsbegriff ist die Vertretung nach außen mithin bereits erfasst, weshalb es eines weiteren Oberbegriffes nicht bedarf. Aufgrund der allgemein

---

377 Zur Gesetzesentwicklung, die das Entstehen dieser Auffassung förderte, vgl. *Baums,* Geschäftsleitervertrag, S. 9 ff.

378 *Koch,* in: Koch AktG, § 77 Rn. 3; *Kort,* in: Großkomm AktG, § 77 Rn. 3; *Gehrlein* WM 2018, 1865 (1865); *Mertens/Cahn,* in: Kölner Komm AktG, § 77 Rn. 2.

379 *Godin/Wilhelmi,* in: AktG Komm 1937, 2. Aufl., Übersicht zu § 71.

380 *Flume* BGB AT I I/2, S. 357.

381 *Dose,* Rechtsstellung der Vorstandsmitglieder, S. 40

382 *Flume* BGB AT I I/2, S. 357; *Koch,* in: Koch AktG, § 77 Rn. 3.

vorherrschenden Sonderung von Innen- und Außenverhältnis bedürfte es des Leitungsbegriffs zudem im Gesellschaftsrecht andernfalls auch für andere Gesellschaftsformen, wo er hingegen nie Erwähnung findet[383]. Demzufolge ist die Annahme, Leitung sei ein Oberbegriff für Geschäftsführung und Vertretung nicht überzeugend.

d. Systematische Einbettung der hM

Widerspruchsfrei lässt sich keiner der genannten Ansätze vertreten[384]. Festzuhalten ist jedoch, dass der Gesetzgeber mit der Verwendung des Leitungsbegriffs im Aktiengesetz nicht die Bestimmung eines von der Geschäftsführung herausgehobenen Aufgabenbereichs intendierte. Auch überzeugt die zum Teil vorgebrachte Behauptung nicht, der Gesetzgeber habe mit der Formulierung, der Vorstand *hat* die Gesellschaft zu leiten im Vergleich dazu, dass in § 77 AktG von der *Befugnis* zur gemeinsamen Geschäftsführung die Rede ist, zum Ausdruck gebracht, dass die Leitung im Gegensatz zur Geschäftsführung verpflichtend ist[385]. Jede gebotene, aber unterlassene Geschäftsführungsmaßnahme ist pflichtwidrig. Wenn für einen Geschäftsführungsbereich niemand explizit zuständig ist, ist im Zweifel der Vorstand verpflichtet, weshalb sehr wohl eine Pflicht zur Geschäftsführung besteht. Die Kreation eines herausgehobenen Leitungsbereichs bleibt mithin überwiegend ein Konstrukt des juristischen Schrifttums. Deshalb wird der Leitungsbegriff von der hM auch als Zweckbegriff verstanden, ohne dass aus ihm dogmatisch eine materiellrechtliche Bedeutung erschlossen wird[386]. Zudem lässt die Gesetzeshistorie es zu, die gewachsene Verantwortung des Vorstands, die zweifelsfrei einen „neuen" Aufgabenbereich - die wesentlichen Vorgaben bzw. Richtschnur der Geschäftsführung – schuf, in Verbindung mit dem Leitungsbegriff zu bringen. Daher wird nachfolgend versucht, aus der Gesetzessystematik eine zufriedenstellende Lösung zu erschließen.

Erster Anknüpfungspunkt ist, dass § 76 AktG die Vorschriften den Vorstand betreffend einleitet und somit bereits deshalb eine besondere Bedeutung haben kann[387]. In diese redaktionelle Entscheidung lässt sich eine Abgrenzung zur

---

383 Ähnlich *Hoffmann Linhard,* Die Kompetenzordnung der AG, S. 25.

384 So auch *Fleischer,* in: BeckOGK AktG, § 76 Rn. 14; *Lawall,* Virtuelle Holding, S. 92.

385 *Grigoleit,* in: Grigoleit AktG, § 76 Rn. 5; *Koch,* in: Koch AktG, § 76 Rn. 8; *Weber,* in: Hölters/Weber AktG, § 76 Rn. 8 f.; *Wiesner,* in: MHdb GesR Bd. IV, § 19 Rn. 16.

386 So insbes. *Fleischer* ZIP 2003, 1 ff.

387 Basierend auf der Systematik argumentierend auch *Dreher,* FS Hopt Bd. I, 2010, S. 517 (518); *Hüffer,* Liber amicorum Happ, 2006, S. 93 (98).

Geschäftsführung und eine herausgehobene Bedeutung der Leitung interpretieren. § 76 Abs. 1 AktG führt nicht nur in das Recht über den Vorstand ein, sondern steht systematisch über allen nachfolgenden Normen. *Lawall* führt dazu an, der Leitungsbegriff hätte, wenn er einen herausgehobenen Teil der Geschäftsführung darstellt, als lex specialis hinter § 77 AktG stehen müssen[388]. Dies wäre jedoch nur richtig, wenn die Geschäftsführungsbefugnis allein aus § 77 AktG entspringen würde, während sie sich aus einem Zusammenspiel aus §§ 77, 111 Abs. 4 S. 1 und 119 Abs. 2 AktG ergibt, die diesbezüglich zudem nur klarstellende Funktion haben. Die Singularität der Vorschrift wird weiter deutlich, wenn man sich vergegenwärtigt, dass eine solche Zuweisungsvorschrift für das Geschäftsführungsorgan in keiner anderen Körperschaft existiert. Weder in der GmbH noch im Verein gibt es eine Norm, die dem Geschäftsführer bzw. dem Vorstand seine Aufgabe ausdrücklich zuweist. Im Vergleich insbesondere mit der artverwandten GmbH lassen sich Unterschiede ausmachen, die an die Verwendung des Leitungsbegriffs geknüpft werden können, wodurch diesem zumindest eine klarstellende Funktion zukommt. Innerhalb der personalistisch strukturierten GmbH haben nämlich die Gesellschafter die übergeordnete Geschäftsführungskompetenz, weshalb der Geschäftsführer deren Willen stets im Blick haben muss und sie im Falle des § 49 Abs. 2 GmbHG einzuberufen hat[389]. Zudem sind in § 46 GmbHG gewichtige Entscheidungen der Gesellschafterversammlung überlassen, woraus die überwiegende Meinung folgert, dass dem Geschäftsführer auch ganz allgemein die Möglichkeit zur Bestimmung über die Unternehmenspolitik entzogen ist[390]. Eben dies sind jedoch Angelegenheiten, die in der AG durch den Vorstand entschieden werden. Gerade diese übergeordnete Geschäftsführungskompetenz lässt sich als Ausdruck der Leitungsmacht des Vorstands verstehen. Sodann hat man sich zu vergegenwärtigen, dass die AG in ihrer Grundstruktur als Gesellschaftsform für Großunternehmen ausgestaltet ist. Infolgedessen kann die Aufgabe des Handlungsorgans nicht darin besteht, allumfassend die gesamte Geschäftsführung eigenständig wahrzunehmen[391]. Vielmehr geht es darum, die wesentlichen Vorgaben für das unternehmerische Handeln vorzugeben, mithin zu leiten. Mit dem Begriff der Leitung lässt sich diese elementare Steuerungsfunktion des Vorstands beschreiben. Er ist gerade nicht zur „Erledigung“ der

---

388 *Lawall,* Virtuelle Holding, S. 92.

389 *Altmeppen,* in: GmbHG, § 37 Rn. 20.

390 Statt aller *Altmeppen,* in: GmbHG, § 37 Rn. 22 f.

391 „Demgegenüber ist der Vorstand nicht etwa zu flächendeckender, höchstpersönlicher Geschäftsführung verpflichtet“, *Grigoleit,* in: Grigoleit AktG, § 76 Rn. 5.

gesamten Geschäftsführung im Amt, sondern dazu, die gesamte Geschäftsführung unternehmerisch auszurichten[392]. Weiter lässt sich der Leitungsbegriff als Resultat der Eigenverantwortlichkeit des Vorstands begreifen. Eingeführt wurde er historisch gesehen nämlich in Verbindung mit der Befreiung des Vorstands von der Weisungsgebundenheit. Mit dem Wegfall war es konsequent, fortan davon zu sprechen, der Vorstand *leitet* die Gesellschaft. Denn die Prinzipalstellung eines Leiters hat nur, wer nicht unter dem Direktionsrecht eines anderen steht. Das ist insbesondere auch im Einklang mit § 291 Abs. 1 S. 1 AktG, in dem die Rede davon ist, dass Inhalt des Beherrschungsvertrags die Leitungsunterstellung ist. Die Leitungsmacht des Mutterunternehmens drückt sich nämlich durch das in § 308 Abs. 1 S. 1 AktG geregelte Weisungsrecht aus. Mit der Überantwortung von Leitungsmacht ist dann konsequenterweise aber auch verbunden, dieser Leitungsmacht auch gerecht zu werden. Dazu bedarf es der Wahrnehmung gewisser Aufgaben, die den wesentlichen Rahmen für die Geschäftsführung vorgeben. Das sind mitunter diejenigen, die dem GmbH-Geschäftsführer gerade entzogen sind, da dieser dem Direktionsrecht der Gesellschafter unterworfen ist und daher gerade nicht Leiter der GmbH ist. Diese Aufgaben lassen sich dann als Leitungsaufgaben bezeichnen und bilden den Kreis der Aufgaben, die die Verantwortungposition des Vorstandsamtes mit sich bringt. Gleichwohl sind diese ein Teil der Geschäftsführungstätigkeit, nur eben ein übergeordneter oder eben herausgehobener Teil. Leitung beschreibt somit die elementare Steuerungsfunktion des Vorstands innerhalb der AG, die durch die Wahrnehmung der wichtigsten Geschäftsführungsangelegenheiten des Gesellschaftsunternehmens wahrgenommen wird.

C. Korrelation zwischen Leitung und Delegationsverbot

Nachdem Leitung einen herausgehobenen Teilbereich der Geschäftsführung beschreibt, ist nun der Korrelation zwischen dem Begriff der Leitung und dem Delegationsverbot auf den Grund zu gehen. Die dogmatische Erschließung des Delegationsverbots hat ergeben, dass in dem disziplinären Kernbereich der Vorstandstätigkeit ein berechtigtes Vertrauen in eine persönliche Wahrnehmung besteht[393]. Daher erscheint die hM mit dem hier erschlossenen dogmatischen Hintergrund des Delegationsverbots vereinbar zu sein, wenn der disziplinäre Kernbereich dem Inhalt des Leitungsbegriffs entspricht. Zur Erinnerung: Nach

392 *Grigoleit*, in: Grigoleit AktG, § 76 Rn. 5.
393 Kapitel 2 § 1 A III.

hM beinhaltet das Delegationsverbot die Entscheidungsverantwortung des Vorstands im Bereich der Leitung iSd § 76 Abs. 1 AktG. Die herrschende Auffassung sieht sich jedoch mitunter dem Vorwurf ausgesetzt, dass es keine subsumtionsfähigen Kriterien für die Abgrenzung zwischen Leitungs- und Geschäftsführungsaufgaben gibt[394]. Daher büßt der Leitungsbegriff für die Delegation als Zweckbegriff an Nützlichkeit ein. Daran knüpft insbesondere die im Nachfolgenden dargestellte Kritik an dem Delegationsverbot der hM an, auf deren Grundlage dann der hier vertretene Lösungsansatz für den Umgang mit nichtdelegierbaren Angelegenheiten präsentiert wird.

I. Kritik an der Korrelation zwischen Leitung und Delegation

Nachdem lange Zeit kaum Stimmen laut wurden, die an diesem Delegationsverbot zweifelten, mehren sich eben solche in jüngerer Zeit[395]. *Seibt* wirft der herrschenden Ansicht vor, „dogmatisch als begriffsjuristisches Konzept nicht überzeugend" zu sein[396]. Er kritisiert damit insbesondere die strikte Berufung auf den Leitungsbegriff durch die herrschende Auffassung. Auch *Noack* bemängelt die fehlende gesetzliche Verortung des Verbots[397].

Seibt äußert insbesondere praktische Bedenken. Das strikte Verbot zur Delegation von Leitungsaufgaben wird seiner Auffassung nach der Komplexität von Entscheidungsprozessen nicht gerecht und sei im Hinblick auf moderne Corporate Governance Strukturen nicht zeitgemäß[398]. Ein absolutes Delegationsverbot für bestimmte Aufgaben könne es aufgrund der zwingenden Notwendigkeit der Delegation daher nicht geben. Die Aufteilung in nichtdelegierbare und delegierbare Aufgaben stellt er daher mit dem Argument in Frage, dass sich die Entscheidung, ob eine Aufgabe delegierbar ist, nur einzelfallbezogen unter Berücksichtigung von Kriterien wie deren Inhalt, Bedeutung, Komplexität und Ausmaß der verfügbaren Ressourcen beantworten lässt[399]. Zentraler Kritikpunkt ist zudem, eine vom Vorstand zu treffende Letztentscheidung lasse sich nicht

394 *Koch,* in: Koch AktG, § 76 Rn. 9; *Kuntz* AG 2016, 101 ff.; *Noack* ZHR 2019, 105 (124 ff.).

395 Vgl. eingehend *Seibt,* FS K. Schmidt, 2009, S. 1463 ff.; *Kuntz,* AG 2020, 801 ff.; *Linnertz,* Delegation, passim.; krit. auch *Koch,* in: Koch AktG, § 76 Rn. 9 f.; *Freund* NZG 2015, 1419 (1422 f.); *Noack* ZHR 2019, 105 (124 f.).

396 *Seibt,* FS K. Schmidt, 2009, S. 1463 (1464).

397 *Noack* ZHR 2019, 105 (124 f.).

398 *Seibt,* FS K. Schmidt, 2009, S. 1463 (1464).

399 *Seibt,* FS K. Schmidt, 2009, S. 1463 (1476 ff.).

von den während des Entscheidungsprozesses zu treffenden Vorentscheidungen abgrenzen. Auf dieses Argument beruft sich insbesondere auch *Kuntz*[400]. Beide lehnen es ab, man könne delegationsfeindliche Maßnahmen ausmachen, gleichzeitig jedoch zulassen, dass Vorbereitungshandlungen für diese Entscheidungen umfassend delegiert werden können[401]. Denn es sei realitätsfern zu behaupten, eine Letztentscheidung sei stets der wesentliche Anknüpfungspunkt für eine Negativentwicklung, denn „[j]ede Entscheidung ist Prämisse weiterer Entscheidungen und damit Folge vorhergehender Entscheidungen"[402].

Seibt unterteilt zur Veranschaulichung den Weg zu einer „Letztentscheidung" in sechs Phasen: Situationsanalyse und Zielvorgabe, Vorgaben zur Strukturierung des Entscheidungsprozesses, Entscheidungsvorbereitung, Entscheidung, Entscheidungsdurchführung, Zielerreichungskontrolle[403]. Während dieser Phasen würden Aufgaben erfüllt und in deren Rahmen (Vor-)Entscheidungen getroffen, die mitunter einen erheblichen Einfluss auf die am Ende zu treffende Kernentscheidung haben. Ein Entscheidungsprozess sei daher ein fließender Vorgang, der sich zwischen Aufgabenwahrnehmung und Entscheidung bewegt und sich nicht in zwei klar abgrenzbare Teilbereiche von Vorbereitung und Letztentscheidung einordnen lässt. Vorbereitungsentscheidungen der Delegation zugänglich zu lassen und eine Leitungsentscheidung dieser zu entziehen, sei daher kein überzeugender Ansatz. Die einzelnen Entscheidungsphasen, die sich in ihrer Bedeutung unterscheiden, dienen *Seibt* zur Folge vielmehr dazu, die unternehmerische Entscheidung zu bewerten[404]. Er konkretisiert daher den Haftungsmaßstab für eine Einzelfallbeurteilung gem. § 93 Abs. 1 S. 2 AktG und kategorisiert die Delegation so als unternehmerische Entscheidung. Auch *Mielke* sieht die Frage der Delegation in § 93 Abs. 1 S. 1 AktG verortet und nutzt den Sorgfaltsbegriff zur Beurteilung der Delegationsfähigkeit[405]. Zur Bewertung dessen zieht er indessen die Kriterien der hM zur Bestimmung des Leitungsbegriffs heran. *Kuntz* stellt für die Wahrung der Leitungsverantwortung durch den Vorstand maßgeblich auf den Aspekt der Zurechenbarkeit ab[406]. Es gehe darum, die Verantwortung des Vorstands *ex-ante* und *ex-post* zu definieren und

---

400 *Kuntz* AG 2020, 801 (807).

401 *Seibt,* FS K. Schmidt, 2009, S. 1463 (1474 ff.).

402 *Kuntz* AG 2020, 801 (806); auch *Noack* erkennt darin eine generelle Inkonsequenz des Delegationsverbots, *Noack* ZHR 2019, 105 (124 f.).

403 *Seibt,* FS K. Schmidt, 2009, S. 1463 (1474).

404 *Seibt,* FS K. Schmidt, 2009, S. 1463 (1475).

405 *Mielke,* Leitung der AG, S. 64 ff., 87 ff.

406 *Kuntz* AG 2020, 801 (809 ff.).

so dessen Verantwortungsposition zu sichern. Dies sei durch eine ausreichende Aufgabengestaltung mit der Einräumung von Weisungsrechten und der Auferlegung durch Berichtspflichten zu gewährleisten, nicht jedoch durch ein absolutes Delegationsverbot. Das Anliegen der Gegenstimmen liegt zudem darin, die Privilegierung durch die Business Judgement Rule auch im Zusammenhang mit der Delegation zuzulassen, da aus der Delegationsfrage eine reine Haftungsfrage würde, die an § 93 AktG zu messen wäre[407].

II. Stellungnahme

Die Kritik ist aus praktischen Gesichtspunkten zum Teil berechtigt, jedoch aus rechtlicher Sicht in vielerlei Hinsicht nicht haltbar.

1. Zum „aufgabenbezogenen“ Ansatz[408]

Kuntz bemängelt mitunter die unklare Weite des Aufgabenbegriffs, den die hM nicht näher nach inhaltlichen Merkmalen bestimmt, wodurch zwangsläufig der Delegationsgegenstand unklar bleibe[409]. Er definiert Aufgaben als Handlungsziele, deren Übertragung als solche mangels Konsequenzen unproblematisch ist, solange damit keine Kompetenzen und Entscheidungsmacht übergeht. Zuständigkeit und Entscheidungsmacht seien zwei unterschiedliche Aspekte der Leitungsverantwortung. Gleichzeitig aber verwehrt er sich der fallbezogenen Bestimmung von Leitungsaufgaben, die die hM in Anlehnung an § 116 HGB und § 90 Abs. 1 Nr. 4 AktG vornimmt und danach fragt, ob die Maßnahme von besonderer Bedeutung ist. Er beruft sich dabei auf die fehlende Trennschärfe der Merkmale[410]. Damit bemängelt er einerseits die fehlende Bestimmbarkeit nichtdelegierbarer Aufgaben und kritisiert sodann die fehlende Präzision bei dem Versuch, Kriterien dafür festzulegen. Das aber ist bei der abstrakten Festlegung für Prinzipien für eine so durch Individualität geprägte Aufgabe wie die Unternehmensleitung eine zwingende Notwendigkeit. *Kuntzs* Kritik scheitert im Wesentlichen jedoch daran, dass von der hM zwar im Ausgangspunkt zum Teil konstatiert wird, Leitungsaufgaben können nicht delegiert werden, dies jedoch nur als Leitlinie dient und am Ende die These steht, es gehe darum, dass im Vorstand Führungsentscheidungen getroffen werden, um dessen

---

407 *Linnertz*, Delegation, S. 58 sieht darin „Eine echte Weggabelung…“.

408 Mit der Differenzierung zwischen aufgaben- und entscheidungsbezogenem Ansatz *Kuntz* AG 2020, 801 (805 ff.).

409 *Kuntz* AG 2020, 801 (805).

410 *Kuntz* AG 2020, 801 (806).

Letztentscheidungsverantwortung zu wahren[411]. Zudem geht die hM davon aus, dass Vorbereitung und Ausführung von Leitungsaufgaben delegiert werden können, weshalb auch nicht behauptet wird, Leitungsaufgaben können in Gänze nicht übertragen werden. Die Kritik wendet sich daher gegen eine These, die in dieser Form überhaupt nicht vertreten wird.

2. Zum „entscheidungsbezogenen" Ansatz[412]

Sodann ist zentraler Kritikpunkt die Nichtbestimmbarkeit der zwingend durch den Gesamtvorstand zu treffenden echten Führungsentscheidungen bzw. Letztentscheidungen. Die damit verbundene These, eine Entscheidung sei nur das Ergebnis zuvor getroffener Vorentscheidungen ist zwar richtig, sie führt jedoch zu einer künstlichen Verkomplizierung eines in der Realität simpleren Sachverhalts. Die Unterscheidung einer jeden Entscheidung in weitere Teilentscheidungen, die zu einem „juristische[n] Teilungsparadox" führen soll[413], verliert sich in einer theoretischen Betrachtung, welche den Boden einer rechtlichen Einordnung verlässt. Es geht bei dem Delegationsverbot darum, dass der Vorstand seiner Leitungsverantwortung gerecht wird, indem er überhaupt eine Entscheidung trifft, um eine zielgenaue Zuordnung der Entscheidungsverantwortung zu ermöglichen[414]. *Kuntz* sieht darin das Problem, die Aufsplitterung von Entscheidungen in weitere Teilentscheidungen würde dazu führen, dass der Vorstand weitreichend Entscheidungen mit der Begründung übertragen kann, es handele sich nicht um die endgültige Letztentscheidung[415]. Damit hat er recht, doch trifft er sogleich das Anliegen den Anwendungsbereich des Delegationsverbots klein zu halten und gerade nur einen undelegierbaren Kernbereich festzulegen. Indem der Vorstand eine Entscheidung trifft, entgeht er in der Regel zudem einem Verstoß gegen das Delegationsverbot, da die Bindungswirkung einer Vorstandsentscheidung die getroffenen Vorentscheidungen überlagert. Die getroffenen Vorentscheidungen verlieren dadurch an Gewicht, dass sie von einer Entscheidung des Vorstands verdrängt werden. Trifft er keine Entscheidung, so kann ihm immer noch der Vorwurf gemacht werden, er habe nicht entschieden. Indem man auf diese Weise faktisch die durch den Vorstand getroffene Entscheidung

411 *Fleischer* ZIP 2003, 1 (7 ff.).

412 S. Fn. 407.

413 *Kuntz* AG 2020, 801 (808)

414 *Fleischer* ZIP 2003, 1 (6); zust. *Schürnbrand,* Organschaft im Recht der privaten Verbände, S. 414.

415 *Kuntz* AG 2020, 801 (808).

als Letztentscheidung einstuft, macht man sich auch nicht einer petitio principii schuldig[416], denn die Prinzipalstellung des (Gesamt-)Vorstands bedingt die Verbindlichkeit von Vorstandsentscheidungen gegenüber einzelnen Mitgliedern und nachgeordneten Stellen. Es handelt sich somit lediglich um eine Darstellung von Tatsachen.

Kuntz zieht zur Verdeutlichung seiner These das Beispiel eines Baustoffunternehmens heran, welches für die Erschließung neuer Regionen bei der internen Planungsabteilung einen Strategieentwurf in Auftrag gibt[417]. Er wirft dann die Frage auf, ob es genügen könne, wenn der Vorstand die Abteilung abstimmen lasse, in welche der drei für geeignet befundenen Standorte das Unternehmen vordringen solle und sie dem Vorstand dies anschließend zur Genehmigung vorlegen. In Zusammenhang mit dem Problem des entscheidungsbezogenen Ansatzes fragt er sodann, ob in der Beschränkung der Analyse auf die drei Regionen nicht bereits eine das gesamte Unternehmen betreffende Entscheidung liegt[418]. Dem Problem der Einbeziehung des Entscheidungsprozesses in die Beurteilung einer Letztentscheidung wird im Rahmen der Haftung jedoch dadurch Rechnung getragen, dass zur Entscheidungsfindung die Schaffung einer angemessenen Informationsgrundlage vonnöten ist (vgl. § 93 Abs. 1 S. 2 AktG)[419]. Im Rahmen der Schaffung dieser Informationsgrundlage genügt es selbstverständlich nicht, wenn der Vorstand Vorbereitungshandlungen pauschal als zuverlässig und richtig erachtet. Gerichte scheinen keine Probleme damit zu haben, das Entscheidungsverfahren im Rahmen dessen zu bewerten. Sofern Entscheidungen durch andere vorbereitet werden, lässt sich zudem auf die Grundsätze der Enthaftung durch die Einholung fachkundigen Rats zurückgreifen. Dabei handelt es sich nämlich um kaum etwas anderes als die Delegation von Verantwortung, da der Vorstand die Angelegenheit inhaltlich an einen Experten abgibt und sich der eigene Verantwortungsumfang dabei reduziert. In diesem Zusammenhang lässt es der BGH genügen, wenn der Vorstand „vielmehr eine Überprüfung [vornimmt], ob dem Berater nach dem Inhalt der Auskunft alle erforderlichen Informationen zur Verfügung standen, er die Informationen verarbeitet hat und alle sich in der Sache für einen Rechtsunkundigen aufdrängenden Fragen widerspruchsfrei beantwortet hat oder sich aufgrund der Auskunft weitere Fragen aufdrängen“[420]. Jüngst entschied das OLG Köln dazu, der Geschäftsführer einer

416 Dies deutet *Kuntz* AG 2020, 801 (802) an.

417 *Kuntz* AG 2020, 801 (802).

418 *Kuntz* AG 2020, 801 (807).

419 BGH NZG 2011, 549 (550)

420 BGH NZG 2015, 792 Rn. 33.

OHG habe keine ausreichenden Nachforschungen angestellt, nachdem die Beratung eines Lebensmittelinstituts und die der zuständigen Lebensmittelbehörde zu uneindeutigen Ergebnissen führte[421]. Die während der Beratung getroffene Entscheidung ist mithin nicht einfach hinzunehmen, sondern auf inhaltliche Richtigkeit zu überprüfen. Dies muss für unternehmerische Entscheidungen im Vergleich zu Rechtsfragen umso mehr gelten, da diesbezüglich Expertise der Vorstände erwartet werden muss.

Durch die Anforderungen sowohl an die Sorgfalt bei dem Entscheidungsverfahren als auch bei der Überprüfung im Rahmen der Plausibilitätskontrolle wird auf diese Weise der fehlenden Trennschärfe bei der Abgrenzung von Entscheidungen und Entscheidungsverfahren Rechnung getragen. Die von *Kuntz* geübte Kritik, der Vorstand könne - sofern man den nichtdelegierbaren Kernbereich auf Letztentscheidungen beschränkt - seiner Leitungsverantwortung gerecht werden, indem er eine ihm vorbereitete Letztentscheidung nur noch auf Sinnhaftigkeit überprüft und sich sein Handeln auf ein „Abnicken" beschränkt,[422] überzeugt somit nicht, da dies bereits die allgemeinen Sorgfaltsanforderungen verhindern und § 93 AktG so ein „zweites engmaschigeres Kontrollnetz"[423] bildet.

3. *Beurteilung anhand von § 93 AktG oder § 76 AktG?*

Die Gegenauffassung befürwortet zudem eine Bewertung des Delegationsverbots anhand von § 93 AktG und sieht darin den Vorteil erhöhter Flexibilität im Gegensatz zur Ableitung aus § 76 Abs. 1 AktG[424]. *Seibt* beschreibt dies als Theorie der sorgfältigen unternehmerischen Entscheidung[425]. *Linnertz* zufolge stellt die Entscheidung, ob eine Maßnahme delegierbar ist, eine unternehmerische Entscheidung dar[426].

---

421 OLG Köln NZG 2021, 26 (28 ff.).

422 *Kuntz* AG 2020, 801 (807 f.).

423 So *Fleischer* FS Schwark, 2009, 137 (151) in Zusammenhang mit dem Vorwegbindungsverbot.

424 So iErg *Kuntz* AG 2020, 801 ff.; *Linnertz,* Delegation, passim.; *Seibt,* FS K. Schmidt, 2009, S. 1463 ff.

425 *Seibt,* FS K. Schmidt, 2009, S. 1463 (1473 ff.).

426 *Linnertz,* Delegation, S. 232 ff.

a. *Entwicklung im Rahmen des Vorwegbindungsverbots*

Der Ansatz einer „Beurteilung nach § 93 AktG“ ist derselbe, der in jüngerer Zeit auch im Rahmen der Diskussion um Investorenvereinbarungen Bedeutung erlangt hat. Hier wird die nahezu inhaltsgleiche Diskussion über die Vorwegbindungsmöglichkeit des Vorstands geführt, die ebenso mit der „Unveräußerlichkeit der Leitungsmacht“ konfligiert[427]. Das moderne Meinungsbild bewegt sich in die Richtung, die Beurteilung nicht mehr anhand des § 76 Abs. 1 AktG vorzunehmen, sondern § 93 AktG heranzuziehen. Es geht letztlich darum, ob man in der Befolgung des Delegationsverbots ein Handeln im Sinne der Legalitätspflicht sieht oder dem Vorstand einen Ermessensspielraum einräumt, für den nach hM im Rahmen der Erfüllung gesetzlicher Pflichten kein Raum sein soll[428]. Neuere Meinungsvertreter halten zwar am Selbstbindungsverbot im Grundsatz fest, lassen jedoch Vorwegbindungen aufgrund der ökonomischen Notwendigkeit weitreichender vertraglicher Verpflichtungen, grundsätzlich zu. Insbesondere wird es vielseits als zulässig erachtet, zur Bewertung alle Aspekte des Gesellschaftsinteresses abzuwägen und auch die jeweilige Gegenleistung zu berücksichtigen[429]. Es zeigt sich demnach eine Abkehr von einem starren Prinzip der Unveräußerlichkeit[430]. Die Unternehmenspraxis belegt, dass eine Beschneidung der Möglichkeit zur Eingehung von Investorenvereinbarungen die Vorstandsautonomie mehr beschränkt als bewahrt und zudem andere vertragliche Bindungen des Vorstands eine mindestens vergleichbare Bindungswirkung entfalten, deren Wirksamkeit indes nicht hinterfragt wird[431]. *Koch* erachtete es daher als naheliegend, die Ergebnisse dieser Entwicklung auch auf die Aufgabendelegation durch den Vorstand zu übertragen[432].

---

427 *Koch,* in: 50 Jahre AktG, S. 66 (94 ff.).

428 BGHZ 125, 366 (372) = ZIP 1994, 867; BGH ZIP 1996, 2017; statt aller *Koch,* in: Koch AktG, § 93 Rn. 35 ff.

429 Dahingehend *Mertens/Cahn,* in: Kölner Komm AktG, § 76 Rn. 49 ff.; *Herwig,* Leitungsautonomie und Fremdeinfluss, S. 65 ff.; *Heß,* Investorenvereinbarungen, S. 178 ff.; *Kiefner* ZHR 2014, 547 (576 ff.); in diese Richtung auch OLG Stuttgart AG 2015, 163 (166); *Hippeli/Diesing* AG 2015, 185 (191 ff.).

430 Vgl. *Koch,* in: 50 Jahre AktG, S. 66 (99): „[…] so kann man sich doch nicht des Eindrucks erwehren, dass selbst die juristische Kunstfertigkeit eines *Holger Fleischers* zuweilen akrobatenhafte Züge annehmen muss, um sie mit dem Grundsatz der Unveräußerlichkeit noch weiter in Einklang bringen zu können“

431 *Koch,* in: 50 Jahre AktG, S. 66 (96); *Kiefner* ZHR 2014, 547 (554 ff.).

432 *Koch,* in: 50 Jahre AktG, S. 66 (100 f.); dies machte sich *Linnertz,* Delegation, passim. zur Aufgabe.

b. Die Irrelevanz des Streitentscheids für das Delegationsverbot

Zunächst ist zu beachten, dass zwischen Vorwegbindungs- und Delegationsverbot ein eklatanter Unterschied besteht. Geht der Vorstand im Rahmen des Leitungsbereichs eine (Vorweg-)Bindung ein, so schränkt er seinen Ermessensspielraum ein. Inwieweit dies geschieht und inwiefern dabei etwaige Vorteile berücksichtigt werden können, ist eine Frage der vertraglichen Vereinbarung. Delegiert der Vorstand eine Aufgabe, so räumt er einem anderen einen Ermessensspielraum ein und nimmt die Angelegenheit nicht mehr selbst wahr. Insbesondere der Aspekt der Höchstpersönlichkeit, der eine Delegation verhindert, wird verkannt, wenn man diese beiden Fälle gleichsetzt. Dieser ist bei der Delegation einer Aufgabe immer gleich, da eine Wahrnehmung durch einen Dritten immer stattfindet. Es wurde bereits herausgearbeitet, dass die höchstpersönliche Aufgabenerfüllung aufgrund des persönlichen Vertrauens der zentrale dogmatische Hintergrund des Delegationsverbots ist[433]. Insofern unterscheiden sich Vorwegbindungsverbot und Delegationsverbot bereits an entscheidender Stelle und können insbesondere nicht pauschal mit der „Unveräußerlichkeit der Leitungsmacht" erklärt werden. Abgesehen davon ist es im Ergebnis nicht von Belang, ob man den Beurteilungsmaßstab bei § 93 AktG oder bei § 76 AktG verortet sieht, weshalb auch die Kritik and der hM ohne Substanz bleibt. Denn das Delegationsverbot bietet ein nahezu lehrbuchartiges Beispiel für die Redundanz und das Fehlverständnis von der Business Judgment Rule als Schutzinstrument für das unternehmerische Ermessen des Vorstands[434]. Darin liegt aber der einzige „Unterschied" in einer Beurteilung nach § 93 AktG. Es macht keinen Unterschied, ob gilt, dass der Vorstand sich unter bestimmten Voraussetzungen immer pflichtwidrig iSd § 93 AktG verhält oder ob er gegen ein Verbot mit dem entsprechenden Inhalt verstößt. *Altmeppen* weist zurecht darauf hin, dass hier zwei Fragen miteinander vermengt werden[435]: Die Präzisierung der gesetzlichen Pflicht selbst und das Ermessen bei der Erfüllung der Pflicht. Ersteres ist eine Rechtsfrage, die selbstverständlich nicht zur Disposition des Einzelnen steht und mit Ermessen nichts zu tun hat. Was rechtlich erlaubt ist und was nicht, entscheidet nicht der Pflichtadressat. Geht es um die Einhaltung allgemeiner Rechtsgrundsätze und Gesetze, dann „darf der Geschäftsleiter keine „Risiken"

433 Siehe dazu Kapitel 2 § 1 A V.

434 So eingehend und überzeugend *Altmeppen* ZIP 2016, 97 ff.; *ders.*, in: GmbHG, § 43 Rn. 9.

435 *Altmeppen* ZIP 2016, 97 (98 f.).

eingehen; er muss sie nach Möglichkeit ausschließen!"[436] Unterhalb des rechtlich präzisierten Sorgfaltsmaßstabs hat ein Geschäftsleiter jedoch selbstverständlich freies Ermessen, wie er die Pflicht erfüllt, da nur die Unterschreitung des gesetzlichen Pflichtstandards zur Haftung führen kann[437]. Hierbei wird zudem das Problem der verbreiteten Vermengung von Pflicht- und Verschuldensebene deutlich. Bliebe man dabei, bleibt beim Vorliegen eines Verstoßes gegen gesetzliche Pflichten kein Raum, im Rahmen des Verschuldens die subjektive Vorwerfbarkeit der Handlung zu beurteilen.

Übertragen auf das Delegationsverbot meint dies: Das Delegationsverbot selbst auferlegt dem Vorstand die Pflicht, den Kernbereich seiner Leitungsaufgaben höchstpersönlich wahrzunehmen. Daran ändert die Anwendung der Business Judgment Rule nichts. Wenn eine Angelegenheit bestimmte Kriterien erfüllt, ist sie als nichtdelegierbar einzustufen. Denn hierbei handelt es sich um die Formulierung der Pflicht, die stets eine Rechsfrage darstellt und nicht um eine unternehmerische Entscheidung. Niemals entscheidet aber der Vorstand über die Delegationsfähigkeit einer Maßnahme[438]. Verletzt der Vorstand eine Pflicht – nimmt er also eine nichtdelegierbare Angelegenheit nicht persönlich wahr - so handelt er pflichtwidrig. Auch ist die Entscheidung über die Wahrnehmung der Kerntätigkeit des Vorstands keine solche, die die Umsetzung der Leitungsaufgabe betrifft und somit im Ermessen des Vorstands liegt. Die Entscheidung, wer die AG leiten soll, ist mit der Bestellung des Vorstands getroffen und kann durch diesen nicht umgekehrt werden. Es stellt sich somit nur die Frage, was den undelegierbaren Kernbereich ausmacht. Die Abgrenzung delegierbarer und nichtdelegierbarer Pflichten erfolgt daher materiell-sachbezogen und hat mit unternehmerischem Ermessen nichts zu tun[439]. Wenn *Seibt* also behauptet, bei der Frage der Delegationsfähigkeit handele es sich um eine Einzelfallentscheidung[440], liegt er nicht richtig, da der Vorstand über Rechtsfragen nicht entscheiden kann[441]. Erfüllt eine Entscheidung die relevanten Kriterien, ist dies haftungsbegründend, sofern dies nicht der Fall ist, eben nicht. Darüber hilft auch nicht die Beachtung einer etwaigen Gegenleistung hinweg. Dies mag im Rahmen der Vorwegbindung möglich sein, da hier eine eigene Entscheidung des

436 *Altmeppen* ZIP 2016, 97 (98).
437 *Altmeppen* ZIP 2016, 97 (98).
438 Etwas missverständlich daher *Linnertz,* Delegation, S. 232 ff.
439 So auch *Dreher* FS Hopt Bd. I, 2010, S. 517 (520).
440 *Seibt,* FS K. Schmidt, 2009, S. 1463 (1486).
441 *Dreher,* FS Hopt Bd. I, 2010, S. 517 (519).

Vorstands getroffen wird. Daher sind Einwirkungsmöglichkeiten auf Leitungsentscheidungen in gewissen Grenzen auch möglich. Möglich ist dies aber nur unter der Prämisse, dass die Leitungsentscheidung durch den Vorstand (höchstpersönlich) selbst getroffen wird[442]. Gerade das ist bei der Delegation einer Entscheidung aber nicht der Fall.

c. *Zwischenergebnis*

Mit der „unterschiedlichen" Beurteilung anhand von § 93 AktG ist nichts gewonnen und auch die Business Judgment Rule würde dem Vorstand keine Privilegierung gewähren. Vielmehr bleibt die entscheidende Rechtsfrage diejenige, welche Aufgaben der Vorstand nicht delegieren kann, was sich nach denselben Kriterien richtet. Daher ist es auch richtig, wenn der Gegenauffassung entgegengehalten wird, die zur Beurteilung des Einzelfalls herangezogenen Kriterien würden nach herrschender Auffassung der Unterscheidung von Leitungs- und Nichtleitungsaufgaben dienen und somit auf dasselbe Ergebnis hinauslaufen[443].

III. *Problem des aktienrechtlichen Delegationsverbots*

Auch wenn damit einige der wesentlichen Kritikpunkte der Gegenauffassung entkräftet sind, ist das angenommene Delegationsverbot für Leitungsangelegenheiten dennoch nicht frei von Problemen.

1. *Weiterhin direkte Korrelation zwischen Delegation und Leitung*

Richtig an der Kritik ist nämlich, dass faktisch oftmals noch eine direkte Korrelation zwischen Delegation und Leitungsaufgaben hergestellt wird, die dann erst auf nächster Ebene relativiert wird, wenn die Rede davon ist, dass der Vorstand für Leitungsaufgaben nur die Entscheidungsverantwortung trägt[444]. Zudem heißt es in einem führenden AktG-Kommentar auch heute noch in der Kommentierung zu § 76 AktG, der Leitungsbegriff stehe für die Aufgaben, die nicht im Wege arbeitsteiligen Zusammenwirkens übertragen werden dürfen[445], während es in demselben Werk heißt: „Die Bestandssicherungspflicht trifft den Vorstand als Teil seiner allgemeinen Leitungsaufgabe…[Das] schließt ein

442 *Herwig*, Leitungsautonomie und Fremdeinfluss, S. 102 ff. und insbesondere das Fazit auf S. 121.

443 *Dreher*, FS Hopt Bd. I, 2010, S. 517 (519); *Spindler*, in: MüKoAktG, § 76 Rn. 18.

444 *Dreher*, FS Hopt Bd. I, 2010, S. 517 (527); *Fleischer* ZIP 2003, 1 (6).

445 *Fleischer*, in: BeckOGK AktG, § 76 Rn. 9.

arbeitsteiliges Zusammenwirken nicht aus“[446]. Diese irreführende Verankerung eines Prinzips der Unveräußerlichkeit der Leitung im Aktiengesetz hat in Bezug auf die Delegation offensichtlich bis heute nicht zu einer überzeugenden Lösung beigetragen. Ebenso wenig trägt der BGH zu Klarheit bei, wenn er zur GmbH urteilt, die Erfüllung der sich aus § 64 a. F. ergebenden Pflichten sei unübertragbar[447], man unmittelbar im Anschluss jedoch liest, eine Ressortverteilung sei nicht ausgeschlossen[448]. Von dieser irreführenden direkten Korrelation zwischen Leitungsaufgaben und dem Delegationsverbot als Übertragungsverbot ist daher Abstand zu nehmen.

Weiter stellt es die Praxis doch auch vor bedenkenswerte Schwierigkeiten, wenn man darauf beharrt, die Vorstandsmitglieder selbst müssten in allen wesentlichen Leitungsangelegenheiten eine Entscheidung treffen. Die These, dem Vorstand müsse zur Wahrung seiner Leitungsverantwortung ein Letztentscheidungsrecht verbleiben, ist hinfällig[449], da ein solches ihm ohnehin qua Gesetz bleibt. Ein Vorstandsmitglied kann den Restvorstand nicht überstimmen, ein Angesteller aufgrund des Weisungsrechts nicht gegen den Willen des Vorstands handeln und im Rahmen der externen Delegation ist dies eben vertraglich zu regeln.

2. *Flut an Leitungsaufgaben*

Problematisch ist weiterhin, wenn mittlerweile Angelegenheiten wie EDV[450], Compliance[451] und Cyber-Security[452] als Leitungsaufgaben betitelt werden. Denn damit verlangen Tätigkeiten einen Vorstandsbeschluss, über die die meisten Mitglieder gar nicht die notwendige Expertise besitzen[453]. Das aber ist auch gar nicht der Sinn eines Leitungsorgans, welches gerade die Richtschnur der Geschäftsführung vorgibt und auf diese Weise anführen und lenken soll, nicht aber Fachexperte in allen Tätigkeitsbereichen des Unternehmens zu sein

---

446 *Fleischer,* in: BeckOGK AktG, § 91 Rn. 38.

447 BGH NZG 2019, 225 (225 f.) Rn. 14.

448 BGH NZG 2019, 225 (226) Rn. 15.

449 *E. Vetter,* in: Hdb. Managerhaftung, 22.76; *Henze,* BB 2000, 209 (210); *Kort* in: Großkomm. AktG, § 76 AktG Rz. 49; *Mertens/Cahn* in: Kölner Komm AktG, § 76 AktG Rn. 45; *Mielke,* Leitung der AG, S. 93; *Turiaux/Knigge,* DB 2004, 2199 (2205); *Veil,* Unternehmensverträge, S. 88.

450 *Kort,* in: Großkomm AktG, § 76 Rn. 37.

451 Statt aller *Koch,* in: Koch AktG, § 76 Rn. 11 f.

452 *Kiefner/Happ* BB 2020, 2051 (2058).

453 *Noack* ZHR 2019, 105 (124 f.).

hat[454]. Außerdem führt dies schlicht zur Überforderung des Managements[455]. Bleibt man bei dem Vertrauenstatbestand als rechtsdogmatischem Hintergrund des Delegationsverbots, kann das Vertrauen in eine persönliche Wahrnehmung nur so weit gehen, wie es zweckgemäß und realistisch ist. Unmögliches kann nicht verlangt sein, weshalb auch kein rechtlicher Vertrauenstatbestand in etwas bestehen kann, das praktisch nicht umsetzbar ist. Hinzu tritt, dass Vorstandspflichten nicht immer punktuell wahrzunehmende Maßnahmen sind, sondern Teil dauerhaft zu erfüllender Sorgfaltsanforderungen. Daher ist es auch realitätsfern zu behaupten, der Vorstand habe in Leitungsangelegenheiten immer nur Entscheidungen zu treffen und nicht vorbereitend oder ausführend selbst tätig zu werden[456]. Das passt schlicht nicht immer - Paradigma: Für die Erstellung von Berichten muss jedes Vorstandsmitglied einen Beitrag leisten und Informationen sammeln und offenbaren. Es wird nicht allein eine „Berichtsentscheidung" getroffen.

3. *Fazit*

Festzuhalten ist, dass das bestehende Delegationsverbot zu undifferenziert ist. Ob die Auflösung der Unterscheidung zwischen Leitungs- und Geschäftsführungsaufgaben vor dem Hintergrund der vorstehenden Erwägungen zielführend ist, kann nichtsdestotrotz bezweifelt werden[457]. Die Gesetzessystematik gibt dem Rechtsanwender schließlich zwei unterschiedliche Begrifflichkeiten zur Hand und die entscheidenden Fragen bleiben dieselben. Auch ist es wenig zielführend, die Existenz des Delegationsverbots an sich zu hinterfragen[458]. Dass sich dieses dogmatisch überzeugend begründen lässt, wurde bereits nachgewiesen, ist nach der hier vertretenen Auffassung an die Organstellung des Vorstands geknüpft und somit rechtlich zwingend. Auch lässt sich doch ganz allgemein konstatieren, dass es im Rahmen jeder Organstellung einen spezifischen Kernbereich gibt, der ein eigenständiges Tätigwerden erfordert, da andernfalls die Übernahme der Organstellung immer faktisch konterkariert würde. Wenn man dies nun aus den praktischen Schwierigkeiten in Frage stellt, macht man es sich schlicht zu leicht.

---

454 So zur Buchführungspflicht *Fleischer,* in: BeckOGK AktG, § 91 Rn. 13.
455 *Noack* ZHR 2019, 105 (125).
456 In diese Richtung *Dreher,* FS Hopt Bd. I, 2010, S. 517 (527).
457 So unter anderem *Linnertz,* Delegation, S. 59 ff.
458 Mit der Dekonstruktion des Delegationsverbots *Seibt,* FS K. Schmidt, 2009, S. 1463 ff.

IV. Lösungsansatz

Es bietet sich daher an, den Inhalt des Delegationsverbots anders zu formulieren. Zudem bietet die im Organhaftungsrecht kaum beachtete Unterscheidung zwischen der Pflicht- und der Verschuldensebene[459] die Möglichkeit, das Spannungsfeld zwischen dem zwingenden Delegationsverbot und der Gefahr ausufernder Haftung für Leitungsangelegenheiten aufzulösen.

1. Pflichtebene

Zunächst ist bei der Suche nach der in Frage stehenden Pflicht das Delegationsverbot positiv zu formulieren.

a. Delegationsverbot als individuelle Sorgfaltspflicht

Da mit dem Verbot letztlich eine Sorgfaltspflicht des Vorstands geschaffen wird, ist zunächst von der Behauptung Abstand zu nehmen, das Delegationsverbot treffe „den Gesamtvorstand“. Pflichten, die an das Kollegialorgan gerichtet sind, sind im entscheidenden Fall, also bei einem Verstoß, immer als solche des einzelnen Vorstandsmitglieds zu behandeln. Auch für Gesamtvorstandspflichten trägt kein Mitglied eine Erfolgsverantwortung. Freilich kann jedes Vorstandsmitglied kraft seiner Amtsstellung für innerhalb der Gesellschaft auftretende Pflichtverstöße in die Haftung geraten, wenn es nicht in ausreichendem Maße überwacht hat und nicht eingeschritten ist. Dann aber handelt es sich um die Restverantwortung einer delegierten Angelegenheit. Der individuelle Sorgfaltsverstoß ist dann ein anderer. Fragt man aber nach der Verantwortung nach der Nichtwahrnehmung einer delegierten Angelegenheit, steht immer ein Pflichtverstoß des Einzelnen in Frage. Muss es bei der Formulierung des Delegationsverbots dann aber nicht darum gehen, was von einem jeden Geschäftsleiter verlangt ist? Es ist nur sinngerecht, wenn das Delegationsverbot selbst als individuelle Pflicht eines jeden Vorstandsmitglieds ausgestaltet ist. Zu fragen ist daher, was von den einzelnen Geschäftsleitern in Bezug auf nichtdelegierbare Angelegenheiten verlangt werden kann.

b. Leitungsaufgaben als erster Determinationsparameter

Für welche Aufgaben man überhaupt die Frage gewisser Delegationsgrenzen stellt, lässt sich der Einteilung in Leitungs- und sonstigen Geschäftsführungsangelegenheiten zur Konkretisierung des Kernbereichs der Vorstandstätigkeit

459 Dazu eingehend *Freund* NZG 2022, 297 ff.

heranziehen, wodurch man auf erster Stufe den zu behandelnden Aufgabenkreis erheblich einschränkt. An dieser Stelle bietet der Leitungsbegriff den Anhaltspunkt für die Konkretisierung des Kernbereichs der Vorstandstätigkeit und bildet so den gesetzlichen Anknüpfungspunkt dafür, das Delegationsverbot mit Inhalt zu füllen. Richtiger dogmatischer Anknüpfungspunkt ist jedoch das besondere Vertrauensverhältnis zwischen dem Vorstand und der AG als Geschäftsherrin und nicht der Leitungsbegriff, der lediglich dazu dient, Vorstandsaufgaben zu kategorisieren.

Versteht man nämlich die inflationäre Einordnung bestimmter Angelegenheiten in den Katalog der Leitungsaufgaben zunächst einmal nur als Konkretisierung der zentralen Aufgaben eines jeden Vorstands, so trifft man das dahinterstehende Anliegen und sieht sich nicht mit denselben Problemen konfrontiert. Die Unterstellung nämlich, Autoren würden davon ausgehen, der Vorstand müsse diese wachsende Flut an Leitungsangelegenheiten umfassend persönlich wahrnehmen, kann niemand ernst meinen. Leitungspflichten sind demnach diejenigen Pflichten, mit denen sich jeder sorgfältig handelnde Organwalter in der Position des Vorstands zu befassen hat.

c. *Persönliche Wahrnehmungspflicht*

Nachdem die Leitungspflichten den disziplinären Kernbereich der Vorstandstätigkeit ausmachen, handelt es sich um höchstpersönliche Pflichten. Der Aspekt der Höchstpersönlichkeit stellt dabei diejenige Pflicht dar, die die Vorstandsmitglieder zur Vermeidung des Delegationsverbots zu erfüllen haben. Ein jeder Organwalter in dem Amt des Vorstandes muss im Kernbereich der Organpflichten selbst tätig werden. Insofern tritt die nicht delegierbare persönliche Pflicht zum Tätigwerden neben die Leitungspflicht selbst. In Leitungsangelegenheiten kann sich jedenfalls kein Geschäftsleiter darauf berufen, er habe aufgrund der Aufgabenverteilung nichts damit zu tun. Das bedeutet aber auch, dass das Delegationsverbot sich nicht allein in Form eines Übertragungsverbots ausdrückt, welches der Arbeitsteilung Grenzen setzt, sondern es auferlegt jedem Vorstandsmitglied eine Mitwirkungspflicht, die unabhängig jeder bestehenden Delegationsstruktur gilt. Das sichert zum einen, dass jedes Vorstandsmitglied Verantwortung trägt, lässt jedoch Spielraum für eine interessengerechte Einzelfallbeurteilung. Auf diese Weise ist zudem sichergestellt, dass die Geschäftstätigkeit, die auf Leitungsebene stattfindet, dem Vorstand zurechenbar bleibt[460].

460 Allein auf das Kriterium der Zurechenbarkeit zur Sicherstellung der Leitungsverantwortung abstellend *Kuntz* AG 2020, 801 (810).

Zugleich wird es der gesetzlichen Ausgangslage gerecht. Da der Gesamtvorstand innerhalb der Gesellschaft immer die Möglichkeit hat, Angelegenheiten an sich zu ziehen, stellt eine Aufgabenübertragung per se zunächst kein Problem dar, da es den Vorstandsmitgliedern unbenommen bleibt, Angelegenheiten vor den Gesamtvorstand zu bringen und so ihrer Leitungsverantwortung gerecht zu werden.

d. Ausmaß der persönlichen Befassung – nichtdelegierbare Angelegenheiten

Wenn festgestellt ist, dass es sich um eine Leitungspflicht handelt, für deren Erfüllung jedes Vorstandsmitglied persönlich tätig werden muss, stellt sich die Anschlussfrage, in welchem Ausmaß das Vorstandsmitglied tätig werden muss, was also nichtdelegierbar ist. Dabei ist wiederum auf die dogmatische Grundlage des Delegationsverbots zu rekurrieren, die den zentralen Anknüpfungspunkt für die Bestimmung nichtdelegierbarer Angelegenheiten bildet. Es stellt sich dabei die Frage, inwieweit die Pflicht dem Vorstand in persönlichem Vertrauen auferlegt ist. Ist dies der Fall, so würde der Vorstand eine unzulässige „Substitution“ seiner Amtsstellung vornehmen und sich nicht im Rahmen der zulässigen Delegation bewegen.

2. Verschuldensebene

Werden Vorstandsmitglieder in Leitungsangelegenheiten nicht persönlich tätig, stellt dies einen Pflichtverstoß dar. Sodann besteht dennoch die Möglichkeit, der bestehenden Geschäftsverteilungsstruktur und somit faktisch der Delegation Bedeutung im Rahmen der Verschuldensfrage zu geben und auf diese Weise, der verantwortungsreduzierenden Wirkung Raum zu verleihen. Zu Beginn dieser Arbeit wurde herausgestellt, dass sich die Delegation grundsätzlich auf der Pflichtebene auswirkt, indem sie die Wahrnehmungspflicht auf eine Übertragungs- und Überwachungspflicht reduziert[461]. Das Delegationsverbot verhindert eben dies bei delegationsfesten Angelegenhteiten aufgrund des persönlichen Charakters der Pflichten. Es wäre daher auch eklatant inkonsequent, auf Ebene der Pflichtwidrigkeit zu fragen, ob es einem Geschäftsleiter in der jeweiligen Position innerhalb der Unternehmensorganisation zumutbar gewesen ist, die Leitungsangelegenheit persönlich wahrzunehmen bzw. die unverständlichen Ausführungen der Rechtsprechung, nichtdelegierbare Angelegenheiten seien in

---

461 Vgl. Kapitel 1 § 1 E.

Ausnahmefällen doch delegierbar[462]. Man würde das Delegationsverbot umgehen, indem man den Pflichtmaßstab doch wieder anhand der erfolgten, unzulässigen (!) Delegation misst. Es stellt sich dann aber weiterhin das Problem, dass nicht jedem Geschäftsleiter in gleicher Weise ein Vorwurf gemacht werden kann, sofern höchstpersönliche Leitungspflichten nicht durch die Vorstandsmitglieder wahrgenommen wurden bzw. diesbezüglich ein Pflichtverstoß begangen wird. Dazu liest man oftmals, durch Delegation sei die Verantwortung der Geschäftsleiter dennoch beschränkt[463]. Dogmatisch und insbesondere logisch ist es daher nur, die Delegation im Falle einer Verletzung des Delegationsverbots im Rahmen des Verschuldens zu berücksichtigen. Freilich sind Pflichtwidrigkeit und Verschulden im Organhaftungstatbestand eng verwoben. Indem man an dieser Stelle jedoch differenziert, umgeht man die Widersprüchlichkeit. Auf der Ebene des Verschuldens lässt sich Delegation in zweierlei Hinsicht berücksichtigen.

a. Zurechenbarkeit

Verschulden ist „das objektiv pflichtwidrige und subjektiv vorwerfbare Verhalten eines Zurechnungsfähigen"[464]. Zu fragen ist also letztlich, ob die Pflichtverletzung auch dem jeweiligen Vorstandsmitglied zurechenbar ist. Anschließend ist zu klären, ob das Verhalten des Vorstandsmitglieds bei typisierter Betrachtung aus der individuellen Stellung in der Unternehmensorganisation fahrlässig war[465]. Es geht also um die Beurteilung der Erkennbarkeit der Tatsache, dass eine nichtdelegierbare Leitungsangelegenheit wahrgenommen wird und die Pflicht somit nicht persönlich durch den Geschäftsleiter erfüllt wurde[466].

b. Abgeänderte Sorgfaltsanforderungen

Weiterhin wird durch Delegation der individuelle Sorgfaltsmaßstab abgeändert. Die Sorgfaltsanforderungen an ein sachfremdes Vorstandsmitglied sind aufgrund der Delegation geringer als für das für den konkreten Geschäftsbereich

---

462 So der BGHZ 220, 162 = NZG 2019, 225 Rn. 14 und 15; dies erkennend, aber im Ergebnis davon ausgehend, der Pflichtmaßstab lasse sich auch bei nichtdelegierbaren Angelegenheiten reduzieren *Schockenhoff* GmbHR, 2019, 514 (516).

463 BGHSt 47, 318 (324) = NJW 2002, 2480; BGHZ 133, 370 (377) = NJW 1997, 130; *Schneider/Brouwer,* FS Priester, 2007, S. 713 (719 ff.).

464 *Grüneberg,* in: Grüneberg, § 276 Rn. 5.

465 Bei vorsätzlichem Handeln ist die Haftung selbstverständlich indiskutabel.

466 So ähnlich für die Insolvenzverschleppungshaftung *K. Schmidt/Herchen,* in: K. Schmidt InsO, § 15a Rn. 36.

beschäftigte Mitglied[467]. Das gilt zum einen im Rahmen der Entscheidungsfindung, aber zum anderen auch bezüglich der Erkennbarkeit des Pflichtverstoßes selbst. So wie bezüglich der Überwachungspflicht der Mitglieder graduell danach zu unterscheiden ist, inwieweit einem Geschäftsleiter spezifisches Fachwissen abverlangt werden kann[468], gilt dies auch für jede sonstige Pflicht innerhalb des Unternehmens. Daher ist es auch nicht problematisch, alle Vorstandsmitglieder mit der Befassung in Leitungsangelegenheiten zu belasten, da die Anforderungen für die Exkulpation schlicht geringer sind, je weniger Fachwissen ein Vorstandsmitglied im jeweiligen Belang in seiner Funktion vorzuweisen haben muss. Insbesondere in komplexen Bereichen wie IT oder Rechtsfragen ist auf diese Weise den praktischen Problemen Abhilfe geleistet. Wer das in seiner Kompetenz stehende leistet, haftet auch nicht[469]! Das gilt insbesondere auch für Leitungs*entscheidungen*, für die der Sorgfaltsmaßstab für jedes Vorstandsmitglied nach der individuellen Aufgabenzuweisung zu beurteilen ist[470].

§ 2 Anwendung und inhaltliche Konkretisierung der Leitungspflichten des Vorstands

Nachdem das Delegationsverbot im Interesse der bestehenden praktischen Probleme umformuliert ist, gilt es nun, dies auf die Leitungspflichten des Vorstands anzuwenden. Bislang hat sich diese Arbeit erst abstrakt mit der Leitung als Rechtsbegriff innerhalb des AktG auseinandergesetzt. Im Folgenden soll der Rechtsbegriff nun mit Inhalt gefüllt werden. Unter Zugrundelegung der Leitung als unternehmerische Kernaufgabe des Vorstands einer AG, lässt sich eine allgemeingültige und abschließende Beschreibung der Leitungsaufgabe mit Blick auf die Individualität eines jeden Unternehmens jedoch nicht finden[471]. Was einen herausgehobenen Bereich der Geschäftsführung darstellt, ist abhängig von der Größe und Art des Unternehmens[472]. Der Gesetzgeber schweigt in den Gesetzesbegründungen von 1937 und 1965 zum genaueren Inhalt des Leitungsbegriffs. Aufgrund dessen ist „Leitung“ als unbestimmter Rechtsbegriff durch Auslegung inhaltlich zu konturieren. Dass es infolgedessen keinen Katalog an

---

467 Ähnlich *Freund* NZG 2022, 297 (302).

468 Zur sachlichen Nähe als Kriterium für das Ausmaß der Überwachungspflicht *Altmeppen*, GmbHG, § 43 Rn. 23.

469 Mit anschaulichem Beispiel *Freund* NZG 2022, 297 (302).

470 Dazu auch unter Kapitel 3 § 1 D. IV.

471 *Druey*, FS Zöllner, 1998, S. 129 (131 ff.);

472 *Grigoleit/Tomasic*, in: Grigoleit AktG, § 93 Rn. 55.

Leitungspflichten gibt, anhand dessen subsumiert werden kann[473], ist nicht weiter problematisch. Denn Unsicherheiten in Grenzbereichen sind rechtstypisch und existieren in anderen Bereichen ebenso[474].

Der Inhalt des Leitungsbegriffs lässt sich grundsätzlich entsprechend der hM aus den positiv geregelten Vorstandsaufgaben[475] und den anerkannt notwendigen Maßnahmen effektiver Unternehmenssteuerung erschließen[476].

---

473 Dieses Problem sehen insbesondere *Kuntz* AG 2020, 801 (802); *Henze* BB 2000 209 (210); *Seibt,* FS K. Schmidt, 2009, S. 1463 (1464); sa *Koch,* in: Koch AktG, § 76 Rn. 9 zur Abgrenzung zwischen Leitung und Geschäftsführung in Verbindung mit der Entscheidung über die Delegationsfähigkeit: „Entscheidung wird zumeist mehr von Rechtsfolgenseite, denn von Tatbestandsseite formuliert, was fortdauernde Schwierigkeiten im Umgang mit Abgrenzung abermals illustriert."

474 Vgl. nur Grundlagenentscheidungen iRd § 49 HGB, *Krebs,* in: MüKoHGB, § 49 Rn. 8; der Begriff des „ungewöhnlichen" Geschäfts in Abgrenzung zu § 116 Abs. 1 HGB, *Jickeli,* in: MüKoHGB, § 116 Rn. 6; oder natürlich die weiterhin bestehende Unsicherheit über die Hauptversammlungszuständigkeit, die *Kubis,* in: MüKoAktG, § 119 Rn. 31 ff. ausführlich mit eigenem Lösungsansatz darstellt.

475 So *Bürgers*, in: Bürgers/Körber/Lieder, § 76 Rn. 9; *Dreher*, FS Hopt Bd. I, 2010, S. 517 (520 f.); *Emde*, FS U. H. Schneider, 2011, S. 295 (299 f.); *Fleischer*, ZIP 2003, 1 (6); *ders.* NZG 2003, 449 (450); *Froesch* DB 2009, 722 (724); *Heller*, Unternehmensführung, S. 25 f.; *Henze*, BB 2009, 209 (210); *Hüffer*, in: AktienR im Wandel, Bd. II, 7. Kap., Rn. 17, 38; *Hüffer*, Liber amicorum Happ, 2006, S. 93 (99 f.); *Koch*, in: Koch, § 76 Rn. 9; *Kocher/Schneider*, ZIP 2013, 1607 (1609); *Kort*, in: Großkomm. AktG, § 76 Rn. 35; *Martens*, FS Fleck, 1988, S. 191 (194); *Mertens/Cahn*, in: Kölner Komm. AktG, § 77 Rn. 24; *Oltmanns*, in: NK-AktG, § 76 Rn. 5; *Schiessl*, ZGR 1992, 64 (67 f.); *Schönbrod*, Organstellung von Vorstand und AR, S. 169; *Wettich*, Vorstandsorganisation, S. 50 f., 87 f., 177 f.; *Wicke*, NJW 2007, 3755 (3756). Siehe auch *Seibt*, FS K. Schmidt, 2009, S. 1463, 1470 f.; *Seibt*, in: K. Schmidt/Lutter, § 76 Rn. 9. Ausdrücklich ablehnend *Golling*, Sorgfaltspflicht und Verantwortlichkeit, S. 59 f. Differenzierend hingegen *Rehm*, Einzel- und Gesamtverantwortung, S. 156 f., 161 ff.; *Grabolle*, Leitungsfunktion, S. 118 ff., 129 f. sondert hingegen Vertreteraufgaben aus und differenziert im Übrigen danach, ob die Aufgaben der unternehmerischen Funktion dienen. Außerdem soll die Eigenverantwortlichkeit als Unterscheidungsmerkmal dienen, die nur für die Leitung gelte.

476 *Koch,* in: Koch AktG, § 76 Rn. 9; *Mertens/Cahn,* in: Kölner Komm AktG, § 76 Rn. 4 f.; *Weber,* in: Hölters/Weber AktG, § 76 Rn. 9; *Kort,* in: Großkomm AktG, § 76 Rn. 36 ff.; *Henze* BB 2000, 209 (210); im Kern auch *Fleischer* ZIP 2003, 1 (5).

A. Gesetzlich zugewiesene Leitungsaufgaben

Erster Anhaltspunkt für die Begriffsbestimmung ist sodann das Aktiengesetz selbst, das in einigen Vorschriften die Vorstandsaufgabe bereits konkreter umschreibt. Bei den gesetzlichen normierten Pflichten handelt es sich um Aufgaben, die der Vorstand entweder im Verhältnis zu den anderen Gesellschaftsorganen zu erledigen hat, um solche, deren Erfüllung im öffentlichen Interesse liegt und solche, die der Sicherung von Gläubigerinteressen dienen[477]. Auch der BGH hat bereits in mehreren Entscheidungen gesetzliche Aufgaben als Leitungsaufgaben qualifiziert und sich so dieser normativ geprägten Auslegung des Leitungsbegriffs angeschlossen[478]. Andere sehen in den Vorschriften lediglich den Zweck, das Verhältnis des Vorstands zu anderen Organen zu regeln und meinen, deren Wahrnehmung liege in erster Linie im öffentlichen Interesse[479]. Zudem sei darin mehr eine Kompetenzeinschränkung als eine Kompetenzerweiterung zu sehen[480]. Daher soll sich aus den gesetzlichen Vorstandsaufgaben keine nähere Konkretisierung des Leitungsbegriffs ergeben. Geht man wie hier davon aus, dass Leitungsaufgaben solche sind, die originär an den Vorstand gerichtet sind und dessen Kerntätigkeit betreffen, so bietet die Zuständigkeitsordnung des AktG zumindest einen wertvollen Anknüpfungspunkt. Denn das Gesetz bringt hier zumindest zum Ausdruck, dass es sich um solche Aufgaben handelt, die einen jeden Vorstand treffen[481]. Im Einzelnen ist jedoch zu differenzieren, ob die Vorschrift ihrem Sinn und Zweck und dem Pflichteninhalt nach eine persönliche Leitungsaufgabe des Vorstands ist[482].

I. Einberufung der Hauptversammlung und sonstige Entscheidungspflichten

Die Hauptversammlung wird durch den Vorstand einberufen, wofür gem. § 121 Abs. 2 S. 1 AktG ausdrücklich ein Vorstandsbeschluss erforderlich ist[483]. Hier zeigt der Gesetzgeber mit dem einfachen Mehrheitserfordernis, dass alle Mitglieder zur Mitwirkung in Form der Stimmabgabe im Rahmen der Beschlussfassung

477 Vgl. *Henze* BB 2000, 209 (210); *Herwig*, Leitungsautonomie und Fremdeinfluss, S. 53.
478 Vgl. BGHZ 149, 158 = NJW 2002, 1128 (Ls.); BGHZ 159, 30 = NZG 2004, 571 (Ls.).
479 *Semler*, Leitung und Überwachung, Rn. 7, 23.
480 Vgl. *Semler*, in: FS Kastner, 1992, S. 397 (402).
481 *Schmidt-Husson*, in: Coporate Compliance, § 6 Rn. 16.
482 In diese Richtung zur GmbH *Ziemons*, in: Michalski GmbHG, § 43 Rn. 329.
483 BGHZ 149, 158 = NJW 2002, 1128.

verpflichtet sind. Zudem kommt der Hauptversammlung als Instrument zur Rechtsausübung der Aktionäre elementare Bedeutung zu, weshalb die Disposition über die Einberufung zwingend eine Aufgabe eines jeden Vorstandsmitglieds ist[484]. Das gilt auch sonst für Stellen, an denen das Gesetz eindeutig eine Entscheidung des Gesamtvorstands fordert. Zu nennen ist hier der Fall, dass die Hauptversammlung den Vorstand zum Bezugsrechtsausschluss ermächtigt, vgl. § 203 Abs. 2 AktG sowie allgemein die Entscheidungen über die Verwendung genehmigten Kapitals gem. § 202 Abs. 1 AktG. Letztere ist insbesondere dessen eine nichtdelegierbare Angelegenheit, da aufgrund des zuvor ergangenen Hauptversammlungsbeschlusses explizit das Vertrauen in das Vorstandsorgan zur Ausnutzung des Kapitals gesteckt wurde. Daher käme die Übertragung an einen anderen einer Substitution des Mandats zu nahe, als dass sie sich im Rahmen des Zulässigen bewegt.

II. Teilnahmepflicht

Die Teilnahmepflicht an der Hauptversammlung aus § 118 Abs. 3 AktG ist vollumfänglich höchstpersönlicher Natur und somit einer Delegation überhaupt nicht zugänglich[485]. Körperliche Anwesenheit kann weder delegiert werden, noch kann ein Vorstandsmitglied dabei vertreten werden[486]. Hinzu kommt, dass der Teilnahme aufgrund des Informationsrechts der Aktionäre gem. § 131 Abs. 1 S. 1 AktG eine herausgehobene Bedeutung zukommt. Jedes Vorstandsmitglied ist mithin vollumfänglich verpflichtet, an der Hauptversammlung teilzunehmen. Dazu bedarf es des Kriteriums des Vertrauenstatbestandes nicht einmal.

III. Beschlussvorlagepflicht

Nach § 124 Abs. 3 S. 1 AktG hat der Vorstand zu jedem Gegenstand der Tagesordnung, über den die Hauptversammlung beschließen soll, in der Bekanntmachung Vorschläge zu machen. Die Pflicht kann nach Auffassung des BGH nicht durch einen vorschriftswidrig besetzten Vorstand erfüllt werden[487]. Das Gericht trennt die Frage der Delegationsmöglichkeit von derjenigen, ob der Vorstand aufgrund seiner Unterbesetzung handlungsunfähig ist[488]. Bei

484 *Grabolle,* Kernbereich der Leitungsfunktion, S. 124.

485 *Kubis,* in: MüKoAktG, § 118 Rn. 110.

486 *Kubis,* in: MüKoAktG, § 118 Rn. 110; *Mülbert,* in: Großkomm AktG, § 118 Rn. 29.

487 BGHZ 149, 158 = NJW 2002, 1128; NZG 2002, 817; *Kubis,* in: MüKoAktG, § 124 Rn. 35.

488 BGHZ 149, 158 = NJW 2002, 1128.

fehlender Handlungsmöglichkeit hat aber denknotwendig auch eine Delegation auszuscheiden. Denn ist ein einzelnes Vorstandsmitglied diesbezüglich nicht handlungsfähig, ist es auch nicht möglich die Angelegenheit an diesen verantwortungsausschließend zu delegieren. Den Charakter als eine dem Gesamtvorstand zwingend zugewiesene Leitungsaufgabe begründet das Gericht damit, dass der Aufgabe aufgrund des Informationscharakters für die Aktionäre eine besondere Bedeutung zukommt[489]. Mit dem hier vertretenen Ansatz erlangt man dasselbe Ergebnis. Die Pflicht besteht darin, einen Vorschlag zu unterbreiten. Da es sich um eine Leitungsaufgabe handelt, hat jedes Vorstandsmitglied persönlich eine Pflicht, tätig zu werden. Mithin muss auch jedes Mitglied an der Unterbreitung des Vorschlags mitwirken. Dabei besteht zumindest dahingehend ein berechtigtes Vertrauen, dass eine gemeinsame Abstimmung über die vorzubringenden Vorschläge stattfindet. Denn gerade das Vorstandsorgan ist zur beurteilung der Tagesordnungspunkte berufen. Wenn der Vorschlag gefasst ist, kann die Bekanntmachung dessen freilich auf ein Vorstandsmitglied delegiert werden[490].

IV. Vorbereitung von Hauptversammlungsbeschlüssen

Gem. § 83 Abs. 1 S. 1 AktG hat der Vorstand Maßnahmen, die in die Zuständigkeit der Hauptversammlung fallen, vorzubereiten. Es gibt jedoch keinen Grund, weshalb ein berechtigtes Vertrauen darin bestehen soll, dass alle Mitglieder aktiv an der eigentlichen Vorbereitung mitwirken müssen. Je nach Inhalt des Hauptversammlungsbeschluss kann die Vorbereitungsarbeit einem entsprechend qualifizierten Vorstandsmitglied überlassen werden. Sofern dies für nähere Expertise notwendig ist, können auch nachgeordnete Mitarbeiter oder externe Berater eingeschaltet werden. Nichtsdestotrotz besteht insofern eine Mitwirkungspflicht aller Mitglieder, als dass sie sich nicht auf die Überwachung des vorbereitenden Mitglieds zurückziehen dürfen, sondern selbst die Vorbereitungshandlungen zu überprüfen haben. Denn das Vertrauen erstreckt sich gerade darauf, dass alle Vorstandsmitglieder die Vorbereitung der Hauptversammlung überblicken, da sie in ihrer Amtsstellung dafür am geeignetsten sind. Idealerweise erlangt die Angelegenheit auf Initiative der Hauptversammlung den Vorstand, der das fachkundigste Mitglied mit der Vorbereitung beauftragt. Jenes legt nach Abschluss der Vorbereitung allen anderen Vorstandsmitgliedern das Ergebnis vor und gibt

---

489 BGHZ 149, 158 = NJW 2002, 1128.
490 OLG Dresden AG 1999, 517 (518); *Kubis,* in: MüKoAktG, § 124 Rn. 35.

ihnen die Möglichkeit dieses eigenständig zu überprüfen und gegebenenfalls Änderungen vorzuschlagen.

V. Ausführung von Hauptversammlungsbeschlüssen

§ 83 Abs. 2 AktG verpflichtet den Vorstand, Hauptversammlungsbeschlüsse auszuführen. Diese sind zumindest allen Vorstandsmitgliedern vorzulegen[491]. In Zusammenspiel mit § 245 Nr. 4 AktG ergibt sich nämlich eine Amtspflicht des Vorstands zur Überprüfung von Hauptversammlungsbeschlüssen auf Gesetzesmäßigkeit[492]. Diese Kontrollfunktion ist als nichtdelegierbare Kernfunktion des Vorstands zu qualifizieren, da er als Organ explizit gesetzlich dazu ermächtigt wurde und alle Mitglieder gleichermaßen damit betraut sind, Hauptversammlungsbeschlüsse zu überprüfen. Aus der Pflicht des Vorstands, die Einhaltung der rechtlichen Vorschriften innerhalb der AG zu überwachen, kann sich dann auch eine Pflicht zur Anfechtung von Beschlüssen ergeben[493]. Sinn und Zweck des Anfechtungsrechts wiederum ist die Gewährleistung von Rechtssicherheit und Rechtskontrolle von Hauptversammlungsbeschlüssen[494]. In Anbetracht dessen kommt der Überprüfung im Rahmen der Beschlussausführung eine große Bedeutung zu. Jedes Vorstandsmitglied ist daher persönlich verpflichtet, sich mit dem Hauptversammlungsbeschluss zu befassen und dabei hat implizit ein Beschluss über die (Nicht-)Anfechtung zu erfolgen. Viele der durch die Hauptversammlung getroffenen Beschlüsse erfordern als eigentliche Ausführungshandlung jedoch lediglich eine Anmeldung zur Eintragug in das Handelsregister (bspw. §§ 181, Abs. 1, 184, 188, 223, 227 AktG). Dafür genügt es, wenn sie durch eine vertretungsberechtigte Zahl an Vorstandsmitgliedern erfolgt[495]. Da es sich dabei um einen reinen Ausführungsakt handelt und sowohl die Hauptversammlung als auch der Aufsichtsrat über die Vertretungsbefugnisse disponieren können (vgl. § 78 Abs. 3 AktG), kann die Anmeldung selbst auch auf das vertretungsberechtigte Gremium delegiert werden, da hier keine besondere Vertrauensübernahme stattfindet. Ist dem Vorstand jedoch ein

---

491 AA *Grabolle,* Der unveräußerliche Kernbereich der Leitungsfunktion, S. 120 f.

492 *Fleischer,* in: BeckOGK AktG, § 83 Rn. 10; *Hefermehl,* FS Schilling, 1973, S. 159 (166); *Spindler,* in: MüKoAktG, § 83 Rn. 24; *Servatius,* Strukturmaßnahmen als Unternehmensleitung, S. 334 ff.

493 *Servatius,* Strukturmaßnahmen als Unternehmensleitung, S. 348 ff., 354 ff.; *Spindler,* in: MüKoAktG, § 93 Rn. 118.

494 *Schäfer,* in: MüKoAktG, § 243 Rn. 5 ff.

495 *Stein,* in: MüKoAktG, § 181 Rn. 10 ff.

Handlungsspielraum gewährt, wie beispielsweise für eine Kapitalerhöhung, so haben sich damit wiederum alle Vorstandsmitglieder zu befassen. Nachdem dann auch eine Entscheidung erforderlich ist, haben die Mitglieder gemeinsam Beschluss zu fassen.

VI. Berichterstattung an den Aufsichtsrat

§ 90 AktG verpflichtet den Vorstand an den Aufsichtsrat Bericht zu erstatten. Eine Delegation ist nicht möglich, da jedes Vorstandsmitglied persönlich über den eigenen Geschäftsbereich zu berichten und daher an der Aufstellung des Berichts mitzuwirken hat[496]. Es handelt sich um eine originäre Vorstandspflicht[497]. Jedes Vorstandsmitglied ist persönliche mit der Pflichtwahrnehmung betraut, weshalb es auch persönlich darüber Rechenschaft abzulegen hat. Die Prinzipalstellung über die Geschäftsführung gibt den Vorstandsmitgliedern den besten Überblick, welcher auch ermöglicht, dem Aufsichtsrat entsprechende Informationen zu unterbreiten. Als Regulativ für die Leitungsmacht des Vorstands kommt der Berichtspflicht eine überragende Bedeutung für die Funktionsfähigkeit und interne Kontrolle der Gesellschaft zu. Nachdem mitentscheidend für die Begründung des Delegationsverbot die Vermeidung eines Überwachungsdefizits ist, versteht sich, dass niemand von der Berichtspflicht befreit sein kann. Darüber hinaus ist Sinn und Zweck der Berichtspflicht, den Vorstand zur Rechenschaft auch gegenüber sich selbst zu verpflichten, was umgangen werden würde, wenn man die Berichtspflicht wiederum an ein Vorstandsmitglied oder gar vorstandextern delegieren würde[498]. Zudem bildet sie das Kernstück der Zusammenarbeit zwischen Aufsichtsrat und Vorstand[499]. Da andernfalls die Selbstkontrollfunktion und die Zusammenarbeit zwischen Vorstand und Aufsichtsrat nicht stattfände, besteht eine Mitwirkungspflicht aller Vorstandsmitglieder. Dasselbe gilt für den konzernbezogenen Bericht nach § 312 AktG.

---

496 *Mertens/Cahn,* in: Kölner Komm AktG, § 90 Rn. 20; *Spindler,* in: MüKoAktG, § 90 Rn. 6.

497 So auch *Mertens/Cahn,* in: Kölner Komm AktG, § 90 Rn. 20; *Spindler,* in: MüKoAktG, § 90 Rn. 6.

498 *Dauner-Lieb,* in: Henssler/Strohn GesR, § 90 AktG Rn. 1; *Kort,* in: Großkomm AktG, § 90 Rn. 2; *Mertens/Cahn,* in: Kölner Komm AktG, § 90 Rn. 7; *Spindler,* in: MüKo-AktG, § 90 Rn. 1.

499 *Fleischer,* in: BeckOGK AktG, § 90 Rn. 1.

VII. *Buchführungspflicht, § 91 Abs. 1 AktG*

Etwas anders zu beurteilen ist die Buchführungspflicht gem. § 91 Abs. 1 AktG[500]. Dabei handelt es sich nur deshalb um eine Pflicht des Vorstands, da die Gesellschaft als Kaufmann gem. § 238 HGB dazu verpflichtet ist und der Vorstand als Handlungsorgan notwendigerweise für deren Erfüllung zu sorgen hat[501]. Buchführung ist „multifunktional"[502], denn sie dient der Selbstinformation des Kaufmanns, aber sie soll es auch „einem sachverständigen Dritten [ermöglichen] innerhalb angemessener Zeit einen Überblick über die Geschäftsvorfälle und über die Lage des Unternehmens" zu haben (vgl. § 238 Abs. 1 S. 2 HGB)[503]. Pflichtadressat ist daher die Gesellschaft selbst, weshalb es sich bei der Pflicht selbst schon um keine persönliche Pflicht des Vorstands handeln kann, da insofern kein persönliches Vertrauen besteht. Die Durchführung der Buchführung kann daher durch den Vorstand daher auf geeignete Stellen delegiert werden, während der Vorstand selbst zwingend nur eine Pflicht im Sinne eines Dafürsorgetragens hat, wie es § 91 Abs. 1 AktG auch deutlich macht[504]. Bereits das Reichsgericht vertrat diese Auffassung[505]. Kern der vorstandlichen Buchführungspflicht ist demnach, diese ordnungsgemäß an geeignete Vorstandsmitglieder, nachgeordnete Stellen oder extern zu delegieren[506]. Jedes Vorstandsmitglied hat freilich dann eine Überwachungspflicht, die für Vorstandsmitglieder, deren Ressort die Buchführung zugewiesen ist, in erhöhtem Maße gilt[507]. Da die Pflicht selbst nur in Form eines Dafürsorgetragens formuliert ist, hat jedes Mitglied auch nur das persönlich zu tun. Die eigentliche Buchführung kann aber problemlos delegiert werden.

VIII. *Organisationspflichten § 91 Abs. 2 AktG*

§ 91 Abs. 2 AktG enthält die Pflicht zur Errichtung eines Krisenfrüherkennungs- und Überwachungssystems. Ausweislich der Gesetzesmaterialien soll dies verdeutlichen, dass Teil der Leitungsaufgabe des Vorstands die

---

500 AA *Spindler,* in: MüKoAktG, § 91 Rn. 64.

501 So zur GmbH *Altmeppen,* in: GmbHG, § 41 Rn. 5.

502 *Merkt* ZGR 2017, 460 (465).

503 *Traut,* in: BeckOGK HGB § 238 Rn. 2.

504 Wie hier für die GmbH *Altmeppen,* in: GmbHG, § 41 Rn. 5 mwN.

505 RGSt 13, 235 (237 f.).

506 *Spindler,* in: MüKoAktG, § 91 Rn. 8; *Sailer-Coceani,* in: K. Schmidt/Lutter AktG, § 91 Rn. 4; *Wiesner,* in: MHdB GesR Bd. IV, § 25 Rn. 128.

507 RGSt JW 1925, 261 für die GmbH.

Unternehmensorganisation ist[508]. Jedes Vorstandsmitglied hat demnach persönlich dafür Sorge zu tragen, dass ein System, das bestandsgefährdende Risiken erkennt, eingerichtet ist. Bestandsgefährdend sind Risiken, wenn sie sich auf die Vermögens-, Finanz- und Ertragslage der Gesellschaft wesentlich auswirken können[509] und so das Insolvenzrisiko der Gesellschaft in erheblichem Maße steigern oder hervorrufen können[510]. Geeignet ist ein solches System, wenn es die für den Vorstand zur Wahrnehmung bestimmter Maßnahmen erforderlichen Informationen erhält[511]. Jedem Vorstandsmitglied sind daher im Rahmen der Geschäftsverteilung entsprechende Berichts- und Dokumentationspflichten aufzuerlegen[512]. Über die Einrichtung eines solchen Systems und die wesentlichen Entscheidungen betreffend das System haben alle Mitglieder Beschluss zu fassen. Unproblematisch ist es aber, wenn ein Vorstandsmitglied bestimmt wird, das sich primär und/oder ausschließlich mit Risikomanagement befasst[513]. Organisatorische Maßnahmen betreffen notgedrungen jedoch ohnehin jedes Vorstandsmitglied, da deren Umsetzung Handeln der Geschäftsleiter verlangt. Jedes Vorstandsmitglied hat persönlich in seinem Verantwortungsbereich für deren Umsetzung Sorge zu tragen. Außerdem haben sie bei Anzeichen von Fehlentwicklungen aktiv auf Verbesserungen hinzuwirken. Wenn es um eine unternehmensweite Umstrukturierung des Systems geht, hat sich jeder Geschäftsleiter aktiv zu beteiligen, was aber auch in der Form geschehen kann, dass ein entsprechender Auftrag an den Risikomanagementvorstand erteilt wird. Innerhalb des Risikoerkennungssystems sind zudem die Überwachungszuständigkeiten der einzelnen Vorstandsmitglieder klar zu verteilen[514]. Von der Pflicht zur Überwachung des zugewiesenen Bereichs kann sich dann keines der Mitglieder befreien.

IX. Errichtung und Führung eines Aktienregisters

Der Vorstand ist kraft seiner Amtsstellung zur Führung des Aktienregisters verpflichtet[515]. Nach Auffassung des BGH gilt ein solches nur dann als wirksam

508 BegrRegE KonTraG, BT-Drs. 13/9712, S. 15.

509 *Fleischer,* in: BeckOGK AktG, § 91 Rn. 33; *Kort,* in: Großkomm AktG, § 91 Rn. 35.

510 *Mertens/Cahn,* in: Kölner Komm AktG, § 91 Rn. 23; auch *Fleischer,* in: BeckOGK AktG, § 91 Rn. 33 mwN.

511 *Fleischer,* in: BeckOGK AktG, § 91 Rn. 34.

512 LG München I NZG 2008, 319; *Grigoleit/Tomasic,* in: Grigoleit AktG, § 91 Rn. 7; *Koch,* in: Koch AktG, § 91 Rn. 10.

513 S. bspw. LG Berlin AG 2002, 682 ff.

514 *Fleischer,* in: BeckOGK AktG, § 91 Rn. 37.

515 OLG München NZG 2005, 756 (757); zust. *Kort* NZG 2005, 963 (963 f.).

errichtet, wenn daran alle Vorstandsmitglieder mitgewirkt haben[516]. Insbesondere genüge dafür nicht die vertretungsberechtigte Zahl an Vorstandsmitgliedern, da es sich nicht um rechtsgeschäftliches Handeln nach außen hin handelt[517]. Bei der Errichtung ist nach Auffassung der Rechtsprechung demnach nur der gesamte Vorstand geschäftsführungsbefugt. Das überzeugt, wenn man bedenkt, dass das Aktienregister gem. § 67 Abs. 2 S. 1 AktG in Bezug auf Namensaktien die alleinige Legitimationsgrundlage für das Rechtsverhältnis zwischen der Gesellschaft und dem Aktionär ist. Sie hat insofern elementare Bedeutung für die Gesellschaft, weshalb dafür auch nur der Gesamtvorstand geschäftsführungsbefugt ist. An der Entscheidung über die Errichtung haben mithin alle Mitglieder mitzuwirken, was letztlich einen Gesamtvorstandsbeschluss erforderlich macht. An der laufenden Führung des Aktienregisters hat sich jedoch nicht jedes Vorstandsmitglied zu beteiligen. Das gehört keineswegs zum Kernbestand der Unternehmensführung und kann nicht von jedem Geschäftsleiter verlangt sein. Eine Delegation auf ein einzelnes Vorstandsmitglied und vorbehaltlich einer Vereinbarung über die Auftragsdatenverarbeitung gem. Art. 28 DSGVO und §§ 62 ff. BDSG auch an nachgeordnete Mitarbeiter und externe Dienstleister, ist mithin möglich[518].

X. Vorlagepflicht gem. § 111 Abs. 4 S. 2 AktG

Nach § 111 Abs. 4 S. 2 AktG kann der Aufsichtsrat für bestimmte Angelegenheiten eine Vorlagepflicht begründen. Da der Aufsichtsrat dies auch für weniger wichtige Belange bestimmen kann, ist nicht automatisch jede zustimmungspflichtige Maßnahme eine nichtdelegierbare Leitungsmaßnahme[519]. Dennoch ist die Vorlagepflicht selbst an alle Vorstandsmitglieder gerichtet. Alle Vorstandsmitglieder haben dafür Sorge zu tragen, dass zustimmungspflichtige Geschäfte an den Aufsichtsrat gelangen. Eine Ressortverteilung kann freilich dafür sorgen, dass die Nichtvorlage einer Maßnahme, die in ein fremdes Ressort fällt durch ein ressortfremdes Vorstandsmitglied nicht verschuldet war und ihm die Nichtvorlage nicht anzulasten ist. Im Gegenzug ist dasjenige Vorstandsmitglied, in dessen Ressort das jeweilige Geschäft fällt, insofern zur Vorlage primär verantwortlich, als dass ihm solche Geschäfte in der Regel zuerst bekannt werden. Faktisch ist

516 OLG München NZG 2005, 756 (757).

517 OLG München NZG 2005, 756 (757).

518 *Bezzenberger,* in: K. Schmidt/Lutter AktG, § 67 Rn. 10; *Grigoleit/Rachlitz,* in: Grigoleit AktG, § 67 Rn. 2; *Kort,* NZG 2005, 963 ff.

519 So auch *Kort,* in: Großkomm AktG, § 77 Rn. 31.

die Vorlagepflicht daher gewissermaßen durch die Aufgabenverteilung beeinflusst. Handelt es sich bei dem vorlagepflichtigen Geschäft also nicht um ein solches, welches in den Kernbereich persönlicher Leitungspflichten fällt, dann wird man jedem Geschäftsleiter zugestehen müssen, dass er sich auf die Erfüllung der Vorlagepflicht durch den ressortzuständigen Vorstandskollegen verlassen darf.

XI. Jahresabschluss

In Bezug auf den Jahresabschluss treffen den Vorstand mehrere Pflichten. Die Vorlage des Jahresabschlusses und des Geschäftsberichts nach §§ 242, 264 Abs. 1 HGB und der Vorschlag über die Verwendung des Reingewinns gem. § 170 Abs. 2 AktG. Für die Erstellung der Berichte und die Erarbeitung des Vorschlags ist eine Delegation möglich. Originärer Pflichtadressat ist wie bei der Buchführungspflicht die Gesellschaft als Formkaufmann. Der Vorstand hat mithin nur für die Durchführung zu sorgen. Die Ausführungen zur Buchführungspflicht gelten hier entsprechend. Ein gemeinschaftliches Handeln nur durch alle Vorstandsmitglieder wäre ohnehin lebensfremd. An der Vorlage und dem eigentlichen Unterbreiten des Vorschlags zum Reingewinn hat jedoch jedes Vorstandsmitglied mitzuwirken. Sie haben die vorbereiteten Unterlagen zu prüfen und gegebenenfalls zu kontrollieren. Diesen Pflichten kommt für die Funktionsfähigkeit der Gesellschaft eine zentrale Bedeutung zu[520] und ist zudem originäre Vorstandspflicht und keine Pflicht der Gesellschaft. Es besteht mithin auch ein berechtigtes Vertrauen, dass der Vorstand diese auch persönlich erfüllt. Dazu gehören auch die Auszahlungen an die Aktionäre gem. § 57 Abs. 3 AktG, welche nur genau im Umfang des im Jahresabschluss ausgewiesenen Bilanzgewinns zulässig sind (vgl. § 158 Abs. 1 S. 1 Nr. 5 AktG).

Aufgrund der zentralen Bedeutung der Aufstellung des Jahresabschlusses für die Bilanzierung und die Finanzpolitik, trägt der Vorstand für diesen jedoch eine nichtdelegierbare Gesamtverantwortung, weshalb hier ein Gesamtvorstandsbeschluss vonnöten ist. Bilanz, Gewinn- und Verlustrechnung, der Lagebericht und ggf. die Erklärung gem. § 161 AktG sind zunächst dem Gesamtvorstand vorzulegen, auch wenn die vorherige „Aufstellung“ delegiert wurde. Im Rahmen dessen hat jedes Vorstandsmitglied eine ausführliche Kontrolle durchzuführen und so das jeweilige Ergebnis gleichermaßen mitzutragen.

---

520 *Hoffmann-Becking* ZGR 1998, 497 (508); *Kort,* in: Großkomm AktG, § 77 Rn. 33 f.; *Mertens/Cahn,* in: Kölner Komm AktG, § 77 Rn. 24; *Spindler,* in: MüKoAktG, § 77 Rn. 64.

Auch grundlegende bilanzpolitische Entscheidungen sind solche des Gesamtvorstands, denn dabei handelt es sich um Kernentscheidungen der Geschäftsführung, mit denen der Vorstand als Leiter persönlich betraut ist, da er die Richtschnur der Geschäftsführung vorzugeben hat. Die Auswahl[521] zwischen den nach dem BilMoG[522] zulässigen Arten der Rechnungslegung ist dem Gesamtvorstand vorzulegen. Das bedeutet, dass die Verantwortung über die Art und Weise der Rechnungslegung und die Aufstellung bei jedem Vorstandsmitglied gleichermaßen liegt. Gleiches gilt für die Entscheidung über die Gewinnverwendung, die ebenfalls einen Gesamtvorstandsbeschluss erfordert. Hierbei kann der Vorstand gemeinsam mit dem Aufsichtsrat über Gewinnrücklagen entscheiden und diese gegen eine Ausschüttung sperren[523]. Es handelt sich dabei um eine „wichtige geschäftspolitische Finanzierungsentscheidung“[524] und somit um eine Gesamtvorstandsangelegenheit aller Mitglieder.

XII. Insolvenzantragspflicht

Besondere Erwähnung muss die in § 15a InsO normierte Insolvenzantragspflicht verdienen[525]. Jene ist grundsätzlich an alle Vorstandsmitglieder gerichtet und keines kann sich davon insofern befreien, als dass es nicht zum Handeln verpflichtet ist, wenn ihm das antragspflichtauslösende Ereignis kenntlich wird. Es handelt sich dabei nicht um eine Pflicht der Gesellschaft, zu deren Durchführung der Vorstand verpflichtet ist, sondern um eine originäre Vorstandspflicht. Das zeigt sich insbesondere daran, dass die Verantwortung für deren Erfüllung nicht die Gesellschaft, sondern im Innenverhältnis gem. §§ 92, 93 AktG und im Außenverhältnis gem. § 823 Abs. 2 i.V.m. § 15a InsO der Vorstand trägt[526]. Die Gesellschaft selbst trägt keine Verantwortung sich solvent zu halten bzw. ihre eigene Solvenz anzuzeigen, da sie dafür denknotwendig überhaupt nicht verantwortlich gemacht werden kann. Es handelt sich bei den Massesicherungspflichten letztlich um Einschränkungen der Leitungsbefugnis der organschaftlichen Vertreter zum Zwecke des Gläubigerschutzes[527].

---

521 Zu den hier offenen Ermessensspielräumen *Pöschke* ZGR 2018, 647 (648 ff.).

522 Gesetz zur Modernisierung des Bilanzrechts v. 25.5.2009, BGBl. 2009, S. 1102.

523 *Hennrichs/Pöschke,* in: MüKoAktG, § 172 Rn. 18.

524 *Hennrichs/Pöschke,* in: MüKoAktG, § 172 Rn. 18.

525 Zur Insolvenzantragspflicht BGH NJW 1994, 2149 (2150); *Klöhn,* in: MüKoInsO, § 15a Rn. 176.

526 Zur Konkursverschleppungshaftung *Altmeppen,* ZIP 1997, 1173.

527 Siehe dazu die Gesetzesbegründung zu § 15a InsO im Rahmen des MoMiG: BT Drs 16/6140, S. 55.

1. *Eingeschränkte horizontale Delegationsmöglichkeit*

Eine Geschäftsverteilung entbindet also keinen Geschäftsleiter von der eigenen Konkursantragspflicht[528]. Die Pflicht entsteht im Fälligkeitszeitpunkt für alle gleichermaßen, was unabhängig davon gilt, ob sich der Gesamtvorstand für die Insolvenzantragstellung entscheidet oder nicht[529]. Jedes Vorstandsmitglied ist daher bei fehlender Antragstellung dahingehend exkulpationsbelastet, seiner Pflicht zur Überwachung der finanziellen Lage und der Antragspflicht nachgekommen zu sein. Trotz der persönlichen Verantwortlichkeit aller Geschäftsleiter, ist ein arbeitsteiliges Zusammenwirken jedoch nicht ausgeschlossen[530]. Dabei kann auch bestimmt werden, dass ein bestimmtes Vorstandsmitglied zuständig ist. Die Vorstandsmitglieder sind davon dennoch nicht gänzlich befreit.

Insbesondere in Krisenzeiten ist der zuständige Geschäftsleiter durch die anderen Geschäftsleiter besonders intensiv zu überwachen[531]. Der BGH spricht im Rahmen des damit eng verwobenen Zahlungsverbots gem. § 64 a.F. von „besonders weitgehenden Kontroll- und Überwachungspflichten gegenüber einem Mitgeschäftsführer“[532]. Dem Gesagten wohnt freilich ein gewisser Widerspruch inne. Es wird einerseits behauptet, die Pflicht sei nicht delegierbar[533], andererseits sei eine Zuständigkeitsverteilung möglich, die dann durch besondere Überwachungspflichten auszugleichen ist. Das würde genau genommen bedeuten, dass nicht eine Delegation verwehrt, sondern nur die übrige Restverantwortung erhöht ist. Das erklärt sich daraus, dass die Erfüllung von Antragspflichten oder eben die Beachtung des insolvenzrechtlichen Zahlungsverbots letztlich durch eine ordnungsgemäße Überwachung der finanziellen Lage der Gesellschaft erfüllt werden. Das bedeutet aber nicht, dass sich jedes Vorstandsmitglied intensiv selbst mit der Buchführung befassen muss, sondern nur, dass sie allesamt die Erfüllung der insolvenzsspezifischen Pflichten im Blick haben müssen. Wird bestimmt, dass es sich dabei um die Primäraufgabe eines Geschäftsleiters handelt, ist es nur logisch, dass der Fokus der Überwachungspflicht der anderen Geschäftsleiter dann auf eben diesem Vorstandsmitglied liegt.

528 BGH NJW 1997, 2149 (2150).

529 *Mertens/Cahn*, in: Kölner Komm AktG, Anh. § 92 Rn. 25 f.; *Spindler*, in: MüKoAktG, § 92 Rn. 83.

530 So ausr. zu § 64 GmbHG aF BGHZ 220, 162 = NZG 2019, 225 (226) Rn. 15.

531 BGH NJW 1994, 2149; LG Aachen ZIP 1995, 1837 (1838); zust. *Altmeppen*, ZIP 1997, 1173 (1177); *Spindler*, in: MüKoAktG, § 93 Rn. 179.

532 BGHZ 220, 162 Rn. 15 = NZG 2019, 225 (226).

533 BGHZ 220, 162 Rn. 14 = NZG 2019, 225 (225 f.).

Dabei handelt es sich aber nicht um die delegationstypische Restverantwortung in Form einer Überwachung, sondern um die originäre Überwachungspflicht selbst, die einen anderen Charakter hat und somit auch weitaus intensiver ausfällt, wenngleich sie auch nicht dasselbe Ausmaß hat wie die des ressortzuständigen Vorstands. Dessen Überwachungspflicht bezieht sich nämlich auch auf die ihm direkt unterstellten Angestellten beispielsweise eines Finanzressorts. Die übrigen Vorstandsmitglieder haben dagegen nur die finanzielle Lage selbst im Auge zu behalten.

2. *Beachtung der Ressortverteilung im Rahmen des Verschuldens*

Die Ressortverteilung wirkt sich zudem im Rahmen des Verschuldens auf die individuelle Verantwortung der Vorstandsmitglieder aus[534]. Eine Exkulpation wird im Falle einer Geschäftsverteilung nach Funktionen dem primär zuständigen Vorstandsmitglied freilich schwieriger gelingen als anderen Ressortleitern, da die sachliche Nähe erhöhte Kontrollanforderungen bedingt und beispielsweise ein Finanzverantwortung die Primärverantwortung für die Überwachung der finanziellen Lage trägt[535].

Festzuhalten bleibt also, dass Antragspflichten jedes Vorstandsmitglied persönlich treffen. Das Ausmaß der Pflicht zur Beobachtung, ob ein antragserfordernisauslösendes Ereignis geschieht, richtet sich nach der Sachnähe des jeweiligen Vorstandsmitglieds. Auch das bleibt jedoch persönliche Pflicht eines jeden Vorstandsmitglieds.

3. *Keine Übertragung an nachgeordnete Mitarbeiter*

An nachgeordnete Mitarbeiter kann die Konkursantragspflicht nicht delegiert werden. Jeder Geschäftsleiter hat hier eine persönliche Pflicht, von der lediglich der Aspekt der Beobachtung der finanziellen Lage nach den oben genannten Grundsätzen arbeitsteilig erfüllt werden kann. Denn das Verhältnis zu nachgeordneten Mitarbeitern basiert schlicht nicht auf demselben Vertrauensgesichtspunkten wie dasjenige zu den Vorstandsmitgliedern[536]. Und auch Gläubigerschutzgesichtspunkte sprechen dagegen, denn dem Rechtsverkehr sind die unternehmensinternen Organisationsstrukturen nicht bekannt, weshalb darauf vertraut werden kann, dass solche Pflichten, die dem Gläubigerschutz

534 *K. Schmidt/Herchen*, in: K. Schmidt InsO, § 15a Rn. 36.
535 *Altmeppen*, ZIP 1997, 1173 (1177).
536 Dazu zur GmbH iRd Generalvollmacht BGH NJW 1977, 199 (199 f.).

dienen auch durch das Handlungsorgan, also dem Vorstand, erfüllt und verantwortet werden.

XIII. Sonstige öffentlich-rechtliche Pflichten

Im Grundsatz gleich wie die Insolvenzantragspflicht sind die sonstigen öffentlich-rechtlichen Pflichten zu behandeln, die zwar an die Gesellschaft gerichtet, aber durch den Vorstand zu erfüllen sind. Für deren Erfüllung *zu sorgen* ist persönliche Pflicht aller Vorstandsmitglieder. Die Erfüllung selbst aber ist eine Pflicht der Gesellschaft. Nicht der Vorstand ist Adressat beispielsweise der kapitalmarktrechtlichen Meldepflichten[537]. Gleiches gilt für die steuerlichen Pflichten (vgl. § 34 AO „deren steuerliche Pflichten“)[538] und die Pflicht zur Weiterleitung der Arbeitnehmeranteile an die Sozialversicherung. Daher können auch all diese Pflichten grundsätzlich sowohl an einzelne Vorstandsmitglieder als auch an nachgeordnete Mitarbeiter oder Dritte delegiert werden, wodurch sich die originäre Pflicht der Vorstandsmitglieder auf die Überwachung der Pflichterfüllung beschränkt[539].

XIV. Zwischenergebnis

Die gesetzlichen Pflichten als pauschal nichtdelegierbar einzustufen wäre zu undifferenziert. Auch hier geht es darum zu formulieren, was jeder Geschäftsleiter in Bezug auf die jeweilige Pflicht persönlich zu besorgen hat. Da die Aufgaben mit Ausnahme der Berichtspflichten an den Aufsichtsrat nicht in einer überfordernden Häufigkeit auftreten, ist eine Befassung des Gesamtvorstands oftmals jedoch sachgerecht und geboten. Freilich ist es praktisch kaum nachweisbar, ob in jeder Angelegenheit auch jedes Vorstandsmitglied ausreichend mitgewirkt hat. Hier dient als zweiter Anknüpfungspunkt für die Haftung, dass es sich bei alledem um bedeutende Angelegenheiten der Gesellschaft handelt, weshalb auch die gegenseitige Kontrolle, die trotz der Delegation weiterhin durchzuführen ist, entsprechend intensiver ausfällt[540].

---

537 Zur Delegation der Ad-hoc-Publizitätspflichten *Kocher/Schneider* ZIP 2013, 1607 (1608 f.).

538 *Kratzsch,* in: Koenig AO, § 69 Rn. 80 ff. („Pflichtbegrenzung“); *Rüsken,* in: Klein AO, § 69 Rn. 106 ff.

539 *Schneider/Brouwer,* FS Priester, 2007, S. 713 (720); zur Haftung für die Weiterleitung der Arbeitnehmerbeiträge *Kieth* ZIP 2003, 1957 (1962 ff.).

540 Dazu unter Kapitel 3 § 1 D II ff.

B. Unternehmerische Leitungsaufgaben

Das Aktiengesetz kann die durch den Vorstand wahrzunehmenden Aufgaben mit Blick auf die Vielgestaltigkeit von AGs nicht abschließend beschreiben. Jede AG betreibt ein von Individualität geprägtes Unternehmen, welches einen eigenen Aufgaben- und Pflichtenkreis mit sich bringt. Als „Zentralfigur des unternehmerischen Handelns“[541] obliegt dem Vorstand die Ausübung der Unternehmerfunktion innerhalb der AG[542]. Dieser Aspekt der Leitungsaufgabe ist durch die Einzelpflichten des AktG nicht erfasst. Daher wird die Leitungsaufgabe zum Teil in Gänze, meist jedoch nur der unternehmerische Aspekt neben den gesetzlich zugewiesenen Aufgaben, mit Hilfe betriebswirtschaftlicher Grundsätze (weiter) konkretisiert[543]. Problematisch an einem solchen Transfer aus rechtsfremder Materie ist, dass andere Wissenschaft eben nicht normorientiert erfolgt und juristischer Dogmatik verpflichtet ist[544]. Betriebswirtschaftliche

541 *Fleischer* ZIP 2003, 1 (1).

542 *Mertens/Cahn*, in: Kölner Komm AktG, § 76 Rn. 4 ff.

543 Zu den „originären unternehmerischen Führungsfunktionen“ grundlegend und von Geschäftsführungsmaßnahmen ausgehend *Semler*, Leitung und Überwachung, Rn. 11 ff., 22 ff.; *Bürgers*, in: Bürgers/Körber/Lieder, § 76 Rn. 10; *Dauner-Lieb*, in: Henssler/Strohn, § 76 AktG Rn. 5, 7 („strategische Ausrichtung“); *Dose*, Rechtsstellung der Vorstandsmitglieder, S. 35 ff., 39 f. (Fn. 24), 62 f.; *Dreher*, FS Hopt Bd. I, 2010, S. 517 (521 f.); *Froesch*, DB 2009, 722 (724); *Goette*, FS 50 Jahre BGH, 2000, S. 123 (125 f.); *Hegnon*, CCZ 2009, 57 f.; *Henze*, BB 2000, 209, 210; *Herwig*, Leitungsautonomie und Fremdeinfluss, S. 57 ff.; *Hüffer*, Liber amicorum Happ, 2006, S. 93 (100 f.); *Hüffer*, in: AktienR im Wandel, Bd. II, 7. Kap., Rn. 20 f.; *Kocher/Schneider*, ZIP 2013, 1607 (1609); *Kort*, in: Großkomm. AktG, § 76 Rn. 36 f., 49, 50, der zusammenfassend die Unternehmenspolitik dem Gesamtvorstand zuordnet; *Langer/Peters*, BB 2012, 2575 (2579); *Mertens/Cahn*, in: Kölner Komm. AktG, § 76 Rn. 4 f., 45; § 77 Rn. 16, 22 f.; *Oltmanns*, in: NK-AktG, § 76 Rn. 5; *Schiessl*, ZGR 1992, 64 (68); *Schönbrod*, Organstellung von Vorstand und AR, S. 158 f.; *Spindler*, in: MüKoAktG, § 76 Rn. 15 f.; *Weber*, in: Hölters/Weber AktG, § 76 Rn. 10; *Wettich*, Vorstandsorganisation, S. 51 ff., 54 ff.; *Wicke*, NJW 2007, 3755 (3756); wohl auch *Feddersen*, ZGR 1993, 114 ff. zur Unternehmensplanung, der zwar eine pauschale Überlagerung ablehnt, letztlich aber *Lutter* und *Semler* inhaltlich folgt. Siehe *Emde*, FS U. H. Schneider, 2011, S. 295 (300); *Fleischer*, ZIP 2003, 1, 5; *ders.*, NZG 2003, 449, 450 sowie *Fleischer*, in: Spindler/Stilz, § 76 Rn. 18; *Grabolle*, Leitungsfunktion, S. 120, 130 ff., 136 ff. stellt sich einer Überlagerung durch die Betriebswirtschaftslehre entgegen und leitet die unternehmerische Funktion aus Normen des Aktiengesetzes ab. Leitungsaufgaben sollen solche sein, die die unternehmerische Funktion betreffen und somit die wirtschaftliche Steuerung der Aktiengesellschaft.

544 *Hopt/Roth*, in: Großkomm AktG, § 93 Rn. 36 ff.; *Spindler*, in: MüKoAktG, § 93 Rn. 50.

Standards können daher nicht ohne Weiteres haftungsbewehrte Organpflichten begründen[545]. Deshalb ist es problematisch, wenn der Leitungsbegriff zum Teil im juristischen Schrifttum allein anhand betriebswirtschaftlicher Erkenntnisse definiert wird[546] und dann als Grundlage für ein haftungsbewehrtes Delegationsverbot herangezogen wird[547]. Daher ist es auch abzulehnen, wenn man liest, die Betriebswirtschaftslehre solle die normative Auslegung des Leitungsbegriffs nicht nur stützen, sondern „rechtlich bindende Verpflichtungen" begründen[548]. Das ist aufgrund der ebengenannten Erwägungen abzulehnen. Aus der Betriebswirtschaftslehre sollen als rechtsfremde Materie keine Rechtspflichten begründet werden. Vielmehr geht es zunächst darum, den unternehmerischen Aspekt der Leitungsaufgabe des Vorstands mit Inhalt zu füllen und so die normative Auslegung des Leitungsbegriffs zu stützen[549]. Auf diese Weise lassen sich die Erkenntnisse der Betriebswirtschaftslehre als amtsspezifische Vorstandsaufgaben typisieren. So ergibt sich ein Kernbereich der Geschäftsleitertätigkeit, zu dem sich die anschließende Frage stellt, inwieweit sich jedes Mitglied damit persönlich zu befassen hat. Grundsätzlich lässt sich ganz allgemein aus der Funktion des Vorstands festhalten, dass der Kern seiner Tätigkeit die Entscheidungsfindung in wirtschaftlich, finanziell, strategisch oder wettbewerblich bedeutsamen Situationen besteht[550]. Unternehmerische Leitungstätigkeit besteht aus „weichenstellenden Initiativen" und „unternehmerische[r] Kreativität und Aktivität"[551]. Was dies beinhaltet, ist aber immer abhängig von den konkreten Umständen der Gesellschaft.

---

545 *Hopt/Roth*, in: Großkomm AktG, § 93 Rn. 36.

546 So *Dose*, Rechtstellung der Vorstandsmitglieder, S. 35 ff.; *Kienzle*, Verdeckte Beherrschungsverträge, S. 47 f.; *Lutter* AG 1991, 249 (250 f.); *Mertens/Cahn*, in: Kölner Komm AktG, § 76 Rn. 5; krit. dazu *Herwig*, Leitungsautonomie und Fremdeinfluss, S. 54; *Koch*, in: Koch AktG, § 76 Rn. 9; *Kort*, in: Grokomm AktG, § 76 Rn. 38; allgemein dazu insbesondere *Kallmeyer* ZGR 1993, 104 (107).

547 So insbes. *Semler*, Leitung und Überwachung, Rn. 13 ff.

548 *Semler* ZGR 1983, 1 (13); ähnlich auch *Lutter* AG 1991, 249 (250 f.); *Mertens/Cahn*, in: Kölner Komm AktG, § 76 Rn. 5.

549 *Kallmeyer* ZGR 1993, 104 (106 f.); *Kort*, in: Großkomm AktG, § 76 Rn. 36; *Herwig*, Leitungsautonomie und Fremdeinfluss, S. 54 f.; *Wettich*, Vorstandsorganisation, S. 52; dazu auch *Feddersen*, ZGR 1993, 114 ff.

550 *Seibt*, FS K. Schmidt, 2009, 1463 (1468).

551 *Hommelhoff*, Konzernleitungspflicht, S. 169 f., 285.

I. Erkenntnisse aus der Betriebswirtschaftslehre

Zuhauf wird im juristischen Schrifttum zur Bestimmung unternehmerischer Führungsaufgaben auf *Erich Gutenberg* rekurriert[552], der einen Katalog sog. echter Führungsentscheidungen entwickelte. Diese zeichnen sich dadurch aus, dass sie den Bestand und die Zukunft des Unternehmens betreffen, nur aus dem Unternehmensganzen getroffen werden können und im Interesse des Unternehmens nicht übertragbar sein sollen[553]. Seiner Auffassung nach sind zudem nicht alle Entscheidungen, die sich auf eine gesetzliche Ermächtigungsgrundlage zurückführen lassen, zwangsläufig als Führungsentscheidung zu werten. Vielmehr bestehe die Funktion von Führungsaufgaben darin, Entscheidungen von großer Tragweite zu treffen. Aus dem Inhalt der Entscheidung lasse sich daher regelmäßig auf die Qualität der Entscheidung und somit auf die Kategorisierung als echte Führungsentscheidung schließen. Kernmerkmale echter Führungsentscheidungen sollen sein, dass sie aus dem Ganzen des Unternehmens heraus für das Ganze des Unternehmens getroffen werden, was immer dann der Fall ist, wenn die Entscheidung ressortübergreifende Bedeutung hat[554]. Zudem haben Führungsentscheidungen für den Bestand und die Zukunft des Unternehmens unmittelbare Bedeutung[555]. Konkret soll es sich dabei im Wesentlichen um das folgende Handeln:

- Festlegung der langfristigen Unternehmenspolitik
- Koordinierung der großen betrieblichen Teilbereiche
- Beseitigung von Störungen im laufenden Betriebsprozess
- geschäftliche Maßnahmen von außergewöhnlicher betrieblicher Bedeutsamkeit
- Besetzung der Führungsstellen im Unternehmen

Gutenberg zur Folge ist die Entscheidungsfindung in diesen Belangen ureigene Leitungsaufgabe eines jeden Unternehmensführungsgremiums[556]. Modernere Lehrbücher weichen von dieser Auffassung im Ergebnis nur nuanciert ab und bemühen sich um eine tiefenschärfere Eingrenzung, unterscheiden sich aber kaum von *Gutenberg*[557]. Beispielsweise wird nach Organising, Leading,

552 *Fleischer* ZIP 2003, 1 (4); *Wettich*, Vorstandsorganisation, S. 52 f.
553 *Gutenberg*, Unternehmensführung, S. 59 ff.
554 *Gutenberg*, Grundlagen, S. 133.
555 *Gutenberg*, Unternehmensführung, S. 61.
556 *Gutenberg*, Unternehmensführung, S. 140.
557 *Müller/Wrobel*, Unternehmensführung, S. 5 ff.; *Rahn*, Unternehmensführung, S. 95 ff.; *Welge/Eulerich*, Corporate-Governance-Management, S. 249 f.

Controlling und (Weiter-)Entwicklung unterteilt[558], wobei sich die „Neuerung" in der Verwendung von Anglizismen dann aber auch erschöpft.

II. Typologische Erfassung im aktienrechtlichen Schrifttum

In Anlehnung daran erfasst das juristische Schrifttum die Leitungsaufgabe neben den gesetzlichen Aufgaben „typologisch"[559]. Herauskristallisiert haben sich dabei die Aufgabenbereiche Unternehmensplanung, Unternehmensorganisation, Unternehmenskontrolle und die Personalbesetzung der oberen Führungspositionen. *Fleischer* bemüht sich dagegen um einen ihm - mit Blick auf das moderne Wirtschaftsleben - zeitgemäßer erscheinenden Ansatz, indem er die Leitungsaufgabe funktionsbezogen in vier Verantwortungsbereiche aufgliedert[560]: Planungs- und Steuerungsverantwortung, Organisationsverantwortung, Finanzverantwortung und Informationsverantwortung. Dadurch weicht er aber letztlich nur durch die begriffliche Einteilung ab und trägt aufgrund des unpräzisen Verantwortungsbegriffs wenig zu einer konkreten Definition bei[561]. *Seibt* wiederum unterteilt in die vier Kernbereiche: Strategie- und Geschäftsplanentwicklung, einschließlich der Festlegung einer Unternehmenskultur (1), Chancen- und Früherkennung, die Entwicklung eines Compliance-Management Systems sowie Krisenprävention und -management (2), Suche und Entwicklung von Führungskräften (3) sowie die Stakeholder-Kommunikation der Unternehmensstrategie und – kultur (4)[562]. Auch daraus ergeben sich im Ergebnis keine Aufgabenbereiche, die nicht durch die vorherrschende Einordnung erfasst weden. Die Kernbereiche Planung, Organisation, Personaleinsatz, Führung und Kontrolle haben sich zudem in der Managementlehre etabliert und deren essenzielle Bedeutung für Führungskräfte ist sogar mehrmals empirisch nachgewiesen[563].

---

558 *Erk/Spoun*, Integrativ managen, S. 87.

559 *Dreher*, FS Hopt Bd. I, 2010, S. 517 (521); *Henze* BB 2000, 209 (210); *Hüffer*, Liber amicorum Happ, 2006, S. 97 (100 f.).

560 *Fleischer*, in: BeckOGK AktG, § 76 Rn. 18; *ders.* ZIP 2003, 1 (5 f.); zust. *Bürgers*, in: BKL AktG, § 76 Rn. 10; *Turiaux/Knigge* DB 2004, 2199 (2201).

561 Mit zT derselben Kritik *Mertens/Cahn*, in: Kölner Komm AktG, § 76 Rn. 5; *Spindler*, in: MüKoAktG, § 76 Rn. 16; *Wettich*, Vorstandsorganisation, S. 62.

562 *Seibt* DB 2018, 237 (238 f.).

563 *Macharzina/Wolf*, Unternehmensführung, S. 204 f. und 619 ff. mwN. und *Steinmann/Schreyögg*, Management, 7. Aufl., S. 14 ff.; zust. auch *Herwig*, Leitungsautonomie und Fremdeinfluss, S. 58.

III. Allgemein delegierbare Elemente – „immanente Pflichtenreduzierung"

Zu beachten ist, dass auch innerhalb der unternehmerischen Leitungspflichten kein totales Delegationsverbot anzunehmen ist. Da es bei jenen aufgrund der mangelnden ausdrücklichen Normierung umso mehr an Konturen fehlt, ist die pauschale Annahme der Nichtdelegierbarkeit, umso mehr verfehlt. Auch diesbezüglich bezieht sich das Verbot nur auf dasjenige, was den Kernbereich der Vorstandstätigkeit ausmacht. Der Vorstand muss auch den unternehmerischen Aspekt der Leitungsaufgabe nicht allumfassend höchstpersönlich erledigen und jede Detailfrage klären[564]. Es gibt hier Teilelemente, die einer Delegation zugänglich sind. Nach der hier vertretenen Auffassung gelingt dies dadurch, dass unternehmerische Leitungsaufgaben solche sind, bei denen sich die Frage nach einer Delegationsgrenze stellt. Im zweiten Schritt hängt das Ausmaß der persönlichen Befassung aber von der Art der jeweiligen Pflicht ab. Dies dient letztlich wiederum dazu, den Kernbereich der Vorstandstätigkeit und somit den persönlichen, nichtdelegierbaren Pflichtenbereich freizulegen.

1. Vorbereitung und Ausführung

Allgemein lassen sich für den „unternehmerischen Aspekt" der Leitungsaufgabe als delegierbare Teilelemente alle Vorbereitungs- und Ausführungsmaßnahmen nennen, die im Vorfeld und Nachgang von Leitungsentscheidungen anfallen[565]. Vorbereitung und Ausführung sind nämlich keine Aspekte, mit denen der Vorstand als Entscheidungsorgan persönlich betraut ist. Vorstandsmitglieder sind nicht dazu bestellt, die Geschäftsführung eigenhändig wahrzunehmen, sondern grundsätzlich dazu, Entscheidungen zu treffen. Zur Vorbereitung ist es daher immer möglich, Unterstützung durch Beratung hinzuzuziehen. Beschlüsse können durch einzelne Vorstandsmitglieder, Vorstandsausschüsse oder durch nachgeordnete Mitarbeiter vorbereitet werden[566]. Das entbindet die entscheidenden Vorstandsmitglieder aber freilich nicht davon, bei der Beschlussfassung die dargelegte Informationsgrundlage auf Plausibilität und Lückenhaftigkeit zu

---

564 *Spindler*, in: MüKoAktG, § 76, Rn. 18; *Dreher*, in: FS Hopt Bd. I, 2010, S. 517 (527); *Turiaux/Knigge*, DB 2004, 2199 (2204); *Schmidt-Husson*, in: Corporate Compliance, § 6, Rn. 24; *Grabolle*, Kernbereich der Leitungsfunktion, S. 171.

565 Von *Fleischer* klanghaft als „decision shaping" und „decision taking" bezeichnet, vgl. *Fleischer* ZIP 2003, 1 (6).

566 *Turiaux/Knigge*, DB 2004, 2199 (2204); *Hegnon*, CCZ 2009, 57 (58); zu Vorstandsausschüssen *Hoffmann-Becking*, ZGR 1998, 497 (509 ff.).

überprüfen. Die Delegation der Ausführungshandlungen ist ebenfalls unproblematisch, da das Handeln über die getroffene Entscheidung in gewisser Weise zurechenbar bleibt, da ihre Anweisung kausal für den Handlungsverlauf war. Indem die Vorstandsmitglieder im Rahmen der Leitungsentscheidung den wesentlichen Handlungsrahmen vorgeben, werden sie ihrer nichtdelegierbaren Leitungspflicht gerecht. Dass zwischen der Entscheidungsvorbereitung und der Entscheidung selbst nicht stets trennscharf unterschieden werden kann, ist faktisch wenig problematisch. Wie bereits erörtert[567], lässt sich dies in aller Regel im Rahmen der Beurteilung der angemessenen Entscheidungsgrundlage berücksichtigen.

2. Delegierbare Entscheidungen im Leitungsbereich

Des Weiteren sind auch innerhalb der Leitungspflichten eine Vielzahl an Entscheidungen zu treffen, was dazu führt, dass auch die Kategorie der unternehmerischen Leitungsaufgaben wiederum auf ihren im persönlichen Vertrauen übertragenen Kernbereich zu reduzieren ist[568]. Im Schrifttum wird zum Teil angenommen im Leitungsbereich sei diese Pflichtenreduzierung immanent[569]. Das ist insofern unscharf, als dass die Leitungspflichten selbst, also bspw. die Unternehmensplanung originär im Gesamten unter die Allzuständigkeit des Vorstands fallen. Die Pflichtenreduktion wiederum dient nur dazu, den disziplinären, nichtdelegierbaren Kernbereich zu bestimmen.

IV. Einzelne unternehmerische Leitungspflichten

Ausgehend von der hM sind die unternehmerischen Leitungspflichten Unternehmensplanung, Unternehmensorganisation, Kontrolle und Überwachung und die Personalbesetzung der unteren Führungsebenen. Um dies rechtsdogmatisch haltbar zu machen, wird im Folgenden aufgezeigt, dass sich diese Kernbereiche unternehmerischer Führungstätigkeit in dem AktG wiederfinden. Außerdem wird sogleich die jeweilige Delegationsgrenze erschlossen.

---

567 Kapitel 2 § 1 B II 1.

568 Dazu *Seibt*, FS K. Schmidt, 2009, S. 1463 (1472): „Auch bei Erfüllung der Leitungsaufgaben wird eine Vielzahl von Einzelaspekten außerhalb des Vorstands als Gesamtgremium bearbeitet und damit auch unweigerlich präjudiziert, d. h. vorentschieden werden.“

569 *Fleischer* ZIP 2003, 1 (6); ihm folgend *Dreher*, in: FS Hopt Bd. I, 2010, S. 517 (527); unklar bei Hegnon, CCZ 2009, 57 (58).

1. Unternehmensplanung

Die Pflicht zur Unternehmensplanung lässt sich indirekt § 90 Abs. 1 S. 1 Nr. 1 AktG entnehmen[570]. Eine Berichtspflicht in Bezug auf die Unternehmensplanung wäre widersinnig, wenn der Vorstand nicht gleichzeitig auch eine Pflicht hätte diese vorzunehmen[571]. Auch in den Gesetzesmaterialien wurde sie wiederholt explizit als Vorstandsaufgabe genannt[572]. Unternehmensplanung meint, durch die strategischen Grundentscheidungen eine mittel- und langfristige Unternehmenspolitik zu bestimmen, zu erschließende Geschäftsfelder zu definieren sowie die grundlegenden anstehenden Investitionen vorzubereiten[573]. Inhalt der Unternehmensplanung ist, ausweislich des § 90 Abs. 1 S. 1 AktG, insbesondere die Finanz-, Investitions-, und Personalplanung, wobei je nach Branche und Größe Produktions-, Absatz-, Beschaffungs-, Entwicklungs-, Kosten- oder Ergebnisplanung etc. hinzukommen können[574]. In die strategische Ausrichtung sind die wirtschaftlichen, rechtlichen und gesellschaftlichen Bedingungen miteinzubeziehen[575]. Zudem hat in der Regel eine Krisenabwehrplanung zu erfolgen. Zumindest ist ein funktionsfähiges Risikodetektionssystem einzurichten, was sich auch bereits aus § 91 Abs. 2 AktG ableiten lässt[576].

Ein Planungskonzept haben jedoch nicht alle Vorstandsmitglieder gemeinsam en détail für alle Unternehmensbelange zu entwerfen. Vielmehr hat sich jedes Mitglied an dem Entwurf einer Richtlinienvorgabe zu beteiligen, auf die sich dann alle Mitglieder im Gesamtvorstand zu einigen haben[577]. Hier ist kraft Natur der Sache bereits notwendig, dass sich alle Mitglieder untereinander abstimmen und sich auf eine Grundausrichtung einigen, denn die Planung des Gesamtunternehmens kann nur in Abstimmung mit allen Geschäftsbereichen erfolgen. Diese Aufgabe obliegt daher allen Mitgliedern in persönlichem Vertrauen, da nur sie für eine solche Entscheidung geeignet sind und ist somit nichtdelegierbar. Teil

---

570 *Sailer-Coceani*, in: K. Schmidt/Lutter, AktG, § 90, Rn. 12; *Lutter*, AG 1991, 249 (251); aA: § 90 AktG habe bzgl. der Aufgaben des Vorstands nur klarstellenden Charakter: *Koch*, in: Koch AktG, § 90, Rn. 4a; *Kort*, in: GroßKomm AktG, § 90, Rn. 25; *Semler* ZGR 1983, 1 (13).

571 *Servatius*, Strukturmaßnahmen als Unternehmensleitung, S. 278.

572 RegBegr. zum KontraG BT-Drs. 13/9712, S. 15; und auch *Kropff*, RegBegr, S. 96 spricht zu § 90 AktG von *seiner* Geschäftspolitik, womit eindeutig der Vorstand gemeint ist.

573 *Schmidt-Husson*, in: Coporate Compliance, § 6 Rn. 22.

574 RegBegr., BT-Drucks. 13/9712, S.15; *Altmeppen* ZGR 1999, 291 (303).

575 *Seibt*, in: K.Schmidt/Lutter AktG, § 76 Rn. 16.

576 *Seibt*, in: K.Schmidt/Lutter AktG, § 76 Rn. 16.

577 *Dreher*, FS Hopt Bd. I, 2010, S. 517 (527).

einer Richtlinienplanung ist jedenfalls eine an die individuellen wirtschaftlichen, rechtlichen und gesellschaftlichen Umstände angepasste Unternehmensstrategie[578]. Dazu müssen überdies eine Umsetzungsplanung sowie eine Krisenabwehrplanung erfolgen[579]. Freilich kann hier die Primärzuständigkeit an einen Risikomanager übertragen werden. Dieser hat jedoch seine Arbeit im Rahmen der Gesamtplanung vorzulegen und die anderen Mitglieder jene zu überprüfen. Teil der Umsetzung ist auch die Planung der Unternehmensfinanzierung, wobei die Kapital- und Liquiditätsausstattung sicherzustellen ist[580]. Auch das kann an einen Finanzvorstand übertragen werden, sodass die anderen Vorstände dies nur überprüfen und abzustimmen haben. Budget, Betriebsmittel und Personal sind durch alle Mitglieder auf die einzelnen Unternehmensbereiche aufzuteilen[581]. Dies kann weder ein einzelnes Vorstandsmitglied an sich ziehen, noch kann sich jemand der Budgetplanung entziehen, da die Ressourcenallokation einen der Kernaspekte der Unternehmensführung ausmacht.

Ist ein Vorstand in Ressorts aufgeteilt, haben jedoch nicht alle Mitglieder für die Organisation und Planung des jeweiligen Einzelressorts zu sorgen. Andernfalls verlöre die Geschäftsverteilung ihren Zweck. Es geht eben nur um die Grundausrichtung, die das *gesamte* Unternehmen betrifft. Die wesentlichen Planungsentscheidungen sind daher im Gesamtvorstand zu treffen.

2. *Unternehmensorganisation*

Die Pflicht zur Unternehmensorganisation ist eine sachlich bedingte Notwendigkeit der Vorstandsposition. Sie ist selbstverständlich für eine ordnungsgemäße Unternehmensleitung[582]. Indem der Vorstand das betriebliche Direktionsrecht gem. § 106 GewO für die Gesellschaft ausüben kann, muss er auch für eine ordnungsgemäße Organisation und Koordinierung sorgen. Seine Leitungsmacht versetzt den Vorstand in die Stellung, von dieser auch Gebrauch zu machen. Entsprechend erwächst auch ein berechtigtes Vertrauen, dass der spezifisch in das Amt bestellte Vorstand diese Organisationspflicht auch grundsätzlich persönlich wahrnimmt. Hier wird das Recht zur Pflicht, da Organisation und Koordination für ein Unternehmen unabdingbar sind. Letztlich lässt sich die allgemeine

---

578 *Seibt,* in: K. Schmidt/Lutter AktG, § 76 Rn. 16.
579 Ebd.
580 Zur Unternehmensfinanzierungspflicht *Seibt* ZIP 2013, 1597 ff.
581 *Mielke,* Leitung der AG, S. 20; *Schönbrod,* Organstellung von Vorstand und AR, S. 67.
582 *Seibert* FS Bezzenberger, 2000, 427 (437); *Mertens/Cahn,* in: Kölner Komm AktG, § 91 Rn. 10; *Spindler,* in: MüKoAktG, § 91 Rn. 3.

Organisationspflicht auch § 91 AktG entnehmen, der ausweislich der Gesetzesmaterialien die Organisationspflicht aus der allgemeinen Leitungspflicht konkretisiert und so deren Existenz belegt[583].

Unternehmensorganisation meint, dass die gesamte betriebliche Tätigkeit des Unternehmens auf ein gemeinsames Ziel fokussiert und abgestimmt wird[584]. Dazu bedarf es einer klaren Aufgabenverteilung und Zuweisung von Zuständigkeiten und Verantwortlichkeiten[585]. Insofern wird die Organisationspflicht auch *durch* Delegation erfüllt. Denn die Implementierung einer Organisationsstruktur meint auch die Auswahl und Einweisung der Mitarbeiter. Welche Form der Organisation der Vorstand wählt, steht ihm im Rahmen seines Ermessens jedoch frei[586]. Zwingend ist nur die Einrichtung eines Krisenfrüherkennungssystems und seit dem Finanzmarktintegritätsstärkungsgesetz in börsennotierten Gesellschaften ausdrücklich auch ein wirksames internes Kontroll- und Risikomanagementsystem (§ 91 Abs. 3 AktG)[587].

Der Umfang der Unternehmensorganisationspflicht, mit der sich jeder Geschäftsleiter zu befassen hat, beschränkt sich jedoch auch nur auf die vorstandsinterne Organisation und die Organisation, die ressortübergreifende Bedeutung hat und daher das gesamte Unternehmen betrifft. Denn diese Abstimmungsaufgabe ist dem Vorstand in persönlichem Vertrauen übertragen, da nur er sie als Prinzipal der Geschäftsführung sinnvollerweise erfüllen kann. Es ist dagegen selbstverständlich und völlig unproblematisch, wenn Ressorts von einzelnen Mitgliedern organisiert werden und untergeordnete Abteilungen wiederum unter der Führung und Organisation leitender Angestellter stehen. Alles andere wäre weder umsetzbar noch sachdienlich. Zudem haben die Vorstandsmitglieder nur die wichtigsten Organisationsentscheidungen zu treffen. Die Vorbereitung derer und die Ausführung der Entscheidungen kann unproblematisch delegiert werden[588].

583 In diese Richtung *Fleischer* BeckOGK AktG, § 91 Rn. 30.

584 *Henze* BB 2000, 209 (210); *Semler*, Leitung und Überwachung, Rn. 17; *Wettich*, Vorstandsorganisation, S. 56 ff.

585 *Mertens/Cahn*, in: Kölner Komm AktG, § 76 Rn. 5; *Semler* FS Döllerer, 1988, S. 571 (578).

586 Statt aller *Fleischer*, in: BeckOGK AktG, § 93 Rn. 73.

587 Zum Finanzmarktintegritätsstärkungsgesetz BGBl 2021 Nr. 30, S. 1534.

588 *Simon* Der Konzern 2015, 205 (207).

3. *Kontrolle und Überwachung*

Eine weitere anerkannte typische Managementaufgabe ist die Unternehmenskontrolle. Das meint im weitesten Sinne die Überwachung der Umsetzung der Geschäftsplanung[589]. Nach dem Regelkreisprinzip ist regelmäßig ein Ist-Soll-Vergleich anzustellen, bei dem das etablierte System hinterfragt und gegebenenfalls geändert wird bzw. durch Eingriffshandlungen angepasst werden muss. Dazu gehört auch, dass der Vorstand für eine interne Revision Sorge trägt[590] und durch ein funktionierendes Risikomanagementsystem seiner Bestandssicherungsverantwortung nachkommt[591]. Sowohl die Überwachung als auch die Koordination bzw. Organisation sind zudem unabdingbar, um den gesetzlichen Pflichten nachzukommen und ergeben sich mithin auch nicht erst aus einer betriebswirtschaftlich orientierten typologischen Einordnung[592]. Berichterstattung und die für die Insolvenzpflichten notwendige Übersicht über die Finanzlage kann ein Vorstand nur haben, wenn er sich selbst mit der Organisation befasst hat und das Unternehmensgeschehen überwacht. Mittlerweile regelt § 1 Abs. 1 StaRUG, dass die Mitglieder des Vorstands fortlaufend über Entwicklungen, welche den Fortbestand der juristischen Person gefährden könnten, wachen müssen. Dies ist ausdrücklich nicht an das Organ im Gesamten gerichtet, sondern an jedes Mitglied persönlich[593]. Es handelt sich daher um persönliche Pflichten jeden Geschäftsleiters.

Die personenbezogene Überwachungspflicht der Vorstandsmitglieder bezieht sich wiederum nur auf die oberste Personalebene[594]. Kein Vorstandsmitglied muss alle Unternehmensangestellten bei der Verrichtung ihrer Tätigkeit überwachen. Das ist eine Selbstverständlichkeit. Ungeachtet dessen hat der Vorstand durch den Erlass von Dienst- und Organisationsanweisungen für einen ordentlichen Ablauf zu sorgen.

Auf das Ausmaß der Überwachungspflicht ist noch im Rahmen der Rechtsfolgen der Delegation zurückzukommen, da sie letztlich auch Teil derer ist.

---

589 *Wettich,* Vorstandsorganisation, S. 56; *Semler,* Leitung und Überwachung, Rn. 18.

590 RegBegr. zum KonTraG, BT-Drs. 13/9712, S. 15; *Fleischer,* in: BeckOGK AktG, § 93 Rn. 70.

591 *Ihrig/Schäfer,* in: Rechte und Pflichten des Vorstands, § 21 Rn. 570 ff.

592 *Wentrup,* in: Hdb GesR Bd. IV, § 19 Rn. 19.

593 Für eine Organisation, die dies sicherstellt, hat ein jeder Geschäftsleiter zu sorgen, vgl. BGH NZG 2012, 940.

594 *Hoffmann-Becking* ZGR 1998, 497 (507 ff., 516); *Kort,* in: Großkomm AktG, § 77 Rn. 31 f.; *Spindler,* in: MüKoAktG, § 77 Rn. 63.

4. *Besetzung der oberen Führungspositionen*

Der letzte anerkannte Kernbereich der Führungstätigkeit umfasst die Personalkompetenz in Bezug auf die dem Vorstand direkt unterstellten Führungspositionen[595]. Unter dem Vorstand angesiedelte Führungspositionen werden durch den Vorstand ausgewählt, überwacht und gegebenenfalls abberufen[596]. Außerdem gehört dazu die Zielvorgabe für die jeweiligen Unternehmensbereiche als Teil der *cura instruendo*[597]. Dies korreliert mit der Organisationshoheit. Eine sorgfältige Organisation kann nur erfolgen, wenn auch das dazugehörige geeignete Personal ausgesucht wird. Umgekehrt ist die Organisation daran anzupassen, wofür sich taugliches Personal findet bzw. solches existiert. Zudem kommt dem Vorstand die wichtige Aufgabe zu, für die Weiterentwicklung der Mitarbeiter und somit auch für die Entwicklung neuer Führungskräfte zu sorgen[598]. Letztlich ergibt sich dies aus der Natur der Sache. Denn als Grundtypus besteht die AG aus einem Vorstandsorgan, einem Aufsichtsrat und einer Hauptversammlung. Als Geschäftsführungsorgan kann nur der Vorstand die ihm direkt nachgeordneten Angestellten bestimmen, da es sich um einen Akt der Geschäftsführung handelt.

Dennoch überbewertet man den Stellenwert der Personalbesetzung, wenn man sie als nichtdelegierbare Leitungsaufgabe aller Vorstandsmitglieder bezeichnet. Es hat sich nämlich nicht jedes Vorstandsmitglied mit der Besetzung der nachgeordneten Leitungspositionen innerhalb fremder Ressorts zu befassen. Ist ein Vorstand in Ressorts unterteilt, so kann nicht mehr behauptet werden, es handele sich dabei um eine nichtdelegierbare Leitungspflicht, da nicht die Rede davon sein kann, dass ein berechtigtes Vertrauen darin besteht, dass alle Vorstandsmitglieder über die Besetzung fremder Ressorts (mit)entscheiden. Jedem Ressortvorstand muss es dann nämlich selbst überlassen bleiben, wie er sein Ressort besetzt, sofern die gemeinsam beschlossene Budgetplanung dies zulässt. Dennoch kann eine Personalbesetzung zwingend eine Entscheidung aller Vorstandsmitglieder erfordern, wenn ihr die notwendige Bedeutung zukommt, es sich also um eine Schlüsselposition für das Gesamtunternehmen handelt. So stufte das OLG Brandenburg jüngst die Besetzung der Geschäftsführerposition einer Tochtergesellschaft als Leitungsangelegenheit ein[599]. Das übezeugt, wenn

595 OLG Brandenburg, 2018 – 7 U 73/14 -, juris.

596 *Semler*, Leitung und Überwachung, Rn. 20.

597 *Kort*, in: Großkomm AktG, § 76 Rn. 36; *Semler*, Leitung und Überwachung, Rn. 11; *Dreher*, FS Hopt Bd. I, 2010, S. 517 (522); *Spindler*, in: MüKoAktG, § 76 Rn. 16.

598 *Seibt*, in: K.Schmidt/Lutter AktG, § 76 Rn. 20.

599 OLG Brandenburg, 2018 – 7 U 73/14 -, juris, Rn. 92.

man bedenkt, dass der Geschäftsleiter hier ein eigenes Unternehmen innerhalb der abhängigen Gesellschaft führt und so zwar weiterhin unter dem Einfluss des Muttervorstands steht, aber außerhalb ausgesprochener Weisungen freies Leitungsermessen hat. Grundsätzlich geht es aber zu weit, die Besetzung aller unter dem Vorstand angesiedelten Führungspositionen als nichtdelegierbare Angelegenheit einzuordnen.

V. Compliance als Leitungspflicht

Anerkannte Leitungsaufgabe ist auch die sog. Compliance-Pflicht, die nach herrschender Auffassung aus § 76 Abs. 1, 93 Abs. 1 AktG und somit aus der allgemeinen Pflicht zur sorgfältigen Unternehmensleitung abzuleiten ist[600]. Neben der eigenen Pflicht des Vorstands, sich gesetzestreu zu verhalten, trifft diesen auch eine Legalitätskontrollpflicht für nachgeordnete Unternehmensebenen[601]. Er hat also alles Zumutbare zu unternehmen, um Gesetzesverstöße innerhalb des Unternehmens zu vermeiden[602]. Dazu gehört auch die Gewährleistung von Datenschutz und Datensicherheit[603]. Die Compliance-Pflicht steht somit zwischen der Unternehmensorganisations- und der Unternehmenskontrollpflicht. Sowohl bei der Überwachung und Kontrolle der Geschäftstätigkeit als auch bei der Organisation derselben, hat der Vorstand auf die Einhaltung von Rechtsvorschriften zu achten. Dies wird neudeutsch als Compliance-Verantwortung bezeichnet und gehört mittlerweile zum Kernbestand der Geschäftsleiterpflichten und ist somit Teil der Leitung iSd § 76 Abs. 1 AktG[604]. Auch die Compliance-Pflicht beinhaltet demnach nichtdelegierbare Kernaspekte[605].

---

600 *Bürgers*, ZHR 2015, 173 (175); *Bürkle* BB 2007, 1797 ff.; *Fleischer*, in: Spindler/Stilz, AktG, § 93, Rn. 50; *ders.* BB 2017, 2499 (2505); *Harbarth*, ZHR 2015, 136 (144); *Koch*, in: Koch AktG, § 76, Rn. 12; *Kort*, FS Hopt 2010 Bd. I, S. 983 (983 f.); *Mertens/Cahn*, in: Kölner Komm AktG, § 91, Rn. 35; *Seibt/Cziupka* DB 2014, 1598 (1600); *Seibt*, in: K. Schmidt/Lutter, AktG, § 76, Rn. 10; *Verse* ZHR 2011, 401 (404).

601 Vgl. *Arnold* ZGR 2014, 76 (79); *Fleischer* NZG 2014, 321 (322); *ders.* CCZ 2008, 1 (2); *Verse* ZHR 2011, 401 (404); monographisch *Holle*, Legalitätskontrolle, 2001; variierend *Harbarth* ZHR 2015, 136 (145 ff.): „Legalitätsdurchsetzungspflicht"

602 *Altmeppen* ZIP 2016, 97 (98).

603 Dazu *Noack* ZHR 2019, 105 (112 ff.).

604 Vgl. *Arnold* ZGR 2014, 76 (78 f.); *Bürgers* ZHR 2015, 173 (175 ff.)

605 *Bürgers* ZHR 2015, 173 (179); *Harbarth* ZHR 2015, 136 (162); *Hoffmann/Schieffer* NZG 2017, 401 (405).

1. Inhalt der allgemeinen Complianceorganisationspflicht

Bei entsprechendem Gefahrenpotenzial hat ein Geschäftsleiter danach zunächst als Teil seiner Organisationspflicht ein auf die Vermeidung von Gesetzesverstößen angelegtes Kontrollsystem einzurichten[606]. Jenes wird dann als Compliance-Management-System bezeichnet[607]. Das LG München I konkretisierte dies im vielzitierten Siemens/Neubürger Urteil aus dem Jahre 2014 wie folgt: „Einer derartigen Organisationspflicht genügt der Vorstand bei entsprechender Gefährdungslage nur dann, wenn er eine auf Schadensprävention und Risikokontrolle angelegte Compliance-Organisation einrichtet, ohne dass es entscheidungserheblich darauf ankäme, ob diese Pflicht bereits unmittelbar aus § 91 II AktG oder aus der allgemeinen Leitungspflicht der §§ 76 I, 93 I AktG herzuleiten ist. [...] Entscheidend für den Umfang im Einzelnen sind dabei Art, Größe und Organisation des Unternehmens, die zu beachtenden Vorschriften, die geografische Präsenz wie auch die Verdachtsfälle aus der Vergangenheit“[608]. Gegenstimmen lehnen eine Rechtspflicht zur Einrichtung eines Compliance-Systems ab und befürworten es, die Art und Weise der Gewährleistung der Rechtstreue allumfassend dem Geschäftsleiterermessen zu überlassen[609]. Konkret richtet sich die Gegenauffassung aber nur gegen die Pflicht zur Einrichtung einer institutionalisierten Compliance-Struktur[610]. Dass die Geschäftsleitung grundsätzlich dazu verpflichtet ist, durch organisatorische Maßnahmen rechtswidriges Verhalten zu verhindern, ist unbestritten[611]. Zudem ist es – um dies erneut zu betonen – verfehlt davon auszugehen, das Bestehen der gesetzlichen Pflicht zur Sicherstellung der Rechtstreue stehe im Ermessen des Vorstands. Dies würde faktisch dazu führen, Rechtsverstöße durch die Business Judgment Rule zu legitimieren, wofür jedoch überhaupt kein Bedürfnis besteht, da ein Schadensersatzanspruch ohnehin unter dem Vorbehalt des Verschuldensvorwurfs und dem Entstehen eines Schadens steht[612].

606 *Dreher,* FS Hüffer, 2010, S. 161 (168); *Fleischer* AG 2003, 291 (299); *Mertens/Cahn,* in: Kölner Komm AktG, § 91 Rn. 36; *Spindler,* in: MüKoAktG, § 93 Rn. 114.

607 Auch zu den Grundelementen einer CMS *Scheffler* AG 2022, R 25 ff.

608 LG München I NZG 2014, 345 (346 f.).

609 *Bürkle* BB 2005, 565 (568 ff.); *Hauschka* ZIP 2004, 877 (878).

610 So ausdr. *Koch,* in: Koch AktG, § 76 Rn. 15.

611 Statt aller *Koch,* in: Koch AktG, § 76 Rn. 13.

612 So in Zusammenhang mit der Redundanz der Business Judgment Rule *Altmeppen,* in: GmbHG, § 43 Rn. 9.

In der allgemeinen Compliance-Diskussion hat sich zur Bestimmung der Anforderungen an die Compliance-Organisationsstruktur der sog. Grundsatz der Risikobasierung eingebürgert[613], den der Gesetzgeber auch bei der Fassung des neuen Lieferkettensorgfaltsgesetzes zugrundegelegt hat[614]. Was in Bezug auf die Beachtung von Menschen- und Umweltsrechtsverletzungen angemessen ist, richtet sich gem. § 3 Abs. 2 LkSG nach Art und Umfang der Geschäftstätigkeit, dem Einflussvermögen auf den unmittelbaren Verursacher der Verletzung, der typischerweise zu erwartenden Schwere, Umkehrbarkeit und Wahrscheinlichkeit einer Verletzung. Ebenso richtet sich die allgemeine Frage nach dem Bedürfnis eines Compliance-Management-Systems danach, ob die Risikolage des Unternehmens - also Art, Größe, Organisation und Branche, den zu beachtenden Vorschriften, der geographischen Präsenz und potenziellen Verdachtsfällen aus der Vergangenheit – ein solches erforderlich macht[615].

Individuell stellt sich also die Frage nach dem Ausmaß der Pflicht, womit sich die hier zentral behandelte Frage der persönlichen Befassungspflicht eines jeden Vorstandsmitglieds aufgeworfen ist. Dazu führt das LG München I aus, dass ab einer gewissen Größe ein Hauptverantwortlicher zu bestimmen ist, der sich vordergründig mit Complianceangelegenheiten auseinandersetzt[616]. Gleichwohl muss jedes Vorstandsmitglied in der Lage sein, Mitarbeitern im Falle eines Compliance-Verstoßes Anweisungen zu erteilen. Sofern sich abzeichnet, dass das bestehende System nicht ausreichend ist, hat jedes Mitglied auf eine Systemverbesserung hinzuwirken[617]. Mit den allgemeinen Leitlinien der Compliance haben sich also initiativ alle Geschäftsleiter zu befassen. Dazu ist in der Regel ein Compliance-Vorstand oder ein Compliance-Beauftragter zu bestimmen[618], welchem die wesentlichen organisatorischen Compliance-Vorgaben zu vergegenwärtigen. Die Einführung eines Compliance-Ressorts ist mithin unproblematisch möglich und unter Umständen sogar verpflichtend[619]. Insofern werden die anderen Vorstandsmitglieder aber *durch* Delegation ihrer persönlichen

613 Vgl. dazu nur *Reichert/Lüneborg* GmbHR 2018, 1141 (1143) mwN.

614 Dazu *Gehling/Ott/Lüneborg* CCZ 2021, 230 (233).

615 Statt aller *Reichert/Lüneborg* GmbHR 2018, 1141 (1143).

616 LG München I NZG 2014, 345 (347).

617 LG München I NZG 2014, 345 (347).

618 Sofern ein solcher nicht ohnehin aufgrund branchenspezifischer Regelungen wie Art. 22 Abs. 2 DelVO [EU] 2017/565 ohnehin verpflichtend ist.

619 *Bürkle*, in: Corporate Compliance, § 36, Rn. 14; *Fleischer*, NZG 2014, 321 (323); *Goette*, ZHR 2011, 388 (394); *Gößwein/Hohmann* BB 2011, 963 (964); *Bürgers* ZHR 2015, 173 (179).

Organisationspflicht gerecht und haben das Handeln des Compliance-Vorstands „nur" entsprechend zu überwachen. Für kleinere Gesellschaften wird es dagegen in der Regel genügen, wenn der Vorstand „deutlich macht, dass sein Unternehmen und dessen Mitarbeiter selbstverständlich Recht und Gesetz wahren und er entschlossen ist, diese Prinzipien gegebenenfalls zu Lasten pflichtwidrig handelnder Personen durchzusetzen"[620]. Jedenfalls lässt sich festhalten, dass die Entscheidung über die Einrichtung des Compliance-Systems, ungeachtet dessen Ausmaßes, von allen Vorstandsmitgliedern gemeinsam zu treffen ist[621]. Dazu gehört auch die gemeinsame Bestimmung eines Compliance-Beauftragten, der eine Schlüsselposition innerhalb des Unternehmens einnimmt und dessen Bestimmung somit nach einer Gesamtvorstandsentscheidung verlangt[622]. Die Umsetzung des Compliance-Sytems, also die Implementierung innerhalb der einzelnen Ressorts, ist aber freilich an die Geschäftsleiter und dann auch an nachgeordnete Mitarbeiter als Ausführungshandlung delegierbar.

2. *Nichtdelegierbare Durchsetzungspflicht*

Neben der Organisationspflicht konstatiert das LG München I überzeugend, die *Durchsetzung* der Legalitätspflicht im Einzelnen könne nicht delegiert werden[623]. Das sagt der Sache nach, dass jedes Vorstandsmitglied persönlich verpflichtet ist, im Falle eines Compliance-Verstoßes einzugreifen, womit danach wiederum die delegationsfeste Compliance-Pflicht eines jeden Vorstandsmitglieds beschrieben ist. Freilich kann der Eingriff auch darin bestehen, einen zuständigen Mitarbeiter anzuweisen, Systemfehler zu beheben oder Anweisungen weiterzugeben und umzusetzen. Jedenfalls muss er handeln. Die Compliance-Pflicht entfaltet sich demnach in zwei Bestandteile: Die Pflicht zur Einrichtung eines Compliance-Systems, die jedoch einem primär zuständigen Compliance-Vorstand übertragen werden kann und die Pflicht bei Rechtsverstößen einzuschreiten, die jedes Vorstandsmitglied unabdingbar selbst trifft. Letztere ist jedoch nur an

---

620 *Goette* ZHR 2011, 388 (396 f.); zust. *Reichert/Lüneborg* GmbHR 2018, 1141 (1143).

621 *Schmidt-Husson,* in: Corporate Compliance, § 6 Rn. 23; *Freund* NZG 2015, 1419 (1423); *Goette* ZHR 2011, 388 (396 f.).

622 *Gomer,* Delegation von Compliance-Zuständigkeit, S. 162.

623 „Dabei kann sich der Bekl. vor allem nicht darauf berufen, für die Durchsetzung im Einzelnen seien die Bereichsvorstände zuständig gewesen. Der so genannte „Bereichsvorstand" ist nämlich gerade nicht Vorstand iSd §§ 76ff. AktG, weshalb eine Delegation dieser zentralen Aufgabe des aktienrechtlichen Organs „Vorstand" auf unterhalb dieser Ebene angesiedelte Mitarbeiter eine Pflichtverletzung darstellt", LG München I NZG 2014, 345 (348).

alle Vorstandsmitglieder gerichtet, sofern es sich um Rechtsverstöße handelt, die herausgehobene Bedeutung haben. Mit Bagatelldelikten nachgeordneter Mitarbeiter hat sich der Vorstand nicht zu befassen. Vielmehr geht es um Rechtsverstöße wie Korruptionsvorwürfe, Kartellverstöße, Unternehmensstrafrecht im Allgemeinen oder solche bezüglich der Arbeitssicherheit.

3. *Überwachungspflicht*

Abseits dieser Compliance-Pflichten fügt sich die Compliance als wesentlicher Bestandteil in die allgemeine Überwachungspflicht des Vorstands ein. Zur Aufdeckung rechtswidrigen Verhaltens sowie zur Überprüfung der Funktionsfähigkeit des Systems, ist jedes Vorstandsmitglied undelegierbar verpflichtet, wenn auch den Compliance-Vorstand dafür eine Primärverantwortung trifft und sich die Pflicht der übrigen Geschäftsleiter allein auf die Überwachung dieses Vorstandsmitglieds beschränkt. Auch im wohl bekanntesten „Compliance-Urteil“ Siemens/Neubürger des LG München I lag der zentrale Schuldvorwurf letztlich darin, dass der Beklagte Vorstand trotz wiederholt zur Kenntnis gebrachter Gesetzesverstöße keine ausreichenden Maßnahmen zur Aufklärung und Untersuchung sowie zu deren Abstellen und der Ahndung der betroffenen Mitarbeiter eingeleitet hat[624]. Die Compliance-Pflicht äußert sich letztlich also auch in Form einer (Legalitäts-)Kontrollpflicht, die ein aktives Überprüfen, ob Gesetzesverstöße auftreten, erfordert. Freilich beschränkt sich die Überwachung als Teil der Compliance-Pflicht auf betriebsbezogene Rechtsverstöße[625] und „[b]etriebsbezogen ist eine Tat dann, wenn sie einen inneren Zusammenhang mit der betrieblichen Tätigkeit des Begehungstäters oder mit der Art des Betriebes aufweist.“[626]

Die Compliance-Pflicht des Vorstands bewegt sich somit zwischen der Unternehmenskontroll- und der Unternehmensorganisationspflicht und ist somit (in Teilen) undelegierbar.

VI. *Sonstige nichtdelegierbare Leitungsangelegenheiten*

Freilich ist der Pflichtenrahmen eines Vorstandsmitglieds auch mit den genannten Kernangelegenheiten nicht vollständig erfasst. Eine abschließende Aufzählung ist weder möglich noch notwendig und es ist auch nicht Aufgabe der Rechtswissenschaft zu bestimmen, wie Unternehmen durch Geschäftsleiter im

---

624 LG München I NZG 2014, 345 (347).
625 BGH BeckRS 2018, 2975.
626 So der BGH BeckRS 2018, 2975 zweiter Ls.

Einzelfall zu führen sind. Dennoch erscheint es aus rechtlicher Sicht geboten, abstrakte Kriterien zu ermitteln, die einem Vorstandsmitglied anzeigen, wann ein persönliches Tätigwerden bzw. eine Entscheidung aller Mitglieder rechtlich geboten erscheint und der (Gesamt-)Vorstand die Angelegenheit gerade nicht ohne selbst tätig zu werden Vorstandskollegen oder anderen Delegataren überlassen darf. Es muss dabei ein Tatbestand geschaffen werden, der, wie in anderen kompetenziellen Grenzbereichen, eine Zuordnung ermöglicht. Dafür ist wiederum auf den Vertrauenstatbestand zu rekurrieren. Es muss sich dabei um solche Angelegenheiten handeln, für die konkret die Vorstandsmitglieder bzw. das Organ Vorstand berufen ist.

1. Rekurs auf §§ 90 Abs. 1 Nr. 4 AktG und 116 HGB

Für eine einzelfallbezogene Reduzierung der Leitungsaufgaben bietet das AktG Anhaltspunkte, welches Kriterien für besonders gewichtige unternehmerische Angelegenheiten bietet[627]. Zum Teil wird zur Bestimmung von „sonstigen" Leitungsaufgaben auf die Wertung des § 90 Abs. 1 Nr. 4 AktG abgestellt[628], wonach der Vorstand dem Aufsichtsrat über Geschäfte, die für die Rentabilität oder Liquidität der Gesellschaft von erheblicher Bedeutung sein können, zu berichten hat. *Dose* nimmt dagegen den Rückgriff auf das außergewöhnliche Geschäft iSd § 116 Abs. 2 HGB vor[629]. Zur Orientierung hilft der Inhalt beider Vorschriften. Insbesondere überzeugt es, wenn *Martens* die Berufung auf § 90 AktG damit erklärt, dass hinter der Qualifikation als Leitungsangelegenheit auch der Aspekt der gegenseitigen Kontrolle durch die Vorstandsmitglieder steht und daher als erster Anknüpfungspunkt diejenigen Geschäfte dienen, die der Gesetzgeber für durch den Aufsichtsrat als kontrollwürdig erachtet hat[630]. Nachdem das Gesetz zur näheren Ausformulierung der Leitungstätigkeit schweigt, lässt sich diesen Vorschriften zumindest eine allgemeine Wertung für die Bedeutung der Maßnahmen entnehmen[631]. Es lassen sich zudem in Anlehnung an § 116 Abs. 2 HGB alle gewöhnlichen Angelegenheiten des laufenden Tagesgeschäfts, die keine besondere Bedeutung für die finanzielle Lage der Gesellschaft haben, von dem Delegationsverbot ausnehmen. Maßgeblich dafür ist zudem die Auswirkung der

---

627 *Mertens/Cahn*, in: Kölner Komm AktG, § 76 Rn. 5; *Wettich*, Vorstandsorganisation, S. 62.

628 *Kort*, in: Großkomm AktG, § 76 Rn. 36 ff.; *Martens* FS Fleck, 1988, 191, (197 f.); *Wettich*, Vorstandsorganisation, S. 62.

629 *Dose*, Rechtsstellung der Vorstandsmitglieder, S. 41.

630 *Martens*, FS Fleck, 1988, S. 191 (197 f.).

631 Ähnlich *Linnertz*, Delegation, S. 205.

Angelegenheit auf die mittel- bis langfristige Entwicklung des Unternehmens sowie die Ertrags-, Finanz- und Beschäftigungslage[632]. Damit verbunden ist auch die Frage, ob die Maßnahme ein außergewöhnlich hohes Risiko in sich birgt[633]. Abhängig ist die Beurteilung der Außergewöhnlichkeit wiederum stets von den besonderen Verhältnissen der Gesellschaft und der jeweiligen zeitlichen Umstände[634]. Alle Entscheidungen, die eine solche Bedeutung aufweisen, stellen den Kernbereich des unternehmerischen Wirkens der AG dar, wofür originär der Vorstand berufen ist und somit auch ein berechtigtes Vertrauen in eine eigenständige Wahrnehmung besteht.

2. *Bezug auf das Unternehmen als Ganzes*

In Anlehnung an die Theorie *Gutenbergs* lässt sich weiter konkretisieren, dass Leitungsangelegenheiten solche sind, die das Unternehmen als Ganzes betreffen und somit ressortübergreifende Bedeutung haben. Denn, sofern eine Angelegenheit nur ein bestimmtes Ressort betrifft, kann sie selbstverständlich immer auch durch den jeweiligen Ressortleiter wahrgenommen werden. Die ressortübergreifende Wirkung lässt sich im Gegenzug als Indiz für das Kriterium des Bezugs auf das Unternehmensganze heranziehen. Ein Geschäftsleiter muss sich daher über die Aufgabenverteilung im Klaren sein, um beurteilen zu können, ob eine Maßnahme mehrere Unternehmensbereiche betrifft.

Weiter ist dann zu differenzieren zwischen Entscheidungen, die mehrere Ressorts betreffen und solchen, die alle oder fast alle Unternehmensbereiche betreffen[635]. Produktion und Einkauf sind beispielsweise in der Regel in regem Austausch, da die Beschaffung von Investitionsgütern beide Ressorts betrifft. Nur wenn in ressortübergreifenden Angelegenheiten keine Einigung möglich ist, müssen jene der nächsthöheren Instanz und letztlich dem Gesamtvorstand vorgelegt werden. Die Ressortbezogenheit wiederum ist abhängig von der jeweiligen Organisationsform. In divisional organisierten Unternehmen bedeutet „ressortübergreifend“ etwas gänzlich anderes als in funktional organisierten Unternehmen. Da die Spartenorganisation nach dem Objektprinzip aufgeteilt ist[636], geht es entsprechend auch um objektübergreifende und nicht

632 *Kort*, in: Großkomm AktG, § 76 Rn. 38; *Mertens/Cahn*, in: Kölner Komm AktG, § 76 Rn. 5; *Semler*, Leitung und Überwachung, Rn. 13; *Wettich*, Vorstandsorganisation, S. 63.
633 *Fleischer* ZIP 2003, 1 (6); *ders.* NZG 2003, 449 (450); *Henze* BB 2000, 209 (210).
634 Dazu RGZ 158, 308; BGHZ 76, 162 = NJW 1980, 1463 f.; OLG Stuttgart ZIP 2010, 133.
635 Aus der Betriebswirtschaftslehre *Weuster*, Unternehmensorganisation, S. 107.
636 *Weuster*, Unternehmensorganisation, S. 141 ff.

funktionsübergreifende Angelegenheiten. Außerdem besteht bei der dezentraler organisierten Spartenorganisation im Vergleich zur funktionalen Organisation notgedrungen weitaus weniger Handlungsbedarf spartenfremder Vorstandsmitglieder an, da viele wichtige Entscheidungen innerhalb der Sparte getroffen werden können[637]. Jene agieren weitaus autonomer als Funktionsbereiche. Daher ergeben sich vermehrt Angelegenheiten, die keine ressortübergreifende Absprache innerhalb des Vorstands erfodern. So ist das Ausmaß der Pflicht auch von der jeweiligen Organisationsform individuell geprägt.

3. *Grenze der Vorstandskompetenz*

Als Determinante für wesentliche Belange, mit denen sich ein jedes Vorstandsmitglied zu befassen hat, lässt sich zudem die „Obergrenze“ der Vorstandskompetenz heranziehen. Diese befindet sich mitunter bei der „ungeschriebenen“ Zuständigkeit der Hauptversammlung. Es handelt sich dabei um sog. Strukturmaßnahmen, die die Gesellschaft an sich betreffen. Nachdem hier in jedem Fall das Unternehmensganze betroffen ist, ist in diesen Fällen der Gesamtvorstand zu einer Entscheidung berufen. Zu diesen Strukturmaßnahmen gehört das Delisting, welches der BGH in der „Frosta“-Entscheidung[638] als nicht vorlagepflichtig erachtete, nachdem das BVerfG eine Verletzung des Art. 14 GG ablehnte[639]. Hierüber haben alle Vorstandsmitglieder Beschluss zu fassen. Auch der Börsengang erfüllt nahezu alle genannten Kriterien, die auf eine ausreichende Erheblichkeit für die Qualifikation als Leitungsangelegenheit zu erfüllen sind. Er betrifft das Unternehmensganze und hat erhebliche Auswirkung auf die Finanzlage der Gesellschaft.

Weiterhin lassen sich Ausgliederungen auch unterhalb der „Holzmüller-Grenze“ als wesentliche Gesamtvorstandsentscheidungen einordnen[640]. Der BGH erklärte in einem Nichtannahmebeschluss eine Beteiligungsveräußerung trotz Überschreitens der Holzmüller/Gelatine Grenze mangels Mediatisierungseffekt für nicht vorlagepflichtig[641]. Gleichwohl ist in einem solchen Fall aufgrund der strukturellen Bedeutung ein Gesamtvorstandsbeschluss zwingend notwendig. Gleiches gilt auch für den Beteiligungserwerb, den der BGH „gemeinhin“ ebenfalls zur alleinigen Vorstandskompetenz zählte[642].

637 *Mielke,* Leitung der AG, S. 23 f.
638 BGH NJW 2014, 146.
639 BVerfG NJW 2012, 3081 ff.
640 Zu einzelnen „Holzmüller“- Fällen *Kubis,* in: MüKoAktG, § 119 Rn. 65 ff.
641 BGH NZG 2007, 203
642 BGHZ 83, 122 (132) = NJW 1982, 1703 (1705).

Auf diese Weise lässt sich aus den Angelegenheiten, die an die Strukturzuständigkeit der Hauptversammlung heranreichen der Kernbereich der Vorstandstätigkeit konkretisieren.

4. *Krisen- und Ausnahmesituationen*

Wenig erforscht ist bislang, inwieweit delegierte Aufgaben in Krisenzeiten wieder in die Zuständigkeit aller Vorstandsmitglieder zurückfallen können, da sie aufgrund der Umstände zu Leitungsaufgaben heranwachsen[643]. Anerkannt ist, dass Geschäftsführungsmaßnahmen ihre Delegationsfähigkeit in Krisen- und Ausnahmesituationen verlieren können[644]. In diesen Fällen wird eine Zuständigkeitsverteilung außer Kraft gesetzt, was zu der originären Zuständigkeit des Vorstands als Gesamtorgan führt[645]. Potenziell soll dann jede Maßnahme zur nichtdelegierbaren Leitungsangelegenheit werden können. Dazu äußerte sich der BGH in der Lederspray-Entscheidung, in der es um die individuelle Verantwortung mehrerer Geschäftsleiter für den Rückruf gesundheitsschädigender Ledersprays ging[646]. Das Gericht hielt fest, dass die Entscheidung über einen Vertriebsstop, eine Warn- oder Rückrufaktion bezüglich eines kundenschädlichen Produkts dem Gesamtvorstand obliegt[647]. Eine horizontale Delegation habe darauf keinen Einfluss. Dies wird gemeinhin so verstanden, dass es gerade nicht „nur" um die trotz einer Delegation bestehende Restverantwortung geht, die hier in Form einer gesteigerten Überwachungspflicht besteht, sondern dogmatisch um eine nicht delegierbare, originäre Handlungspflicht[648]. Dass die Sicherung der Überlebensfähigkeit der Gesellschaft eine Aufgabe jedes Vorstandsmitglieds ist und als solche nicht einem einzelnen Vorstandsmitglied überlassen werden kann, lässt sich nicht bestreiten[649]. Die Pflicht zur Krisenbewältigung wird in der Krise die Kernaufgabe der Geschäftsleitung, trifft jeden Geschäftsleiter

---

643 *Fleischer* DB 2019, 472 (476 f.) „offene Frage der Ressortverteilung"; *Emde,* FS U. H. Schneider, 2011, 295 (318 ff.).

644 BGH NJW 1990, 2560 (2565); BGHZ 130, 370 (379); *Spindler,* in: MüKoAktG, § 93 Rn. 177.

645 *Fleischer,* in: Hdb-VorstR, § 8 Rn. 20; *ders.* AG 2003, 291 (295); *Nietsch* ZIP 2013, 1449 (1452 f.); *Schmidt-Husson,* in: Corporate Compliance, § 6 Rn. 25; *Spindler,* in: MüKo-AktG, § 77 Rn. 56.

646 BGHZ 130, 370 = NJW 1990, 2560.

647 BGHZ 130, 370 (379) = NJW 1990, 2560 (2565).

648 So ausdr. *Fleischer* DB 2019, 472 (477); *Nietsch* ZIP 2013, 1449 (1453); krit. dazu *Wolf* VersR 2005, 1042 (1043 f.).

649 *Nietsch* ZIP 2013, 1449 (1453).

persönlich und ist mithin undelegierbar. Das Vertrauen in die Kontrolle über die Geschäftsführung, die der Vorstand aufgrund seiner Prinzipalstellung ausüben kann und die in Krisenzeiten gerade von elementarer Bedeutung ist, rechtfertigt es, eine Delegation zu diesem Zeitpunkt weitestgehend einzuschränken und die Erfüllung der zentralen „Krisenpflichten" in den Händen des Vorstands zu belassen. Befindet sich der Fortgang der Geschäftsführung in Gefahr, ist der Vorstand persönlich dazu berufen, dies abzuwenden.

Zudem ist in Krisenzeiten auf Grund der bestehenden Gefahren eine größere Sorgfalt an den Tag zu legen und infolgedessen auch von einer gesteigerten Überwachungspflicht bezüglich des Unternehmensgeschehens auszugehen[650]. Kein Vorstandsmitglied darf sich in Krisenzeiten ohne jeden Nachweis auf die Angaben der Ressortführer verlassen; vorgelegte Belege müssen nachgeprüft und kontrolliert werden[651]. Jüngst urteilte der BGH gegen einen Geschäftsleiter, der „allein für das Künstlerische" zuständig war, wegen eines Verstoßes gegen das Zahlungsverbot aus § 64 Abs. 2 S. 1 GmbHG a.F.[652]. Auch mit steuerlichen Fragen haben sich alle Geschäftsleiter in finanziellen Krisenzeiten auseinanderzusetzen[653] und zu überprüfen, ob die steuerlichen Pflichten ordnungsgemäß erfüllt werden[654]. Das ist nicht, wie zum Teil befürchtet[655], Ausdruck erhöhten Misstrauens, sondern vielmehr im Sinne der Sicherstellung gemeinsamer Verantwortung für die Bestandssicherung. Indem alle Vorstandsmitglieder verpflichtet werden, sich intensiver auch mit ressortfremden Angelegenheiten auseinanderzusetzen, ist größere Sachnähe sichergestellt. Auf diese Weise werden alle Mitglieder in die Verantwortung für die Sicherung der Überlebensfähigkeit gezogen.

Krisenzeiten bedingen aber die zwingende Befassung des Gesamtvorstands und somit den Rückfall in die Gesamtzuständigkeit auch deshalb, weil vermehrt Angelegenheiten anfallen, die ressortübergreifende Bedeutung haben. Zudem müssen wesentliche Entscheidungen getroffen werden. Befindet sich das Unternehmen in finanzieller Krise, so senkt sich naturgemäß die Grenze, wann eine

650 *Fleischer,* in: BeckOGK AktG, § 93 Rn. 143; *Hopt/Roth,* in: GroßkommAktG, § 93 Rn. 164 und 381; *Spindler,* in: MüKoAktG, § 93 Rn. 173; *Weber,* in: Hölters/Weber AktG, § 76 Rn. 35a.

651 *Nietsch* ZIP 2013, 1449 (1452 f.); krit. dazu *Habersack* WM 2005, 2360 (2362).

652 BGHZ 220, 162 = NZG 2019, 225.

653 StRspr. BFHE 146, 23 = BeckRS 1986, 22007594; BFH/NV 2004, 157 = BeckRS 2003, 25002745; FG RhPf GmbHR 2014.

654 BFH BStBl 84, 776; 86, 384.

655 *Habersack* WM 2005, 2360 (2363); *Wolf* VersR 2005, 1042 (1043 f.).

Entscheidung erhebliche Bedeutung für die Finanzlage des Unternehmens hat und das Unternehmensganze betrifft. Das wird deutlich, wenn man betrachtet, welche Merkmale der BGH im Lederspray-Urteil für die Verantwortung des Gesamtvorstands für entscheidend hielt. Es kam darauf an, dass es sich um ein ressortübergreifendes Problem handelt, welches angesichts dessen Allgegenwart nicht allein ressortintern gelöst werden durfte[656]. Das aber ist eine Erkenntnis, die unabhängig von Krisenzeiten immer gilt. Eine Ressortverteilung führt immer nur zu einer Reduzierung der Verantwortung auf den bestimmten Ressortbereich, ebenso wie jede Delegation eben nur von der Verantwortung für den delegierten Bereich entbindet.

Für den Rückfall in die Gesamtzuständigkeit lassen sich krisenspezifische Kriterien und Beispiele nennen. Maßgeblich ist zunächst, ob Restrukturierungs- oder Sanierungsbedarf besteht, was im betriebswirtschaftlichen Sinne dann der Fall ist, wenn die Fortsetzung der Geschäftspolitik absehbar zur Minderung des Erfolgspotenzials, nachhaltigen Verlusten und schlimmstenfalls zur Insolvenz führt[657]. Zu fragen ist also, ob die Ertrags-, Liquiditäts- oder Vermögenslage ein Gegensteuern durch den Vorstand verlangt[658]. Krisenbedingt ist dann eine Maßnahme notwendig, die aufgrund der Gefahr für das Unternehmensganze auch unternehmensweite Bedeutung hat, was sich wiederum in die obengenannten Kriterien zur Bestimmung nichtdelegierbarer Leitungsangelegenheiten einfügt. Für solche krisenbedingten Leitungsentscheidung lassen sich einige Beispiele nennen. In Betracht kommen leistungswirtschaftliche Maßnahmen für die Produktion, den Vertrieb, den Personalbereich oder notfalls auch die Veräußerung von Vermögenswerten, zudem finanzielle Maßnahmen zur Kapitalbeschaffung, (Gesellschafter-)Darlehensaufnahmen oder (Sanierungs-)Kreditaufnahmen[659]. Essenziell ist ebenfalls freilich die nach der Solvenzprognose zu treffende Entscheidung über die Insolvenzantragstellung, wenngleich die vorherige Prognose der Delegation zugänglich ist[660]. Es bedarf zwingend einer Beratung im Gesamtvorstand. Auch das Gesamturteil für die Abgabe der Fortbestehensprognose ist in gemeinsamer Verantwortung der Vorstandsmitglieder im Plenum zu fällen.

---

656 BGHZ 130, 370 (379) = NJW 1990, 2560 (2565).

657 *Drukarczyk/Schontag*, in: Insolvenzrechts-Handbuch, 5. Aufl., § 2 Rn. 1 ff.; *Baums*, Recht der Unternehmensfinanzierung, § 57 Rn. 7; dies für den Geschäftsleiter heranziehend *Hoffmann* WM 2021, 429 (430).

658 *Baums*, Recht der Unternehmensfinanzierung, § 57 Rn. 8.

659 *Bork* ZIP 2011, 101 (107); *Hoffmann* WM 2021, 429 (431 f.).

660 Dazu *Brandes/Rabenau* ZIP 2021, 2566 ff.

Ergibt sich, dass eine Sanierung nicht gänzlich ausgeschlossen ist, so haben die Vorstandsmitglieder grundsätzlich darauf hinzuwirken[661]. In der Regel ist dann zwischen Sanierung, Verkauf oder Zerschlagung des Unternehmens zu wählen[662]. Die Wahl ist im Gesamtvorstand zu treffen, wobei neuerdings nun gem. § 1 Abs. 1 S. 2 StaRUG ausdrücklich gilt, dass der Aufsichtsrat in derartige Krisenentscheidungen einzubeziehen ist[663]. Zudem ist bei Verlust der Hälfte des Grundkapitals gem. § 92 AktG eine Hauptversammlung einzuberufen und eine Liquidation nur durch die Aktionäre möglich, § 262 Abs. 1 Nr. 2 AktG. Es zeigt sich also, dass die innerhalb krisenbedingter Ausnahmesituationen zu treffenden Entscheidungen sich sogar an der Grenze der alleinigen Vorstandskompetenz bewegen. Aufgrund Ihrer Bedeutung sind sie daher jedenfalls allen Geschäftsleitern zwingend obliegende Leitungsentscheidungen. Sanierungsentscheidungen, die die Schwelle zu einer ungeschriebenen Hauptversammlungskompetenz überschreiten, sind den Aktionären selbstverständlich auch und insbesondere in der Krise vorzulegen.

Letztlich kann es in Krisensituationen auch geboten sein, die bestehende Organisationsstruktur zu hinterfragen[664]. Ist die Aufgabenverteilung ein Mitgrund für den Eintritt der Krise, so ist sie zwingend anzupassen, was wiederum einvernehmlich durch den gesamten Vorstand geschehen muss.

§ 3 Rechtmäßiges Alternativverhalten und Delegationsverbot

Abschließend ist noch auf eine eine haftungsrechtliche Frage zu kommen, die sich mit der hier dargelegten Herleitung des Delegationsverbots beantworten lässt. Auch im Zusammenhang mit der Delegation dürfen nämlich allgemeine schadensrechtliche Grundsätze nicht außer Acht gelassen werden. Die Nichtwahrnehmung einer delegationsfesten Angelegenheit stellt einen Pflichtverstoß dar, der im Schadensfall Vorstandsmitglieder vorbehaltlich des Verschuldensvorwurfs haftbar macht, auch wenn der jeweilige Delegant keine Pflichtverletzung begeht[665]. Die Annahme, der Delegant haftet für das Handeln des Delegatars bei unzulässiger Delegation uneingeschränkt, beinhaltet letztlich die Konstruktion

661 *Brandes/Rabenau* ZIP 2021, 2566 (2568).

662 *Brandes/Rabenau* ZIP 2021, 2566 (2568).

663 Dies galt indes bereits zuvor, wurde durch das StaRUG nun schlicht klargestellt, vgl. RegE SanInsFoG, Begr., BR-Drucks. 619/20, S. 114.

664 *Weber,* in: Hölters/Weber AktG, § 76 Rn. 35a.

665 So zur GmbH *Altmeppen,* GmbHG, § 43 Rn. 21.

einer Zufallshaftung (*versari in re illicita*) für alles auf die Delegation folgende Geschehen. Dessen ungeachtet bleibt aber grundsätzlich der stets erforderliche[666] Zurechnungszusammenhang zwischen der pflichtwidrigen Handlung und dem entstandenen Schaden[667]. Notwendig ist demnach, dass die pflichtwidrige Delegation ursächlich für den später eingetretenen Schaden war. Dies auschließend wirken die Fälle der hypothetischen Kausalität[668]. Nicht ausgeschlossen ist es insbesondere, dass rechtmäßiges Alternativverhalten ebenfalls zum Schadenseintritt geführt hätte und somit der Verstoß gegen das Delegationsverbot für den Schaden nicht ursächlich war. Geht man von dem hypothetischen Beispiel aus, dass in einer Vorstandssitzung durch den Gesamtvorstand entschieden wird, dass eine bestimmte Entscheidung, die ohne jeden Zweifel eine nichtdelegierbare Leitungentscheidung ist, durch einen leitenden Angestellten getroffen werden soll - an diesen also delegiert wird - wird das Problem deutlich. Leitet dieser nun eine Maßnahme unter Beachtung der entsprechenden Sorgfalt ein und führt diese dennoch zu einem Schaden, stellt sich die Frage nach der Haftung der Vorstandsmitglieder wegen unzulässiger Delegation. Die Frage ist jetzt, ob „der Gesamtvorstand“ nachweisen kann, dass er dieselbe Entscheidung wie der Delegatar getroffen hätte, wenn er sie beschlussfähig selbst entschieden hätte. Dies zu beweisen, erscheint keineswegs abwegig. Um die eigene Haftung zu vermeiden (§ 93 Abs. 2 S. 2 AktG), wird jedes Vorstandsmitglied auf diesen Beweis hinwirken. Lässt sich hier eine hypothetische Mehrheitsentscheidung beweisen, muss konsequenterweise auch die Haftung entfallen, sofern sich die Entscheidung des im Rahmen des § 93 AktG zulässigen bewegt. Es müsste hier dasselbe gelten, wie für den Fall, dass ein Zustimmungsvorbehalt des Aufsichtsrats unbeachtet bleibt, wofür der BGH erst kürzlich den Einwand des rechtmäßigen Alternativverhaltens bei bewiesener hypothetischer Zustimmung zugelassen hat[669]. Das Gegenteilige erschließt sich jedoch aus dem Folgenden: Die Erheblichkeit des Einwands rechtmäßigen Alternativverhaltens ist abhängig vom Schutzzweck

666 *Hopt/Roth*, in: Großkomm AktG, § 93 Rn. 413; *Mertens/Cahn*, in: Kölner Komm AktG, § 93 Rn. 55; *Spindler*, in: MüKoAktG, § 93 Rn. 196.

667 Mit Rückführung auf Prinzipien des römischen Rechts, *Altmeppen*, FS K. Schmidt, 2009, S. 22 (36 ff.).

668 *Oetker*, in: MüKoBGB, § 249 Rn. 207 ff.

669 BGHZ 219, 193 = NZG 2018, 1189; freilich zuvor bereits *Altmeppen*, FS K. Schmidt, 2009, S. 22 (32 ff.); *ders.*, in: GmbHG, § 43 Rn. 105 mwN; dies auch für eine „Gesamtgeschäftsführungsregel“ andeutend *Altmeppen*, in: GmbHG, § 43 Rn. 106.

der verletzten Norm[670]. Im Rahmen von Zustimmungsvorbehalten ist dies nicht hinderlich, da Zweck derer gerade nicht ist, das allgemeine Unternehmerrisiko andernfalls auf den Geschäftsleiter abzuwälzen[671]. Etwas anderes gilt aber für das Delegationsverbot. Grundlage dessen ist das Vertrauen in eine persönliche Unternehmensleitung durch die Vorstandsmitglieder. Dieses Vertrauen bleibt erschüttert, auch wenn die Entscheidungsdelegation durch den Delegatar nicht ursächlich für den jeweiligen Schaden war. Es kommt schlicht auf das höchstpersönliche Tätigwerden an[672]. Zwar ist auch hier grundsätzlich nicht davon auszugehen, dass der Gesamtvorstand das allgemeine Unternehmerrisiko erfolgsabhängig tragen soll. Dennoch lässt sich anführen, dass sich dich pflichtwidrige Verantwortungsflucht in die *culpa deligendo* nicht mit dem Einwand des rechtmäßigen Alternativverhaltens rechtfertigen lässt, da in dem nicht höchstpersönlichen Tätigwerden schlicht der Vorwurf liegt.

§ 4 Zwischenergebnis

Die Annahme der Existenz eines Delegationsverbots für den Kernbereich der Vorstandstätigkeit hat sich als haltbar erwiesen. Richtiger Anknüpfungspunkt für das Delegationsverbot ist jedoch nicht der Leitungsbegriff, sondern das organschaftliche Verhältnis des Vorstands zur AG, welches ein von Vertrauen geprägtes Mandatsverhältnis ist. Zudem bedingt die spezifisch ausgestaltete Vorstandshaftung, die organbezogene Überwachungsfunktion durch den Aufsichtsrat ein Verbot zur Delegation des Kernbereichs der Organtätigkeit. Der Gegenauffassung ist zuzugestehen, dass das Aktiengesetz ein solches Delegationsverbot nicht andeutet. Daher ist auch die direkte Korrelation zwischen dem Leitungsbegriff und dem Delegationsverbot aufzulösen. Vielmehr ist das Delegationsverbot als individuelle Pflicht eines jeden Vorstandsmitglieds zum Tätigwerden in Leitungsangelegenheiten zu formulieren. Man kann sich aber nicht verwehren, dass es dem Gebot der Praktikabilität entspricht, die obengenannten dogmatischen Erwägungen in die Gesetzesformulierung: Der Vorstand *hat* die Gesellschaft unter eigener Verantwortung zu *leiten* hineinzulesen. Versteht man dies als höchstpersönliche Pflicht, ist das Gesetzesbild stimmig und

670 BGHZ 96, 157 (171 ff.) = NJW 1986, 576; BGHZ 120, 281 (286) = NJW 1993, 520; BGHZ 143, 362 (365 ff.); BGH NJW 2016, 3523 (3524).

671 *Altmeppen*, FS K. Schmidt, 2009, 23 (36 ff.)

672 So ähnlich argumentiert auch der BGH bzgl. des Einwilligungserfordernisses für ärztliche Behandlungen, welches die Grundlage für das Vertrauen in die Behandlung durch einen bestimmten Arzt bildet, vgl. BGH NJW 2016, 3523 (3524 ff.).

die methodischen Ungereimtheiten zu verkraften, da die Höchstpersönlichkeit der Mandatserfüllung als allgemeiner Rechtsgrundsatz auch für das AktG gilt.

An Bestimmung der Leitungsaufgabe durch die hM ist im Grundsatz festzuhalten. Die Leitungsaufgabe ist durch die gesetzlichen Pflichtaufgaben vorgeprägt. Zudem überzeugt die betriebswirtschaftliche Einordnung in funktionstypische Managementaufgaben, die der Ausübung der Unternehmerfunktion innerhalb der AG dienen[673]. Sie betreffen allesamt den Kernbereich unternehmerischer Tätigkeit innerhalb eines Unternehmens und lassen sich in das Gesetzesbild einfügen. Der Leitungsbereich ist zudem „nach vorne hin offen“[674], da sich der gesetzliche Pflichtenkatalog erweitert und auch die Weiterentwicklung der Betriebswirtschaftslehre unter Umständen offenbart, dass die Managementtätigkeit weitere bestimmte Aufgaben zwingend umfassen muss. Dabei handelt es sich aber nicht um ein Spezifikum der Vorstandstätigkeit, sondern es handelt sich um eine Eigenheit, die der Erbringung höherer Dienste im Allgemeinen immanent ist[675]. Mit dem hier vorgeschlagenen Modell besagt die Kategorisierung „neuer“ Leitungsaufgaben nur, dass sich jedes Vorstandsmitglied damit eigenständig zu befassen hat. Es bedeutet aber nicht, dass abseits dessen eine Delegation unmöglich ist. Für die Bestimmung sonstiger Leitungsangelegenheiten und das Maß der persönlichen Wahrnehmungspflicht wurden Kriterien entwickelt.

---

673 So insbes. *Fleischer* ZIP 2003, 1 (2); *Goette,* FS 50 Jahre BGH, 2000, S. 123 (125); *Hüffer,* in: AktienR im Wandel Bd. II, 7. Kap., Rn. 20 ff.

674 *Paefgen,* Unternehmerische Entscheidungen, S. 9 f.

675 *Nietsch* ZGR 2015, 631 (636) Fn. 19 mwN.

Kapitel 3: Anforderungen und Rechtsfolgen: Das „Wie" der Delegation

Nachdem die Frage des „Ob" der Delegation ausgiebig behandelt ist, widmet sich das nachfolgende Kapitel den Anforderungen, also dem „Wie" und den Rechtsfolgen der Delegation. Das bei der Formulierung der Anforderungen und Rechtfolgen verfolgte Ziel muss sein, einen angemessenen Ausgleich zwischen dem Bedürfnis des Vorstands nach Enthaftung und der Gesamtverantwortung des Vorstands für die gesamte Geschäftsführung zu finden. Insbesondere im Rahmen der Überwachungspflicht ist zu bedenken, dass von einem Vorstand nicht verlangt werden kann, das Unternehmensgeschehen stets in Gänze im Blick zu haben[676]. Unter Berücksichtigung dieser Interessen erfolgt die nachfolgende Untersuchung.

§ 1 Horizontale Delegation

Zu beginnen ist dabei mit der horizontalen Delegation, da hierbei Aufgaben das Vorstandsorgan nicht verlassen und somit die geringste Verantwortungsreduktion stattfindet.

A. Möglichkeiten der Geschäftsverteilung

Die Möglichkeiten der Geschäftsverteilung sind vielseitig. Lange Zeit war die vorherrschende Organisationsform die funktionale Organisation, die auch das Vorbild für das AktG 1965 bildete[677]. Dabei werden einzelne Ressorts nach fachlichen Gesichtspunkten gebildet (z.B. Produktion, Vertrieb, Forschung, Finanzen, Controlling, Personal). Der Vorteil dessen ist die Möglickeit der Spezialisierung und Arbeitsteilung, da die Ausrichtung nach internen Abläufen erfolgt, die prozesseffizient aufeinander abgestimmt werden können. Anerkannt ist auch die mittlerweile verbreitete Spartenorganisation, wobei nach Produkt- bzw. Dienstleistungsbereich, geographischer Lage oder anderen sachlichen Parametern

---

676 So schon *Semler* FS Döllerer, 1998, S. 571 (579): „Es wäre völlig irreal, wenn man annehmen wollte, daß in großenUnternehmen jedes Vorstandsmitglied noch in der Lage sein könnte, das Unternehmen in seiner ganzen Breite jederzeit voll zu überblicken und mit allen Tagesproblemen vertraut zu sein.".

677 *Schwark* ZHR 1978, 203 (205 f.); *Spindler*, in: MüKoAktG, § 77 Rn. 65.

unterteilt wird[678]. Dadurch können einzelne Unternehmensbereiche marktnah agieren und sind so durch die große Autonomie innerhalb der jeweiligen Sparten anpassungsfähig. Empfehlenswert ist dies insbesondere, wenn Unternehmen in klar unterscheidbaren Geschäftsfelder agieren, was sie insbesondere für größere Unternehmen attraktiv macht[679]. Herausgebildet haben sich zudem Mischstrukturen, wie die Matrixorganisation, bei der sowohl Sparten gebildet werden als auch nach funktionalen Aspekten unterteilt wird. Einzelne Vorstandsmitglieder sind dann für bestimmte Regionen, Produkte, Marken oder Dienstleistungen einschließlich aller damit verbundenen Funktionen zuständig, während anderen ein bestimmter Funktionsbereich zugewiesen ist, wodurch sich dann notwendigerweise Überlappungen ergeben[680]. Dadurch wird durch gegenseitige Abstimmungen und kurze Kommunikationswege Kreativität und Produktivität gefördert. Es besteht gleichzeitig jedoch die Gefahr unklarer Zuständigkeiten und Kompetenzen. Praktische Bedeutung hat zudem auch die sog. virtuelle Holding erlangt, bei der eine Holding-Struktur innerhalb eines Unternehmens kreiert wird[681].

B. Gleichberechtigung der Vorstandsmitglieder

Trotz der grundsätzlichen Zulässigkeit der horizontalen Delegation setzt der Grundsatz der Gleichberechtigung der Vorstandsmitglieder neben dem Delegationsverbot Grenzen. Demzufolge besitzen alle Organmitglieder hinsichtlich der Geschäftsführung die gleiche Rechtsstellung. Gem. § 77 Abs. 1 S. 2 Hs. 2 AktG darf daher keiner Minderheit der Geschäftsleiter das Recht eingeräumt werden, entgegen der Mehrheit Beschlüsse zu fassen. Weiterhin ist es nicht möglich, einem Mitglied ein Alleinentscheidungsrecht einzuräumen. Letztlich gilt, dass innerhalb des Organs keine hierarchischen Strukturen gebildet werden dürfen, die einzelne Mitglieder zu Vorständen „zweiter Klasse“ machen[682]. Erlaubt ist es dagegen, Vorstandsausschüsse zu bilden[683], einen Vorstandsvorsitzenden zu ernennen und diesem ein Stichentscheidungsrecht einzuräumen[684].

---

678 *Seibt* in: K. Schmidt/Lutter, AktG, § 77 Rn. 20.

679 *Semler/Peltzer/Kubis,* in: Vostands-HdB § 5 Rn. 25; *Weber,* in: Hölters/Weber AktG, § 77 Rn. 39.

680 *Seibt* in: Schmidt, K./Lutter, AktG, § 77 Rn. 20.

681 Dazu monographisch *Lawall,* Virtuelle Holding, passim.

682 *Hoffmann-Becking* ZGR 1998, 497 (514 f.); *Wicke* NJW 2007, 3755 (3757).

683 *Kort,* in: Großkomm AktG, § 77 Rn. 43; *Spindler,* in: MüKoAktG, § 77 Rn. 71.

684 *Spindler,* in: MüKoAktG, § 77 Rn. 14; *Weber,* in: Hölters/Weber AktG, § 77 Rn. 30.

C. Anforderungen

Als horizontale Delegation wird die Geschäftsverteilung bzw. Aufgabendelegation innerhalb des Vorstands bezeichnet. Dies ist insofern unstimmig, da Aufgaben innerhalb eines Rechtsträgers (das Vorstandsorgan) verteilt und gerade nicht wie bei den sonstigen Formen der Delegation übertragen werden. Dennoch lässt sie sich hier einordnen, wenn man von der Annahme ausgeht, dass im Grundsatz der Gesamtvorstand für die Leitung zuständig sind und eine Delegation von diesen auf einzelne Mitglieder stattfindet[685]. Nachdem Delegation die Verschiebung von Verantwortung meint, wofür Aufgaben und Kompetenzen übertragen werden, liegt bei einer horizontalen Geschäftsverteilung nach dem hier zugrundeliegenden Verständnis jedenfalls eine Delegation vor. Das Gesetz gestattet die Geschäftsverteilung für den Vorstand und somit eine Abweichung vom Grundsatz der Gesamtgeschäftsführung in § 77 Abs. 1 S. 2 Hs. 1 AktG ausdrücklich. Letztlich ist die Möglichkeit zur horizontalen Delegation Ausdruck der Organisationsautonomie des Vorstands[686]. Eine Arbeitsteilung innerhalb des Vorstands ist auch unerlässlich und, sofern das Unternehmen eine gewisse Größe und Aufgabendiversität hat, sogar verpflichtend[687]. Nicht abschließend geklärt sind hingegen die Anforderungen und die genauen Rechtsfolgen, sowie die verbleibenden Pflichten der ressortfremden Vorstandsmitglieder. Jüngst nahm der BGH dazu für die Geschäftsführer der GmbH ausführlich Stellung[688] und konkretisierte weitestgehend anerkannte Grundsätze[689]. Dabei zeigen sich erhebliche Parallelen zur *culpa deligendo*, was die Einordnung der Geschäftsverteilung als Delegationstatbestand wiederum stützt. Die Rechtsprechung des BGH wird gemeinhin auf den Vorstand der AG übertragen[690].

---

685 *E. Vetter*, in: Hdb. Managerhaftung, Rn. 22.71 grenzt die horizontale Delegation zur „Delegation im engeren Sinne“ ab.

686 *Fleischer* NZG 2014, 321 (323); zur GmbH OLG Koblenz NZG 1998, 953 (954); zum Selbstorganisationsrecht des Vorstands *Kropff*, RegBegr, S. 99; *Hüffer*, Liber amicorum Happ, 2006, S. 93 (107).

687 BFHE 141, 443 (447) = NJW 1985, Ls; zust. BGHZ 220, 162 = NZG 2019, 225 (226) Rn. 15.

688 BGHZ 220, 162 Rn. 19 = NZG 2019, 225.

689 *Fleischer* DB 2019, 472 (472).

690 *Hoffmann-Becking* NZG 2021, 93 (94); *Weber* ZGR 2020, 688 (704).

I. Formelle Anforderungen

1. Nachrangige Vorstandskompetenz

Die Geschäftsverteilung des Vorstands kann in Form einer Satzungsregelung, in der Geschäftsordnung oder ohne ausdrückliche Regelung durch den Vorstand festgelegt werden. Ersteres ist auf Grund mangelnder Flexibilität, die für eine Anpassung an veränderte Umstände notwendig ist, eine Seltenheit[691]. Daher enthält die Geschäftsordnung in der Regel die Aufgabenverteilung des Vorstands. Zur Festlegung derer ist vorrangig der Aufsichtsrat gem. § 77 Abs. 2 S. 1 AktG zuständig, wohingegen der Vorstand nur eine nachgeordnete Erlasskompetenz besitzt (§ 77 Abs. 2 S. 3 AktG)[692]. Das ist Ausfluss der Personalkompetenz des Aufsichtsrats, die das Recht beinhaltet, im Anstellungsvertrag den Tätigkeitsbereich der Vorstandsmitglieder festzulegen und daher auch zur Aufgabenverteilung berechtigen muss[693]. Hat der Aufsichtsrat von seiner Kompetenz Gebrauch gemacht, so entfaltet dies dem Vorstand gegenüber Sperrwirkung und hebt eine bestehende Geschäftsordnung in dem festgelegten inhaltlich-sachlichen Anwendungsbereich auf[694]. Der Vorstand ist zur Geschäftsverteilung daher nur befugt, sofern der Aufsichtsrat nicht bereits eine solche bestimmt hat. Entsprechend trägt der Vorstand dann auch nicht die originäre Verantwortung für die Geschäftsverteilung, sondern hat deren Unzweckmäßigkeit höchstens dem Aufsichtsrat anzuzeigen.

2. Einvernehmen aller Vorstandsmitglieder

Der BGH führt zudem aus, die Geschäftsverteilung sei von allen Geschäftsleitern mitzutragen[695]. Was damit genau gemeint ist, wird jedoch nicht klar. Man wird dies in zwei Richtungen entfalten können. Einerseits schreibt § 77 Abs. 2 S. 3 AktG vor, dass ein die Geschäftsordnung regelnder Beschluss einstimmig gefasst sein muss. Dabei handelt es sich um die formelle Anforderung an die Geschäftsverteilung. Es ist also nicht möglich, einem Vorstandsmitglied durch einen Beschluss gegen seinen Willen ein Ressort aufzudrängen. Dagegen kann sich jedes Mitglied durch verweigerte Zustimmung wehren. Damit ist auch klar,

691 *Spindler,* in: MüKoAktG, § 77 Rn. 39.

692 hM *Kort,* in: Großkomm AktG, § 77 Rn. 65; *Hoffmann-Becking* ZGR 1998, 497 (501 ff.); *Langer/Peters* BB 2012, 2575 (2577); *Spindler,* in: MüKoAktG, § 77 Rn. 41.

693 *Hoffmann-Becking* ZGR 1998, 497 (502 f.); *Spindler,* in: MüKoAktG, § 77 Rn. 46.

694 *Kropff,* RegBegr, S. 99; *Kort,* in: Großkomm AktG, § 77 Rn. 22; *Spindler,* in: MüKoAktG, § 77 Rn. 48; *Seibt,* in: K. Schmidt/Lutter AktG, § 77 Rn. 26.

695 BGHZ 220, 162 Rn. 21 = NZG 2019, 225.

dass die Entscheidung nicht delegierbar ist. Eine zweite Komponente dessen ist, dass nie ein vollständiger Ausschluss der übrigen Mitglieder aus dem zugewiesenen Vorstandsressort stattfindet. Denn darin läge ein Verstoß gegen § 77 Abs. 1 S. 2 Hs. 2 AktG. Danach darf keinem Vorstandsmitglied ein Alleinentscheidungsrecht gegenüber dem Restvorstand eingeräumt werden. Es ist also immer möglich, jede Ressortentscheidung dem Gesamtvorstand vorzulegen, um so einen Ressortvorstand zu überstimmen[696]. Außerdem ist es ebenfalls möglich, eine Neuentscheidung über die Geschäftsverteilung zu bewirken und den Gesamtvorstand damit zu befassen. Ergebnis des Einvernehmens aller Vorstandsmitglieder ist schließlich auch, dass alle Mitglieder für die Aufgabenverteilung verantwortlich sind. Für den Beschluss über die Geschäftsverteilung sind alle Mitglieder uneingeschränkt gesamtverantwortlich.

3. *Schriftformerfordernis*

Im aktienrechtlichen Schrifttum wird vorwiegend ein Schriftformerfordernis für die Geschäftsverteilung befürwortet[697]. Einigkeit herrscht jedoch darüber, dass die Schriftform des § 126 BGB keine zwingende Notwendigkeit darstellt[698]. Vielmehr genüge die Textform des § 126b BGB[699]. Der BGH entschied jüngst für die GmbH gegensätzlich und ließ sogar eine nur konkludent vereinbarte Aufgabenteilung genügen[700]. Für eine gegensätzliche Ansicht findet sich nach Auffassung des Gerichts keine Stütze im Gesetz[701]. Eine schriftliche Fixierung dient letztlich allein Beweiszwecken, weshalb sie sich praktisch anbietet, zumal dies der BFH in Bezug für die steuerlichen Pflichten aus § 34 Abs. 1 AO verlangt[702] und der BGH in dem kürzlich ergangenen Urteil davon ausdrücklich nicht abwich[703]. Von einer Pflicht zur schriftlichen Fixierung, um die materiellen Folgen einer Geschäftsverteilung auszulösen, ist aber nicht auszugehen, da die Gesellschaft

---

696 *Spindler,* in: MüKoAktG, § 77 Rn. 60.

697 *Fleischer,* in: BeckOGK AktG, § 77 Rn. 56; *Mertens/Cahn,* in: Kölner Komm AktG, § 93 Rn. 93; *U. Schmidt,* in: NK-AktR, § 93 Rn. 117; *E. Vetter,* in: Hdb. Managerhaftung, § 22 Rn. 22.36.

698 *Kort,* in: Großkomm AktG, § 77 Rn. 78; *Mertens/Cahn,* in: Kölner Komm AktG, § 77 Rn. 56.

699 *Seibt,* in: K. Schmidt/Lutter AktG, § 77 Rn. 28; *Peitsmeyer/Klesse* NZG 2019, 501 (502).

700 BGHZ 220, 162 Rn. 22 ff = NZG 2019, 225 (227 ff.).

701 BGHZ 220, 162 = NZG 2019, 225 (227).

702 BFH ZIP BStBl. II 1984, 1345 (1347)

703 BGHZ 220, 162 Rn. 25 = NZG 2019, 225.

durch § 93 Abs. 2 S. 2 AktG ohnehin bezüglich der Beweislast privilegiert ist[704]. So ist auch zu erklären, weshalb das Schriftformerfordernis für das Steuerrecht sachgerecht ist, da hier die Beweislastverteilung gegensätzlich ist[705].

Festzuhalten ist demnach, dass die Kompetenz zur horizontalen Delegation in erster Linie der Aufsichtsrat hat und es diesem jederzeit möglich ist, in eine durch den Vorstand vorgenommene horizontale Delegation einzugreifen. Ein zwingendes Schriftformerfordernis zur Auslösung der materiellen Rechtsfolgen der Delegation ist nicht auszumachen.

II. Materielle Anforderungen und Grenzen der Geschäftsverteilung

1. Sachgerechtigkeit

Im Schrifttum wird dem Urteil des BGH entnommen, dass die Geschäftsverteilung bezogen auf die konkreten Verhältnisse der Gesellschaft „sachgerecht“ zu sein hat und darin ein eigenständiges Kriterium erkannt[706]. Die Ressortbildung soll demnach mit Blick auf die Geschäftstätigkeit zu einer sinnvollen Verteilung der Aufgabenbereiche führen, die es aus ex ante Sicht zulässt, auf eine ordnungsgemäße Erfüllung durch das jeweils ressortzuständige Vorstandsmitglied zu vertrauen[707]. *Weber* führt dazu an, eine Verteilung sei nicht sachgerecht, wenn „einheitliche oder zusammengehörige Aufgaben derart aufgespalten werden, dass ein zusätzliches und in der Sache unnötiges Risiko von Missverständnissen und Abstimmungsfehlern besteht.“[708] Es handelt sich bei dem Kriterium also um eine Bewertung der Organisationsstruktur im Ganzen und daher um eine Art Auffangtatbestand. Konkretere Ausführungen finden sich dazu kaum, weshalb zum Teil kritisiert wird, es könnte sich daraus in Zusammenhang mit dem Phänomen des Rückschaufehlers ein Einfallstor für Haftungsfälle ergeben[709]. Dem ist zuzustimmen. Im Falle einer schadensträchtigen Fehlentwicklung

704 *Buck-Heeb* BB 2019, 584 (587); gegen das Schriftformerfordernis auch *Spindler*, in: MüKoAktG, § 77 Rn. 53.

705 *Buck-Heeb* BB 2019, 584 (587).

706 Der BGH erwähnt dies nur im Rahmen der Subsumtion und nennt dies nicht ausdrücklich als Kriterium, vgl. BGHZ 220, 162 Rn. 28 = NZG 2019, 225; daraus zieht ein Großteil der Literatur ein eigenständiges Kriterium, *Weber* ZGR 2020, 688 (699); *Buck-Heeb* BB 2019, 584 (586); anders *Fleischer* DB 2019, 472 (477) bzw. BeckOGK AktG, § 77 Rn. 54 ff.

707 *Weber* ZGR 2020, 688 (700)

708 *Weber* ZGR 2020, 688 (700).

709 *Backhaus* jurisPR-HaGesR 4/2019 Anm. 3, C.

durch mangelhafte Abstimmung wird man verleitet sein, eine Korrelation zum bestehenden Organisationssystem herzustellen. Ob eine Organisationsform im Grundsatz den unternehmerischen Vorstellungen des Vorstands entspricht, ist aber nicht Sache des Gerichts. Jenes kann gar nicht entscheiden, welche Organisationsform auf das jeweilige Unternehmen passt, ohne die gelebte Praxis genau zu kennen. Der BGH führt im Weltruf-Urteil richtigerweise an, die Organisation der Geschäftsverteilung selbst sei eine Leitungsaufgabe, die mit der Sorgfalt eines ordentlichen Geschäftsmannes zu erfüllen ist[710]. Eines Auffangtatbestands, wie das Sachgerechtigkeitskriterium bedarf es daher überhaupt nicht. Denn die Entscheidung bezüglich der Organisation ist eine Vorstandsmaßnahme, welche anhand des Maßstabs des § 93 AktG zu messen ist. Eine „unsachgemäße" Vorstandsorganisation kann unter dem Aspekt sorgfaltswidrigen Vorstandshandelns bewertet werden, denn die Implementierung einer gänzlich impraktikablen und unsachgerechten Geschäftsordnung kann keine ordnungsgemäße Geschäftsführungsmaßnahme sein. In dem Urteil bewertete das Gericht die Geschäftsverteilung einer kleinen GmbH ohne nähere Begründung als nicht sachgerecht[711] und bestätigt somit die gegen das Kriterium vorgebrachten Bedenken. Das Sachgerechtigkeitskriterium ist mithin zu verwerfen. Vielmehr ist die Delegationsentscheidung eine unternehmerische Entscheidung iSd § 93 Abs. 1 S. 2 AktG. Geschäftsleiter haben mithin eine solche Entscheidung zu treffen, bei der sie vernünftigerweise annehmen durften, auf Grundlage angemessener Informationsgrundlage zum Wohle der Gesellschaft zu handeln.

2. *Klare und Eindeutige Aufteilung*

Um Verantwortungslücken zu vermeiden, wird weiter gefordert, dass alle Geschäftsführungsangelegenheiten klar und eindeutig aufgeteilt und abgegrenzt sind[712]. Es soll also weder über die Abgrenzung einzelner Aufgaben noch über die Person der zuständigen Vorstandsmitglieder noch über die Zuweisung bestimmter Aufgaben, Zweifel bestehen[713]. Jedes Vorstandsmitglied müsse mithin ordnungsgemäß eingewiesen sein (*cura instruendo).* Der Handlungsrahmen, die notwendigen Ressourcen und der Zuständigkeitsrahmen werden in Form einer Leitungsentscheidung als Teil der Unternehmensplanung durch den

---

710 BGHZ 220, 162 Rn. 19 = NZG 2019, 225 und beruft sich dabei auf vorangegangene Urteile, u.a. BGHZ 125, 366 (375) = NJW 1994, 1801 = DStR 1994, 1272 (1274).

711 BGHZ 220, 162 Rn. 28 = NZG 2019, 225.

712 BGHZ 220, 162 Rn. 20 = NZG 2019, 225; *Fleischer,* in: BeckOGK AktG, § 77 Rn. 54.

713 BGHZ 220, 162 Rn. 20 = NZG 2019, 225; *Fleischer,* in: BeckOGK AktG, § 77 Rn. 54.

Gesamtvorstand festgelegt. Das durch den BGH geäußerte Bedürfnis nach einer klaren Aufgabenverteilung leuchtet grundsätzlich ein, doch besteht bei näherer Betrachtung das Bedürfnis nach einem weniger strengen Kriterium. Wie bereits angeführt, ergeben sich durch Mischstrukturen wie Matrixorganisationen oftmals Überlappungen der Zuständigkeitsbereiche der Vorstandsmitglieder. Es wird dann nicht ganz klar, inwiefern es hier notwendig ist, im Vorhinein genaue Abgrenzungen vorzunehmen. Denn es ist meist gewünscht, dass mehrere Vorstandsmitglieder ressortübergreifend agieren, um durch die Interdependenzen Kreativität und Kontrolle zu fördern[714]. Für das Bedürfnis nach Klarheit und Eindeutigkeit muss es demnach genügen, wenn alle für die Zuständigkeit in Frage kommenden Vorstandsmitglieder erkennbar sind und bestimmbar ist, wie die Zuweisung der Zuständigkeiten verteilt ist. Es muss jedoch nicht jeder Tätigkeitsbereich klar und eindeutig umrissen und in allen Grenzbereichen eine Entscheidung für oder gegen die Zuständigkeit eines Vorstandsmitglieds getroffen sein. Stetige Abstimmung ist notwendiger Bestandteil einer gemeinsamen Geschäftsleitung und kein Indiz für eine untaugliche Geschäftsverteilung.

Eindeutig ist daher auch eine Verteilung eines Geschäftsbereichs an mehrere Vorstandsmitglieder, die zu einer geteilten Ressortzuständigkeit führt[715]. Zudem hat es auszureichen, wenn eine Auslegung des Organbeschlusses über die Aufgabenverteilung ergibt, wie die Zuständigkeiten verteilt sind[716]. Dieser muss folglich, um die Rechtsfolgen der Delegation auszulösen, nicht en détail präzisiert, sondern lediglich durch Auslegung bestimmbar sein. Das durch den BGH verlangte Kriterium, es bedürfe einer klaren und eindeutigen Aufteilung, ist demnach unter Berücksichtigung der genannten Aspekte einzugrenzen.

3. *Alle Geschäftsführungsangelegenheiten*

Ähnliche Schwierigkeiten ergeben sich mit dem Verlangen nach der Aufteilung *aller* Geschäftsführungsaufgaben[717]. Auch hier gibt es Graubereiche und unerwartete Angelegenheiten, die notgedrungen mehr als ein Ressort betreffen und sich nicht im Voraus zuteilen lassen[718]. Dies gilt insbesondere für neuanfallende Aufgaben. Eine vollumfängliche Aufteilung ist auch gar nicht notwendig, denn die Koordination aller nicht zugewiesenen Aufgaben verbleibt in der gemeinsamen

---

714 So auch *Hoffmann-Becking* NZG 2021, 93 (95).

715 *Fleischer,* in: MüKoGmbHG, § 43 Rn. 125a.

716 *Hoffmann-Becking* NZG 2021, 91 (94); *Backhaus* jurisPR-HaGesR 4/2019 Anm. 3, C.

717 BGHZ 220, 162 Rn. 19 = NZG 2019, 225.

718 *Hoffmann-Becking* NZG 2021, 93 (95).

Zuständigkeit aller Vorstandsmitglieder, oder zumindest derjenigen, deren Ressorts betroffen sind[719]. Eine Nichtverteilung ist mithin die konkludente „Verteilung“ auf alle Vorstandsmitglieder. Für eine Verpflichtung, eine allumfassende Geschäftsverteilung vorzunehmen, gibt das Gesetz keine Anhaltspunkte. § 77 Abs. 1 S. 2 Hs. 1 AktG statuiert ein Recht zur Abweichung von der Gesamtgeschäftsführung, nicht aber eine Pflicht dies auch vollumfänglich zu tun. Dann aber muss es auch möglich sein, davon nur teilweise Gebrauch zu machen. Eine andere Frage ist, ob gewisse Umstände nicht aufgrund einer Gefährdungslage, die sich aus Umständen der Vergangenheit ergibt, ein Bedürfnis nach klarer Verantwortungszuordnung ergibt[720]. Haben sich hier zuvor Schwierigkeiten bei der ex-post Zuordnung von Verantwortlichkeiten ergeben, lässt sich daraus im Einzelfall eine Organisationspflicht für bestimmte Aufgaben ableiten. Auch bietet sich spätestens seit der Entscheidung Siemens/Neubürger für größere Unternehmen die Ernennung eines Compliance-Vorstands jedenfalls an. Es ist dennoch nicht ersichtlich, weshalb eine nur teilweise Geschäftsverteilung in Bezug auf die betroffenen Bereiche grundsätzlich keine haftungsbefreiende Wirkung haben sollte. Im Gegenzug bleiben alle nichtdelegierten Angelegenheiten schlicht in der Gesamtverantwortung aller Vorstandsmitglieder[721]. Die Pflicht zur Aufteilung aller Geschäftsführungsaufgaben besteht also nicht.

4. *Fachlich und persönlich geeignetes Vorstandsmitglied*

Weiterhin ist dafür Sorge zu tragen, dass das ressortzuständige Vorstandsmitglied die persönlichen und sachlichen Voraussetzungen besitzt, die für die Wahrnehmung der zugewiesenen Aufgaben notwendig sind[722]. Das entspricht der allgemeinen *cura eligendo* einer jeden Delegation. Daraus ist einerseits eine Kontrollpflicht ex ante, also eine Art Eingangskontrolle, andererseits jedoch auch eine Überwachungspflicht bezüglich der Eignung abzuleiten. In vielen Fällen wird sich die Zuteilung bereits aus dem Anstellungsvertrag ergeben und durch den Aufsichtsrat somit vorbestimmt sein. Die Eingangskontrolle findet dann nicht erst im Rahmen der Geschäftsverteilung, sondern bei bzw. vor Abschluss des Anstellungsvertrags statt. Dem Vorstand kommt für die Auswahl eines geeigneten Ressortleiters daher in der Regel geringe Bedeutung zu.

---

719 *Hoffmann-Becking* NZG 2021, 93 (95).

720 Dies verlangte das LG München I NZG 2014, 345 (347) im Fall Siemens/Neubürger.

721 So auch *Hoffmann-Becking* NZG 2021, 93 (95).

722 RGZ 91, 72 (77); BFH ZIP 1984, 1345 (1347); BGHZ 220, 162 Rn. 21 = NZG 2019, 225; *Fleischer* NZG 2003, 449 (453).

Die Bestellung eines solchen obliegt nämlich dem Aufsichtsrat. Besteht für eine Erweiterung des Vorstands bedarf, so ist dies dem Aufsichtsrat mitzuteilen und auf eine Neubesetzung hinzuwirken. Das Kriterium ist daher so zu verstehen, dass grundsätzlich das am besten geeignete Vorstandsmitglied für das jeweilige Ressort auszuwählen ist. Steht sachkundiges nachgeordnetes Fachpersonal zur Verfügung, genügt es, wenn der jeweilige Ressortvorstand dieses in angemessener Weise überwachen kann[723]. Eine rechtsfolgenauslösende Delegation ist in der Regel bereits dann anzunehmen, wenn das jeweilige Mitglied nicht offensichtlich ungeeignet ist und kein besser geeignetes Mitglied existiert, das nicht bereits einem anderen Ressort zugewiesen ist. Welche Fähigkeiten für eine Eignung erforderlich sind, ist eine Frage des Einzelfalls, die von dem Unternehmen und der Art und Weise der Ressortverteilung bzw. des jeweiligen Delegationsgegenstands abhängt[724]. Maßgeblich ist die fachliche Qualifikation, insbesondere jedoch auch die persönliche Qualifikation, also ob ein Vorstandsmitglied der Verantwortung im jeweiligen Bereich gerecht werden kann[725]. Wenn zum Teil angeführt wird, bei der vorstandsinternen Geschäftsverteilung sei auf Interessenkonflikte und Integrität[726] zu achten, ist dies verfehlt. Mögliche Interessenkollisionen sind kein Grund für die Nichtzuweisung eines Ressorts. Das muss gerade deshalb gelten, da besondere Expertise und Erfahrung, beispielsweise in einer Region, die Gefahr einer Interessenkollision in der Regel erhöhen. Wer sich auch privat mit den betreffenden Belangen auseinandersetzt und gegebenenfalls aufgrund vorheriger Tätigkeiten gut vernetzt ist, wird auch schneller in die Situation eines Interessenkonflikts kommen. Gleichzeitig ist ein solches Vorstandsmitglied in der Regel aber auch besonders gut geeignet. Das ist auch unproblematisch, solange das Vorstandsmitglied dies im Einzelfall offenlegt, den Aufsichtsrat einschaltet und trotzdem im besten Interesse der Gesellschaft entscheidet[727]. Ob ein Vorstandsmitglied generell integer ist, muss aber nicht der Vorstand zusätzlich überprüfen. § 76 Abs. 3 AktG legt die Anforderungen an Vorstandsmitglieder fest, was der Aufsichtsrat im Rahmen des Bestellungsverfahrens zu überprüfen hat[728]. Es handelt sich dabei aber um keine Pflicht des

---

723 *Hoffmann-Becking* NZG 2021, 93 (95).

724 *Fleischer* AG 2003, 291 (293).

725 *Dreher,* FS Hopt Bd. I, 2010, S. 517 (536); *Fleischer* AG 2003, 291 (293); *Seibt,* FS K. Schmidt, 2009, S. 1463 (1482); *Turiaux/Knigge* DB 2004, 2199 (2205); *Wettich,* Vorstandsorganisation, S. 232 f.

726 *Merkt* ZIP 2014, 1705 (1711 f.).

727 *Spindler,* in: MüKoAktG, § 93 Rn. 69 ff.

728 *Fleischer,* in: BeckOGK AktG, § 84 Rn. 11.

Vorstands. Wenn es einem Vorstandsmitglied in bedenklichem Maße an Integrität fehlt, ist es zur ordnungsgemäßen Geschäftsführung nicht fähig und gem. § 84 Abs. 4 S. 2 abzuberufen. Die Eignungskontrolle der Vorstandsmitglieder im Rahmen der Delegation beschränkt sich demnach darauf, auf Grundlage der Auswahl durch den Aufsichtsrat die Aufgaben entsprechend zu verteilen und im Rahmen der Überwachungspflicht eine etwaige Ungeeignetheit offenzulegen.

5. *Wahrung der Zuständigkeit für nicht delegierbare Angelegenheiten*

Der BGH führt abschließend noch aus, dass nicht delegierbare Aufgaben in der Zuständigkeit des Gesamtvorstands verbleiben müssen[729]. Die dem Gesamtvorstand vorbehaltenen Angelegenheiten sind der Geschäftsverteilung entzogen[730]. Dies ist an die hier vertretene Auffassung anzupassen: Eine Ressortverteilung befreit nie von der persönlichen Leitungspflicht. Kein Vorstandsmitglied darf sich diesbezüglich auf die Kontrollpflicht beschränken, sondern hat eine eigenständige Befassungspflicht[731].

Kommt man dazu, dass Vorstandsmitglieder in Leitungsangelegenheiten handlungsverpflichtet sind, so ist notwendige Folge dessen, dass jedes Vorstandsmitglied diesbezüglich auch direktionsbefugt ist. Wenn das Gesetz nämlich in § 76 Abs. 1 AktG den Vostand als Organ zu Leitung verpflichtet, so muss jedes Mitglied auch fähig sein, sich effektiv daran zu beteiligen. Eine Organisationsstruktur, die Direktionsbefugnisse auf die Vorstandsmitglieder aufteilt, kann ein Vorstandsmitglied daher nicht seiner eigenen Leitungsbefugnis berauben und ist somit nicht sachgemäß. Ist ein Vorstandsmitglied handlungsverpflichtet, muss es die Handlung auch vornehmen können. Kein Vorstandsmitglied kann sich demnach darauf berufen, es habe nicht die notwendige Kompetenz zur Wahrnehmung seiner Leitungsverantwortung gehabt. In Leitungsangelegenheiten ist mithin auch jedes Vorstandsmitglied geschäftsführungsbefugt.

Daher bietet es sich an, in der Geschäftsordnung einen Katalog vorlagepflichtiger Geschäfte zu bestimmen. Mit Blick auf die Schwierigkeit, Leitungsangelegenheiten abstrakt zu bestimmen, schmälert ein Vorstand dadurch die Gefahr, sich der Leitung in unzulässiger Weise zu entziehen. Empfehlenswert wäre es daher

---

729 BGHZ 220, 162 Rn. 17 = NZG 2019, 225; *Fleischer,* in: BeckOGK AktG, § 77 Rn. 54; *ders.* DB 2019, 472 (473); *Grigoleit,* in: Grigoleit AktG, § 77 Rn. 11 f.

730 *Mielke,* Leitung der AG, S. 54; *Semler,* Leitung und Überwachung, S. 17 ff.; *Spindler,* in: MüKoAktG, § 77 Rn. 60 ff.; „mehr Grenzstein als wirkliche Voraussetzung" *Backhaus* jurisPR-HaGesR 4/2019 Anm. 3, C.

731 *Emde,* FS U. H. Schneider, 2011, S. 295 (318 f.).

beispielsweise für Verträge mit bestimmtem Inhalt, ab bestimmten Volumina oder mit bestimmten Geschäftspartnern, bestimmte unternehmenstypische Planungs- und Organisationsentscheidungen, wesentliche absehbare marketing- oder produktionsstrategische Entscheidungen, einen Hinweis zur Vorlagepflicht bzw. Beteiligung der anderen Vorstandsmitglieder in die Geschäftsordnung zu implementieren[732].

D. Rechtsfolgen

Die horizontale Delegation hat Auswirkungen auf die Verantwortlichkeiten der Vorstandsmitglieder sowohl im Innen- als auch im Außenverhältnis und wirft auch sonst haftungsrechtliche Fragen auf. Natürlich hängen die entstehenden Rechte und Pflichten von den Umständen des Einzelfalls ab. Nichtsdestotrotz lassen sich gewisse Leitlinien, die zur Haftungsvermeidung beitragen, ausmachen.

I. Rechtsfolge teilweise unzureichender Geschäftsverteilung

Bevor die Rechtsfolgen einer ordnungsgemäßen Geschäftsverteilung behandelt werden, stellt sich zunächst die bislang stiefmütterlich behandelte Frage, wie es sich auswirkt, wenn bei der Geschäftsverteilung die oben genannten Anforderungen nicht in Gänze erfüllt sind. Der BGH erläutert die Voraussetzungen im Zusammenhang mit der Frage, ob sich ein ressortfremder Geschäftsführer auf die Kontrolle und Überwachung beschränken darf[733]. Das lässt auf die Annahme schließen, dass eine unzureichende Geschäftsverteilung unwirksam ist und somit keinerlei enthaftende Wirkung gegenüber ressortfremden Geschäftsleitern entfaltet. Diese Annahme wird kritisch gesehen, da insbesondere bei der Aufteilung nach regionalen Sparten wenig sachgerechte Ergebnisse entstehen würden[734]. Bei einem global tätigen Unternehmen würde kein Spartenleiter enthaftet – unabhängig davon, ob seine Region von dem Fehler betroffen ist – wenn beispielsweise unsicher ist, ob die Regionen Mittelamerika und Karibik der Zuständigkeit des Leiters des Ressorts Nordamerika oder demjenigen des Ressorts Südamerika unterfällt[735]. Daher wird befürwortet, für das jeweilige Ressort

732 So zur vertikalen und externen Delegation, *Kuntz* AG 2020, 801 (814).
733 BGHZ 220, 162 Rn. 16 = NZG 2019, 225; in diese Richtung auch *Buck-Heeb* BB 2019, 584 (587).
734 *Weber* ZGR 2020, 688 (702); krit. auch *Thölke/Friedrichsen* WPg 2019, 799 (800 f.).
735 *Weber* ZGR 2020, 688 (702).

danach zu fragen, ob die Reduzierung auf die Kontroll- und Überwachungsverantwortung gerechtfertigt ist[736].

Unstreitig dürfte sein, dass eine Geschäftsverteilung, die auf einem unwirksamen Beschluss beruht und daher nicht vom Einvernehmen aller Vorstandsmitglieder gedeckt ist, keine Wirkung entfaltet[737]. Gleiches gilt, wenn die Geschäftsverteilung für das jeweilige Unternehmen schlicht ungeeignet bzw. nicht „sachgerecht" ist. Dann nämlich handelt es sich um eine Entscheidung, welche die Anforderungen des § 93 AktG nicht erfüllt und schon deshalb für alle an der Entscheidung beteiligten Mitglieder pflichtwidrig ist. Dabei handelt es sich um den Fall eines Organisationsverschuldens, der in der Regel alle Vorstandsmitglieder betrifft, da es dabei um die Gesamtunternehmensorganisation geht. Auch die Auswahl eines ungeeigneten Vorstandsmitglieds trifft im Grundsatz alle Mitglieder, wenn auch das jeweilige Mitglied selbst verpflichtet ist, seine (Un-)Geeignetheit zu beurteilen, dies bei Bedarf anzuzeigen und das Amt niederzulegen oder zumindest dasjenige des Ressortleiters aufzugeben. Für den Fall, dass bestimmte Aufgaben nicht zugewiesen sind, wurde bereits herausgestellt, dass dafür alle Vorstandsmitglieder zuständig bleiben oder für den Fall, dass Aufgaben eindeutig unter die Zuständigkeit mehrerer Ressorts fallen, die jeweiligen Ressortleiter.

Somit ist allein das Fehlen des Erfordernisses einer klaren und eindeutigen Aufteilung problematisch. Grundsätzlich ist anzunehmen, dass die jeweils betroffenen Ressortleiter primär die Verantwortung dafür tragen, sich in Grenzbereichen ihrer Zuständigkeit abzustimmen. Zweifelsfragen sind zunächst untereinander zu koordinieren und sofern weiterhin Uneinigkeit besteht, dem Gesamtvorstand vorzulegen. Erst für den Fall, dass keine Auslegung des Beschlusses über die Geschäftsverteilung eindeutige Ergebnisse bietet, sind alle Vorstandsmitglieder dafür gemeinsam verantwortlich, da dann der Beschluss fehlerhaft ist. Dementsprechend kann sich in Bezug darauf auch kein Vorstandsmitglied auf Kontrolle- und Überwachung zurückziehen. Rechtsfolge dessen kann aber nicht die Aufhebung der gesamten Geschäftsverteilung mit der Folge sein, dass überhaupt keine Verantwortungsreduktion eintritt. Vielmehr ist dafür der Rechtsgedanke des § 139 BGB heranzuziehen. Entsprechend bezieht sich die Unwirksamkeit nur auf den Teil des Vorstandsbeschlusses, der keine eindeutige Bestimmung zulässt. Das übrige Rechtsgeschäft - also der Vorstandsbeschluss

736 *Weber* ZGR 2020, 688 (702); in diese Richtung auch *Backhaus* jurisPR-HaGesR 4/2019 Anm. 3, C.

737 So auch *Backhaus* jurisPR-HaGesR 4/2019 Anm. 3, C.

- ist mithin wirksam. In Bezug auf alle eindeutig verteilten Geschäftsbereiche ist die Verantwortung ressortfremder Vorstandsmitglieder jedenfalls entsprechend der unten dargestellten Grundsätze reduziert. Das ist auch im Sinne eines angemessenen Ausgleichs zwischen der Enthaftung durch Delegation und der Bewahrung ausreichender Verantwortung in den Bereichen, die eben nicht ordnungsgemäß delegiert sind.

II. Verschiebung der Verantwortlichkeiten

Auswirkungen hat die horizontale Delegation auf die Verantwortung aller Vorstandsmitglieder. Es lassen sich dabei in vier Schritten Abstufungen diskutieren.

1. Ressortverantwortung des primär Ressortzuständigen

Die Ressortvorstände tragen im eigenen Geschäftsbereich die Hauptverantwortung (sog. Ressortverantwortung)[738].

a. Einzelgeschäftsführungsbefugnis und Ressortleitung

Im zugewiesenen Zuständigkeitsbereich ist ihnen in der Regel Einzelgeschäftsführungsbefugnis eingeräumt. Jeder Ressortleiter ist in seinem Geschäftsbereich selbstständig zuständig und verantwortlich und leitet den Ressortbereich unter eigener Verantwortung mit Wirkung für den Gesamtvorstand[739]. Die Ressortverantwortung wirkt also zuständigkeitsbegründend, beinhaltet aber auch eine Beschränkung der Zuständigkeit eines jeden Geschäftsleiters auf den zugewiesenen Bereich[740]. Aus fremden Ressorts hat sich ein Geschäftsleiter herauszuhalten[741]. Er führt das eigene Ressort wie ein eigenes Unternehmen, wie es andernfalls der Gesamtvorstand führen müsste. Nachgeordnete Mitarbeiter werden durch den Ressortvorstand geführt, der für die Planung, Organisation, Mitarbeiterauswahl und Überwachung – also die elementaren Führungsangelegenheiten – innerhalb des Geschäftsbereichs zuständig ist[742]. Sein Pflichtenkreis bezieht sich abgesehen von den Leitungspflichten in erster Linie auf das eigene Ressort[743]. Innerhalb dessen trifft er eigenverantwortlich

---

738 *Emde*, FS U. H. Schneider, 2011, S. 295 (306 ff.).

739 *Spindler*, in: MüKoAktG, § 77 Rn. 57.

740 *Kort*, in: Großkomm AktG, § 77 Rn. 23.

741 OLG Köln NZG 2001, 135 (136)

742 *Turiaux/Knigge* DB 2004, 2199 (2202); *Wettich*, Vorstandsorganisation, S. 236 ff.

743 OLG Zweibrücken NZG 1999, 506 (508).

und selbstständig Entscheidungen, ohne diese mit dem Restvorstand abstimmen zu müssen[744]. Dabei ist der Ressortleiter jedoch an die wesentliche im Gesamtvorstand beschlossene Grundausrichtung gebunden. Unternehmensweite Planungsentscheidungen und die Unternehmenspolitik prädisponieren insoweit die Ressortleitung.

b. Informationspflichten

Der Ressortleiter bleibt zudem dem Gesamtvorstand gegenüber informationspflichtig und hat diesem in Sitzungen Bericht zu erstatten, um den Vorstandskollegen die Erfüllung ihrer Residualpflicht zu ermöglichen[745]. Es kann nicht von allen Geschäftsleitern verlangt sein, dass sie über alle Einzelheiten des Geschäftsbetriebs den Überblick haben[746]. Diese Informationspflicht beinhaltet alle wesentlichen Maßnahmen, die den Leitungsbereich betreffen oder sonst für die übrigen Vorstandsmitglieder (haftungs-)relevant sind[747]. Insofern hat jeder Ressortleiter auch dafür zu sorgen, dass alle anderen Vorstandsmitglieder ihren Leitungspflichten nachkommen können. Dadurch gibt sich eine zwiegespaltene Verantwortung zu Wahrung der Leitungsverantwortung eines jeden Mitglieds. Abseits des Leitungsbereichs bietet es sich für die Informationspflicht bezüglich des eigenen Ressorts an, sich an § 90 Abs. 1 zu orientieren[748]. Ein Ressortleiter hat daher über die beabsichtigte Geschäftspolitik, grundsätzliche Fragen der Ressortplanung, die finanzielle Entwicklung des Ressorts, den Gang der Geschäfte und alle sonstigen Geschäfte, die für die Gesellschaft von erheblicher Bedeutung sein können, zu berichten. Zudem hat die Informationspflicht den Zweck der Schadensabwehr[749]. Im Hinblick darauf sind potenzielle Fehlerquellen ohne schuldhaftes Zögern zu offenbaren[750]. Schwierige Rechtsfragen, wirtschaftliche Probleme wie Zahlungsausfälle oder Entwicklungen von Konkurrenzunternehmen sind mitzuteilen, sodass Lösungsansätze im Gesamtvorstand entwickelt

744 *Vetter,* in: Hdb. Managerhaftung, Rn. 22.19.

745 *Buck-Heeb* BB 2019, 584 (588).

746 BGH GmbHR 1985, 255 (256); *Dreher* ZGR 1992, 22 (62).

747 *Hoffmann-Becking* ZGR 1998, 497 (512); *Rehm,* Einzel- und Gesamtverantwortung, S. 175; *Schiessl* ZGR 1992, 64 (69).

748 Eine Orientierung an § 90 Abs. 1 AktG befürwortend auch *Rehm,* Einzel- und Gesamtverantwortung, S. 174.

749 *Martens,* FS Fleck, 1988, S. 191 (197).

750 Ähnlich *Gomer,* Delegation von Compliance-Zuständigkeit, S. 250; *Rehm,* Einzel- und Gesamtverantwortung, S. 176.

werden können. Entsprechend dieser Grundsätze ist das Ausmaß der Informationspflicht abhängig von der Größe des jeweiligen Ressorts[751].

2. *Doppelte Ressortzuständigkeit*

Schwieriger wird die Zuteilung der Verantwortlichkeiten, wenn sich Überschneidungen der Ressortzuständigkeiten ergeben. *Fleischer* spricht hier von der *doppelten* oder *multiplen* Ressortzuständigkeit[752]. Das kommt insbesondere in Matrixstrukturen häufig vor, wo die enge Verflechtung der einzelnen Ressorts die Wahrscheinlichkeit gemeinsamer Zuständigkeiten erhöht. *Emde* führt zudem das Beispiel des Risikovorstands eines Kreditinstituts an, der für die Identifizierung, Bewertung und Minimierung aller möglichen Risiken im Unternehmen zuständig ist, weshalb seine Aufgabe sich auf viele Ressorts erstreckt[753]. Es stellt sich hier die Frage, ob ein solcher gemeinsam mit dem primär zuständigen Kreditvorstand für Kreditentscheidungen verantwortlich ist oder ob sich funktionsbasierte Differenzierungen ergeben[754].

Grundsätzlich ist davon auszugehen, dass in Schnittstellen der Zuständigkeiten die betroffenen Vorstandsmitglieder gleichermaßen die Verantwortung tragen[755]. Somit tragen beispielsweise regionale Spartenvorstände, bei denen sich Überlappungen ergeben, uneingeschränkt in gleichem Maße die Verantwortung für regionsübergreifende Geschäfte. Dies ist bereits dadurch bedingt, dass bei derartigen Überschneidungen auch nur eine gemeinschaftliche Geschäftsführungsbefugnis besteht. Mit der Überschreitung der Grenze des Ressortbereichs ist auch die Grenze der Geschäftsführungsbefugnis überschritten.

Jeder der zuständigen Geschäftsleiter ist mithin selbst handlungsverpflichtet und hat auf eine Abstimmung mit dem jeweils anderen Mitglied hinzuwirken. Notwendig ist dabei ein intensiver Informationsaustausch zwischen den betroffenen Vorständen, die eine gegenseitige Pflicht zur Überprüfung und sorgfältiger Offenlegung aller notwendigen Informationen haben. Der oben beschriebene Fall des Risikovorstands ist insofern ein Sonderfall, da sowohl der Risikovorstand als auch der Kreditvorstand gemeinsam die Kreditentscheidung an den Gesamtvorstand vorlegen und diesen über die Entscheidungsgrundlage informieren. In einem solchen Fall ist ebenfalls von keiner Abstufung der Verantwortlichkeiten

---

751 *Wettich,* Vorstandsorganisation, S. 241 f.

752 *Fleischer* DB 2019, 472 (476).

753 *Emde,* FS U. H. Schneider, 2011, S. 295 (308).

754 *Emde,* FS U. H. Schneider, 2011, S. 295 (308).

755 Zur GmbH *Schockenhoff* GmbHR 2019, 514 (519).

auszugehen. Zur sorgfältigen Gefahrendetektion hat entsprechend auch ein Risikovorstand auch die Arbeit nachgeordneter Mitarbeiter zu überprüfen, Gespräche zu führen und unter Umständen Korrekturen durchzuführen.

Etwas anderes kann jedoch gelten, sofern die doppelte Ressortzuständigkeit nur punktuell in Bezug auf bestimmte Funktionen auftritt. Dies kann der Fall sein, wenn eine Entscheidungsvorlage zwar durch einen Ressortleiter vorbereitet wird, es jedoch Abstimmungsbedarf beispielsweise mit dem Finanzvorstand bezüglich der Liquiditätsausstattung gibt. In einem solchen Fall trägt jedes Vorstandsmitglied nur die Verantwortung für den zuständigkeitsbegründenden Teilsaspekt. Durch die Überschneidung wird nicht automatisch eine uneingeschränkte gemeinsame Verantwortung begründet.

3. *Sachnahe Nachbarressorts*

Zum Teil wird eine weitere Abstufung für sachnahe Nachbarressorts befürwortet[756]. Dabei geht es um den Fall nicht unmittelbar zuständiger Vorstandsmitglieder, die mit Ressorts betraut sind, die sachlich dennoch in Einzelaspekten mit anderen Vorstandsressorts verwoben sind. Beispielsweise lässt sich für viele Bereiche der Finanzvorstand aufgrund von bilanziellen Fragen in nahezu allen Geschäftsbereichen als „sachnah" bezeichnen, da vermehrt Verflechtungen auftreten[757].

Kritisiert wird in der Literatur in diesem Zusammenhang eine Entscheidung des VG Frankfurt aus dem Jahre 2004, in welcher die Rede davon war, Ressortleiter müssen laufend überprüfen, ob Ressortleiter eng verbundener Nachbarressorts ihrer Geschäftsleitungspflichten ausreichend nachkommen[758]. Dazu bestünde eine Pflicht aktiv nachzufassen, sich entsprechende Unterlagen zu beschaffen und gegebenenfalls den Aufsichtsrat einzuschalten[759]. Kurzum: „Sie müssen dafür sorgen, dass die zuständigen Vorstandsmitglieder ihren Pflichten nachkommen."[760] Dabei sollen sie sich insbesondere nicht auf eine sorgfältige Plausibilitätskontrolle zurückziehen dürfen. *Habersack* sieht darin eine

756 VG Frankfurt a.M. WM 2004, 2157 (2161).
757 *Emde,* FS. U. H. Schneider, 2011, S. 295 (308).
758 VG Frankfurt a.M. WM 2004, 2157 (2161); krit. dazu *Habersack* WM 2005, 2360 (2363 f.); *Dreher* ZGR 2010, 496 (526); *Hopt/Roth,* in: Großkomm AktG, § 93 Rn. 377; *Nietsch* ZIP 2013, 1449 (1452).
759 VG Frankfurt a.M. WM 2004, 2157 (2161).
760 VG Frankfurt a.M. WM 2004, 2157 (2161).

Infragestellung des Ressortprinzips für arbeitsteiliges Zusammenwirken[761]. Stetige Nachforschungen und die Beschaffung von Unterlagen liefen auf eine „wechselseitige Geheimüberwachung“[762] hinaus.

Man wird differenzieren müssen: Grundsätzlich ist nicht davon auszugehen, dass allein eine sachliche Verbundenheit mehrerer Ressorts zu einer intensiven Überprüfungspflicht führt. Dagegen spricht bereits, dass das Kriterium der Sachnähe viel zu unbestimmt ist, da insbesondere bei Mischstrukturen eine Verzahnung einer Vielzahl an Ressorts auftritt, die viele Vorstände so sehr mit aktivem Nachfassen und Überprüfen beschäftigen würde, dass die eigene Ressortleitung kaum möglich wäre[763]. Zu beachten ist nämlich, dass eine solche Prüfpflicht neben die ressortinterne Überwachung und die aus der Gesamtverantwortung resultierenden Überwachungspflicht für die gesamte Geschäftsführung träte. Ein solches Vorstandsmitglied würde zu einer Art Superrevisor für das Nachbarressort, was faktisch der Delegation ihre Wirkung nehmen würde. Dennoch wird man annehmen müssen, dass sich die Grenze des Zumutbaren in Bezug auf die Überwachungspflicht betreffend eng verbundener Nachbarressorts verschiebt[764].

Betreffend die Erkennbarkeit von Rechtsverstößen oder Fehlentwicklungen, beispielsweise regional eng verbundener Nachbarressorts, sind die Kriterien im Zweifel strenger. Richtigerweise ist das Urteil des VG Frankfurt dennoch als überzogen anzusehen, da eine pauschale Mitwirkungspflicht den Sinn einer Arbeitsteilung verkehren würde. Die Leiter sachnaher Nachbarressorts stehen also gewissermaßen zwischen den primär zuständigen Ressortverantwortlichen und den ressortfremden Vorstandsmitgliedern.

4. *Ressortfremde Vorstandsmitglieder*

Die „geringste“ Verantwortung in Bezug auf den jeweiligen Geschäftsbereich tragen ressortfremde Vorstandsmitglieder, da hier die Delegation ihre gesamte Wirkung entfaltet. Dennoch verpflichtet der Gesamtverantwortungsgrundsatz auch solche Vorstandsmitglieder zur horizontalen Überwachung Organkollegen[765].

---

761 *Habersack* WM 2005, 2360 (2363); ebenfalls krit. *Emde*, FS. U. H. Schneider, 2011, S. 295 (308 f.) Fn. 23; *Wolf* VersR 2005, 1042 ff.

762 *Habersack* WM 2005, 2360 (2363).

763 So insbesondere auch *Habersack* WM 2005, 2360 (2363 f.)

764 Für eine besondere Überwachungspflicht für sachlich benachbarte Ressorts auch *Seibt*, in: K. Schmidt/Lutter, § 77 Rn. 18.

765 Siehe dazu Kapitel 2 A IV.

Wirkung der Geschäftsverteilung als Delegationshandlung ist also, dass sich die ursprüngliche Verantwortung auf eine Restverantwortung reduziert, die jedes Vorstandsmitglied zur fortlaufenden Beobachtung der Delegationsgegenstände zwingt[766].

a. Keine Geschäftsführungsbefugnis

Da die Geschäftsführungsbefugnis im Rahmen der Geschäftsverteilung modifiziert ist, bedeutet dies, dass ressortfremde Vorstandsmitglieder in anderen Geschäftsbereichen keine Geschäftsführungsbefugnis besitzen[767]. Infolgedessen sind sie bezüglich fremder Ressorts nicht initiativberechtigt und dürfen nicht unmittelbar mit Wirkung für das fremde Ressort tätig werden[768]. Aufgrund der Gesamtverantwortung eines jeden Geschäftsleiters decken sich Geschäftsbereich und Haftungsbereich daher nicht[769]. Der BGH erachtete es beispielsweise als unzulässig, als ein für die „kaufmännische Verwaltung" zuständiges Vorstandsmitglied in das Ressort des für „Herstellung und Vertrieb" zuständige Mitglied eingriff, indem es überflüssigerweise einen Handelsvertreter und auch sonst unabgestimmt Personal anstellte, sowie unter der Preisgabe von Firmengeheimnissen eigenmächtig die Geschäftsanbahnung für den Vertrieb mit US-Kunden in die Wege leitete[770]. Auch wenn möglicherweise qualifiziertes Personal und neue Geschäftsbeziehungen für das Ressort förderlich wären, darf jedes Vorstandsmitglied das eigene Ressort frei gestalten. Ressortfremde Mitglieder dürfen mithin nicht initiieren, nur intervenieren[771]. Leiten sie Geschäftsführungsmaßnahmen in fremden Ressorts eigenständig ein, handeln sie bereits aufgrund dessen pflichtwidrig iSd § 93 AktG.

---

766 BGHZ 133, 370 (376 f.) = NJW 1997, 130; OLG Hamm AG 2012, 863 (864); *Fleischer,* in: BeckOGK AktG, § 93 Rn. 128; *Nietsch* ZIP 2013, 1449 (1451 ff.).

767 *Vetter,* in: Hdb. Managerhaftung, Rn. 22.19.

768 BGH AG 1998, 519 (520); OLG Koblenz GmbHR 2008, 37 (39); *Dose,* Rechtsstellung der Vorstandsmitglieder, S. 56; *Mielke,* Leitung der AG, S. 54; *Vetter,* Hdb. Managerhaftung, Rn. 22.19.

769 *Spindler,* in: MüKoAktG, § 77 Rn. 58.

770 BGH NZG 1998, 726 (726 f.).

771 *Mielke,* Leitung der AG, S. 54.

b. Einzelfallabhängige Überwachungspflicht

Die Vorstandsmitglieder sind die primär zuständigen Kontrolleure der Vorstandsarbeit[772]. Sinn der gegenseitigen Überwachung ist es, Pflichtverstößen nachzugehen, diese aber auch präventiv zu vermeiden[773]. Bereits aufgrund der Pflicht eines jeden Geschäftsleiters, einen Überblick über die wirtschaftliche Lage zu haben, ergibt sich eine stetige Überwachungspflicht über die wirtschaftliche Gesamtentwicklung des Unternehmens[774]. Die vorstandsinterne Überwachungspflicht hat jedoch einen anderen Charakter als die allgemeine Aufsichtspflicht des Vorstands[775], denn Vorstandsmitglieder sind keine gegenseitigen „Oberrevisoren"[776]. Es wurde bereits dargetan, dass es sich bei der Überwachungspflicht dogmatisch um die Restverantwortung bei zulässiger Delegation eines jeden Vorstandsmitglieds als Teil des Gesamtvorstands handelt. Jedes Mitglied ist zudem auch verpflichtet eigeninitiativ Bericht zu erstatten[777]. Freilich beinhaltet die Überwachungspflicht auch eine Recht- und Zweckmäßigkeitskontrolle[778].

(1) Vertrauensgrundsatz

Trotz der bestehenden Überwachungspflicht gilt in Bezug auf die Verantwortung für fremde Ressorts im Grundsatz das Vertrauensprinzip (Vertrauensgrundsatz)[779], wonach die ressortunzuständigen Vorstandsmitglieder auf eine ordnungsgemäße Erfüllung vertrauen und sich grundsätzlich aus fremden Ressorts heraushalten dürfen[780]. Das ist der wesentliche Kern der enthaftenden Wirkung der Delegation, die den Delegatar aus der aktiven Handlungsrolle verdrängt und ihm gestattet, sich auf eine auf Vertrauen basierende Überwachung zurückzuziehen. Die gegenseitige Überwachungspflicht ist mithin keine Pflicht

---

772 *Martens* FS Fleck, 1988, S. 191 (201); zust. *Fleischer* NZG 2003, 449 (459); *Hoffmann-Becking* ZGR 1998, 497 (513).

773 *Arnold* ZGR 2014, 76 (80); *Dose,* Rechtsstellung der Vorstandsmitglieder, S. 122 f.; *Fleischer* AG 2003, 291 (294); *ders.* NZG 2003, 449 (455).

774 BGH GmbHR 1995, 299 (300).

775 *Fleischer,* in: BeckOGK AktG, § 77 Rn. 60.

776 OLG Hamm GmbHR 1992, 375 (377).

777 *Martens* FS Fleck, 1988, S. 191 (196 f.).

778 OLG Köln AG 2001, 363 (364); *Dose,* Rechtsstellung der Vorstandsmitglieder, S. 57; *Hoffmann-Becking* ZGR 1998, 497 (512); *Schiessl* ZGR 1992, 64 (68).

779 *Fleischer* ZIP 2009, 1397 (1399 f.); *Kort,* in: Großkomm AktG, § 77 Rn. 35a, 37; *Mielke,* Leitung der AG, S. 74 f.; *Wettich,* Vorstandsorganisation, S. 243 ff.; grundlegend auch zur Dogmatik *Harbarth* ZGR 2017, 211 ff.;

780 OLG Köln NZG 2001, 135 (136).

zum generellen gegenseitigen Misstrauen[781]. Befindet sich das Unternehmen nicht in der Krise und gibt es keinerlei Anhaltspunkte für etwaiges Fehlverhalten, so genügt es, wenn sich Vorstandsmitglieder auf den Informationsaustausch im Rahmen von Vorstandssitzungen verlassen[782]. Daher sind Auskünfte und Unterlagen, die Vorstandsmitglieder im Rahmen des internen Informationssystems teilen, grundsätzlich nicht zu hinterfragen[783]. Auch die Zusage bestehende Mängel zu beheben, berechtigt dazu, auf die Durchführung dieser Berichtigungsmaßnahmen zu vertrauen[784]. Vereinzeltes Fehlgehen zwingt also nicht dazu, berechtigtes Vertrauen zu hinterfragen, wenn das Vorstandsmitglied sich einsichtig zeigt. Unter gegenseitiger Überwachung ist demnach auch keine stetige misstrauensbehaftete Kontrolle zu verstehen.

Etwas anderes gilt nur, wenn Anhaltspunkte dafür bestehen, dass der Delegatar sorgfaltswidrig handelt[785]. Einzig wenn sich Anhaltspunkte für pflichtwidriges Verhalten ergeben, besteht nicht nur ein Recht, sondern eine Pflicht zum Einschreiten[786]. Gibt es Anlass an der Sorgfältigkeit eines Vorstandsmitglieds zu zweifeln, so sind entsprechende Maßnahmen zu ergreifen[787]. Für ein Nichteingreifen trotz bestehender Anhaltspunkte für pflichtwidriges Verhalten haften Vorstandsmitglieder dann ebenso wie für eigenmächtiges Handeln[788], da die Überwachungspflicht zu einer haftungsbewehrten Handlungspflicht zum Einschreiten wird[789].

Der Vertrauensgrundsatz sorgt mithin maßgeblich dafür, dass die enthaftende und effizienzsteigernde Wirkung der Delegation in Einklang mit der Gesamtverantwortung aller Vorstandsmitglieder für die Geschäftsführung gebracht wird.

---

781 *Löbbe/Fischbach* AG 2014, 717 (719).

782 *Koch,* in: Koch AktG, § 77 Rn. 15; *Hoffmann-Becking,* in: MHdb GesR Bd. IV, § 22 Rn. 26 f.; *Vetter,* in: Hdb. Managerhaftung, Rn. 22.22 spricht unter Berufung auf die Rspr. jedoch von einer Pflicht zur sorgfältigen und kontinuierlichen Beobachtung der anderen Ressorts, relativiert dies aber durch das Kriterium der Angemessenheit.

783 *Spindler,* in: MüKoAktG, § 77 Rn. 58.

784 OLG Köln AG 2001, 363 (364).

785 Zu dieser allgemeinen Definition des Vertrauensgrundsatzes *Harbarth* ZGR 2017, 211 (216).

786 BGHZ 133, 370 (377) = NJW 1997, 130.

787 FG München BB 2011, 227 f.

788 BGH NZG 2015, 792 (794) Rn. 27 mwN aus der Rspr.

789 *Kort,* in: Großkomm AktG, § 77 Rn. 37.

(2) Vertrauensgrundsatz und Überwachung bei nichtdelegierbaren Angelegenheiten

Für nichtdelegierbare Angelegenheiten erlangt der Vertrauensgrundsatz keine Geltung. Ein jedes Vorstandsmitglied hat entsprechend den genannten Grundsätzen seiner Leitungspflicht gerecht zu werden. Hier kann schon deshalb nicht auf eine ordnungsgemäße Erfüllung vertraut werden, da jedes Vorstandsmitglied selbst tätig werden muss. Wie Gerichte hier verfahren, lässt sich anhand von Beispielen veranschaulichen: Das LG Köln gewährte es beispielsweise einem Personalvorstand der Zusage des Finanzvorstands, Informationsdefizite innerhalb seines Ressorts zu beheben, zu vertrauen[790], während der BGH es einem Geschäftsleiter nicht gewährte, in einer finanziellen Krisensituation darauf zu vertrauen, dass ein Mitgeschäftsleiter Sozialversicherungsbeiträge abführen wird, nachdem er dazu aufgefordert wurde[791]. Über die Erfüllung von nichtdelegierbaren Leitungspflichten hat sich jedes Vorstandsmitglied somit eigenständig zu vergewissern. Der Vertrauensgrundsatz unterstützt die enthaftende Wirkung der Delegation also nur, wenn die Delegation selbst auch möglich ist.

Entsprechend dem eben Gesagten, fällt die Überwachungspflicht bei nichtdelegierbaren Angelegenheiten auch weitaus größer aus[792]. Hier ist – wie auch der BGH bemerkt - von besonders weitgehenden Kontroll- und Überwachungspflichten auszugehen[793]. Bezüglich der Organisationspflichten aus § 91 Abs. 2 AktG, der Überprüfung der Buchführung, der Überprüfung der Insolvenzantragspflicht und allen sonstigen Angelegenheiten, die nach den oben entwickelten Kriterien unter den Kernbereich der Vorstandstätigkeit fallen und auch ein Überwachen durch den Vorstand erfordern, muss sich jedes Vorstandsmitglied durch aktives Nachfassen und gezielte Nachfragen ein genaues Bild von dem derzeitigen Zustand verschaffen[794]. Ein bewusstes Vorenthalten durch andere Vorstandsmitglieder kann dementsprechend nur dann enthaftend wirken, wenn auch bei ordnungsgemäßer Überwachung Auffälligkeiten, wie beispielsweise die Insolvenzreife, aufgefallen wären[795]. In Bezug auf nichtdelegierbare Angelegenheiten hat somit eine aktive und laufende Überprüfung stattzufinden, die durch Delegation nicht wesentlich beeinflusst ist, auch wenn der im betreffenden

790 OLG Köln AG 2001, 363 (364).
791 BGH DStR 2001, 632 (633).
792 *Backhaus* jurisPR-HaGesR 4/2019 Anm. 3, C; *Fleischer* DB 2019, 472 (476).
793 BGHZ 220, 162 Rn. 15 = NZG 2019, 225.
794 In Bezug auf die Insolvenzantragspflicht BGHZ 220, 162 Rn. 32 = NZG 2019, 225.
795 BGHZ 220, 162 162 Rn. 32 = NZG 2019, 225.

Bereich zuständige Ressortleiter freilich noch eine Überwachungspflicht für das jeweilige Ressort hat und aufgrund der Sachnähe die Sorgfaltsanforderungen etwas strenger ausfallen.

(3) Ausmaß der Überwachungspflicht

Für das Ausmaß der sonstigen Überwachungspflicht lassen sich gewisse Einflussfaktoren ausmachen, die bestimmen, was von einem ordentlichen und gewissenhaften Geschäftsleiter verlangt ist.

1. Zumutbarkeit als äußerste Grenze

Äußerste Grenze ist zunächst immer die objektive Zumutbarkeit der Überwachungsintensität[796], denn ein Vorstandsmitglied begeht nur dann eine Pflichtverletzung, wenn es in schlechthin unvertretbarer Weise handelt[797]. Und was objektiv nicht zumutbar ist, kann auch nicht unvertretbar sein. Die Grenze der Zumutbarkeit entfaltet in zweierlei Hinsicht Wirkung: Der überwachte Vorstand muss sich keine ständigen Begleitkontrolle eines Vorstandskollegen hinnehmen, während die Pflichtintensität des ressortfremden Vorstands nicht die eines Zweitsachbearbeiters annehmen darf[798]. Außerdem ist die Zumutbarkeit beeinflusst von der Größe des Unternehmens, denn mit zunehmender Größe bedarf es auch weitreichenderer Arbeitsteilung und es ist logisch, dass sich die Überwachungspflicht mit zunehmender Entfernung von der Fehlerquelle abmildern muss[799].

2. Grundsätzliche Beschränkung auf Vorstandssitzungen

Vorwiegend findet die Kontrolle zudem auf gemeinsamen Vorstandssitzungen statt, wobei die dargelegten Informationen auf Lückenhaftigkeit und Plausibilität zu überprüfen sind[800]. Der dabei entstehende Informationsfluss bildet die Grundlage der Überwachungstätigkeit und ist Teil eines zwingend einzurichtenden Berichtssystems[801]. Davon ausgehend hat sich jeder Geschäftsleiter ein

---

796 *Fleischer* AG 2003, 291 (294); *Turiaux/Knigge,* DB 2004, 2199 (2206).

797 BGHZ 135, 244 (253) = NJW 1997, 1926 - ARAG/Garmenbeck.

798 Zu diesem Spannungsverhältnis auch *Löbbe/Fischbach* AG 2014, 717 (720); für eine nicht zu ausufernde Überwachungspflicht *Koch,* in: Koch AktG, § 77 Rn. 15.

799 *Bezzenberger* ZGR 1996, 661 (671).

800 *Heller,* Unternehmensführung, S. 45; *Vetter,* in: Hdb. Managerhaftung, Rn. 22.23.

801 *Hoffmann-Becking,* in: MHdb GesR Bd. IV, § 22 Rn. 27; *Kort,* in: Großkomm AktG, § 77 Rn. 40.

Bild von der jeweiligen Ressortführung zu machen, indem es die präsentierten Besprechungsinhalte mit den wesentlichen betriebswirtschaftlichen Kennzahlen des Unternehmens abgleicht[802] und einer kritischen Untersuchung unterzieht[803]. Als Orientierung lässt sich hier § 93 Abs. 1 S. 2 AktG heranziehen. Zu fragen ist danach, ob die überwachenden Vorstandsmitglieder vernünftigerweise annehmen durften, dass das handelnde Vorstandsmitglied vernünftigerweise annehmen durfte, auf der Grundlage angemessener Information zum Wohle der Gesellschaft zu handeln. So erlangt die Business Judgment Rule auf Seiten des Überwachenden und des Überwachten Geltung.

In diese Abwägung fließt ein, ob ein Vorstandsmitglied bereits durch Pflichtverstöße aufgefallen ist und ob sich aus der Berichterstattung Unstimmigkeiten ergeben. Ist dies nicht der Fall, ist auch nicht von weiteren Kontrollpflichten auszugehen. Insbesondere ist es den überwachenden Vorstandsmitgliedern nicht vorzuhalten, wenn ein Vorstandskollege über bestimmte Informationen täuscht, Interessenskonflikte nicht offenlegt oder gravierende Risiken unerwähnt lässt[804]. Maßgeblich ist weiter die Form der Aufgabenverteilung. Je autonomer das jeweilige Ressort handelt, desto ausgieber hat die Kontrolle auszufallen, da andernfalls der notwendige Überblick fehlt[805]. Außerdem ist mit einzubeziehen, inwieweit die bisherige Zusammenarbeit vertrauenswürdig war. Arbeitet ein Vorstandsmitglied bereits jahrelang zuverlässig ohne Vorkommnisse, so sind die Anforderungen an die Kontrollintensität geringer einzustufen als bei einem neuen Mitglied, das mit etablierten Prozessen noch nicht entsprechend vertraut ist[806].

3. *Keine laufende Kontrolle und keine Stichproben*

In dieser „Überwachung“ während der regelmäßigen Sitzungen erschöpft sich im Normalfall die gegenseitige Kontrollpflicht[807]. Im Schrifttum wird dies zum Teil abgelehnt und angenommen, dass sich Vorstandsmitglieder nicht auf das ihnen

---

802 BGHZ 220, 162 (166) Rn. 34 = NZG 2019, 225.

803 *Fleischer* NZG 2003, 449 (455); *Hoffmann-Becking,* in: MHdb GesR Bd. IV, § 22 Rn. 28; *Wettich,* Vorstandsorganisation, S. 247.

804 *Löbbe/Fischbach* AG 2014, 717 (721)

805 Der Vergleich zwischen der Spartenorganisation und der funktionalen Organisation indiziert dies bei *Fleischer,* in: BeckOGK AktG, § 77 Rn. 62.

806 *Fleischer,* in: BeckOGK AktG, § 77 Rn. 62.

807 *Fleischer* NZG 2003, 449 (454); *Habersack* WM 2005, 2360 (2362); *Hoffmann-Becking,* in: MHdb GesR Bd. IV, § 22 Rn. 26 f.; *Koch,* in: Koch AktG, § 77 Rn. 15; *Wettich,* Vorstandsorganisation, S. 247 ff.

durch den Vorstandskollegen präsentierte Bild verlassen dürfen[808]. Zudem halten es manche für notwendig, dass der alle Mitglieder im Rahmen einer laufenden Kontrolle Stichproben durchzuführen hat[809]. Dem ist im Grundsatz nicht zuzustimmen[810].

Martens spricht sich für eine umfassende Kontrollpflicht der Vorstandsmitglieder mit der Begründung aus, dem Aufsichtsrat fehle es als Organ an den Kapazitäten, der Kontrollaufgabe innerhalb der AG gerecht zu werden[811]. Zum einen ist die vorstandsinterne Überwachungspflicht mit derjenigen des Aufsichtsrats wesensverschieden, da Letztere die Primärpflicht des Organs darstellt, während erstere nur die Restverantwortung einer delegierten gemeinsamen Aufgabe aller Vorstandsmitglieder ist[812]. Zum anderen lässt sich das Argument der Kapazitätsgrenze umso mehr für Vorstandsmitglieder anführen, die eben nicht vorwiegend zur Überwachung verpflichtet sind, sondern in einem in Ressort aufgeteilten Organ primär für die Leitung des eigenen Ressorts zuständig sind. Daher haben sie sich auch gerade nicht laufend mit der Kontrolle anderer Ressorts auseinanderzusetzen.

Auch eine Pflicht, Stichproben in fremden Ressorts durchzuführen, ist abzulehnen. Bereits die dazu angeführte Begründung, Vorstandsmitglieder sollen unter dem Gefühl stetiger Kontrolle durch ihre Kollegen arbeiten und durch die Gefahr einer Stichprobenkontrolle abgeschreckt werden[813], offenbart auf welche Weise die Grenzen des Zumutbaren hier überspannt sind. Erstens ist es nicht Aufgabe der Vorstandsmitglieder dafür zu sorgen, dass ihre Kollegen sorgfältig Handeln. Bei der Überwachungspflicht handelt es sich um die eigene Restverantwortung, die trotz zulässiger Delegation übrigbleibt. Zweitens ist das Ausmaß einer solchen Pflicht zur Stichprobe überhaupt nicht bestimmbar. Wenn

---

808 *Rieger* FS Peltzer, 2001, 339 (347); ebenfalls noch *Mertens,* in: Kölner Komm AktG, 2. Aufl., § 93 Rn. 54 für eine stärkere Gewichtung der Überwachungspflicht auch *Götz* AG 1995, 337 (339); für eine umfassende Kontrollpflicht auch *Martens,* FS Fleck, 1988, S. 191 (198 ff.).

809 *Dose,* Rechtsstellung der Vorstandsmitglieder, S. 122; *Fleischer* AG 2003, 291 (294); *Hegnon,* CCZ 2009, 57 (61); *Hoffmann/Schieffer* NZG 2017, 401 (406); *Seibt,* FS K. Schmidt, 2009, S. 1463 (1482); *Turiaux/Knigge* DB 2004, 2199 (2205 f.).

810 So auch *Linnertz,* Delegation, S. 284; *Rehm*, Einzel- und Gesamtverantwortung, S. 213; iErg auch *Koch*, in: Koch AktG, § 77 Rn. 15.

811 *Martens,* FS Fleck, 1988, S. 191 (200 f.).

812 Sie sind schon in ihren Voraussetzungen unterschiedlich, vgl. *Hoffmann-Becking,* in: MHdb GesR Bd. IV, § 22 Rn. 28.

813 So ausdr. *Hegnon* CCZ 2009, 57 (61).

sie nämlich überraschend sein soll, darf sie nicht in regelmäßigen Abständen geschehen. Außerdem bleibt völlig unklar, was unter Stichproben überhaupt zu verstehen ist. Muss ein Geschäftsleiter die Unterlagen eines Kollegen durchforsten? Muss er bestimmte Tests durchführen, die dessen Arbeit auf die Probe stellen? Man statuiert so eine nahezu willkürlich auszuübende Pflicht, deren ordnungsgemäße Erfüllung überhaupt nicht beurteilt werden kann. Hinzu kommt, dass es Unternehmen gibt, die aus einer Vielzahl an Ressorts bestehen. Wenn hier jeder Geschäftsleiter in jedem Ressort zusätzlich Stichproben durchzuführen hätte, wäre die Schwelle der Zumutbarkeit zweifelsohne überschritten, zumal den Vorstandsmitgliedern in der Regel das Fachwissen fehlt, solche Stichproben sinnvoll durchzuführen. Eine Pflicht zur Stichprobe ist mithin abzulehnen. Etwas anderes kann sich nur ergeben, wenn ein Geschäftsbereich durch Rechtsverstöße oder Fehlentwicklungen aufgefallen ist (sog. Compliance Audits[814]), was dann aber nicht mehr anlassunabhängig geschieht.

4. *Erhöhte Überwachungspflicht in der Krise*

Die Überwachungsanforderungen sind erheblich erhöht, wenn sich das Unternehmen in einer Risikolage befindet[815], wenn sich ein Geschäftsleiter mit einem risikobehafteten Geschäftsgegenstand befasst oder sofern etwaige Verdachtsmomente für pflichtwidriges oder interessenkonfliktbeladenes Handeln vorliegen[816]. Solchen Hinweisen muss jedes Vorstandsmitglied nachgehen[817]. In Bezug auf solche Angelegenheiten, die in der Krise besondere Bedeutung haben, wie beispielsweise steuerliche Pflichten, kann sich die Überwachungsaufgabe dann zu einer permanenten inhaltlichen Kontrollpflicht steigern[818], was dann letztlich dazu führt, dass die Delegation krisenbedingt außer Kraft gesetzt wird und alle Geschäftsleiter persönlich Verantwortung tragen[819]. Wie bereits dargelegt können auf diese Weise delegierbare Pflichten zu persönlichen Pflichten aller Geschäftsleiter werden.

---

814 *Klahold,* in: VGR Tagungsband 2019, S. 75 (79).

815 BGHZ 133, 370 (379) = NJW 1997, 130; BGHZ 220, 162 Rn.15, 32 ff. = NZG 2019, 225; BGH DStR 2001, 633 (634); OLG Hamburg AG 2001, 141 (144); OLG Bremen ZIP 1999, 1671 (1678); LG Aachen ZIP 1995, 1837 (1838).

816 Statt aller *Koch,* in: Koch AktG, § 77 Rn. 15a.

817 OLG Hamm AG 2012, 683 (684); *Mertens/Cahn,* in: Kölner Komm AktG, § 77 Rn. 26.

818 BFH VII B 66/05, BFH /NV 2006, 480; BFH VII S 33/85; *Kratzsch,* in: Koenig AO, § 69 Rn. 80.

819 Siehe dazu Kapitel 2 § 2 B. V. 4.

c. *Keine Delegation der vorstandsinternen Überwachungspflicht*

Zum Teil wird angenommen, dass die vorstandsinterne Überwachung auch an ein Vorstandsmitglied delegiert werden kann[820]. Dann sollen sich die anderen Vorstandsmitglieder auf die Kontrolle dieses Vorstandsmitglieds beschränken können[821]. Das ist mit der Gegenauffassung abzulehnen[822]. Die Überwachung und Kontrolle von Vorstandsressorts betrifft das Unternehmensganze und obliegt den Vorstandsmitgliedern als primären Überwachern der Vorstandstätigkeit. Eine zumindest stetige Beobachtung anderer Ressorts im Rahmen von Vorstandssitzungen gehört damit zu den persönlichen Leitungspflichten eines jeden Geschäftsleiters und ist damit delegationsfest. Problematisch wäre daran zudem, dass der Vertrauensgrundsatz doppelt gelten würde und so die Überwachungspflicht faktisch außer Kraft setzen würde. Denn auf die ordnungsgemäße Überwachung durch das dafür benannte Vorstandsmitglied könnten sich im Grundsatz wiederum alle Vorstandsmitglieder verlassen. Um den Vorzügen der Arbeitsteilung Raum zu geben, die Eigenverantwortlichkeit der Ressorts aufrecht zu halten und keine Misstrauenspolitik zu fördern, dürfte auch das für die Überwachung zuständige Vorstandsmitglied nicht durch stetige Kontrollen intervenieren, sondern könnte sich auf eine auf Vertrauen beruhende Überwachung zurücklehnen. Wäre dies nicht der Fall, würde die Überwachungspflicht als Restverantwortung der Delegation zu einer umfassenden Kontrolltätigkeit umgekehrt, die sie gerade nicht ist. Seiner Restverantwortung muss mithin jedes Vorstandsmitglied selbst gerecht werden. Daher ist es auch verfehlt, wenn zum Teil angenommen wird, der Vorstandsvorsitzende habe gesteigerte Überwachungspflichten[823]. Möglich ist dennoch die Einrichtung eines Kontrollressorts, an das die regelmäßige Berichterstattung erfolgt, die unabhängig von den Vorstandssitzungen zu erfolgen hat[824]. Das ist unproblematisch, da hier Informationen gebündelt werden können und so alle Vorstandsmitglieder koordiniert über fremde Ressorts auf dem Laufenden gehalten werden. Das entbindet aber nicht

---

820 *Kort,* in: Großkomm AktG, § 77 Rn. 35; *Martens,* FS Fleck, 1988, S. 191 (200); *Mertens/Cahn,* in: Kölner Komm AktG, § 77 Rn. 25; aA *Fleischer* NZG 2003, 449 (452); *Schiessl* ZGR 1992, 64 (69 f.).

821 *Martens,* FS Fleck, 1988, S. 191 (200); *Mertens/Cahn,* in: Kölner Komm AktG, § 77 Rn. 25.

822 *Fleischer* NZG 2003, 449 (452); *Schiessl* ZGR 1992, 64 (69).

823 So aber *Hopt/Roth,* in: Großkomm AktG, § 93 Rn. 377; *Bezzenberger* ZGR 1996, 661 (670); aA wie hier *Fleischer* NZG 2003, 449 (455); *v. Hein* ZHR 2002, 464 (487 ff.); *Koch,* in: Koch AktG, § 93 Rn. 76.

824 *Hoffmann-Becking,* in: MHdb GesR Bd. IV, § 22 Rn. 27.

von der eigenen Überwachungspflicht und der Pflicht, beim Bestehen von entsprechenden Anhaltspunkten einzuschreiten.

d. *Informationsanspruch*

Jedes Vorstandsmitglied hat zur Wahrnehmung seiner Überwachungspflicht einen Informationsanspruch über Angelegenheiten anderer Ressorts[825]. Das ist bereits notwendig, um finanzielle Krisensituationen abzusehen, weshalb die Vorenthaltung von Informationen zur sofortigen Amtsniederlegung berechtigt[826]. Aufgrund der übergreifenden Verantwortung muss jedes Vorstandsmitglied in der Lage sein, sich über Geschehenisse anderer Ressorts zu informieren. Informationsansprüche können durch jedes Vorstandsmitglied zu jedem Zeitpunkt geltend gemacht werden. In der Regel findet der Informationsaustausch jedoch auf Vorstandssitzungen statt. Auf diese Weise ist der Gesamtvorstand in der Lage unternehmensweit Prozesse zu verfolgen und so der aus der Delegation resultierenden Restverantwortung gerecht zu werden.

e. *Pflicht zum Einschreiten*

Die Überwachungspflicht eines Vorstandsmitglieds verdichtet sich zu einer Handlungspflicht, wenn ausreichend Anhaltspunkte für den Bedarf eines Eingriffs bestehen. Geht ein Vorstandsmitglied dieser Handlungspflicht nicht nach, macht es sich wegen pflichtwidrigen Unterlassens haftbar.

(1) Anhaltspunkte für eine Fehlentwicklung

Wann ein Vorstandsmitglied zum Einschreiten verpflichtet ist, kann allgemein nur schwerlich beschrieben werden, da es sich um eine Frage des Einzelfalls handelt. Es müssen jedenfalls Anhaltspunkte für sorgfaltswidriges Handeln oder sonstige Fehlentwicklungen bestehen. Indizien dafür geben insbesondere die Geschäftsbücher, über die ein jedes Vorstandsmitglied im Groben informiert zu sein hat, da aus jenen zumindest ersichtlich ist, wenn sich eine Anomalie finanziell niederschlägt. Auch Unstimmigkeiten bei der Buchführung selbst können die Interventionspflicht auslösen[827]. Weiterhin bedingt der Verdacht auf Compliance-Verstöße ein Einschreiten, was insbesondere dann der Fall ist, wenn solche

825 *Hoffmann-Becking* ZGR 1998, 497 (512); *Spindler*, in: MüKoAktG, § 77 Rn. 58; zur GmbH OLG Koblenz GmbHR 2008, 37.

826 Zum GmbH Geschäftsführer BGH ZIP 1995, 1334 (1336).

827 Für die GmbH RGZ 98, 98 (100 f.).

ausdrücklich an den Vorstand herangetragen werden[828]. Anhaltspunkte müssen keineswegs immer auf ein Fehlverhalten eines Vorstandskollegen hindeuten. Auch Unregelmäßigkeiten aus dem eigenen Ressort sowie Informationen, die im Rahmen außerdienstlicher Tätigkeit bekannt geworden sind[829] und einem Vorstandskollegen bislang unbekannt sind, können zum Handeln verpflichten[830]. Zu beachten ist hier jedoch, dass von keinem Vorstandsmitglied verlangt sein kann, in gleicher Weise wie der primär zuständige Ressortleiter Kenntnisse über den Geschäftsbereich zu haben. Haben die Vorstandsmitglieder im Rahmen der *cura eligendo* einen geeigneten Delegatar ausgewählt, ist in Anknüpfung daran davon auszugehen, dass die übrigen Vorstandsmitglieder nicht in gleicher Weise für das Ressort fachlich geeignet sind. Entsprechend ist für ressortferne Vorstandsmitglieder nicht derselbe Maßstab anzulegen, wie für den jeweiligen Ressortleiter[831]. Schlüssig dargelegte Geschäftsvorgänge, die einem durchschnittlich fähigen Vorstandsmitglied keinen Hinweis auf eine Fehlentwicklung geben, verpflichten dementsprechend auch nicht zum Einschreiten – zumindest ist das Nichteinschreiten nicht verschuldet[832].

(2) Nachforschungspflicht

Auf einen bestehenden Verdacht hin ist ein Geschäftsleiter zu erhöhter Wachsamkeit verpflichtet und hat Nachforschungen anzustellen[833]. Sofortiges intervenieren wäre nicht im Sinne einer vertrauensvollen Zusammenarbeit und ist daher nur bei offensichtlichen Verstößen sachgerecht. Durch Nachfragen bei dem betroffenen Vorstandsmitglied müssen daher zunächst Informationen eingeholt werden, die bei konkreten Anhaltspunkten für Pflichtverstöße jedoch nicht mehr ohne Nachweis einfach hingenommen werden dürfen[834]. Die dargelegten Informationen sind auf Plausibilität, also Stimmigkeit, Lückenhaftigkeit und Sorgfältigkeit zu überprüfen. Zudem müssen stichprobenhafte Kontrollen durchgeführt, Mitarbeiter befragt und andere Geschäftsleiter eingeschaltet werden[835]. Negativentwicklungen setzen den Vertrauensgrundsatz außer

828 Dazu LG München I NZG 2014, 345 (347 ff.).

829 *Hopt/Roth,* in: Großkomm AktG, § 93 Rn. 376; *Mertens/Cahn,* in: Kölner Komm AktG, § 93 Rn. 92.

830 *Hoffmann/Schieffer,* NZG 2017, 401 (405).

831 *Heimbach/Boll,* VersR 2001, 801 (803).

832 *Mielke,* Leitung der AG, S. 74; *Wettich,* Vorstandsorganisation, S. 245.

833 *Mertens/Cahn,* in: Kölner Komm AktG, § 77 Rn. 26.

834 *Linnertz,* Delegation, S. 266.

835 BGH NJW 1994, 2149.

Kraft[836]. Das bedeutet aber nicht, dass es sich um eine Pflicht zum Misstrauen handelt. Einschreitende Vorstandsmitglieder handeln auf Grundlage einer eigenen Pflicht und nicht zur Korrektur des Pflichtverstoßes des Vorstandskollegen.

(3) Interventionsmöglichkeiten

Erweist sich ein Verdacht als begründet, steht es jedem Vorstandsmitglied frei, eine Angelegenheit vor den Gesamtvorstand zu bringen, der eine bindende Entscheidung treffen und auf diese Weise die Maßnahme abwenden kann bzw. Sorgfaltsverstöße unterbinden kann[837]. Die Möglichkeit zum Einschreiten besteht unabhängig von der Bedeutung der jeweiligen Angelegenheit und ist nicht auf Leitungsentscheidungen und sonstige wesentliche Entscheidungen beschränkt[838]. Einem übermäßigen Einmischen in fremde Ressorts wird dadurch Einhalt geboten, dass es dem Gesamtvorstand immer möglich ist, die Vorlage an den Ressortleiter zurückzuweisen[839]. Spätestens dann trägt jedoch jedes Vorstandsmitglied zumindest die Verantwortung dafür, dass es auf den vorgebrachten Verdacht des eingreifenden Vorstandsmitglieds nicht gehandelt hat. Wie die Mitglieder im Gesamtvorstand mit der Vorlage umgehen, haben sie im Rahmen ihres unternehmerischen Ermessens (§ 93 Abs. 1 S. 2 AktG) zu entscheiden. Entweder fassen sie schlicht einen Vorstandsbeschluss oder sie stellen weitere Nachforschungen an, holen Gutachten ein oder bemühen sich um sonstigen Expertenrat.

(4) Widerspruchsrecht

Nach hM ist es zudem möglich, einzelnen oder mehreren Vorstandsmitgliedern gemeinsam in der Satzung oder der Geschäftsordnung ein Widerspruchsrecht einzuräumen[840]. Das bietet die Möglichkeit, Angelegenheiten in fremden Ressorts zu unterbinden[841]. Die weiteren Folgen bzw. die Gestaltungsmöglichkeiten

---

836 OLG Düsseldorf NJW-RR 1996, 289 (290); *Hoffmann-Becking* ZGR 1998, 497 (512).

837 *Mertens/Cahn,* in: Kölner Komm AktG, § 77 Rn. 28 f.; *Spindler,* in: MüKoAktG, § 77 Rn. 60.

838 *Kort,* in: Großkomm AktG, § 77 Rn. 38; *Mertens/Cahn,* in: Kölner Komm AktG, § 77 Rn. 28.

839 *Kort,* in: Großkomm AktG, § 77 Rn. 38; *Mertens/Cahn,* in: Kölner Komm AktG, § 77 Rn. 29.

840 *Kort,* in: Großkomm AktG, § 77 Rn. 39; *Mertens/Cahn,* in: Kölner Komm AktG, § 77 Rn. 29; *Wettich,* Vorstandsorganisation, S. 109 f., 159 f.; aA bereits gegen ein Vetorecht *Hoffmann-Becking,* in: MHdb GesR Bd. IV, § 22 Rn. 8.

841 *Kort,* in: Großkomm AktG, § 77 Rn. 39; *Linnertz,* Delegation, S. 268; *Wettich,* Vorstandsorganisation, S. 107.

des Widerspruchsrechts sind jedoch strittig. *Kort* erachtet es auch als möglich, dem Widerspruch endgültige Rechtswirkung zu verleihen, wodurch das Widerspruchsrecht einem Vetorecht gleichsteht[842]. Andere gehen davon aus, dass immer die Möglichkeit bestehen muss, die Angelegenheit vor den Gesamtvorstand zu bringen[843], sodass das Widerspruchsrecht immer nur ein anlassunabhängiges Interventionsrecht darstellt und bereits aus der Amtsstellung jedem Vorstandsmitglied zusteht[844]. Dies wird mit dem Argument in Frage gestellt, § 77 Abs. 1 S. 2 AktG verhindere nur die Einräumung aktiver Überstimmungsmacht eines Vorstandsmitglieds, nicht aber negative Entscheidungen in Form eines Widerspruchs[845]. Dem wiederum wird entgegengehalten, ein endgültiger Widerspruch könne sich gegen jede aufgrund des Widerspruchs abgeänderte Maßnahme beziehen, weshalb faktisch ein umfassendes Verhinderungsrecht geschaffen würde[846].

Bei genauer Betrachtung stehen einem „absoluten" Widerspruchsrecht mit der endgültigen Rechtswirkung, dass eine Maßnahme zu unterbleiben hat, keine Bedenken entgegen[847]. Richtigerweise wird vorgebracht, dass der gesetzliche Regelfall der Gesamtgeschäftsführungsbefugnis faktisch nichts anderes ist, als die Möglichkeit eines jeden Vorstandsmitglieds durch Nichtbeteiligung Maßnahmen zu verhindern[848]. Auch hier kann der Restvorstand ein Vorstandsmitglied nicht dazu zwingen, einer Maßnahme zuzustimmen. Ein Widerspruch „entmachtet" insbesondere den Gesamtvorstand nicht und hindert nicht in unzulässiger Weise seine Funktionsfähigkeit[849]. Insbesondere entsteht dabei

---

842 Implizit durch die Parallelziehung zum Vetorecht, *Kort,* in: Großkomm AktG, § 77 Rn. 39.

843 *Bezzenberger* ZGR 1996, 661 (668); *Wettich,* Vorstandsorganisation, S. 110 f.

844 „mangels eigenem Regelungsgehalt letztlich überflüssig" *Wettich,* Vorstandsorganisation, S. 109.

845 *Wiesner,* in: MHdb GesR, Bd. IV, § 22 Rn. 9.

846 In Zusammenhang mit dem Vetorecht *Bezzenberger,* ZGR 1996, 661 (665 ff.); *Hoffmann-Becking,* ZGR 1998, 497 (518 f.); *ders.* NZG 2003, 745 (748); *Linnertz,* Delegation, S. 270.

847 AA der BGH für den Fall einer paritätisch mitbestimmten AG aufgrund der notwendig gleichberechtigten Stellung des Arbeitsdirektors BGHZ 89, 48 (59) = NJW 1984, 733.

848 *Kort,* in: Großkomm AktG, § 77 Rn. 27; *Mertens/Cahn,* in: Kölner Komm AktG, § 77 Rn. 13; *Seibt,* in: K. Schmidt/Lutter AktG, § 77 Rn. 14; *Spindler,* in: MüKoAktG, § 77 Rn. 17 f.

849 So aber *Linnertz,* Delegation, S. 270.

auch kein „Wettstreit"[850] zwischen Gesamtvorstandentscheidung und Widerspruch, da der Widerpsurch auch Gesamtvorstandsentscheidungen verhindert. Geknüpft ist das Widerspruchsrecht nämlich an bestimmte Geschäftsführungsmaßnahmen und verleiht keine Überstimmungsgewalt über einen anderen Vorstandskollegen.

Weiterhin muss auch die Ausübung des Widerspruchsrechts sorgfältig iSd § 93 AktG erfolgen[851]. Insbesondere darf es nicht willkürlich, sondern nur im Interesse der Gesellschaft ausgeübt werden, weshalb es sich letztlich nur um ein gesellschaftsdienliches Kontrollinstrument handelt. Sachgerecht ist ein Widerspruch in der Regel daher auch nur bei bedeutenden Angelegenheiten und nicht im alltäglichen Tagesgeschäft, da andernfalls die Funktionsfähigkeit des Vorstands beeinträchtigt wäre. Über die allgemeine Sorgfaltspflicht ist die Kompetenz des Weisungsberechtigten daher bereits auf Maßnahmen beschränkt, die nach berechtigter Auffassung des Widersprechenden nicht im Interesse der Gesellschaft sind. Wird es zu anderen Zwecken ausgeübt, handelt er pflichtwidrig und haftet - sofern der Gesellschaft durch das Unterlassen der Maßnahme ein Schaden entstanden ist - gem. § 93 Abs. 2 AktG. Setzen sich die übrigen Vorstandsmitglieder über den Widerspruch hinweg, da sie ihn für nicht interessengerecht halten, handeln sie zwar pflichtwidrig, haften selbstverständlich aber nur, sofern der Gesellschaft auch ein Schaden entstanden ist.

Des Weiteren muss ein Widerspruchsrecht in der Satzung oder der Geschäftsordnung festgelegt sein. Die Primärkompetenz dafür besitzen mithin Aufrichtsrat und Hauptversammlung. Entsprechend sind jene ebenso befugt, das Widerspruchsrecht wieder aufzuheben. Halten die übrigen Vorstandsmitglieder den Widerspruch für unberechtigt, können sie den Aufsichtsrat oder die Hauptversammlung einschalten, weshalb das Letztentscheidungsrecht über den Widerspruch nie bei einem einzelnen Vorstandsmitglied liegt. Die Satzung oder die Geschäftsordnung können jedoch genauso gut Zustimmungsvorbehalte vorsehen, die auch ad-hoc bestimmt werden können[852]. Auch diese können nie eine positive Entscheidung, sondern nur ein negatives Verhindern bewirken. Wenn also gegen das endgültige Widerspruchsrecht vorgebracht wird,

---

850 So aber *Linnertz*, Delegation, S. 270.

851 *Kort*, in: Großkomm AktG, § 77 Rn. 39; *Mertens/Cahn*, in: Kölner Komm AktG, § 77 Rn. 30.

852 Ganz hM BGHZ 124, 111 = NJW 1994, 520; *Habersack*, in: MüKoAktG, § 111 Rn. 130 mwN.

zwischen positiven und negativen Entscheidungen könne man nicht unterscheiden[853], belegt der Umgang im Rahmen der Zustimmungsvorbehalte schon Gegensätzliches.

Ist einem Vorstandsmitglied – in der Regel dem Vorstandsvorsitzenden – ein Widerspruchsrecht eingeräumt, so kann dies entweder in Form eines aufschiebenden Widerspruchs geschehen, der zur Vorlage an den Gesamtvorstand verpflichtet oder in Form eines endgültigen Widerspruchsrechts. Dem Restvorstand bleibt dann nur die Möglichkeit zur Einschaltung der anderen Organe.

f. Beweislast

Ressortfremde Vorstandsmitglieder erlangen zudem in erheblichem Maße Beweiserleichterung für Pflichtverletzungen aus fremden Ressorts[854]. Die Gesamtverantwortung für die Leitung führt nicht zu einer Erfolgsverantwortung für die gesamte Geschäftsführung. Unzuständige Vorstandsmitglieder sind bereits dann entlastet, wenn sie darlegen können, dass es keinerlei Anhaltspunkte für pflichtwidriges Verhalten gab und sich auch die Wahrnehmung einer nichtdelegierbaren Kerntätigkeit außerhalb des Vorstands nicht abgezeichnet hat[855]. Dass dem ressortzuständigen Vorstandsmitglied ein Pflichtverstoß unverschuldet verborgen blieb, ist dagegen weitaus schwieriger darzulegen.

III. Gesamtschuldnerische Haftung

Verletzt ein ressortfremdes Vorstandsmitglied seine Überwachungspflicht und versäumt es aufgrund dessen, einen Pflichtverstoß eines Vorstandskollegen zu verhindern, so haften die beiden Vorstandsmitglieder gesamtschuldnerisch gem. § 93 Abs. 2 S. 1 AktG[856]. Beide haben durch ein Tun bzw. ein Unterlassen den Vermögensschaden im Sinne der Aquivalenzformel verursacht[857]. Es stellt sich dann die Frage nach dem Innenausgleich gem. § 426 BGB. Dies wird insbesondere dann relevant, wenn das Unternehmen auf eine D&O-Versicherung verzichtet hat, die Deckungssumme nicht ausreicht, einzelne Beteiligte vorsätzlich

---

853 So *Linnertz,* Delegation, S. 270; zum Vetorecht *Bezzenberger* ZGR 1996, 661 (665 ff.); *Hoffmann-Becking* ZGR 1998, 497 (518 f.); *ders.* NZG 2003, 745 (748).

854 Dazu auch *Altmeppen* ZIP 2016, 97 (102).

855 *Koch,* in: Koch AktG, § 93 Rn. 76.

856 *Haubold,* FS Thümmel, 2020, S. 331 (335); *Hopt/Roth,* in: Großkomm AktG, § 93 Rn. 465.

857 *Haubold,* FS Thümmel, 2020, S. 331 (335 f.).

gehandelt haben oder aber wenn es um den stets ungedeckten Selbstbehalt (§ 93 Abs. 2 S. 3 AktG) geht[858].

1. Innenregress und § 840 Abs. 2 BGB

Soweit sich nicht aus dem Gesetz oder dem zwischen den Gesamtschuldnern bestehenden Rechtsverhältnis ein anderes ergibt, haften beide Geschäftsleiter zu gleichen Teilen, vgl. § 426 Abs. 1 S. 1 BGB. Abweichendes kann sich aus einer gesetzlichen Regelung, den Umständen des Einzelfalls, der Natur der Sache oder gar aus der „besonderen Gestaltung des tatsächlichen Geschehens" ergeben[859]. Überwiegend wird dazu auf den Rechtsgedanken des § 840 Abs. 2 BGB abgestellt und der unmittelbar Handelnde im Innenverhältnis allein verantwortlich gestellt[860]. Der BGH erkennt diese Differenzierung für das Innenverhältnis zwischen Handelndem und Überwachendem als allgemeinen Rechtsgrundsatz[861].

2. Kritik an der Heranziehung des § 840 Abs. 2 BGB

Die unflexible Lösung über § 840 Abs. 2 BGB ist abzulehnen, da sie einem angemessenen Interessenausgleich zwischen der Verantwortungswahrung- und reduzierung durch Delegation entgegensteht. Der Rekurs auf § 840 Abs. 2 BGB überzeugt nicht, da es nicht einleuchtet, weshalb die Vorstandsmitglieder in diesem Zusammenhang auf einmal in einem §§ 831 oder 832 BGB vergleichbaren Verhältnis stehen sollen, dies sonst aber in jedem anderen Zusammenhang abgelehnt wird[862]. Vielmehr muss der Gedanke gemeinsamer Vorstandsverantwortung auch hier Geltung erlangen[863]. Jeder Geschäftsleiter trägt kraft seiner Amtsstellung eine persönliche Verantwortung für die Geschäftsführung. Das muss dann insbesondere auch im Verhältnis der Vorstandsmitglieder untereinander gelten. Insbesondere kann dabei nicht auf den Vertrauensgrundsatz

---

858 *Haubold,* FS Thümmel, 2020, S. 331 (332 f.).

859 BGH NJW 1959, 334 (335); BGH, NJW 1963, 2067 (2068); BGH NJW 1983, 1845 (1846); BGH NJW 1988, 133 (134).

860 *Fleischer,* in: BeckOGK AktG, § 93 Rn. 324; *Guntermann/Noack,* FS Grunewald, 2021, S. 253 (257 f.); *Hölters,* in: Hölters/Weber AktG, § 93 Rn. 228.

861 BGH NJW 1980, 2348 (2349).

862 *Hopt/Roth,* in: Großkomm AktG, § 93 Rn. 465 sehen § 840 Abs. 2 BGB schlicht als zu starre Regelung.

863 *Guntermann* AG 2017, 606 (607) nennt dies eher als Gegenargument, indem sie die Verteilung im Rahmen des Regresses als Ausgleich für die Gesamtverantwortung erkennt.

rekurriert werden[864], da ein Vorstandsmitglied schon gar nicht pflichtwidrig handelt, wenn es auf eine ordnungsgemäße Erfüllung des Vorstandskollegen vertrauen durfte. Eine schadensursächliche Pflichtverletzung im Rahmen des Überwachens ist stets ein Nichteinschreiten trotz bestehender Anhaltspunkte für einen Pflichtverstoß. Drängt sich ein Einschreiten eines Vorstandsmitglieds aber eindeutig auf und ein Vorstandsmitglied lässt einen Pflichtverstoß geschehen, steht das aktive Handeln dem pflichtwidrigen Unterlassen gleich, da einer Rechtspflicht zum Tätigwerden besteht. Es leuchtet nicht ein, Tun und Unterlassen hier wertungsmäßig grundsätzlich anders zu behandeln. Für eine differenziertere Betrachtung sprechen zudem Zweckmäßigkeitsgesichtspunkte. Vorstandsmitglieder hätten, einmal abgesehen von dem Bedürfnis zur Wahrung der Amtsstellung, keinen finanziellen Anreiz überhaupt gegen pflichtwidriges Handeln einzuschreiten. Im Innenverhältnis könnte ein Vorstandsmitglied sich nämlich immer mit der Begründung, der Pflichtverstoß sei nicht im eigenen Ressort geschehen, schadlos halten. Ein erheblicher Teil der Steuerungsfunktion der Überwachungsverantwortung würde entfallen, wobei auch zu bedenken ist, dass der Überwachungspflichtige grundsätzlich ohnehin durch den Vertrauensgrundsatz geschützt ist. Auch deshalb wäre es sinnwidrig, pauschal davon auszugehen, der Überwachende könne stets umfassend Regress nehmen bzw. sei von Regressansprüchen eines Kollegen befreit. Dadurch wäre das eingangs erwähnte Spannungsverhältnis zwischen der Wahrung der Verantwortung der Vorstandsmitglieder und einer Enthaftungsmöglichkeit durch Delegation zu einseitig aufgelöst.

3. *Konsequenz: § 254 BGB analog*

Überzeugender ist es daher, nicht auf die starre Regelung des § 840 Abs. 2 BGB abzustellen, sondern die Verursachungs- und Verschuldensbeiträge der Vorstandsmitglieder entsprechend § 254 BGB zu berücksichtigen und ins Verhältnis zu setzen[865]. Für den pflichtwidrig unterlassenden Vorstand gilt dann § 254 Abs. 2 BGB (analog). Überzeugend ist es für die Berechnung der Anteile nicht primär auf die Schwere der Pflichtverletzung[866] oder den

---

864 So aber *Gunterman* AG 2017, 606 (607).

865 So bereits das RG, RGZ 159, 86 (91); außerdem *Haubold*, FS Thümmel, 2020, S. 331 (342 f.); *Hopt/Roth*, in: Großkomm AktG, § 93 Rn. 465; *Mertens/Cahn*, in: Kölner Komm AktG, § 93 Rn. 50; *Voß*, Gesamtschuldnerische Organhaftung, S. 183 ff..

866 *Fleischer*, in: BeckOGK AktG, § 93 Rn. 324; *Dauner-Lieb*, in: Henssler/Strohn GesR, § 93 AktG Rn. 38; *Hopt/Roth*, in: Großkomm AktG, § 93 Rn. 465.

Verschuldensgrad[867] abzustellen, sondern zunächst den Anteil an der Schadensverursachung zu ermitteln und erst dann etwaiges Verschulden miteinzubeziehen[868]. Der Verursachungsbeitrag wiederum bemisst sich danach, inwieweit das Verhalten den Schadenseintritttt objektiv ermöglicht hat bzw. den Eintritt im Verhältnis zu dem anderen Verursachungsbeitrag in erhöhtem Maße wahrscheinlich gemacht hat[869].

Freilich ist auch dann meist davon auszugehen, dass der Verursachungsbeitrag des Überwachenden deutlich geringer ist. Dass die schadensauslösende Handlung selbst in der Regel objektiv der Grund für den Schadenseintritt ist und das mangelnde Überwachen den Eintritt auch nicht in erheblichem Maße erhöht hat, liegt nahe[870]. In aller Regel ist der unmittelbar Handelnde daher allein oder überwiegend verantwortlich, da die Ressortverteilung seinen Haftungsanteil größer ausfallen lässt[871]. Er trägt schließlich die Primärverantwortung für das eigene Ressort. Eine Haftungsverteilung nach Köpfen wird man nur für überwachungspflichtige Vorstandsmitglieder annehmen dürfen, wenn der Handelnde erkennbar einem Informationsdefizit erlag[872] und der Überwachende vorsätzlich nicht gegen eine pflichtwidrige Maßnahme eingeschritten ist oder die Pflicht zum Einschreiten grob fahrlässig verkannt hat[873]. Die pauschale Annahme, alleiniger Verantwortung ist jedoch zu unflexibel[874].

---

867 *Grigoleit/Tomasic,* in: Grigoleit AktG, § 93 Rn. 100; *Hopt/Roth,* in: Großkomm AktG, § 93 Rn. 465; *Spindler,* in: MüKoAktG, § 93 Rn. 163.

868 BGH NJW 2730 (2732); *Guntermann/Noack,* FS Grunewald, 2021, S. 253 (256); *Looschelders,* in: Staudinger BGB, 2017, § 426 Rn. 65.

869 *Heinemeyer,* in: MüKoBGB, § 426 Rn. 22.

870 *Guntermann/Noack,* FS Grunewald, 2021, S. 253 (257); *Heinemeyer,* in: MüKoBGB, § 426 Rn. 23.

871 *Hopt/Roth,* in: Großkomm AktG, § 93 Rn. 465; *Mertens/Cahn,* in: Kölner Komm AktG, § 77 Rn. 50.

872 Mit dieser Ausnahme *Guntermann/Noack,* FS Grunewald, 2021, S. 253 (258 f.).

873 Für das Verhältnis zum Aufsichtsrat *Haubold,* FS Thümmel, 2020, S. 331 (342 f.).

874 So auch *Hopt/Roth,* in: Großkomm AktG, § 93 Rn. 465; zur anknüpfenden Frage der Anwendbarkeit des § 93 Abs. 2 S. 2 AktG für den Innenregress offenlassend *Fleischer,* in: BeckOGK AktG, § 93 Rn. 324; bejahend *Mertens/Cahn,* in: Köner Komm AktG, § 93 Rn. 50; verneinend *Hopt/Roth,* in: Großkomm. AktG, § 93 Rn. 467 ff.; differenzierend *Guntermann* AG 2017, 606 (608 f.); *Koch,* in: Koch AktG, § 93 Rn. 116 ff.

IV. Haftung für Gesamtvorstandsentscheidungen

Des Weiteren wirkt sich die Ressortverteilung auf die Haftung der Vorstandsmitglieder für Gesamtvorstandsentscheidungen aus[875]. Hierbei ist der Gedanke aufzugreifen, der bereits im Rahmen des Verschuldensmaßstabs in Leitungsangelegenheiten herangezogen wurde. Die dahinterstehende Überlegung ist, dass nicht jedes Vorstandsmitglied gleich wie der Ressortleiter über Ressortangelegenheiten des Unternehmens informiert sein kann. Ein arbeitsteiliges Zusammenwirken hätte wenig Sinn, wenn im Falle einer Plenumsentscheidung an jedes Mitglied die gleichen Anforderungen gestellt würden und die Zuständigkeitsverteilung im entscheidenden Zeitpunkt faktisch außer Kraft gesetzt würde. Wäre dies der Fall, hätte jedes Vorstandsmitglied die Möglichkeit, die anderen Mitglieder mit in die Verantwortung zu ziehen, indem es dem Gesamtvorstand Entscheidungen vorlegt und so die originäre Enthaftung der anderen Mitglieder durch Delegation zu umgehen. Würden an alle Vorstandsmitglieder dieselben Anforderungen gestellt, würde man der ursprünglichen Arbeitsteilung nicht gerecht. Auf der Ebene der individuellen Verantwortlichkeit, also im Rahmen des Verschuldens, muss die Zuständigkeitsordnung demnach reflektiert werden[876]. Im Rahmen des Sorgfaltsverstoß ist danach zu fragen, ob ein Vorstandsmitglied in der Position des jeweils Ressortverantwortlichen einem solchen Beschluss hätte zustimmen dürfen. Es geht also darum, ob unter Zugrundelegung des typisierten Schuldmaßstabs eines sorgfältigen Geschäftsleiters (§ 93 Abs. 1 S. 1 AktG) in einer vergleichbaren (Ressort)Position das Erkennen der Pflichtwidrigkeit zuzumuten war[877]. Dafür ist maßgeblich, ob der ressortfremde Organwalter auf Grundlage der präsentierten Informationen gewissenhaft entschieden hat. Für den Maßstab der Überprüfung lässt sich auf die Rechtsprechung des BGH[878] zum Vertrauen auf Informationen Dritter zurückgreifen, wonach eine Plausibilitätskontrolle durchzuführen ist und die präsentierten Informationen auf inhaltliche Konsistenz und abhängig von der Position des Vorstandsmitglieds auf inhaltliche Richtigkeit zu überprüfen sind[879]. Insbesondere kann

875 BGHSt 46, 30 = NJW 2000, 2364 (2366); dazu *Emde,* FS U. H. Schneider, 2011, S. 295 (319 f.); dies ebenfalls andeutend *Altmeppen* ZIP 2016, 97 (102).

876 *Emde,* FS U. H. Schneider, 2011, S. 295 (319 f.).

877 Allg. zum Verschuldensmaßstab *Hopt/Roth,* in: Großkomm AktG, § 93 Rn. 391; *Mertens/Cahn,* in: Kölner Komm AktG, § 93 Rn. 136.

878 BGH NJW 2007, 2118 (2119) Ls. 2.; DStR 2007, 1641; NZG 2012, 672; dazu eing. *Fleischer* ZIP 2009, 1397.

879 Ähnlich, ohne Rückgriff auf die Rspr. *Emde,* FS U. H. Schneider, 2011, S. 295 (319 f.).

nicht abverlangt werden, weitreichend andere Geschäftschancen und Risiken zu erkennen. Dadurch würde jedes Vorstandsmitglied im Rahmen der Haftung entgegen der Geschäftsverteilung in die Rolle des Ressortzuständigen versetzt.

Exkurs: Wirkung für die Organaußenhaftung

Auch wenn sich die vorliegende Arbeit vordergründig mit der Innenhaftung des Vorstands aus § 93 AktG beschäftigt, bietet es sich an dieser Stelle an, die zentrale Funktion der Ressortverteilung für Außenhaftung zu thematisieren. Bejaht man nämlich mit der Rechtsprechung[880] - entgegen der wohl hM in der Literatur[881] - die deliktische Außenhaftung auch für mittelbare Rechtsverletzungen der Geschäftsleiter, so ist auch dafür eine Wirkung der Ressortverteilung auszumachen, indem sie den Verantwortungsbereich der Geschäftsleiter auch nach außen hin beeinflussen kann[882].

1. Grundsätze der Organaußenhaftung

Ausgangspunkt für die Grundsätze der Organaußenhaftung für mittelbare Rechtsverletzungen ist die „Baustoff“-Entscheidung des BGH aus dem Jahr 1989[883]. Das Gericht machte den Geschäftsführer einer insolventen GmbH darin aufgrund dessen Organisations- und Leitungspflicht im betreffenden Geschäftsbereich ihm unbekannt gebliebene Eingriffe in fremde Schutzgüter durch nachgeordnete Angestellte deliktisch verantwortlich. Resultat dieser Rechtsprechung ist, dass ein Organwalter auch gegenüber Außenstehenden verpflichtet ist, drohende Gefahren zu steuern und abzuwehren, um Rechtsgutsverletzungen zu verhindern und er somit eine Garantenstellung innehat. Die immer noch anhaltende Diskussion kann hier nicht umfassend nachgezeichnet werden[884]. Die Fürsprecher haben jedenfalls auf ihrer Seite, dass die in der

---

880 BGHZ 109, 297 (303 f.) = NJW 1990, 976 – Baustoff; bestätigt durch BGHZ 194, 26 Rn. 24 = NJW 2012, 3439; zust. mit teilw. Abweichungen *Altmeppen* ZIP 2016, 97 (100 ff.); *ders.* in: GmbHG, § 43 Rn. 59 ff.; vorher bereits grundlegend *Altmeppen* ZIP 1995, 881 ff.; für eine deliktische Außenhaftung auch *Dieckmann* ZGR 2020, 1039 ff.

881 *Bachmann,* Gutachten E zum 70. DJT 2014, E 118; *Kleindiek,* Deliktshaftung und juristische Person, S. 443 f.; *Medicus,* FS Lorenz, 1991, S. 155 (159); *Wagner,* in: MüKoBGB, § 823 Rn. 131 ff. mwN.

882 BGHZ 133, 370 (377) = NJW 1997, 130; *Buck-Heeb* BB 2019, 584 (586).

883 BGHZ 109, 297 = NJW 1990, 976.

884 Gegen eine solche Garantenstellung *Bachmann,* Gutachten E zum 70. DJT 2014, E 118; *Beurskens,* in: NSH GmbHG, § 43 Rn. 136 ff.; *Dreher* ZGR 1992, 22 (33 f., 38 f.); *Hopt/Roth,* in: Großkomm. AktG, § 93 Rn. 664; *Kleindiek,* in: Lutter/Hommelhoff

„Baustoff"-Entscheidung entwickelten Grundsätze bislang nicht verworfen wurden. In aktuellen, augenscheinlich abweichenden Urteilen ging es um reine Vermögensschäden und nicht wie in der Präzedenzentscheidung um das Eigentum als geschütztes Rechtsgut[885]. Aus praktischen Gründen wäre es daher bereits wenig ratsam, sich auf die Gegenstimmen, zu verlassen, auch wenn die Ansicht der Rechtsprechung zum Teil als „bahnbrechend abwegig"[886] bezeichnet wird und ihr vorgeworfen wird, den Grundsatz der Haftungskonzentration auf die Gesellschaft zu unterlaufen[887].

2. *Beurteilung*

Auch dogmatisch vermag es zu überzeugen, Geschäftsleiter auch im Rahmen mittelbarer Rechtsverletzungen verantwortlich zu stellen: Nicht zuzustimmen ist dem BGH, wenn er zur Begründung dazu die vertraglichen Interessenwahrung-, Schutz- und Loyalitätspflichten der Gesellschaft gegenüber dem Dritten heranzieht[888], da dadurch die Relativität der Schuldverhältnisse missachtet wird, indem der Vorstand auf Grundlage der schuldrechtlichen Pflichten der Gesellschaft belastet wird[889]. Doch wie auch der BGH bereits mehrfach bestätigt hat, haftet ein deliktisch handelnder Geschäftsleiter gemeinsam mit dem Verband für ein schuldhaft begangenes Delikt[890]. Der Verband hingegen haftet nur aufgrund der Tatsache, dass einer seiner Organwalter selbst ein Delikt begangen hat, indem es die Erfüllung der Verkehrspflicht übernommen, aber dabei

GmbHG, § 43 Rn. 82; *Medicus* ZGR 1998, 570 (585); *Nietsch* CCZ 2013, 192 (198); *Paefgen,* in: HCL GmbHG, § 43 Rn. 357 ff.; aA BGHZ 109, 297, 303 f.) = NJW 1990, 976; BGHZ 194, 26 Rn. 24 = NJW 2012, 3439; *Altmeppen* ZIP 1995, 881 (887 ff.); *ders.* ZIP 2016, 2016, 97; *Brüggemeier* AcP 1991, 33 (63 ff.); zur Aktualität der Diskussion *Dieckmann* ZGR 2020, 1039 ff.

885 Vgl. dazu BGHZ 194, 26 = NJW 2012, 3439 und BGH NJW 2019, 2164.

886 *Mertens/Mertens* JZ 1990, 488 f.

887 *Dreher* ZGR 1992, 22 (33 f., 38 f.); *Hopt/Roth,* in: Großkomm AktG, § 93 Rn. 664; *Koch,* in: Koch AktG, § 93 Rn. 143 ff.; *Kleindiek,* Deliktshaftung und juristische Person, S. 1 ff, 466 ff.; zur fortwährenden Relevanz der „Baustoff"-Entscheidung insbes. *Dieckmann* ZGR 2020, 1039 (1041 ff.).

888 BGHZ 166, 84 (113 ff. Rn. 119 ff.) = NJW 2006, 830.

889 *Höpfner/Seibl* BB 2006, 673 (678); *Hölters,* in: Hölters/Weber AktG, § 93 Rn. 363.

890 „So haften der Geschäftsführer bzw. das Vorstandsmitglied persönlich, wenn sie den Schaden selbst durch eine unerlaubte Handlung herbeigeführt haben." BGHZ 194, 26 = ZIP 2012, 1552 Rn. 24 in Anknüpfung an BGHZ 109, 297 (303 f.) = NJW 1990, 976 – Baustoff; zust. *Altmeppen* ZIP 2016, 97 (100).

rechtswidrig und schuldhaft selbige verletzt hat[891]. § 31 BGB ist allein Zurechnungsnorm für das pflichtwidrige Handeln eines Dritten[892].

Im Rahmen der §§ 826, 823 Abs. 2 i.V.m. Schutzgesetzen und nach § 823 Abs. 1 BGB sanktionierten unmittelbaren Rechtsgutsverletzungen, haftet der Vorstand unstreitig neben dem Verband[893]. Weshalb eine nachgewiesene mittelbare Rechtsgutsverletzung anders zu behandeln sein sollte leuchtet nicht ein, da der Vorstand auch hier nicht für eine Verkehrspflicht der juristischen Person haftet[894], sondern der juristischen Person immer nur eine Verkehrspflichtsverletzung eines Organwalters selbst zugerechnet wird. Nachdem der Vorstand immer dafür zuständig ist, die Geschäftstätigkeit der Gesellschaft „in den Verkehr“ zu bringen, muss folglich auch gelten, dass er dies unter Berücksichtigung der Schädigung Dritter zu tun hat[895]. Für die in den Verkehr gebrachte Geschäftstätigkeit muss ein Vorstandsmitglied haften, wenn diese ihm normativ zurechenbar ist. Die Frage ist nämlich im Kern oftmals vielmehr diejenige, ob es sich um eine unmittelbare oder eine mittelbare Handlung des Geschäftsleiters handelt, was ebenfalls allein eine Wertungsfrage darstellt[896]. Anhand des Baustoff-Falls lässt sich dies paradigmatisch aufzeigen: Hier verpasste es ein Geschäftsleiter Vorsorge für ein baubranchentypische Problem der Lieferanten von Baumaterialien zu treffen. Die mit Bauunternehmern im Rahmen des verlängerten Eigentumsvorbehalts getroffene Vereinbarung über die Abtretung des Anspruchs, der aufgrund des durch den Einbau eintretenden Eigentumsverlustes gegen den Auftragnehmer entsteht, geht ins Leere, wenn der Bauunternehmer mit dem jeweiligen Auftraggeber Abtretungsverbote vereinbart. Hier hätte der Geschäftsleiter durch „Maßnahmen der Organisation und Koordination“[897] dafür Sorge tragen müssen, dass die Materialien nur bei Auftraggebern eingebaut werden, mit denen solche Abtretungsverbote nicht vereinbart wurden. Doch hätte wohl

891 *Altmeppen* ZIP 2016, 97 (100 ff.); *ders.* GmbHG, § 43 Rn. 61.

892 Zum Hintergrund *Altmeppen* ZIP 1995, 881 ff.

893 *Medicus* ZGR 1998, 570 (571).

894 In diese Richtung *Grunewald* ZHR 1993, 451 (456).

895 Das Unterlassen zumutbarer Maßnahmen, die Geschäftstätigkeit so einzurichten, dass keine technischen Schutzgesetze Dritter verletzt werden, zog der BGH als Begründung für eine patenrechtlichen Rechtsverletzung heran, vgl. BGHZ 208, 182 Ls. 2 = GRUR 2016, 257; für eine Wettbewerbsrechtsverletzung genügte es, dass der der Geschäftsleiter ein auf Rechtsverletzungen angelegtes Geschäftsmodell selbst ins Werk gesetzt hat, vgl. BGHZ 201, 344 Ls. 3 = GRUR 2014, 883.

896 *Schirmer,* Das Körperschaftsdelikt, S. 16; *Dieckmann* ZGR 2020, 1039 (1071).

897 BGHZ 109, 297 (305) = NJW 1990, 976.

niemand an der deliktischen Verantwortlichkeit des Geschäftsleiters gezweifelt, wenn er eine Anweisung zum Einbau bei eben solchen Auftraggebern erteilt hätte, ganz abgesehen davon, dass dann wohl eher ein Fall des § 826 BGB vorläge. Gleiches hätte man angenommen, wenn das aktive Implementieren dieser fehlerhaften Organisation als kausale unerlaubte Handlung bewertet worden wäre. Das Problem ist, dass die Grenze zum unmittelbaren Handeln oftmals verschwimmt. Man hätte dem Geschäftsleiter im Baustoff-Fall ebenso gut den Vorwurf machen können, er habe eine auf Rechtsverstöße angelegte Organisation implementiert und es im Anschluss unterlassen, diese entsprechend anzupassen[898]. Weshalb sollte also gerade bei einer nachgewiesenen (!) mittelbaren Rechtsgutsverletzung ein Unterschied gemacht werden, nur weil neben dem Geschäftsleiter auch ein Verband haftet[899]? Es wäre höchst unbillig es letztlich an dieser Differenzierung festzumachen, ob Organmitglieder haften oder nicht.

3. *Inhalt der Verkehrspflicht und Bedeutung der Ressortverteilung*

Es ist dennoch schwierig, Inhalt und Umfang der deliktischen Verkehrspflicht zu bestimmen[900], da sich die schwierig zu beantwortende Wertungsfrage stellt, in welchem Umfang es einem Geschäftsleiter zumutbar ist, für die Geschäftstätigkeit des Unternehmens einzustehen.

Ausgangspunkt dessen ist, dass sich die Verkehrspflicht in einem Rahmen bewegt, welcher der Schutzbedürftigkeit des potenziell Geschädigten Rechnung trägt, gleichzeitig aber ein Ausmaß behält, welches dem Schädiger mögliche und zumutbare Abwehrmaßnahmen aufbürdet[901]. Ein Organwalter kann in Bezug auf eine Verkehrspflicht nur dann Adressat sein, wenn ihm die Gefahrlage normativ zurechenbar ist. Eine Garantenpflicht folgt aus der „faktischen

---

898 Auch *Kleindiek* erkennt im Baustoff-Fall diese Grenzlinie *Kleindiek*, Deliktshaftung und juristische Person, S. 466 ff.

899 Dazu *Altmeppen* ZIP 2016, 97 (101): „Die Garantenpflicht soll gerade die absolut geschützten Rechte Dritter i. S. d. § 823 Abs. 1 BGB vor Verletzung bewahren, und wer sie pflichtwidrig und schuldhaft verletzt, kann niemals seine Haftung als Deliktstäter für Verletzung absolut geschützter Rechtsgüter mit dem Argument leugnen, der Gesetzgeber des BGB habe dem Opfer im Jahr 1896 immerhin auch eine Vermögensmasse zur Verfügung gestellt, die ein (möglicherweise insolventer!) Verband besitzt, für den der Täter gehandelt hat (§ 31 BGB).“; so auch *Dieckmann* ZGR 2020, 1039 (1070).

900 *Koch*, Gesellschaftsrecht, § 27 Rn. 14.

901 *Wagner*, in: MüKoBGB, § 823 Rn. 453.

Verantwortungszuständigkeit“[902]. Das wiederum bemisst sich nach der faktischen Pflichtenübernahme, die nach allgemeinen deliktsrechtlichen Grundsätzen von der tatsächlichen und rechtlichen Möglichkeit zur Gefahrkontrolle sowie der faktischen Übernahme der Aufgabe abhängt[903]. Der BGH führt dazu aus: „Dies kann im außervertraglichen, deliktischen Bereich insbes. wegen einer dem Geschäftsführer als Aufgabe zugewiesenen oder von ihm jedenfalls in Anspruch genommenen Garantenstellung zum Schutz fremder Schutzgüter iSd § 823 I BGB der Fall sein, die ihre Träger der Einflusssphäre der Gesellschaft anvertraut haben“[904]. Somit beschränkt sich die Verkehrspflicht der Vorstandsmitglieder primär auf den Verantwortungsbereich, der ihnen zugewiesen ist.

Über dieses Einfallstor kommt der Geschäftsverteilung bzw. der horizontalen Delegation eine zentrale Bedeutung zu, denn die faktische Verantwortungszuständigkeit lässt sich (zumindest auch) danach bestimmen, welcher Geschäftsbereich dem konkreten Vorstandsmitglied zugewiesen ist und somit nach der Ressortverteilung[905]. Insofern entfaltet die grundsätzlich nur das Innenverhältnis betreffende Ressortverteilung auch Wirkung für das Außenverhältnis zu Dritten[906]. Vorstandsmitglieder treten durch die Übernahme eines Ressorts in eine Garantenstellung für den nachgeordneten Geschäftsbereich, da sich deren Verantwortungsbereich auf den eigenen Zuständigkeitsbereich beschränkt[907]. Rechtliche und tatsächliche Möglichkeit zur Gefahrenkontrolle hat grundsätzlich derjenige Geschäftsleiter, der auch die Geschäftsführungsbefugnis im jeweiligen Bereich innehat. Daher ist grundsätzlich auch nur derjenige Geschäftsleiter Inhaber der Verkehrspflicht, der im jeweiligen Geschäftsbereich ressortzuständig ist. Denn dieser übernimmt die grundsätzlich an die juristische Person gerichtete Verkehrspflicht, was zur Folge hat, dass er neben bzw. für die juristische Person verkehrspflichtig wird[908]. Die Handlungen der anderen Mitglieder werden selbstverständlich auch hier nicht zugerechnet.

---

902 BGH NJW RR-RR 1989, 918 (919); so auch *Dieckmann* ZGR 2020, 1039 (1067).

903 *Wagner,* in: MüKoBGB, § 823 Rn. 142; ähnlich *K. Schmidt,* Karlsruher Forum, 1993, S. 4 (14).

904 BGHZ 109, 297 (303 f.) = NJW 1990, 976 – Baustoff.

905 Zur begrenzenden Wirkung der Ressortverteilung auch *Dieckmann* ZGR 2020, 1039 (1073).

906 BGHZ 133, 370 (377) = NJW 1997, 130; *Buck-Heeb* BB 2019, 584 (586).

907 *Wagner,* in: MüKoBGB, § 823 Rn. 142.

908 Für die Notwendigkeit der Haftung eines Organmitglieds zur Begründung der Haftung der juristischen Person *Altmeppen,* in: GmbHG, § 43 Rn. 61; *Brüggemeier* AcP

Ressortunzuständige Vorstandsmitglieder haften mithin grundsätzlich nicht für fahrlässiges Überwachungsversagen[909]. Eine Außenhaftung für Pflichtverletzungen Angestellter fremder Ressorts ergibt sich aber aus einer im konkreten Einzelfall entstandenen Garantenstellung bzw. der Übernahme einer Verkehrspflicht[910]. Das kann sich entweder durch ein pflichtwidriges Vorverhalten oder die gegenüber einem Dritten erklärte Übernahme der Aufsichtspflicht des fremden Ressorts ergeben[911]. Hinzu tritt der – sehr unwahrscheinliche – Fall, dass ein ressortfremdes Vorstandsmitglied die Verkehrspflichtverletzung eines Vorstandskollegen erkennt oder erkennen muss und es unterlässt, gegen diese einzugreifen. Denn eben dies fällt auch noch unter den Aufgaben- und Verantwortungsbereich eines ressortfremden Vorstandsmitglieds. Dabei handelt es sich nämlich um die originäre Pflicht, die durch die Delegation nur reduziert ist und in Form der Gesamtverantwortung für die gesamte Geschäftsführung bestehen bleibt[912].

Darin fügt sich auch der Kernbereich der nichtdelegierbaren Angelegenheiten ein. Für solche trägt jeder Geschäftsleiter die Verantwortung und ist durch das Direktionsrecht gegenüber nachgeordneten Mitarbeitern auch in der Lage, Leitungsangelegenheiten zu kontrollieren und zu verhindern. Entsprechend sind nichtdelegierbare Angelegenheiten auch allen Geschäftsleitern normativ zurechenbar. Auch der Rechtsverkehr darf mithin darauf vertrauen, dass für Angelegenheiten, die „typischerweise auf Geschäftsführerebene entschieden“[913] werden, der Vorstand verantwortlich ist. So konstruiert auch der BGH in der „Lederspray“-Entscheidung einen von der Ressortverteilung unangetasteten gemeinsamen Verantwortungsbereich aller Geschäftsleiter, aus der eine Pflichtenstellung gegenüber Dritten bestünde[914]. Somit ergibt sich für nichtdelegierbare

---

1991, 33 (64 f.); aA *Kleindiek,* Deliktshaftung und juristische Person, S. 478 ff.; *Medicus* GmbHR 2002, 809 (816 f.).

909 *Grunewald* ZHR 1993, 451 (458); *Wagner,* in: MüKoBGB, § 823 Rn. 142.

910 *Mascherini,* Ressortverteilung, S. 199 f.; *Wagner,* in: MüKoBGB, § 823 Rn. 134.

911 Zu letzterem *Fleischer* ZGR 2000, 152 (157).

912 AA *Mascherini,* Ressortverteilung, S. 194 ff., der die Überwachungspflicht als nur aufgrund der Ressortverteilung entstehende Pflicht im Innenverhältnis sieht und somit eine Außenwirkung verneint.

913 BGHZ 201, 344 Rn. 19 = NZG 2014, 991.

914 Dies auch wenn der BGH Zweifel äußert, ob der gesellschaftliche Gesamtverantwortungsgrundsatz auch für das Strafrecht Geltung erlangt (vgl. BGHSt 37, 106 = NJW 1960, 2560 (2565)). Zudem ging es im Fall um eine Unterlassensstrafbarkeit aufgrund vorangegangenen pflichtwidrigen Verhaltens.

Angelegenheiten eine Verkehrspflicht aller Geschäftsleiter. Der Vorstand handelt im nichtdelegierbaren Leitungsbereich jedoch in der Regel durch Entscheidungen, weshalb die Relevanz für mittelbare Rechtsverletzungen gering ist.

E. Zwischenergebnis

Abseits der nichtdelegierbaren Angelegenheiten führt die horizontale Delegation zu einer erheblichen Verantwortungsreduzierung. Zwar bleiben alle Vorstandsmitglieder überwachungspflichtig. Doch ist das Vertrauen in eine ordnungsgemäße Geschäftsführung durch den zuständigen Ressortvorstand geschützt. Eine Pflicht, in dieses Ressort einzugreifen, besteht nur, sofern konkrete Anhaltspunkte für eine Fehlentwicklung bestehen. Es besteht dann die Möglichkeit, Angelegenheiten vor den Gesamtvorstand zu bringen oder, sofern einem Vorstandsmitglied ein Widerspruchsrecht eingeräumt ist, dieses durchzusetzen. Bei einem Pflichtverstoß haften Vorstandsmitglieder, die ihre Überwachungspflicht verletzen, gemeinsam mit dem unmittelbar handelnden Vorstandsmitglied. Im Innenregress findet entgegen der hM § 254 BGB entsprechende Anwendung. Zudem wirkt sich die Ressortverteilung auf die Organaußenhaftung für Verkehrspflichtverletzungen aus.

§ 2 Vertikale Delegation

Als vertikale Delegation wird die Delegation innerhalb des Unternehmens an nachgeordnetes Personal bezeichnet[915]. Um ihrer Führungsrolle innerhalb des Unternehmens gerecht zu werden, kommt den Vorstandsmitgliedern regelmäßig die Pflicht zu, Aufgaben weitestgehend zu delegieren, da andernfalls eine sorgfältige Geschäftsführung überhaupt nicht möglich wäre[916]. Denn es fehlt ihnen in der Regel die nötige Sachkunde, was insbesondere dann der Fall ist, wenn die Ressortverteilung nicht nach funktionalen Aspekten, sondern nach Produkten oder Regionen erfolgte. Zudem müssen wichtige Vorstandsbeschlüsse vorbereitet werden. Es wäre sinnwidrig, wenn hier allein der Vorstand tätig würde und nicht alle Unternehmensangestellten der Geschäftsleitung zuarbeiten würden, indem sie Unterlagen vorbereien und Entscheidungsalternativen analysieren. Sieht sich der Vorstand zu einer sachgerechten Entscheidung nicht in der Lage, so *muss* er sich sogar fachkundige Hilfe suchen[917]. Ordnungsgemäße Delegation

---

915 Vgl. nur *Fleischer,* in: Hdb-VorstR, § 8 Rn. 26 ff.; *Froesch* DB 2009, 722 (723); *Schmidt-Husson,* in: Corporate Compliance, § 6 Rn. 8.

916 *Kuntz* AG 2020, 801 (809 f.).

917 BGH NZG 2011, 1271.

und die Auswahl fachkundigen Leitungspersonals stellen dann eine zentrale Führungsaufgabe dar[918]. Die Ausübung des Delegationsrechts wächst so zu einer zentralen Pflicht des Geschäftsleitungsorgans heran.

A. Zulässigkeit der vertikalen Delegation

An der grundsätzlichen Zulässigkeit der vertikalen Delegation bestehen keine Zweifel[919]. Dass die vertikale Arbeitsteilung im Grundsatz rechtlich gestattet ist, ergibt sich implizit aus der Zulässigkeit der Stellvertretung, die schon § 78 Abs. 3 AktG für den Prokuristen gewährleistet[920]. Damit gibt das Gesetz dem Vorstand die Möglichkeit, Angestellte in die Geschäftsführungstätigkeit einzubeziehen. Zudem lassen sich erneut allgemeine Rechtsgrundsätze des Mandatsverhältnisses heranziehen. Es wurde bereits herausgearbeitet, dass sich der Grundsatz der Höchstpersönlichkeit und somit das Delegationsverbot nur auf den disziplinären Kernbereich der Mandatstätigkeit bezieht. Die Einschaltung von Gehilfen ist dagegen im Grundsatz zulässig. Abseits der persönlichen Leitungspflichten kann der Vorstand daher seine Verantwortung für die Geschäftsführungstätigkeit im Wege der Delegation auf die Überwachungstätigkeit reduzieren und die persönliche Handlungspflicht an nachgeordnete Mitarbeiter übertragen. Delegierbare Angelegenheiten stellen nur Hilfstätigkeiten für die Unternehmensleitung selbst dar und dienen der Vorbereitung und Ausführung. Auch sind Vorstandsmitglieder durch vertikale Delegation nicht daran gehindert, ihren Leitungspflichten weiterhin eigenständig nachzugehen. Gem. § 611a Abs. 1 S. 1 BGB[921] sind Angestelle des Unternehmens weisungsgebunden. Dieses Weisungsrecht übt innerhalb der AG der Vorstand an Stelle der Gesellschaft aus und hat auf diese Weise jederzeit die Möglichkeit, Aufgaben an sich zu ziehen und die volle Verantwortung dafür zu übernehmen[922]. Einer Übertragung steht daher nichts im Wege. Keine Gefahr besteht dahingehend, dass der Vorstand Leitungsmacht dergestalt entäußert, dass er Angestellten irreversibel Einwirkungsmöglichkeiten einräumt. Das Weisungsrecht macht eine Rückdelegation immer möglich. Im Gegenzug geht es aber zu weit, zu behaupten, delegierbare Angelegenheiten

918 Zur Delegation als Führungsaufgabe auch *Linnertz,* Delegation, S. 126 ff.; *Weinbrenner,* Konzernexternes Outsourcing, S. 217 ff.

919 *Schmidt-Husson,* in: Corporate Compliance, § 6 Rn. 8; *U. H. Schneider* FS 100 Jahre GmbHG, 1992, S. 487.

920 *Fleischer* ZIP 2003, 1 (8); *Linnertz,* Delegation, S. 138.

921 Vgl. auch § 106 GewO.

922 *Müller* NZA Beilage 2014, 30 (36).

müsste der Vorstand immer auch delegieren[923]. Das ist in dieser Pauschalität unrichtig, da das Recht sich durch die Freiheit es wahrzunehmen gerade von der Pflicht unterscheidet. Vielmehr handelt es sich um eine Ermessensentscheidung des Vorstands, die bei fehlender Ressortverteilung durch im Gesamtvorstand, andernfalls durch den jeweiligen Ressortleiter getroffen wird. Außerdem ist den Mitgliedern hier unternehmerisches Ermessen iSd § 93 Abs. 1 S. 2 AktG eingeräumt[924].

B. Unveräußerlichkeit der Ressortleitung

Augenscheinlich keine Erwähnung findet die Frage, ob der vertikalen Delegation eines Ressortvorstands inhaltliche Grenzen gesetzt sind[925]. Auch hier gibt es jedoch eine persönliche Ressortleitungspflicht, die einer allumfassenden Delegation im Wege steht. Oben wurde bereits herausgearbeitet, dass das Delegationsverbot auf der Höchstpersönlichkeit des Leitungsauftrags fußt[926]. Weiterhin wurde erwähnt, dass dieser Aspekt für jedes weitere Delegationsverhältnis gilt, da es sich dabei im Kern um einen weiteren Auftrag handelt[927]. Entsprechendes muss daher für die Grenze der vertikalen Delegation gelten. Ein jedes Vorstandsmitglied ist aufgrund seiner Verpflichtung zur Ressortleitung zur höchstpersönlichen Wahrnehmung der Kerntätigkeit der Ressortführung verpflichtet. Es besteht ein berechtigtes Vertrauen darin, dass das jeweilige Ressort primär durch den Ressortleiter geführt wird. Dahinter steht nämlich die im Rahmen des Geschäftsverteilungsbeschlusses stehende Auwahl des Ressortleiters, die nicht durch ausufernde Delegation umgangen werden kann.

Zur Konkretisierung dieses Kernbereichs lässt sich der oben herausgearbeitete unternehmerische Aspekt der Leitungspflicht heranziehen[928]. Die Ressortplanung, die Ressortorganisation, Kontrolle und Überwachung sowie die Besetzung der Schlüsselpositionen innerhalb des Ressorts obliegen unveräußerlich dem Ressortvorstand. Zudem hat er alle Angelegenheiten, die Auswirkung auf die mittel- bis langfristige Entwicklung des Ressorts haben und die Ertrags-, Finanz- und Beschäftigungslage erheblich beeinflussen, selbst wahrzunehmen.

923 So *Hommelhoff*, Konzernleitungspflicht, S. 181.
924 *E. Vetter*, in: Hdb. Managerhaftung, Rn. 22.75.
925 Eigentlich ist dies noch eine Frage des „Ob“ der Delegation, doch bietet es sich an, sie im spezifischen Zusammenhang mit der vertikalen Delegation zu thematisieren.
926 Dazu Kapitel 2 § 1 A. III.
927 Dazu Kapitel 2 § 1 C. V. 4.
928 Dazu Kapitel 2 § 2 B. II.

Die Delegation der Vorbereitung, der Ausführung und allgemein der Zuarbeit sind selbstverständlich auch hier möglich.

C. Anforderungen

Die Anforderungen an die vertikale Delegation, lassen sich erneut aus den ausdifferenzierten Verhaltensvorgaben für die deliktischen Verkehrspflichten bzw. der allgemeinen *cura deligendo* erschließen[929]. Vorstandsmitglieder haben demnach für die Auswahl, Einweisung und Überwachung von Mitarbeitern einzustehen[930]. Die Sorgfaltsanforderungen fallen jeweils umso strenger aus, je risikoträchtiger die delegierte Angelegenheit ist[931].

I. Formelle Anforderungen

In formeller Hinsicht sind an die vertikale Delegation keine Anforderungen gestellt. Es bedarf keiner Schriftform. Da über die vertikale Delegation üblicherweise innerhalb der Ressorts entschieden wird, müssen die anderen Vorstandsmitglieder nicht miteinbezogen werden. Daher muss auch kein formeller Beschluss aller Mitglieder gefasst werden[932]. Um die Wahrnehmung der Überwachungspflicht der übrigen Vorstandsmitglieder zu ermöglichen, ist die Organisation des eigenen Ressorts in Grundzügen jedoch dem Gesamtvorstand zu unterbreiten.

II. Materielle Anforderungen

1. Auswahl

Zunächst bedarf es der Auswahl eines für die Aufgabe geeigneten Mitarbeiters (*cura eligendo*). In Anlehnung an das Urteil des BGH zur Ressortverteilung bedarf es sachlich und persönlich geeignetes Personal[933]. Abhängig ist dies selbstverständlich vom Inhalt der Aufgabe und daher eine Frage des Einzelfalls.

---

929 Nicht überzeugend daher *Hegnon* CCZ 2009, 58, der neben den Pflichtentrias weitere Aufsichtspflichten erkennt, die sich jedoch allesamt in die Delegationssorgfaltsanforderungen einordnen lassen, ausdr. dagegen auch *Dreher* FS Hopt Bd. I, 2010, S. 517 (537 f.).

930 BGHZ 127, 336 (347) = NJW 1995, 326.

931 *Fleischer,* in: BeckOGK AktG, § 93 Rn. 135 ff.

932 *Froesch* DB 2009, 722 (725); *E. Vetter,* in: Hdb. Managerhaftung, Rn. 22.75; *U. H. Schneider* FS 100 Jahre GmbHG, 1992, S. 473 (488).

933 BGHZ 220, 162 Rn. 21 = NZG 2019, 225.

In persönlicher Hinsicht muss der Delegant jedenfalls in der Lage sein, Verantwortung für die in Frage stehende Aufgabe zu übernehmen. Er muss also die notwendige Zuverlässigkeit und Belastbarkeit aufweisen, wofür ihn in der Regel Erfahrung in einer vergleichbaren Position qualifiziert[934], über die sich der Geschäftsleiter zu vergewissern hat[935]. Außerdem muss der Mitarbeiter fachlich geeignet sein und die zeitlichen Kapazitäten besitzen, die delegierte Aufgabe wahrzunehmen[936]. Es bietet sich zudem mit Blick auf mögliche Compliance-Verstöße an, sich über etwaige Vorstrafen zu informieren. Soweit es an Personal fehlt oder jenes nicht ausreichend geschult ist, hat der Vorstand für personelle Ressourcen zu sorgen oder für Fortbildung zu sorgen[937]. Zudem ist auf etwaige Interessenkonflikte bei dem Delegationsempfänger zu achten[938].

2. *Einweisung*

Hat der Vorstand einen geeigneten Mitarbeiter ausgewählt, so ist dieser ordnungsgemäß in die Aufgabe einzuweisen (*cura instruendo*)[939]. Dabei muss die Aufgabe genau erläutert, Handlungsziele bestimmt und der Verantwortungsbereich zielgenau bestimmt werden[940]. Wichtig ist dabei, insbesondere wenn mehrere Angestellte mit Aufgaben betraut sind, dass die Zuständigkeiten klar verteilt sind und eindeutig ist, wer für die Einhaltung bestimmter Vorschriften oder Fristen zuständig ist[941]. Bestenfalls ist dies so präzise wie möglich schriftlich festzuhalten, um im Streitfall Beweisprobleme zu vermeiden[942].

Eine sorgfältige Einweisung kann zudem nur gelingen, wenn der Mitarbeiter über die Zielsetzung und die Organisationsstruktur des Unternehmens informiert ist[943]. Insbesondere wenn wichtige Aufgaben, wie die Vorbereitung der

---

934 *Schmidt-Husson,* in: Corporate Compliance, § 6 Rn. 29.

935 *Knierim,* in: Hdb. Wirtschafts- u. SteuerStrafR, 5. Kap. Rn. 44.

936 *Knierim,* in: Hdb. Wirtschafts- u. SteuerStrafR, 5. Kap. Rn. 44.

937 KG Berlin NZG 1999, 400 (401); *U. H. Schneider* in: FS 100 Jahre GmbHG, 1992, S. 473 (486); *E. Vetter,* in: Hdb. Managerhaftung, Rn. 22.74.

938 Dazu in Zusammenhang mit der Business Judgment Rule *Zenner* AG 2021, 502 (505 ff.).

939 BGHZ 127, 336 (347) = NJW 1995, 326; *Fleischer,* in: BeckOGK AktG, § 93 Rn. 137; *Kuntz* AG 2020, 801 (813).

940 *Fleischer,* in: BeckOGK AktG, § 93 Rn. 137; *Kuntz* AG 2020, 801 (813).

941 Dazu das OLG Düsseldorf NStZ-RR 1999, 151 (152) zur Aufsichtspflicht aus § 130 OWiG.

942 *Schulze* NJW 2014, 3484 (3485).

943 *Fleischer,* in: BeckOGK AktG, § 93 Rn. 136.

Jahresplanung innerhalb einer Sparte stattfinden, sind die Zuständigen Mitarbeiter über die Gesamtunternehmensplanung ins Bild zu setzen. Zudem ist über tätigkeitsspezifische Gefahren zu informieren und auf typische Rechtsverstöße hinzuweisen[944]. Im Rahmen dessen erlangt die Definition bestimmter Handlungsziele an Bedeutung. Nachdem alle Vorstandsmitglieder an der Planung des Gesamtunternehmens als Teil ihrer Leitungsaufgabe befasst sind, haben sie bei der Einweisung des Delegatars die Aufgabenziele an die Ziele des Unternehmens anzupassen.

Schwierig abstrakt zu bestimmen ist, inwieweit der Vorstand verpflichtet ist, die Aufgabenausführung gegenüber dem jeweiligen Delegatar zu präzisieren. Aus haftungsrechtlicher Sicht befindet sich der Vorstand in einem Dilemma: Hält der Vorstand den Delegationsinhalt vage und lässt dem Delegatar einen weiten Handlungsspielraum, so setzt er sich der Gefahr aus, seine Einweisungssorgfalt nicht in ausreichendem Maße beachtet zu haben. Erteilt er hingegen eine präzise Weisung, so minimiert sich die enthaftende Wirkung der Delegation. Denn der Angestellte ist gem. § 611a Abs. 1 S. 1 BGB an die Weisung, sofern sie rechtmäßig ist, gebunden[945]. Gleichwohl haftet der Vorstand für eine schadensauslösende Weisung, deren Folgen er mindestens fahrlässig verkannt hat. In diesem Fall ist der Angestelle nämlich nur Ausführender einer allein dem Vorstand zuzurechnenden Handlung[946].

Über das Problem hilft dem Vorstand die Business Judgment Rule hinweg, sofern es sich um eine unternehmerische Entscheidung iSd § 93 Abs. 1 S. 2 AktG handelt. Das wird in aller Regel der Fall sein, denn bei der Delegation zur Ausführung einer gebundenen Entscheidung muss der Vorstand den Delegatar nicht anweisen, da deren Handlungsinhalt klar ist. Kommuniziert er diesen verschuldet unrichtig, haftet er selbstverständlich. Einfallstor für die Bestimmung des Einweisungsumfangs ist dann die Frage, inwieweit der Vorstand vernünftigerweise annehmen durfte, *zum Wohle der Gesellschaft* zu handeln. Das ist ausweislich der Gesetzesbegründung der Fall, wenn die langfristige Stärkung des Ertrags und der Wettbewerbsfähigkeit gefördert wird[947]. Hier kommt dem Vorstand ein Beurteilungsspielraum zu, der ihm mehrere Handlungsmöglichkeiten

---

944 *Fleischer*, in: BeckOGK AktG, § 93 Rn. 137; *Froesch* DB 2009, 722 (725); *U. H. Schneider*, FS 100 Jahre GmbHG, 1992, 473 (486).

945 *Fritz* NZA Beilage 2018, 98 (102).

946 Freilich geht es auch hier nicht um eine Zurechnung des Handelns iSd § 278 BGB, sondern um die Haftung für die Erteilung der Weisung selbst.

947 Begr. RegE BT-Drs. 15/5092, S. 11

gewährt[948]. Es kann im Einzelfall dann notwendig sein, den Delegatar genauestens in die Aufgabe einzuweisen, aber genauso gut kann es vorteilhaft sein, einem erprobten Fachexperten weite Handlungsspielräume zu gewähren, um dessen Potential vollumfänglich auszuschöpfen.

Als allgemeiner Grundsatz lässt sich festhalten: Je selbstständiger der Angestellte handelt, desto intensiver hat sich der Vorstand mit der Auswahl eines geeigneten Mitarbeiters auseinanderzusetzen[949]. Soll der oder die Angestellte(n) auf eine Weisung hin handeln, nimmt wiederum die Einweisungssorgfalt im Rahmen der Weisungserteilung eine größere Rolle ein.

3. *Einräumung von Vertretungsbefugnissen*

Des Weiteren ist es für Bereiche wie beispielsweise den Einkauf im Rahmen der Übertragung der Aufgabe notwendig, Angestellten die notwendigen Vertretungsbefugnisse einzuräumen. Andernfalls können sie die delegierte Aufgabe nicht erfüllen und diese ist somit fehlerhaft. Für die AG gelten neben den allgemeinen zivilrechtlichen Stellvertretungsregeln des BGB die handelsrechtlichen Vorschriften zur Handlungsvollmacht zur Prokura[950]. Auch die Einräumung einer Generalvollmacht innerhalb einer Kapitalgesellschaft wird zum Teil als zulässig erachtet[951]. Dabei handelt es sich um eine rechtsgeschäftlich erteilte, im Außenverhältnis vollumfänglichen Vertretungsmacht, die ihre Grenzen in der Höchstpersönlichkeit des im Einzelfall vorzunehmenden Rechtsgeschäfts oder in sonstigen Gründen findet[952]. Doch ist einhellige Meinung, dass die organschaftliche Vertretungsbefugnis nicht übertragen werden kann, da diese auf dem auf Vertrauen beruhenden Mandatsverhältnis zu den Vorstandsmitgliedern basiert[953]. Dementsprechend muss gelten, dass auch eine der

948 Statt aller *Spindler,* in: MüKoAktG, § 93 Rn. 54.

949 Der Gesetzgeber hatte bei der Fassung des § 831 BGB ein Exklusivverhältnis zwischen Auswahl- und Anleitungspflichten vor Augen (vgl. Prot. II 598 f., 603), je nachdem ob der Gehilfe auf Weisung oder selbstständig handelt. Das aber wird in Übereinstimmung mit dem Wortlaut des § 831 („und") heute nicht mehr so gesehen, statt aller *Wagner,* in: MüKoBGB, § 831 Rn. 40. Daraus lässt sich jedoch mit der hier genannten erhöhten Sorgfaltsanforderung bei der Auswahl selbstständiger Mitarbeiter schließen, dass jene parallel steigen oder eben sinken.

950 *Spindler,* in: MüKoAktG, § 78 Rn. 110.

951 *Habersack/Foerster,* in: Großkomm AktG, § 78 Rn. 81; *Joussen* WM 1994, 273 (277); *Wandt/Herold* NZG 2020, 201; *Spindler,* in: MüKoAktG, § 78 Rn. 118.

952 *Hübner* ZHR 1979, 1 (3).

953 BGH NJW 1977, 199 (200); *Wiesner* in MHdB GesR, Bd IV, § 23 Rn. 28.

Organvertretungsmacht entsprechende Generalvollmacht unwirksam ist, denn dadurch würden einem nachgeordneten Mitarbeiter faktisch Organkompetenzen eingeräumt[954]. Daher sind organschaftliche Befugnisse in jedem Fall von der Generalvollmacht ausgenommen. Entsprechend muss die Generalvollmacht jederzeit widerruflich sein[955], sie muss durch das Geschäftsleitungsorgan erteilt werden[956] und unterliegt den gesetzlichen und satzungsmäßigen Grenzen zur Vertretung der Gesellschaft[957].

a. Grenzen der Vertretungsbefugnis

Ausgenommen von der Vertretungsbefugnis sind die höchstpersönlichen Inhaber- und Organpflichten[958]. Dementsprechend sind im Aktiengesetz die Unterzeichnung des Gründungsberichts § 32 Abs. 1 AktG und der Jahresabschluss vom Vertretungsumfang ausgenommen, da hier ausschließlich die Vorstandsmitglieder zum Handeln befugt sind[959]. Auch einen Insolvenzantrag kann ein Bevollmächtigter nicht eigenmächtig stellen[960]. Außerdem sind Vollmachten im konkreten Einzelfall ihrem Inhalt nach auszulegen. Auch weitreichende Vollmachten ermächtigen nicht zu Geschäften, die nach dem Zweck der Vollmacht so außergewöhnlich sind, dass sie der Vollmachtgeber (der Vorstand) ersichtlich nicht im Sinn gehabt haben kann[961].

b. Vertretung in Leitungsangelegenheiten

In diesem Zusammenhang stellt sich dann die Frage, inwieweit die Vertretungsbefugnis nachgeordneter Mitarbeiter nicht delegierbare Leitungsangelegenheiten erfasst bzw. erfassen kann. Das meint letztlich, ob das Delegationsverbot insoweit auch eine Grenze der Gestaltungsmacht sowohl der Vorstandsmitglieder im Sinne eines Verbots zur Einräumung rechtsgeschäftlicher Vertretungsmacht als auch gegenüber den nachgeordneten Mitarbeitern als Grenze der

---

954 *Altmeppen,* in: GmbHG, § 35 Rn. 15.

955 *Habersack/Foerster,* in: Großkomm AktG, § 78 Rn. 81; *Mertens/Cahn,* in: Kölner Komm AktG, § 78 Rn. 78; *Spindler,* in: MüKoAktG, § 78 Rn. 118.

956 *Spindler,* in: MüKoAktG, § 78 Rn. 118; *Mertens/Cahn,* in: Kölner Komm AktG, § 78 Rn. 78.

957 *Spindler,* in: MüKoAktG, § 78 Rn. 118.

958 Für die Prokura *Krebs,* in: MüKoHGB, § 49 Rn. 50.

959 *Krebs,* in: MüKoHGB, § 49 Rn. 50.

960 KG JR 1950, 343; *Krebs,* in: MüKoHGB, Vor § 48 Rn. 99.

961 RGZ 52, 96; 71, 222; BGH NJW 1988, 3012 (3012).

Vertretungsmacht darstellt. Dabei geht es freilich nur um Rechtsgeschäfte, die mit Dritten geschlossen werden, also voluminöse Investitionen oder das Unternehmensganze betreffende Verträge, da nur hier Vertretungsmacht eines Angestellten notwendig ist. Wie bereits dargelegt, ist das Delegationsverbot in der Höchstpersönlichkeit der Leitungsangelegenheiten begründet. Infolgedessen wäre es konsequent, die Möglichkeit der Stellvertretung auszuschließen, da eine solche bei höchstpersönlichen Rechtsgeschäften nicht in Frage kommt.

Hier darf jedoch nicht die eigentliche Wahrnehmung der Angelegenheit, also beispielsweise die Entscheidung über eine Investition, mit deren Durchführung, also dem Vertragsschluss, vermengt werden. Die vom Vertrauen geschützte Funktion des Vorstands besteht in der Steuerung und Kontrolle der Leitung, nicht in deren Durchführung. Kommt er dieser Pflicht nicht nach, handelt er pflichtwidrig iSd § 93 Abs. 2 S. 1 AktG. Das aber macht das Rechtsgeschäft mit dem Dritten nicht zu einem höchstpersönlichen Rechtsgeschäft des Vorstands, in welchem er sich nicht durch Unternehmensangehörige vertreten lassen kann. Die Vorstandsmitglieder werden ihrer Leitungspflicht bereits dadurch gerecht, dass sie die wesentlichen Grundentscheidungen des Rechtsgeschäfts treffen und dem Stellvertreter einen Verhandlungsspielraum einräumen. Höchstpersönlich wahrzunehmen ist mithin auch hier nur der Kernbereich des Rechtsgeschäfts, der sich in der Beschlussfassung über den wesentlichen Inhalt des Rechtsgeschäfts erschöpft. Eine Einschränkung der Gestaltungsmacht zur Einräumung von Vertretungsbefugnissen in Angelegenheiten, die unter die Kategorie der Leitungsangelegenheiten fallen, ist jedoch nicht vorzunehmen. Dagegen spricht die Verankerung des Delegationsverbots im Verhältnis zwischen dem Vorstand zur AG. Schutz gewähren der Gesellschaft somit nur die Grundsätze über den Missbrauch der Vertretungsmacht[962]. Zudem gelten die üblichen Grenzen der Stellvertretung bzw. der Prokura, die einer Delegation jedoch keine spezifischen erwähnenswerten Grenzen setzen, da jene in der Regel disponibel sind, was durch die jeweilige Delegation dann geschehen würde[963].

D. Rechtsfolge: Wandel in die Überwachungsverantwortung

Auch die Rechtsfolge einer zulässigen vertikalen Delegation ist der Wandel der Ausführung- in die Überwachungsverantwortung. Der Vorstand hat dafür Sorge zu tragen, dass die Unternehmensangehörigen ihren Aufgaben ordnungsgemäß

---

962 Dazu *Koch,* in: Koch AktG, § 82 Rn. 6 ff.

963 Zu den Grenzen der Prokura als weitreichendste Form der Vertretungsmacht *Krebs,* in: MüKoHGB, § 49 Rn. 23 ff.

nachkommen[964]. Eine Zurechnung des Verhaltens der Unternehmensangestellten findet, wie bereits erwähnt, nicht statt[965]. Zum Teil wird nach der Lehre des „faktischen Geschäftsleiters" die Haftung eines Angestellten, der Leitungs- und Überwachungsaufgaben übernimmt, nach § 93 AktG erwogen[966]. Es kann jedoch als zweifelhaft gelten, ob dies für den Angestellten einer AG in Frage kommt. Aufgrund der Prinzipalstellung des Vorstands wird die „materielle Betrachtung", die der BGH für die Beurteilung eines faktischen Geschäftsleiters anstellt, in aller Regel aufgrund der Subordination des Angestellten gegen die Annahme der Haftung sprechen[967]. Zudem geht es dabei darum, dass sich ein Angestellter zum Leitungsmitglied geriert und nicht um eine Delegation durch die verdrängten[968] Vorstandsmitglieder. Für den Vorstand selbst spielt dies nämlich keine Rolle. Für die in zulässiger Weise delegierten Angelegenheiten kommt eine Haftung wegen faktischer Geschäftsleitung selbstverständlich nicht in Betracht, da jene gerade keine Kernaufgaben des Organs sind, die eine solche Haftung rechtfertigen würden[969].

I. Rechtsfolge unzureichender vertikaler Delegation

Wie auch im Rahmen der horizontalen Delegation, stellt sich die Frage, inwieweit sich Fehler bei der Delegationshandlung auf die Haftung des Vorstands auswirken. Es stellt sich zunächst die Frage, ob eine sorgfaltswidrige Delegation überhaupt den Wandel in die Überwachungsverantwortung auslösen kann. Hier ist zu differenzieren: Hat der Vorstand einen offensichtlich ungeeigneten Delegatar ausgewählt, so kann er sich auch nicht auf dessen Überwachung zurückziehen.

---

964 BGHZ 127, 336 (347); KG NZG 1999, 400; *Fleischer,* in: BeckOGK AktG, § 93 Rn. 138.

965 *Dreher* FS Hopt Bd. I, 2010, S. 517 (535) und bereits in Kapitel 1 § 1 A.

966 Bereits das RG unterwarf einen fehlerhaft bestellen Geschäftsleiter der strafrechtlichen Verantwortung, vgl. RGZ 152, 273 (277). Der BGH erweiterte dies auch auf Angestellte, die Geschäftsleiteraufgaben wahrnahmen, ohne dass sie dazu (fehlerhaft) bestellt wurden, vgl. BGHSt 21, 101 = NJW 1966, 2225. Dagegen geht *Schwark* ZHR 1978, 203 (220) davon aus, dass der BGH damit das Rechtsinstitut des faktischen Dauerrechtsverhältnisses überdehnt. *Altmeppen,* GmbHG, § 43 Rn. 101, Vor. § 64 Rn. 56 geht jedoch mit der hM davon aus, dass dies bei einem fehlerhaft bestellten Geschäftsleitungmitglied uU in Frage kommt.

967 Ausf. mit Beispielen und zahlr. Nachw. *Fleischer,* in: BeckOGK AktG, § 93 Rn. 224 ff.

968 Bei der Lehre des faktischen Geschäftsleiters geht es darum, dass die in Frage stehende Person die bestellten Geschäftsleitungsmitglieder (teilweise) aus ihrer Position verdrängt, vgl. BGHZ 104, 44 (48) = NJW 1988, 1789.

969 *Dreher* FS Hopt Bd. I, 2010, S. 517 (539).

Dann nämlich kommt die fehlerhafte Auswahl einem Ausbleiben der Auswahlhandlung gleich. Für die Einweisung muss gelten, dass bei einer Nichteinweisung in den Delegationsgegenstand ebenfalls keine haftungsreduzierende Wirkung eintreten kann. Diese Fälle sind jedoch sehr abstrakter Natur und bilden kaum realistische Szenarien. In der Regel wird der Fehler darin liegen, dass die nicht offensichtliche, aber trotzdem in zumutbarem Maße erkennbare Ungeeignetheit zu einem Haftungsfall geführt hat. Entsprechend kann der Fehler darin liegen, dass der Vorstand nicht ausreichend über Risiken und Besonderheiten im Rahmen der Einweisung informiert hat. In diesen Fällen ginge das gänzliche Ausbleiben der enthaftenden Wirkung jedoch zu weit. Vielmehr ist davon auszugehen, dass der Vorstand grundsätzlich davon ausgehen darf, dass er ordnungsgemäß gehandelt hat und somit nur noch überwachungspflichtig ist. Hat aber einer der Fehler in zurechenbarer Weise zu einem Schaden geführt, haftet der Vorstand selbstverständlich.

II. Vertrauensgrundsatz und vertikale Delegation

Das Ausmaß der Überwachungspflicht lässt sich weder dem Gesetz entnehmen, noch lässt sich aufgrund der Einzelfallbezogenheit ein universell anwendbarer Überwachungsablauf vorzeichnen[970]. Der Vorstand bewegt sich dabei in einem Spannungsverhältnis zwischen der Pflicht zur ordnungsgemäßen Kontrolle und dem Vertrauen in die unternehmensangehörigen Mitarbeiter[971]. Auch hier stellt sich also die Frage: „Was heißt ‚custodiendo‘? Wieviel Misstrauen muss, bzw. Vertrauen darf, der Vorgesetzte haben?“[972]. Zum Teil wird angenommen, der Vertrauensgrundsatz gelte für die vertikale Delegation überhaupt nicht[973], was jedoch zum einen schon mit Blick auf die nicht zu bewältigende Arbeitsbelastung abzulehnen ist und für Gegensätzliches auch eine überzeugende Begründung fehlt[974]. Infolgedessen darf der Vorstand auch bei der vertikalen Delegation

970 BGH WuW/E 2202 (2203); *Fleischer*, in: BeckOGK AktG, § 93 Rn. 138.

971 *Löbbe/Fischbach* AG 2014, 717 (719 f.).

972 *Druey*, FS Koppensteiner, 2001, 3 (8):

973 *Karl* BB 2011, 229 (230), der auch *Turiaux/Knigge* DB 2004, 2199 (2206) und *Fleischer* AG 2001, 291 (291) diese Annahme unterstellt, was aus den genannten Fundstellen so jedoch keineswegs ergeht; ausdr. jedoch auch *Müller* NZA-Beilage 2014, 30 (35).

974 Den Vertrauensgrundsatz auch im Rahmen der vertikalen Delegation heranziehend *Fleischer*, in: BeckOGK AktG, § 93 Rn. 143; *Hopt/Roth*, in: Großkomm AktG, § 93 Rn. 162; *Spindler*, in: MüKoAktG, § 93 Rn. 142.

grundsätzlich darauf vertrauen, dass Angestellte sorgfältig handeln[975]. Es besteht keine Pflicht zum Misstrauen.

III. Ausmaß der Überwachungspflicht

Das Ausmaß der Überwachungspflicht ist ansonsten wiederum abhängig von den Umständen des Einzelfalls, also der Größe des Unternehmens, der Wichtigkeit der übertragenen Aufgabe, der Qualifikation und Erfahrung des Delegationsempfängers und den mit der Aufgabe verbundenen Gefahren[976]. Jedenfalls hat sich der Vorstand selbstverständlich auch hier von dem Wohl der Gesellschaft leiten zu lassen und bei Verdachtsmomenten entsprechend entgegenzuwirken[977]. Dafür dient das Direktionsrecht gem. § 106 GewO. Grenze der vertikale Überwachungspflicht ist auch hier die objektive Zumutbarkeit[978]. In der obergerichtlichenRechtsprechung wird bezüglich des Ausmaßes der Überwachungspflicht zudem erkannt, dass die Würde der Unternehmensangestellten nicht zu untergraben und auf die Wahrung des Betriebsklimas zu achten ist[979]. Dennoch fällt die Überwachungspflicht im Rahmen der vertikalen Delegation strenger aus[980]. Hier lässt sich insbesondere eine Pflicht zur laufenden Kontrolle der Unternehmenstätigkeit begründen. Denn den Vorstand trifft als Vertreter der AG gem. § 9 OWiG schon die allgemeine bußgeldbewehrte Aufsichtspflicht aus § 130 OWiG[981]. Es besteht daher abseits der aufgrund der Delegation entstehenden Restverantwortung bereits eine originäre Überwachungspflicht der Vorstandsmitglieder, weshalb es sich hier nicht allein um eine restverantwortungssichernde Überwachungspflicht handelt. Zur Erfüllung dieser Aufsichtspflicht ist ein Berichtssystem einzurichten, welches den Vorstand mit den notwendigen Informationen versorgt. Je nach Risikoträchtigkeit der Tätigkeit darf sich die Überwachung auch dann nicht in gelegentlichen Überprüfungen erschöpfen[982]. Da zum einen der Aufsichtsrat grundsätzlich nicht zu

---

975 *Turiaux/Knigge,* DB 2004, 2199 (2206); *Zenner* AG 2021, 502 (507).

976 *Dreher,* FS Hopt Bd. I, 2010, S. 517 (537); *Fleischer,* in: BeckOGK § 93 Rn. 135; *Zenner* AG 2021, 502 (507).

977 BGH GmbHR 1985, 143.

978 *Fleischer,* in: BeckOGK AktG, § 93 Rn. 143; zu § 130 OWiG *Gürtler,* in: Göhler OwiG, § 130 Rn. 12; *Rogall,* in: Karls. Komm OWiG, § 130 Rn. 38, 49.

979 BGH WuW/E BGH 2262 (2264).

980 *Hoffmann-Becking,* in: MHdb GesR Bd. IV, § 22 Rn. 28.

981 *Fleischer,* in: BeckOGK AktG, § 93 Rn. 140; *Mertens/Cahn,* in: Kölner Komm AktG, § 93 Rn. 77; *U. Schmidt,* in: NK-AktR, § 93 Rn. 16.

982 BGHSt 9, 319 (323); *Fleischer,* in: BeckOGK AktG, § 93 Rn. 143.

deren Überwachung berufen ist und außerdem Angestellte aufgrund ihrer Haftungsprivilegien nicht denselben Kontroll- und Steuerungsmechanismen unterworfen sind, ist es Sache des Vorstands Verantwortungsbewusstsein zu schaffen. Zudem muss das interne Berichtswesen darauf ausgelegt sein, dass der Vorstand seinen Leitungspflichten nachkommen kann. Es muss, damit sich der Vorstand nicht eines Organisationsfehlers schuldig macht, leitenden Angestellten vergegenwärtigt werden, welche Angelegenheiten dem Vorstand vorzulegen sind. Die Wahl der Überwachungsmittel liegt im Ermessen des Vorstands, der über die Erfüllung der Vorgaben des § 93 Abs. 1 S. 2 AktG einer Haftung immer entgehen kann[983].

Die Überwachungstätigkeit bezieht sich neben der Rechtmäßigkeit des Handelns der Angestellten auch auf die Zweckmäßigkeit[984]. Infolgedessen ist auch für die Einschreitenspflicht der Vorstandsmitglieder das unternehmerische Ermessen des Vorstands zu berücksichtigen. Selbstverständlich trägt der Vorstand auch diesbezüglich keine Erfolgsverantwortung. Handlungsspielräume und Alternativentscheidungen, die ex ante für den Vorstand nicht erkennbar schädlich sind, führen auch für das Vorstandsmitglied nicht zu einer Haftung. Hier lässt sich wiederum auf die Business Judgment Rule zurückgreifen, die es dem Vorstand ermöglicht, (rechtmäßige) Alternativentscheidungen eines Angestellten zu akzeptieren, auch wenn das Vorstandsmitglied selbst anders gehandelt hätte[985].

IV. Delegation der vertikalen Überwachungspflicht

Die Überwachungspflicht der Vorstandsmitglieder gegenüber nachgeordneten Angestellten ist grundsätzlich delegierbar[986]. Es kann also ein Mitarbeiter bestimmt werden, der primär dafür verantwortlich ist, die Angestellten des jeweiligen Ressorts zu überwachen. Folge dessen ist jedoch nur, dass sich die Vorstandsmitglieder auf eine „Meta“-Überwachung zurückziehen können[987]. Der Delegatar ist dann wiederum auszuwählen, einzuweisen und zu überwachen. Für die Vorstandsmitglieder entsteht dann eine „Oberaufsichtspflicht“.

---

983 *Fleischer,* in: BeckOGK AktG, § 93 Rn. 87, 105; *Zenner* AG 2021, 502 (507); allg. zum Ermessen bei Organisationsentscheidungen *Ott* ZGR 2017, 149 (163 ff.).

984 *Müller,* NZA-Beilage 2014, 30 (54); *Zenner* AG 2021, 502 (508).

985 *Zenner* AG 2021, 502 (508).

986 *Dreher* FS Hopt Bd. I, 2010, S. 517 (539); *Froesch* DB 2009, 722 (725); *Hegnon* CCZ 2009, 59.

987 *Dreher* FS Hopt Bd. I, 2010, S. 517 (539).

Dabei bleibt jedoch der Kern der allgemeinen Überwachungspflicht, die sich auf das Unternehmensganze bezieht, als nichtdelegierbarer Kernbereich der Leitungsaufgabe und letztlich auch der Ressortleitungsaufgabe bestehen. Auch diesbezüglich kann sich der Vorstand seiner Verantwortung daher nicht gänzlich begeben, da der höchstpersönlich wahrzunehmende Kernbereich als Pflicht fortbesteht.

V. Gesamtschuldnerische Haftung

Auch in Zusammenhang mit vertikaler Delegation stellen sich Fragen bezüglich der gesamtschuldnerischen Haftung, die insbesondere bei Compliance-Verstößen entsteht, die durch das Handeln eines Arbeitnehmers verursacht wurden, gleichzeitig jedoch dem Vorstand der Vorwurf mangelnder Überwachung gemacht werden kann[988].

1. Gesamtschuld und Innenregress

Grundsätzlich gilt hier dasselbe wie im Rahmen der horizontalen Delegation (scil. die Annahme einer gesamtschuldnerischen Haftung[989]), sofern die Pflichtverletzungen jeweils äquivalent kausal waren[990]. Nachgeordnete Angestellte haften aber selbstverständlich aufgrund einer Anstellungsvertragsverletzung[991], was der Annahme einer Gesamtschuld jedoch nicht entgegensteht[992]. Für den Innenausgleich ist die pauschale Annahme des Regressausschlusses gegen den Vorstand umso mehr abzulehnen. Mit Blick auf die Verantwortung des Vorstands für die gesamte Geschäftsführung, auf die sich ein Arbeitnehmer zumindest insofern verlassen darf, wäre die Annahme uneingeschränkter Einstandspflicht des Arbeitnehmers im Innenverhältnis nicht zu vereinen[993]. Freilich ist der vorsätzlich handelnde Arbeitnehmer auch hier nicht schützenswert und voll verantwortlich[994]. Im Gegensatz dazu wirkt eine vorangegangene Weisung des

988 *Bayer/Scholz* ZGR 2016, 619 (622 f.); *Spindler,* in: MüKoAktG, § 93 Rn. 165.

989 *Bayer/Scholz,* ZGR 2016, 619 (622); *Hopt/Roth,* in: GroßkommAktG, § 93 Rn. 463; *Mertens/Cahn,* in Kölner Komm AktG, § 93 Rn. 51; *Spindler,* in: MüKoAktG, § 93 Rn. 165.

990 *Bayer/Scholz* ZGR 2016, 619 (623 ff.); *Haubold,* FS Thümmel, 2020, S. 331 (346).

991 *Haubold,* FS Thümmel, 2020, S. 331 (346).

992 Statt aller *Heinemeyer,* in: MüKoBGB, § 421 Rn. 5.

993 So auch *Haubold,* FS Thümmel, 2020, S. 331 (346 f.); aA *Bayer/Scholz* ZGR 2016, 619 (623 ff.).

994 *Haubold,* FS Thümmel, 2020, S. 331 (346 f.)

Vorstands, deren Rechtswidrigkeit ihm nicht erkennbar war, haftungsausschließend. Ansonsten ist dessen Verursachungsbeitrag entsprechend § 254 BGB zu berücksichtigen. Ob es im Ergebnis ein realistisches Szenario darstellt, dass ein Vorstandsmitglied bei Arbeitnehmern Regress nimmt, bleibt eine andere Frage. In der Regel steht dahinter jedoch ebenfalls eine Arbeitsschutzversicherung und dass letztlich die Gesellschaft die Folgen höherer Beiträge trägt, ist nun einmal das Risiko, welches jeder Arbeitnehmer zu tragen hat.

2. *Problem der „gestörten Gesamtschuld“*

Ein Problem ergibt sich bei „leichter“ oder „mittlerer“ Fahrlässigkeit des Arbeitnehmers aufgrund der arbeitsrechtlichen Haftungsgrundsätze der betrieblich veranlassten Tätigkeit[995]. Nach Maßgabe dieser Grundsätze haftet ein Arbeitnehmer nicht für Fehlverhalten, das als allgemeines Betriebsrisiko dem Arbeitgeber anzulasten ist[996]. In der Regel kommt danach bei leicht fahrlässigen Pflichtverletzungen keine Haftung des Arbeitnehmers in Betracht, bei „mittlerer“ Fahrlässigkeit ist entsprechend dem betrieblichen Risiko eine Haftungsmilderung anerkannt[997]. Man gerät, sofern ein Arbeitnehmer nicht oder nur eingeschränkt neben einem Vorstandsmitglied haftet, ob wohl er pflichtwidrig gehandelt hat aufgrund des Haftungsprivilegs in die typische Situation einer „gestörten Gesamtschuld“ und muss sich die Frage stellen, wer die Folgen der Enthaftung des Arbeitnehmers zu tragen hat, bzw. ob hier eine wertungsmäßige Korrektur vorzunehmen ist. Überzeugend ist es, in diesen Fällen nur die Gesellschaft oder den Vorstand in Betracht zu ziehen, da andernfalls das arbeitsrechtliche Haftungsprivileg umgangen würde[998]. Die Frage ist also: Wird der Anspruch gegen den Vorstand um den Verursachungsbeitrag des Arbeitnehmers gekürzt, oder nicht?

a. *Meinungsstand*

Beachtliche Literaturstimmen befürworten dabei eine volle Inanspruchnahme der Organmitglieder, also die Nichtbelastung der Gesellschaft[999]. Hier wird andernfalls ein Leerlaufen der Compliance-Verantwortung des Vorstands

---

995 Grundlegend BAGE 78, 56 = ZIP 1994, 1712; ausführl. *Preis,* in: Erfurter Kommentar, § 619a Rn. 9 ff.

996 BAGE 78, 56 = ZIP 1994, 1712.

997 *Preis,* in: Erfurter Kommentar, § 619a Rn. 13 ff.

998 *Spindler,* in: MüKoAktG, § 93 Rn. 165.

999 *Bayer/Scholz* ZGR 2016, 619 (627 ff.); grds. auch *Spindler,* in: MüKoAktG, § 93 Rn. 165.

befürchtet[1000]. Außerdem würde der Gesellschaft neben dem Vorstand auch ein etwaiger Versicherungsschutz als Kompensationsmöglichkeit entfallen[1001]. Zudem sei es nicht gerechtfertigt, die indisponible und nur beschränkt verzichtbare Vorstandshaftung (§ 93 Abs. 4, 5 AktG) nun im Rahmen des Regresses zu kürzen[1002]. Bei wertender Betrachtung sei hier der Vorstand jedenfalls weniger schützenswert[1003]. Andere wiederum sprechen sich dafür aus, dass das Haftungsprivileg auch Wirkung für das Verhältnis zwischen dem Vorstand und der Gesellschaft entfalten sollte[1004]. Trotz Nichtbeachtung des Arbeitnehmerprivilegs habe die Gesellschaft nämlich weiterhin den Anspruch gegen das pflichtwidrig handelnde Vorstandsmitglied aufgrund des eigens geleisteten Verursachungsbeitrags[1005]. Zudem handele ein Arbeitnehmer im praktisch relevantesten Fall des Compliance-Verstoßes in der Regel ohnehin vorsätzlich und sei daher nicht privilegiert[1006].

b. Stellungnahme

Die besseren Gründe sprechen dafür, diese Wertungsfrage zugunsten des Vorstands zu entscheiden. Zunächst entspricht dies auch der herrschenden Ansicht abseits des Vorstandshaftungsrechts. Hier wird ebenfalls der Anspruch zulasten des Arbeitgebers gekürzt[1007]. Dies mit dem Argument, dass das arbeitnehmerrechtliche Haftungsprivileg zwar ein Konstrukt der Rechtsprechung darstellt, seinen Ursprung jedoch im vertraglichen Verhältnis zwischen dem Arbeitnehmer und der Gesellschaft hat. Infolgedessen käme eine Belastung des Dritten – im hier behandelten Zusammenhang also des Vorstands – einem Vertrag zulasten Dritter gleich[1008]. Nachdem der Arbeitgeber die Vorteile der Arbeitsleistung erlangt, steht ihm wertungsmäßig auch kein voller Ausgleichsanspruch zu, nur

---

1000 *Bayer/Scholz* ZGR 2016, 619 (628 f.).

1001 *Bayer/Scholz* ZGR 2016, 619 (628).

1002 *Bayer/Scholz* ZGR 2016, 619 (629).

1003 *Bayer/Scholz* ZGR 2016, 619 (627).

1004 *Groh*, Einstandspflichten und gestörte Gesamtschuld, S. 198 ff.; *Mertens/Cahn*, in: Kölner Komm AktG, § 93 Rn. 51; *Voß*, Gesamtschuldnerische Organhaftung, S.203 f.

1005 *Groh*, Einstandspflichten und gestörte Gesamtschuld, S. 199.

1006 *Groh*, Einstandspflichten und gestörte Gesamtschuld, S. 199.

1007 BGHZ 61, 51 (53 ff.) = NJW 1973, 1648 f.; *Böttcher*, in: Erman BGB, § 426 Rn. 35; *Heinemeyer*, in: MüKoBGB, § 426 Rn. 68 f.; *Grüneberg*, in: Grüneberg § 426 Rn. 27; *Looschelders*, in: Staudinger BGB, § 426 Rn. 160 ff.

1008 BGHZ 12, 213 (218) = NJW 1954, 875.

weil ein unprivilegierter Dritter an der schädigenden Handlung mitgewirkt hat. Weiter sprechen vorstandsspezifische Gründe für eine Belastung der AG.

Zu beachten ist zunächst, dass *Bayer/Scholz,* die von einer vollen Verantwortlichkeit des Vorstands ausgehen, dem Verursachungsbeitrag des Vorstands im Innenregress aufgrund der Wertung des § 840 Abs. 2 BGB keine Bedeutung beimessen[1009]. Der Beachtung des Verursachungsbeitrags des Arbeitnehmers käme demnach eine Enthaftung des Vorstands gleich[1010]. Gerade der Paradefall des Compliance-Verstoßes zeigt aber nochmals, weshalb dem nicht zuzustimmen ist. Wie bereits an anderer Stelle dieser Arbeit herausgearbeitet, kommt der Legalitätskontrollpflicht, also der Überwachung der Rechtmäßigkeit der Geschäftsführung im Rahmen der Compliance-Pflicht der Vorstandsmitglieder die größte Bedeutung zu. Hier von einer pauschalen Haftungsfreistellung auszugehen, schlicht weil es sich „nur“ um eine Überwachungspflicht handelt, überzeugt nicht, da es sich gerade um den nahezu wichtigsten Aspekt der Compliance-Aufgabe handelt. Überdies sind *Bayer/Scholz* inkonsequent, wenn sie im Anschluss die Wertungsfrage, ob man im Anschluss den Beitrag des Arbeitnehmers berücksichtigt, zu verneinen. Das Ergebnis ist dann nämlich doch wieder die volle Verantwortlichkeit eines Vorstandsmitglieds, obwohl dieses „nur“ seine Überwachungspflicht verletzt hat. Im Ergebnis würde man also die Wertung des § 840 Abs. 2 BGB, der eigentlich mangels Anwendbarkeit des § 831 Abs. 1 BGB für den Vorstand nicht gilt, im Rahmen der Frage der „gestörten Gesamtschuld“ zulasten des Vorstands heranziehen, da sie zuvor den Arbeitnehmer voll haften lässt. Bereits deshalb vermag diese Auffassung nicht zu überzeugen.

Ein scheinbar triftiges Argument ist, dass nicht einmal Pflichtverletzungen von Organkollegen den Mitverschuldenseinwand eines Vorstandsmitglieds begründen können[1011]. Hier besteht aber doch der entscheidende Unterschied, dass dem Vorstand ein – vermutlich mit liquiden Mitteln und einer D&O Versicherung ausgestatteter – Regressschuldner gegenübersteht. Nicht ganz überzeugend ist auch der von der Gegenauffassung gezogene Vergleich zu den Dispositionsgrenzen der Vorstandshaftung. Zwar ist die Strenge der aktienrechtlichen Organhaftung ein „ernst zu nehmendes Datum“[1012], jedoch besteht an dieser Stelle doch gerade die Möglichkeit, den Umständen des Einzelfalls durch eine Abwägung der gesetzlichen Wertungen Rechnung zu tragen. Die gegenständliche Frage,

---

1009 *Bayer/Scholz* ZGR 2016, 619 (623 ff.).
1010 *Bayer/Scholz* ZGR 2016, 619 (625).
1011 *Bayer/Scholz* ZGR 2016, 619 (630).
1012 *Bayer/Scholz* ZGR 2016, 619 (629).

ob ein gesetzliches Haftungsprivileg zur Kürzung eines Anspruchs wegen der Mitverursachung eines Dritten führen soll, ist mit derjenigen, ob es der Gesellschaft freistehen soll, über Haftungsansprüche frei zu disponieren, um die es im erwähnten § 93 Abs. 4 AktG geht, nicht ganz vergleichbar. Freilich ließe sich anführen, hinter den Verzichts- und Vergleichsregelungen stehe nun einmal die Wertung, bestehende Ansprüche gegen den Vorstand seien ausschließlich in den genannten Grenzen einschränkbar. Letztlich hängt eine Beantwortung der Frage aber davon ab, wo man die Argumentationslinie beginnt. Entweder man geht im Grundsatz von der gesamtschuldnerischen Haftung aus und stellt sich wertungsmäßig in einer Gesamtbetrachtung aller relevanten Umstände die Frage, wie das arbeitsrechtliche Haftungsprivileg in Zusammenhang mit den Grundsätzen zur gestörten Gesamtschuld zu behandeln ist oder man geht von der Situation einer aufgrund des Haftungsprivilegs nichtbestehenden Gesamtschuld aus und stellt sich die Frage, ob der Vorstand oder die Gesellschaft nach den Grundsätzen der gestörten Gesamtschuld besser zu stellen ist. Geht man von letzterem Fall aus, läge es nahe, die Wertungen des § 93 AktG zu übernehmen und eine weitere Beschränkung abzulehnen. Überzeugender ist es aber, insbesondere vor dem Hintergrund der ebengenannten Frage betreffend die Anwendbarkeit des Rechtsgedankens des § 840 Abs. 2 BGB, in einer Gesamtbetrachtung die interessengerechteste Lösung zu suchen. Diese ist aber doch zweifelsohne diejenige, bei der der Verschuldensbeitrag im Innenregress zwischen Arbeitnehmer und Vorstand zunächst berücksichtigt wird (§ 254 BGB analog) und im Anschluss die „gestörte Gesamtschuld" zulasten der Gesellschaft gelöst wird, sodass der Anspruch gegen den Vorstand um den Verursachungsbeitrag des Arbeitnehmers gekürzt wird. Dann nämlich käme man dazu, dass der Vorstand gerade nur mit dem Verursachungsbeitrag belastet wird, den er aufgrund der Verletzung seiner Überwachungspflicht geleistet hat und käme zu keiner starren „Alles oder nichts"- Lösung[1013]. Die Gesellschaft hat sich den Verursachungsbeitrag des Arbeitnehmers anrechnen zu lassen, der durch die Vorteile der Übernahme des Betriebsrisikos ausgeglichen wird.

E. Zwischenergebnis

Die grundsätzlich zulässige vertikale Delegation findet ihre Grenze zunächst in der Unveräußerlichkeit der Ressortleitung. Den Kernbestand der an das

---

1013 Anders wäre der Fall wohl zu behandeln, wenn sowohl der Arbeitnehmer als auch der Vorstand unmittelbar gehandelt haben. Dann nämlich wäre die Mitwirkung des Arbeitnehmers ein reines Privileg.

Vorstandsmitglied delegierten Ressortleitung, ist somit grundsätzlich nicht delegierbar. Im Rahmen der Anforderungen an eine ordnungsgemäße vertikale Delegation gilt, dass je selbstständiger der Angestellte handelt, sich der Vorstand umso intensiver mit der Auswahl dessen auseinanderzusetzen hat und vice versa. Zudem hat der Vorstand dem Angestellten die notwendigen Vertretungsbefugnisse einzuräumen. Im Rahmen der Überwachungspflicht gilt auch hier der Vertrauensgrundsatz, wonach der Vorstand grundsätzlich auf eine ordnungsgemäße Erfüllung durch den Delegatar vertrauen darf. Die enthaftende Wirkung der Delegation findet widerklang im Rahmen des Gesamtschuldnerregresses. Ein Haftungsanspruch gegen ein Vorstandsmitglied, das aufgrund der Verletzung seiner Überwachungspflicht gemeinsam mit einem Unternehmensangestellten haftet, ist der Verursachungsbeitrag des Mitarbeiters zulasten der Gesellschaft anzurechnen.

§ 3 Externe Delegation

Immer mehr in den Fokus gerät das Outsourcing leitungsunterstützender Hilfsfunktionen im Wege der externen Delegation[1014]. Eine aktuelle Studie hat ergeben, dass 95 % der Finanz- und Kreditinstitute Prozesse und/oder Aktivitäten an interne oder externe Dienstleister auslagern[1015]. Sinn und Zweck dessen ist auch hier Effizienzsteigerung und die Einholung von Fachwissen. Delegation ermöglicht dem Vorstand so, den Fokus in der eigenen Gesellschaft auf das Kerngeschäft zu legen. Das aktienrechtliche Schrifttum befasste sich damit ursprünglich in Zusammenhang mit der Auslagerung der EDV an ein konzernangehöriges Unternehmen nach einer Entscheidung des LG Darmstadt[1016]. Heute werden Fragen betreffend das Outsourcing oftmals im Bereich der Digitalisierung virulent[1017]. Zudem waren Fälle betreffend die Auslagerung des Verwaltungs- und Rechnungswesens, der Rechtsabteilung oder der Maschinenlogistik eines Bauunternehmens Gegenstand von Gerichtsentscheidungen[1018]. Neben den gesellschaftsrechtlichen Problemen werden im Bereich der externen Delegation

1014 *Uwer* ZHR 2019, 154 ff.

1015 PwC, Outsourcing in der Finanzindustrie: Trend Herausforderungen für Finanzinstitute und Dienstleister, September 2021 (abrufbar unter: https://www.pwc.de/de/finanzdienstleistungen/outsourcing-in-der-finanzindustrie.html, Stand: 15.02.2022); dazu auch *Gajo* GmbHR 2021, R344 ff.

1016 LG Darmstadt ZIP 1986, 1389.

1017 *Uwer* ZHR 2019, 154 ff.

1018 OLG Köln ZIP 2009, 1469 – STRABAG; OLG Stuttgart ZIP 2007, 1210.

weitere allgemeine regulatorische Vorgaben (z.B. Datenschutz) sowie sektorspezifische Vorschriften (z.B. § 25b KWG) relevant, die jedoch nicht Teil dieser gesellschaftsrechtlichen Annäherung an die Delegationsproblematik sind[1019].

A. Outsourcing und Betriebsführungsverträge

In Zusammenhang mit der externen Delegation werden oftmals auch Betriebsführungsverträge genannt[1020]. Dies bezeichnet Verträge, durch die der Inhaber eines Unternehmens einen anderen beauftragt, seinen oder seine Betriebe für seine Rechnung zu führen[1021]. Das ist zwar insofern stimmig, als dass hier auch die eigentliche Aufgabenwahrnehmung auf den Betriebsführer übertragen wird und die Verantwortlichkeit des Eigentümerunternehmens reduziert ist, es sich mithin auch nach dem hier zugrundeliegenden Verständnis um eine Delegation handelt. Und auch bei einem Betriebsführungsvertrag – zumindest zwischen unabhängigen Unternehmen[1022] – behält sich das Eigentümerunternehmen die „Oberleitung", indem die Interessenbindung des Betriebsführers ihn zur Vorlage wirtschaftlich bedeutsamer Angelegenheiten verpflichtet und der Eigentümer Informations- und Kontrollrechte behält[1023]. Dennoch ist zu differenzieren zwischen dem Auslagern von Funktionen, die dem Zwecke des Unternehmens dienen, bei denen der Auftragnehmer aber einen eigenen Betrieb führt und der Übertragung der Betriebstätigkeit dergestalt, dass der Betriebsführer für die Gesellschaft in eigenem oder fremdem Namen nach außen auftritt (Betriebsführungsvertrag). Im Falle des Betriebsführungsvertrags muss man sich aus gesellschaftsrechtlicher Sicht nämlich zunächst die Frage stellen, ob nicht de facto ein Beherrschungsvertrag iSd § 308 AktG vorliegt[1024]. Anschließend ist nach richtiger Auffassung auch sonst § 292 Abs. 1 Nr. 2 AktG analog mit der

---

1019 Zum Outsourcing digitaler Funktionen mit weiteren Beispielen *Uwer* ZHR 2019, 154 (158 ff.); zur Ausstrahlungswirkung aufsichtsrechtlicher Vorschriften *Dreher* ZGR 2010, 496.

1020 „im Fall eines Betriebsführungsvertrags als typischem Fall der externen Delegation…" *Dreher,* FS Hopt Bd. I, 2010, S. 517 (530 f.); *Fleischer* ZIP 2003, 1 (9).

1021 Dazu grundlegend *Gessler,* FS Hefermehl, 1976, S. 263 (264).

1022 Überträgt bspw. ein abhängiges Unternehmen die Betriebsführung an das herrschende Unternehmen, kann selbstverständlich nicht mehr die Rede davon sein, es habe die Oberleitung inne, denn jene ist bereits durch das Konzernverhältnis überlagert.

1023 *Gessler,* FS Hefermehl, 1976, S. 263 (264).

1024 *Altmeppen,* in: MüKoAktG, § 292 Rn. 157; *Emmerich,* in: Emmerich/Habersack KonzernR, § 292 Rn. 58 ff.

Folge anzuwenden, dass es der Zustimmung der Aktionäre nach § 293 AktG (analog) bedarf[1025]. Mit der eigenständigen Delegation durch den Vorstand hat dies nichts zu tun, da der Vorstand hier aufgrund des Hauptversammlungsbeschlusses wegen § 93 Abs. 4 S. 1 AktG nicht die (alleinige) Verantwortung trägt[1026]. Der entscheidende Unterschied ist, dass der Betriebsführer für Rechnung des (Eigentümer-) Unternehmens handelt und es gleichzeitig von der vertraglichen Abrede abhängt, inwieweit die Gesellschaft bzw. der Vorstand auf deren Handeln Einfluss nehmen kann. Zudem beinhaltet der typische Betriebsführungsvertrag die Einräumung der Gewalt über die Produktions-, Investitions-, Absatz- und Finanzpolitik, mithin das, was gemeinhin unter „Leitung" des Unternehmens fällt[1027]. Da der Betriebsführer auf Rechnung des Eigentümerunternehmens handelt, haben über einen derartigen Autonomieverlust über die Vermögensrechte zwingend die Aktionäre zu entscheiden. Somit wirft der Betriebsführungsvertrag Probleme auf, die mit denjenigen der vertikalen oder externen Delegation nicht gleichzusetzen sind, auch wenn sich zum Teil dieselben Fragen stellen. Auch ist von einem Betriebsführungsvertrag nach herrschender Auffassung auch erst die Rede, sobald das gesamte Unternehmen, also alle operativen Teile, von der Vereinbarung erfasst ist[1028]. Bei der hier behandelten Auslagerung von Hilfsfunktionen handelt der Auftragnehmer, anders als beim Betriebsführungsvertrag[1029], nicht auf Rechnung der Gesellschaft und führt deren Betrieb. Vielmehr geht es allein um die Inanspruchnahme von Dienstleistungen, wie Steuerprüfungen, Personalfragen (Human Resources), Controlling oder technologische Unterstützung, wie Big Data Analytics, Mobile Services und Banking, Artificial Intelligence, Blockchain etc.[1030]. Es ist im Rahmen der Outsourcingvereinbarung

1025 So *Altmeppen,* in: MüKoAktG, § 292 Rn. 150; *U. Huber* ZHR 1988, 1 (32 f.); *Hommelhoff,* Konzernleitungspflicht, S. 285 f.; *Veil,* Unternehmensverträge, S. 287 ff.; aA *K. Schmidt* GesR § 17 III 1 d und 31 III 1b; *Mülbert,* in: Großkomm AktG, § 292 Rn. 156 ff.

1026 Zu den Ausnahmen des § 93 Abs. 4 S. 1 AktG *Spindler,* in: MüKoAktG, § 93 Rn. 274 ff.

1027 *Gessler,* FS Hefermehl, 1976, S. 263 (271).

1028 *Altmeppen,* in: MüKoAktG, § 292 Rn. 97; *Emmerich,* in: Emmerich/Habersack KonzernR, § 292 Rn. 40; *U. Huber* ZHR 1988, 123 (151 f.); *K. Schmidt,* FS Hoffmann-Becking, 2013, S. 1053 (1057); aA *Servatius,* in: Grigoleit AktG, § 292 Rn. 37; *Veil,* Unternehmensverträge, S. 130 ff.

1029 *Altmeppen,* in: MüKoAktG, § 292 Rn. 144 ff.

1030 Zu den beliebtesten Outsourcing-Services PwC, Outsourcing in der Finanzindustrie: Trend Herausforderungen für Finanzinstitute und Dienstleister, September 2021 (abrufbar unter: https://www.pwc.de/de/finanzdienstleistungen/out-

jedoch möglich, aber auch notwendig, dass der Vorstand eigenständig vertraglich eine vergleichbare Situation schafft, die es ihm ermöglicht, seinen nichtdelegierbaren Leitungspflichten nachzukommen[1031]. Hier sind die Aktionäre nicht gefragt, da das Outsourcingunternehmen zum einen nicht auf Rechnung der Gesellschaft handelt und zum anderen nicht mit Außenwirkung dessen Betrieb führt. Nachfolgend wird daher nur das Outsourcing ohne den Abschluss eines Betriebsführungsvertrages behandelt, da in diesem Fall der Vorstand eigenverantwortlich entscheiden kann.

B. Verbandsautonomie und Hauptversammlungszuständigkeit

Problematisch wird die Auslagerung wesentlicher Hilfsfunktionen, wenn Unternehmen sich in ein Abhängigkeitsverhältnis zu anderen Unternehmen verstricken. Typisches Beispiel ist hier die Auslagerung der EDV, durch die größere Unternehmen Gefahr laufen können, an Selbstständigkeit zu verlieren, da zum einen die Wiedereingliederung der EDV erhebliche Schwierigkeiten bereitet und zum anderen aufgrund stetiger Neuerungen regelmäßiger Abstimmungbedarf mit dem Auftragnehmer besteht[1032]. Hierbei wird durch die wirtschaftliche Abhängigkeit die Gefahr der Beeinträchtigung der Verbandsautonomie erkannt[1033]. Die Verbandsautonomie beschreibt den Rechtsgrundsatz, dass ein Verband ausschließlich auf Grundlage des durch das Geschäftsführungsorgans oder die Gesellschafterversammlung gebildeten Willens handeln darf[1034]. Wenn aber fachlich kompetentes Personal nur noch in externen Unternehmen existiert, kann davon keine Rede mehr sein. Zudem ist durch fehlendes Know-How auch die Überwachungskompetenz des Vorstands zur Wahrung seiner trotz Übertragung an den Dienstleister bleibenden Restverantwortung eingeschränkt[1035]. Zum Teil wird daher auch für die Auslagerung der gesamten EDV eine Hauptversammlungszuständigkeit angenommen[1036]. Die Annahme ist keineswegs abwegig, wenn man sich vergegenwärtigt, dass die Ausgliederung eines

sourcing-in-der-finanzindustrie.html Stand: 15.02.2022); dazu auch *Gajo* GmbHR 2021, R344.

1031 *Henze* BB 2000, 209 (210); *Stein* ZGR 1988, 163 (171).

1032 *Stein* ZGR 1988, 163 (173 f.); so auch *E. Vetter,* in: Hdb. Managerhaftung, Rn. 22.85.

1033 *Mülbert.* in: Funktionsauslagerung bei Kreditinstituten, S.3 (19 ff).

1034 *Wiedemann,* FS Schilling, 1973, S. 105 (111 ff.); *K. Schmidt,* GesR, § 24 V 1.; konkret für die AG *Mülbert* ZHR 1999, 1 (25 f.)

1035 *Hofmann,* in: Funktionsauslagerung bei Kreditinstituten, S. 42 (43).

1036 So wohl *Hirte* CR 1992, 193 (195).

Unternehmensteils an ein Tochterunternehmen den Gegenstand des Präzedenzfalls „Holzmüller"[1037] betreffs der „ungeschriebenen" Aktionärszuständigkeit bildete. Freilich wurde der Unternehmensteil hier nicht nur durch die Tochter geführt, sondern an die Gesellschaft übertragen. Sind die Zugriffsmöglichkeiten der auslagernden Gesellschaft aber in ähnlicher Weise beschränkt, wie wenn der Betriebsteil veräußert ist, besteht für die Aktionäre zumindest eine vergleichbare Situation. Um dieser Gefahr vorzubeugen, ist anzunehmen, dass über die Auslagerung in einem mit dem Holzmüller-Fall vergleichbaren Ausmaß auch nicht mehr eigenverantwortlich durch den Vorstand entschieden werden darf. Auch hier ist demnach von der Pflicht des Vorstands zur Vorlage an die Aktionäre auszugehen[1038]. Der BGH machte in der Folgeentscheidung „Gelatine" jedoch klar, dass es sich dabei um absolute Ausnahmefälle handelt und daher ein die Aktionärsrechte beeinträchtigender Struktureingriff vorliegen muss, der an die 80 % - Holzmüller – Grenze heranreichen muss[1039]. Ob eine Outsourcingmaßnahme diese Kriterien erfüllen wird, ist unwahrscheinlich, aber nicht ausgeschlossen. Abseits dieser Grenze ist jedoch eine gesellschaftsrechtliche Grenze der Delegation auf Grund der Gefahr systembedingter Abhängigkeit abzulehnen[1040]. Es besteht kein Grund, einer solchen, möglicherweise aus wirtschaftlicher Sicht langfristig unvorteilhaften Entscheidung, rechtlich vorzubeugen.

C. Sicherstellung der Leitungsmöglichkeit durch vertragliche Abreden

Handelt es sich also um keinen Betriebsführungsvertrag oder einen Fall der Ausgliederung, der die Holzmüller-Kriterien erfüllt, so handelt es sich um eine Ermessensentscheidung des Vorstands, die sich nichtsdestotrotz nach den allgemeinen Delegationskriterien zu richten hat. Freilich ist auch im Rahmen der externen Delegation ein geeigneten Delegatar auszuwählen, dieser einzuweisen und im Anschluss zu überwachen[1041]. Hier gelten die Ausführungen zur vertikalen Delegation grundsätzlich entsprechend, doch ergeben sich bezüglich der Auswahl und der Überwachung Besonderheiten[1042].

1037 BGHZ 83, 122 = NJW 1982, 1703.

1038 AA *Mülbert,* in: Funktionsauslagerung bei Kreditinstituten, S. 3 (22 f.).

1039 BGHZ 159, 30 (44) = NJW 2004, 1860.

1040 So auch *Fleischer,* in: BeckOGK AktG, § 76 Rn. 75; *Mülbert,* Funktionsauslagerung bei Kreditinstituten, S. 3 (21); aA *Stein* ZGR 1988, 163 (173 f.).

1041 *Fleischer* ZIP 2003, 1 (10); *Henze* BB 2000, 209 (210); *Spindler,* in: MüKoAktG, § 76 Rn. 18; *Stein* ZGR 1988, 163 (171); *Wentrup,* in: MHdb GesR Bd. IV, § 19 Rn. 36

1042 Dazu sogleich.

Zudem hat jedes Mitglied trotz der Delegation seinen persönlichen Leitungspflichten nachzukommen. Der Unterschied zur unternehmensinternen Delegation ist, dass das AktG die Leitungsbefugnis der Vorstandsmitglieder nicht in gleicher Weise absichern kann. Betroffen ist – wie eben erwähnt - nicht nur die Autonomie des Vorstands, sondern auch diejenige der AG selbst (Verbandsautonomie)[1043]. Der Vorstand muss sich daher Kontrollmöglichkeiten einräumen, die innerhalb der AG durch die Überstimmungsgewalt des Gesamtvorstands (§ 77 Abs. 1 S. 2 HS 2 AktG) bzw. das arbeitsvertragliche Weisungsrecht gesichert sind. Außerdem hat er für einen vergleichbaren Informationsfluss zu sorgen[1044]. Denn nur auf diese Weise kann verhindert werden, dass dem Vorstand seine Leitungsbefugnis genommen wird und er kompetenzüberschreitende Bindungen eingeht. Es geht folglich darum zu gewährleisten, dass Leitungspflichten *trotz* Delegation wahrgenommen werden können. Nicht problematisch kann es aber sein, wenn es einem externen Dritten theoretisch möglich ist, Entscheidungen zu fällen, die der Leitungszuständigkeit des Vorstands unterfallen. Wenn beispielsweise die Organisation des Produktabsatzes ausgelagert würde, kann nicht die Rede davon sein, der Vorstand habe seine Leitungszuständigkeit in unzulässiger Weise delegiert, wenn der Vertragspartner wesentliche Organisationsentscheidungen fällt[1045]. Denn es geht vielmehr darum, dass der Vorstand sich ausreichend vertragliche Einflussmöglichkeiten einräumt und dann selbst dafür sorgt, dass der Vertragnehmer entsprechend dem Unternehmensinteresse handelt. Indem er den Vertragnehmer sorgfältig einzuweisen und dessen Aufgaben an die Unternehmensplanung anzupassen hat, gibt er den wesentlichen Handlungsrahmen vor und trifft so die „ersten" wesentlichen Entscheidungen. Hat der Vertragnehmer wesentliche, das Unternehmensganze betreffende Entscheidungen zu treffen, so hat sich der Vorstand im Rahmen des Zumutbaren darüber zu informieren und in Absprache mit dem Vertragnehmer das weitere Vorgehen zu verhandeln. Von einer Aufgabe der Leitungszuständigkeit kann aber nicht die Rede sein, da die persönliche Leitungspflicht fortwährend bestehen bleibt und der Vorstand, wenn er sich die nötigen Rechte einräumt, diese auch erfüllen *kann*. Dadurch bewahrt sich der Vorstand immer das notwendige Letztentscheidungsrecht[1046]. Freilich ist es nicht unproblematisch, dass die dem

1043 „Verteidigung der Verbandsautonomie", *Fleischer* ZIP 2003, 1 (9).

1044 *Dreher*, FS Hopt Bd. I, 2010, S. 517 (530); *Kuntz* AG 2020, 801 (811).

1045 So aber *Veil*, Unternehmensverträge, S. 91.

1046 Nach einem Letztentscheidungsrecht verlangend LG Darmstadt AG 1987, 218; *Dreher*, FS Hopt Bd. I, 2010, S. 517 (530); *Fleischer* ZIP 2003, 1 (10); *Henze* BB 2000, 209

Vorstand gegenüber dem Delegatar gewährten Rechte nicht verbandsrechtlicher, sondern „nur“ vertraglicher Natur sind[1047]. Doch sind die gesellschaftsrechtlichen Sanktionen[1048] und Kontrollmöglichkeiten nicht verdrängt. Es bleibt dem Aufsichtsrat unbenommen, Zustimmungsvorbehalte für bedeutende Angelegenheiten, die beim Vertragspartner auftreten, zu vereinbaren, da der Vorstand verpflichtet bleibt, solche gem. § 111 Abs. 4 S. 2 AktG vorzulegen. Auf diesem Wege lassen sich auch mittelbar Zustimmungsvorbehalte durch den Aufsichtsrat in die vertragliche Abrede implementieren. Denn wenn der Aufsichtsrat bezüglich bestimmer Angelegenheiten nach Zustimmung verlangt, muss der Vorstand selbstverständlich dafür Sorge tragen, dass der Vertragnehmer ihm solche Angelegenheiten ebenfalls vorlegt. Außerdem ist es für ratsam, dem Aufsichtsrat in der Geschäftsordnung des Vorstands einen Zustimmungsvorbehalt für Outsourcingvereinbarungen einzuräumen.

Auch verfängt es nicht, wenn die Gefahr erblickt wird, der Vorstand könne seinen Pflichten gegenüber der Hauptversammlung nicht in gleicher Weise gerecht werden, da der Vorstand für die Auskunftspflichten und die Vorbereitung und Ausführung von Hauptversammlungsbeschlüssen nicht in gleicher Weise in der Lage ist, da er auf die Mitwirkung des Auftragnehmers angewiesen ist[1049]. Hier ändert sich an der Verantwortlichkeit des Vorstands nichts, denn trotz Delegation trägt der Vorstand das Risiko diesen persönlichen Pflichten nachzukommen und für eine ausreichende Informationsgrundlage zu sorgen[1050].

I. Delegationsentscheidung und Auswahl des Delegatars

Aufgrund der vorstehenden Bedenken kommt der Entscheidung zur Delegation und der Auswahl des Delegationsempfängers eine erhebliche Bedeutung zu. Im Rahmen der Sicherstellung einer angemessenen Informationsgrundlage und der Frage ob die Delegation dem Wohle der Gesellschaft entspricht (§ 93 Abs. 1 S. 2 AktG), ist die Autonomiewahrung in die Abwägung mit einzubeziehen.

Hier steht dem Vorstand freilich ein Ermessensspielraum zu. Die personellen und finanziellen Vorteile sind mit einem drohenden Kontroll- und

---

(210); *Kort,* in: Großkomm AktG, § 76 Rn. 48; *Semler,* Leitung und Überwachung, Rn. 24; *Stein* ZGR 1988, 163 (171); *Turiaux/Knigge* DB 2004, 2199 (2206).

1047 *Veil,* Unternehmensverträge, S. 93; in diesem Sinne auch *Stein* ZGR 1988, 163 (171).

1048 Von „gesellschaftsrechtlich sanktioniert“ spricht *Veil,* Unternehmensverträge, S. 93.

1049 Diese Gefahr bei Betriebsführungsverträgen erkennend *Veelken,* Betriebsführungsvertrag, S. 157 ff.

1050 So auch *Gessler,* FS Hefermehl, 1976, S. 263 (281).

Souveränitätsverlust ins Verhältnis zu setzen. Ein relevanter Faktor dafür ist, für welchen Zeitraum die Auslagerungsvereinbarung geschlossen werden soll. Je länger das Vertragsverhältnis besteht, desto eher wird die Gefahr eines Abhängigkeitsverhältnisses real und desto größer wird die Bedeutung der fachlichen Eignung und der Zuverlässigkeit des Anbieters[1051]. *Stein* verlangt zudem danach, dass der Dienstleister mindestens den Qualitätsstandard erfüllt, welcher im eigenen Unternehmen erreicht ist[1052]. Doch ist hier Vorsicht geboten, denn der Gesetzgeber bringt mit § 93 Abs. 1 S. 2 AktG gerade zum Ausdruck, dass es nicht Sache des Rechts ist zu beurteilen, was unternehmerisch sinnvoll ist. Wenn also geringe Qualitätseinbußen nur der Preis für größere Effizienz und Zuverlässigkeit sind, besteht kein Grund dies als rechtlich unzulässig einzuordnen.

II. Einräumung von Informations-, Kontroll- und Prüfungsrechten

Für die inhaltlichen Anforderungen an vertraglichen Abreden bieten die gesetzlichen Vorgaben zu Outsourcingverträgen im Bereich der Kredit- bzw. Versicherungswirtschaft Anhaltspunkte[1053]. § 25b Abs. 3 KWG und § 32 Abs. 2 und 4 VAG verlangen die Sicherung der Steuerungs- und Kontrollmöglichkeit durch die vertragliche Zusicherung der erforderlichen Auskunfts- und Weisungsrechte, um zum einen die Verantwortlichkeit des Vorstands zu sichern, aber auch um die Prüfungs- und Kontrollrechte der Aufsichtsbehörden nicht zu beeinträchtigen. Als allgemeine Richtlinie lässt sich daraus ziehen, dass es wichtig ist, dass der Vorstand seiner Organisationspflicht aus § 91 Abs. 2 AktG weiter nachkommt und er die Outsourcingvereinbarung unter Berücksichtigung eines funktionierenden Risikomanagementsystem trifft[1054].

Um zudem eine ordnungsgemäße Überwachung zu ermöglichen, muss gewährleistet sein, dass sich der Vorstand über die delegierte Tätigkeit informiert halten kann, um die ihm gewährten Rechte auch sinnvoll ausüben zu können[1055]. Es muss gewährleistet sein, auf Grundlage einer angemessenen Informationsgrundlage Leitungsentscheidungen zu treffen. In der Regel wird es sich bei einer Outsourcingvereinbarung um einen Geschäftsbesorgungsvertrag

---

1051 Dazu iRd Bankaufsicht *Hofmann,* Funktionsauslagerung bei Kreditinstituten, 2000, S. 41 (43).

1052 *Stein* ZGR 1988, 163 (171); zweifelnd *Mülbert,* in: Funktionsauslagerung bei Kreditinstituten, S. 3 (24).

1053 *E. Vetter,* in: Hdb. Managerhaftung, Rn. 22.86.

1054 *Mülbert,* in: Funktionsauslagerung bei Kreditinstituten, S. 3 (12).

1055 *Stein* ZGR 1988, 163 (171).

gem. §§ 675, 611 BGB handeln, weshalb § 666 BGB bereits einen Auskunftsanspruch sichert. Handelt es sich beispielsweise um einen Werkvertrag, so ergibt sich aus den vertraglichen Nebenpflichten ein Auskunftsanspruch[1056]. Doch ist stets eine differenzierte Vereinbarung vonnöten, die dem Dienstleister explizit Auskunftspflichten auferlegt. Der Vorstand muss für das Dienstleistungsunternehmen Offenbarungspflichten implementieren, denen auch unternehmensinterne Angestellte unterliegen. Um die Aufgabenerfüllung bei Fehlentwicklungen zu steuern und an das eigene Gesellschaftsinteresse anzupassen, gewährleistet §§ 675 Abs. 1 i.V.m. 665 BGB ein Weisungsrecht, welches dem Vorstand jederzeitiges Eingreifen ermöglicht[1057]. Zudem wird richtigerweise gefordert, dass, insbesondere bei der Auslagerung der EDV, der Zugriff auf die existenznotwendigen Daten stets gesichert sein muss, indem Eigentumsrechte an sensiblen Daten gesichert sind und Zurückbehaltungsrechte im Falle der Vertragsbeendigung ausgeschlossen sind[1058].

III. Zustimmungsvorbehalte

Grundsätzlich sichert die Eingriffsmöglichkeit durch den Vorstand ab, dass er seinen Leitungspflichten weiter nachkommen kann. Doch ist damit nicht automatisch gewährleistet, dass er dies auch wirklich tut. Denn der Vorstand ist prinzipiell nur für die Überwachung des Dienstleisters zuständig. Auch kann dem Vorstand nicht immer ein Schuldvorwurf gemacht werden, sofern Leitungsentscheidungen vorstandextern getroffen werden. Kommt er seiner Überwachungspflicht nach und ein Delegatar maßt sich die Kompetenz zum Treffen von Leitungsentscheidungen an, ist dafür nicht stets der Vorstand verantwortlich zu zeichnen. Im wissenschaftlichen Diskurs wird über Leitungsentäußerung diskutiert und gerätselt, inwieweit Vereinbarungen möglich seien, da die Gefahr überbordernder Entscheidungsdelegation besteht. Es wurde bereits dargelegt, dass das Ausmaß persönlicher Pflichtbefassung von der jeweiligen Leitungspflicht

---

1056 Entweder folgt dieser dann aus § 241 Abs. 2 BGB oder es handelt sich ohnehin um einen Geschäftsbesorgungsvertrag, sodass er aus § 666 BGB folgt, vgl. *Busche*, in: MüKoBGB, § 631 Rn. 76, dazu auch BGHZ 41, 318 (320 ff.) = NJW 1964, 1469.

1057 Genau genommen ist das Weisungsrecht dem Auftragsverhältnis immanent, vgl. BGH NZG 2015, 364 Rn. 26 und § 665 BGB gewährt nur Ausnahmen; nicht ganz verständlich daher *Linnertz*, Delegation, S. 248: „Nach dem gesetzlichen Status quo der Vertragstypen steht dem Vorstand gegenüber dem Externen kein Weisungsrecht zu."

1058 *Dreher* FS Hopt Bd. I, 2010, S. 517 (536); *Fleischer* ZIP 2003, 1 (10); *Kort*, in: Großkomm AktG, § 76 Rn. 37; *Spindler*, in: MüKoAktG, § 76 Rn. 18.

abhängt. Für die externe Delegation lässt sich ohne Weiteres ein Mindestmaß zur Erfüllung der Leitungspflichten formulieren. Wenn man nämlich verlangt, dass der Vorstand seiner Leitungsverantwortung gerecht werden muss, so lässt sich das nur sinnvoll durchführen, wenn er dafür im Vorhinein Sorge trägt. Ob es dafür notwendig ist, dass der Vorstand personelle Restkompetenzen im eigenen Unternehmen zu halten hat, ist zu bezweifeln[1059], denn über die Notwendigkeit einer Vertragskündigung kann sich der Vorstand auch auf andere Weise fachliche Beratung einholen. Doch muss man es - um die Leitungsverantwortung zu wahren - zur unabdingbaren Pflicht machen, dass sich der Vorstand die Entscheidungsgewalt gegenüber externen Delegataren bereits im Vorhinein sichert. Dass Leitungsaufgaben als solche nicht extern delegiert werden, mag berechtigterweise Erwähnung finden, doch diskutiert wohl nur die Rechtswissenschaft über eine Delegation der Planung, Organisation, Kontrolle des Unternehmensganzen und der Entscheidungsfindung in derartigen Angelegenheiten. Dass ein Vorstand sich dafür aktiv entscheidet, ist kaum vorstellbar. Widmet man sich aber dem realistischen Problem, dass solche Angelegenheiten durch Handlungen externer Dienstleister beeinflusst werden können, ist einziges Mittel dies zu verhindern, dass sich der Vorstand ex ante Zustimmungsvorbehalte einräumt, die ihm die Entscheidung in den wesentlichen Belangen sichert. Um dem Problem der Flucht des Vorstands in die Überwachungspflicht zu entgehen, ist dies das einzig probate Mittel. Nach dem Vorstehenden wird man es als Pflicht ansehen müssen, in die Delegationsvereinbarung festzuschreiben, dass dem Vorstand alle wesentlichen Angelegenheiten, die in den Leitungsbereich fallen, vorzulegen sind. Bei der Festlegung solcher Vorbehalte kommt ihm freilich ein Ermessensspielraum zu. Was aber nichtdelegierbare Leitungspflichten sind, bleibt die oben diskutierte Rechtsfrage[1060].

IV. Kündigungsrechte

Wesentlich für die Verhinderung einer unzulässigen Entäußerung von Leitungsmacht ist zudem die Sicherstellung der Reversibilität der Outsourcingvereinbarung durch Möglichkeiten der Vertragsbeendigung. Kann der Vorstand durch Vertragsgestaltung nämlich garantieren, dass sich die Funktionsauslagerung rechtlich und faktisch rückgängig machen lässt, so besteht zumindest keine Gefahr der Beeinträchtigung der Verbandssouveränität, da jene durch

1059 So aber *E. Vetter*, in: Hdb. Managerhaftung, Rn. 22.85.
1060 Kapitel 2 § 2.

Kündigung jederzeit wiederhergestellt werden kann und folglich nicht aufgegeben wird[1061]. Der Vorstand sollte demnach ein jederzeitiges Kündigungsrecht in die Vertragsabrede implementieren, sofern es sich nicht ohnehin aus § 671 Abs. 1, § 648 S. 1 oder den § 620 ff. BGB ergibt.

D. Rechtsfolge unzulässiger Leitungsentäußerung bei externer Delegation

Abschließend stellt sich noch die praktisch bedeutsame Frage der Rechtswirkung unzulässiger Vereinbarungen im Rahmen der externen Delegation. Verbreiteter Auffassung nach führt die unzulässige Entäußerung der Leitungsmacht im Außenverhältnis zur Unwirksamkeit der Vereinbarung gem. § 76 Abs. 1 AktG[1062]. Relevanz hat dies freilich nur für die externe Delegation, da eine „Unwirksamkeit“ im Innenverhältnis nicht anders zu behandeln ist als ein einfacher Pflichtverstoß; die Folge ist schlicht eine Pflichtverletzung des Vorstands iSd § 93 AktG.

I. Meinungsstand

Die Auffassung der hM fußt auf der Annahme, § 76 Abs. 1 AktG stelle ein Verbotsgesetz iSd § 134 BGB dar, welches schuldrechtliche Vereinbarungen im Leitungsbereich des Vorstands verbietet[1063]. Für die Annahme der Unwirksamkeit bringen *Mertens/Cahn* vor, das Aktiengesetz enthalte abschließende Regelungen zur Organstruktur der AG und statuiere zwingende Regelungen über die Organkompetenzen[1064]. Dafür spreche die zentrale Bedeutung der Vorschrift, die der Gesetzgeber aufgrund materiellrechtlicher Erwägungen wegen ihrer öffentlichen Bedeutung prinzipiell als abschließendes Recht ausgestaltet hat[1065]. *Kuntz* sieht die Rechtsfolge der Unwirksamkeit im Falle der Leitungsentäußerung als Ausnahmefall; im Grundsatz solle allein § 93 AktG sanktionieren[1066]. Da den Vorstand in vielen Fällen eine Delegationspflicht treffe, sei eine unzulässige Delegation als Umsetzungsfehler und somit als Pflichtverstoß zu behandeln[1067]. Die

---

1061 *Mülbert,* in: Funktionsauslagerung bei Kreditinstituten, S. 3 (24).

1062 *Mertens/Cahn,* in: Kölner Komm AktG, § 76 Rn. 46; ebenso wohl *Spindler,* in: MüKo-AktG, § 76 Rn. 18 „keine Befugnis“; mit Zweifeln *Koch,* in: 50 Jahre AktG, S. 65 (99).

1063 So ausdrücklich *Mertens/Cahn,* in: Kölner Komm AktG, § 76 Rn. 46.

1064 *Mertens/Cahn,* in: Kölner Komm AktG, § 76 Rn. 46.

1065 *Mertens/Cahn,* in: Kölner Komm AktG, § 76 Rn. 46.

1066 *Kuntz* AG 2020, 801 (817 ff.).

1067 *Kuntz* AG 2020, 801 (817) und *ders.* AG 2016, 101 (107).

Ausnahme bilden Fälle, in denen der Vorstand externen Einfluss auf die Kompetenzen anderer Organe gewährt, indem er Selbstbindungen eingeht, die die Mitwirkungsrechte der Mitglieder und des Aufsichtsrats untergraben[1068].

II. Stellungnahme

Nach der hier vertretenen Auffassung ist das Delegationsverbot auf das organschaftliche Verhältnis zwischen dem Vorstand und der Gesellschaft zurückzuführen. Es handelt sich also um einen allgemeinen Rechtsgrundsatz und kein Spezifikum des Aktienrechts, welches an § 76 Abs. 1 AktG festzumachen ist. Dagegen dient § 76 Abs. 1 AktG dem Zwecke der Aufgabenzuweisung und Kompetenzabgrenzung zu anderen Organen und sichert die Eigenverantwortlichkeit des Vorstands bei der Unternehmensleitung ab. Daraus lassen sich Grenzen der externen Delegationsfähigkeit ausmachen. Dass der Vorstand keinem Dritten das Recht einräumen kann, über das ganze Vermögen der AG zu verfügen, ist schon aufgrund des § 179a AktG eine Selbstverständlichkeit[1069]. Auch eine Vereinbarung, die die Berichtspflicht des Vorstands an den Aufsichtsrat außer Kraft setzt, indem sie den Vorstand zur Berichterstattung an ein einzelnes Mitglied persönlich verpflichtet, muss unwirksam sein[1070]. Hier ist der Kompetenzbereich des § 76 Abs. 1 AktG überschritten und außenstehenden Dritten ist es zumutbar, sich über die aktienrechtliche Kompetenzverteilung zu unterrichten[1071]. Auf diese Weise sind der Gestaltungsmacht des Vorstands Grenzen gesetzt, welche auch aus § 76 Abs. 1 AktG abzuleiten sind, da unter die Vorschrift der Kompetenzbereich des Vorstands gefasst wird, gleichzeitig aber die jeweils die Vorschriften, die die Zuständigkeit anderer Organe begründen, den Kompetenzbereich des Vorstands begrenzen. Etwas anderes gilt für die „ungeschriebenen Holzmüller"- Fälle, die eine Mitwirkung der Aktionäre erfordern. Hier ist einhellige Meinung, dass solche Maßnahmen trotz der Vorlagepflicht uneingeschränkt wirksam sind[1072]. Hier ist zwar der eigenverantwortliche Kompetenzbereich des § 76 Abs. 1 AktG überschritten, die Gestaltungsmacht des Vorstands bleibt dennoch unberührt. Zweifelhaft ist daher, ob gerade solche Vereinbarungen, die nicht unter die §§ 291 ff. AktG fallen, aber einem Dritten explizit undelegierbare Leitungsbefugnisse einräumen, zulasten des Rechtsverkehrs die

---

1068 *Kuntz* AG 2020, 801 (817); ähnlich *Linnertz,* Delegation, S. 137 ff., 140 ff.
1069 S. auch *Kuntz* AG 2020, 801 (818).
1070 OLG Brandenburg AG 2019, 466 f.; dazu *Priester* AG 2021, 15 ff.
1071 IRd Vertretungsmacht *Fleischer* BeckOGK AktG, § 82 Rn. 8.
1072 Statt aller *Altmeppen* ZIP 2004, 999 (1000 f.).

Unwirksamkeit der Vereinbarung zur Rechtsfolge haben sollten. Die Hauptversammlungszuständigkeit wird mit der Erheblichkeit der Maßnahme und dessen Struktureingriff begründet. Diese Argumente dienen jedoch offensichtlich nicht der Begründung rechtsgeschäftlicher Unwirksamkeit.

Mit den Leitungsaufgaben ist der ureigene Kompetenzbereich des Vorstands betroffen. Begründungsansatz müsste also ein anderer sein. Um dem Delegationsverbot den Charakter eines Verbotsgesetzes beizumessen, müsste das rechtliche Können des Vorstands betroffen sein. Im Aktiengesetz ist das Verbot der Leitungsentäußerung aber gerade nicht verankert[1073]. Problematisch daran ist weiter, dass durch die eigentliche Wahrnehmung einer Aufgabe in der Regel keine Rechtsfolgen eintreten. Wird einem Dritten durch den Vorstand die Entscheidungsmöglichkeit über Leitungsangelegenheiten eingeräumt, ändert sich an der Rechtslage zunächst nichts. Vielmehr bleibt der Vorstand schlicht für die Angelegenheiten weiter verantwortlich. Leitungsmacht wird abseits von Unternehmensverträgen eben nicht „veräußert“. Wenn also beispielsweise ein Vorstand Produktionsleistungen auslagert und sich in der Vereinbarung nicht die wesentlichen organisatorischen Grundentscheidungen durch einen Zustimmungsvorbehalt oder einen Ausschluss vorbehält, lässt sich die Unwirksamkeit der Vereinbarung schwerlich begründen. Der Vorstand *kann* weiterhin handeln, seine Verantwortung ist nicht reduziert, nur sind aufgrund der vertraglichen Vereinbarung auch dem Vertragspartner Leitungsbefugnisse eingeräumt. Nach der hier vertretenen Auffassung wurzelt das Delegationsverbot zudem im organschaftlichen Innenverhältnis des Vorstands zur AG. Dieses Verhältnis betrifft aber gerade nicht das schuldrechtliche Verhältnis zu einem Dritten. Überzeugender wäre daher die Annahme, dass es sich bei der unzulässigen Einräumung von Leitungsbefugnissen um eine Pflichtverletzung des Vorstands handelt. Weshalb der Vorstand nicht derart handeln *können* soll, erschließt sich nicht.

Nimmt also ein Dritter persönliche Leitungspflichten wahr, so handeln die Vorstandsmitglieder pflichtwidrig, da eine persönliche Pflicht eben ausschließlich persönlich erfüllt werden kann. Aus Sicht der Aktionäre besteht kein Grund, weshalb es nicht genügen soll, wenn der Vorstand für nichtdelegierbare Leitungsangelegenheiten einzustehen hat, denn hier sind die Aktionäre immer nur durch das Haftungsregime des § 93 AktG geschützt. Ob dabei ein ersatzfähiger Schaden entsteht, bleibt dann natürlich festzustellen. Wenn der Vorstand aber sogar über Mitgliedschaftsrechte der Aktionäre disponieren *kann*, muss er auch über seinen eigenen Kompetenzbereich bestimmen können. Hier helfen der

1073 Dazu Kapitel 2 § 1 C III.

Gesellschaft zudem die Grundsätze über den Missbrauch der Vertretungsmacht, die auch für Kapitalgesellschaften bzw. für den Vorstand gelten[1074]. Handelt der Vorstand also evident missbräuchlich oder einverständlich mit dem Vertragspartner mit Schadensabsicht gegenüber der Gesellschaft (Kollusion), ist das Rechtsgeschäft genehmigungsbedürftig bzw. gem. § 138 Abs. 1 BGB nichtig[1075].

Eine andere Frage betrifft es aber, sofern der Vorstand gleichzeitig auch die Kompetenz verliert, diese Leitungsangelegenheiten zu kontrollieren. Dann nämlich gelangt man in einen Konflikt mit der in § 76 Abs. 1 AktG festgelegten Eigenverantwortlichkeit des Vorstands. Auf diese Weise ließe sich aus der Vorschrift ein gesetzliches Verbot iSd § 134 BGB begründen. Bei § 76 Abs. 1 AktG handelt es sich um ein sog. *lex imperfecta,* denn die Rechtsfolgen der Zuwiderhandlung sind nicht geregelt (vgl. § 134 BGB: „wenn sich nicht aus dem Gesetz ein anderes ergibt.“). Ist der Vorstand aber nicht mehr weisungsbefugt, ist er faktisch gegenüber einem Dritten weisungsgebunden, denn er kann über die Angelegenheiten nicht mehr selbst entscheiden. In einem solchen Fall weicht der Inhalt des Rechtsgeschäfts von einem Satz des positiven Rechts ab[1076]. Weisungsgebunden darf der Vorstand ausweislich des Gesetzes nämlich nicht sein. Wenn dies schon nicht durch die Mitglieder möglich ist, dann muss dies erst recht für außenstehende Dritte gelten (*argumentum a maiore ad minus*). Abseits der Fälle, die das Konzernrecht zulässt, darf sich der Vorstand seiner Leitungsautonomie daher nicht entledigen[1077]. Die Weisungsfreiheit („unter eigener Verantwortung“) lässt sich dem Gesetz (§§ 76 Abs. 1, 111 Abs. 1 S. 1 und 119 Abs. 2 AktG) und den Gesetzesmaterialien eindeutig entnehmen, weshalb damit auch keine untragbare Belastung des Rechtsverkehrs droht.

Die Fälle ähneln dem Fall der schuldrechtlichen Festlegung auf eine langfristige Ausrichtung der Geschäftspolitik, zu der unterschiedliche Auffassungen vertreten werden. Zum Teil wird hier angenommen, es handele sich hier um Ermessensausübung des Vorstands, weshalb solche Fälle nur durch § 93 AktG kompensiert werden[1078]. Andere sehen ein Problem mit der eigenverantwortlichen Leitung, da die Zusammensetzung des Vorstands variieren kann und

---

1074 Dazu *Bayer,* FS E. Vetter, 2019, S. 51 ff.; *Fleischer* NZG 2005, 529 (529); *ders.,* in: BeckOGK AktG, § 82 Rn. 12 ff. mwN

1075 *Flume* BGB AT II, S. 789; zum Missbrauch der Vertretungsmacht in Zusammenhang mit dem Vorstand *Koch,* in: Koch AktG, § 82 Rn. 6 ff. mwN.

1076 *Armbrüster,* in: MüKoBGB, § 134 Rn. 1.

1077 *Spindler,* in: MüKoAktG, § 76 Rn. 28.

1078 *Fleischer* FS Schwark, 2009, S. 137 (151 f.).

deshalb Korrekturmöglichkeiten zumindest in Bezug auf die Unternehmenspolitik stets möglich sein müssen[1079]. In den hier behandelten Fällen der Delegation mit unzureichenden Einwirkungsmöglichkeiten kann nicht mehr die Rede von eigener Ermessensausübung sein, denn Ermessen würde dann gerade einem Dritten eingeräumt, was eine solche Vereinbarung in die Nähe eines Konzernverhältnisses rückt. Es wurde bereits dargelegt, dass im Rahmen der externen Delegation der Festlegung von Weisungs- und Kündigungsrechten eine zentrale Bedeutung zur Wahrnehmung der Leitungspflichten zukommt. Diese sichern nicht nur den Vorstand, sondern auch die Gesellschaft vor einem nicht unmittelbar reversiblen Verlust der Leitungsbefugnis. Fehlt es an solchen Einwirkungsmöglichkeiten, lässt sich die Unwirksamkeit der Vereinbarung zureichend begründen. Denn dann besteht die Eingriffsmöglichkeit des Delegatars unabhängig davon, ob der Vorstand von den seinerseits bestehenden Eingriffsmöglichkeiten Gebrauch macht oder nicht. Außerdem besteht auch nicht mehr die Möglichkeit, den Vorstand neu zu besetzen und die neuen Mitglieder zur Wahrnehmung der Leitungspflichten anzuhalten. Die schuldrechtliche Vereinbarung besteht fort. Für das obengenannte Beispiel der Produktionsauslagerung wäre demnach eine Vereinbarung unwirksam, die einem externen Dritten den gesamten Betriebsbereich der Produktion überlässt, ohne dass dem Vorstand ein Weisungsrecht bezüglich strategischer Grundentscheidungen vorbehalten bleibt. Der Vorstand und somit auch die Gesellschaft selbst, wären dem Dienstleister – zumindest bis zur Kündigungsmöglichkeit – ausgeliefert. In einem solchen Fall kann nicht mehr die Rede davon sein, dass der Vorstand diesen Geschäftsbereich noch eigenverantwortlich leitet und der Vorwurf „„lediglich" in der Umsetzung"[1080] besteht.

Auch mit dieser Lösung bleibt der Makel der Unschärfe bei der Abgrenzung zwischen Leitungspflichten und sonstigen Geschäftsführungsaufgaben. Freilich gilt das zur Sicherung der Einwirkungsmöglichkeiten Gesagte für den gesamten Kompetenzbereich des Vorstands, da sich die Weisungsfreiheit nicht auf den Leitungsbereich beschränkt. Einem Vorstand ist es aber durchaus zuzumuten, sich Einwirkungsrechte in den wesentlichen Grundentscheidungen der strategischen Unternehmensleitung vorzubehalten. Dazu bedarf es keiner rechtswissenschaftlichen Betrachtung, denn es handelt es sich dabei eigentlich um eine Selbstverständlichkeit, die jedem Geschäftsleiter geläufig sein sollte. Wenn hier im Einzelfall Zweifel auftreten, geht dies zulasten des Vorstands. Es kann

---

1079 *Hüffer*, FS Schwark, 2009, S. 185 (196); *Spindler*, in: MüKoAktG, § 76 Rn. 29.
1080 *Kuntz* AG 2020, 801 (817).

nicht der Gesellschaft zur Last fallen, wenn sich der Vorstand über den Kernbereich des eigenen Kompetenzbereichs nicht bewusst ist. Der Vorstand haftet dann dem Vertragspartner unter Umständen auf Ersatz des entstandenen Vertrauensschadens.

Zusammenfassung in Thesen

1. Delegation wirkt sich grundsätzlich allein auf den Pflichtenmaßstab des Vorstands aus, indem sie die originäre Handlungspflicht in eine Überwachungspflicht wandelt.
2. Das Aktiengesetz selbst gibt keinerlei Anhaltspunkte für eine existierendes Delegationsverbot. Die Historie der §§ 76, 77 AktG, auf die jenes gestützt wird, belegen nichts Gegensätzliches.
3. Das Gesamtverantwortungsprinzip erweist sich bei genauerer Betrachtung als dogmatische Überhöhung, da es weitestgehend gegenstandslos ist. Letztlich handelt es sich bei der Gesamtverantwortung in Form der Überwachungsverantwortung um die Restverantwortung, die bei jeder Delegation bleibt. Erkennt man in der horizontalen Geschäftsverteilung demnach auch eine Delegation, handelt es sich bei dem Inhalt des Gesamtverantwortungsprinzips um eine Selbstverständlichkeit.
4. Erkennt man, dass der Vorstand im Grunde nichts anderes ist als ein Geschäftsbesorger der AG, so ergibt sich daraus, dass ihm die Aufgabenübertragung ohne Gestattung des Mandanten (der AG) im Kernbereich seiner Tätigkeit, nicht möglich ist.
5. Das Vorstehende folgt daraus, dass dem Vorstand als Mandatar gewisse Inhalt seines Auftrags - die Unternehmensleitung - in persönlichem Vertrauen übertragen wurden. Aufgrund dieses Vertrauenstatbestandes verbietet sich eine Delegation ohne Zustimmung der Geschäftsherrin (der AG). Mit der Auswahl des Vorstands rechtfertigt sich ein rechtlich geschütztes Vertrauen in eine persönliche Auftragserfüllung im Kernbereich der Mandatstätigkeit, was sich mutatis mutandis auf den Vorstand übertragen lässt.
6. Weiterhin lässt sich das Delegationsverbot mit der Gefahr eines Haftungs- und Überwachungsdefizits teleologisch begründen und mit der genannten Beschränkung auf den Kernbereich der Tätigkeit auch sinnvoll anführen.
7. Dogmatisch ist von der begriffsjuristisch anmutenden Anknüpfung des Delegationsverbots an den Leitungsbegriff somit Abstand zu nehmen und das auf Vertrauen basierende Mandatsverhältnis zwischen Vorstand und AG heranzuziehen, welches das dogmatische Fundament für das Delegationsverbot bildet.

8. Das herrschende inhaltliche Verständnis von dem Begriff der Leitung als herausgehobener Teilbereich der Geschäftsführung lässt sich mit dem Gesetzesbild vereinbaren. Die Begrifflichkeit heranzuziehen, um die wesentlichen Aufgaben des Vorstands als Unternehmensleitungsorgan zu subsumieren, überzeugt. Nicht aber ist aus der begrifflichen Differenzierung ein Delegationsverbot abzuleiten.
9. Erleichterung bietet das hier vorgeschlagene Modell zur Frage der Delegationsfähigkeit, wobei zunächst die Kategorisierung der Leitungsaufgaben dazu dient, die wichtigsten Vorstandsaufgaben zu bestimmen. Im Anschluss ist jeweils zu fragen, in welchem Umfang bezüglich jener ein persönliches Tätigwerden vonnöten ist. Für die Bestimmung der nichtdelegierbaren Angelegenheiten, ist der hier dargelegte dogmatische Ansatz heranzuziehen und zu fragen, inwieweit die Aufgabe dem Vorstand in persönlichem Vertrauen übertragen ist.
10. Die Leitungsaufgabe lässt sich aus den gesetzlich zugewiesenen Aufgaben konkretisieren. Aus jenen lassen sich nämlich auch diejenigen Aufgaben ableiten, die den unternehmerischen Aspekt der Vorstandsaufgabe darstellen und sonst mit Hilfe der Betriebswirtschaftslehre „typologisch" bestimmt werden.
11. Den Vorstandsmitgliedern ist es verwehrt, sich bei einem Verstoß gegen das Delegationsverbot auf rechtmäßiges Alternativverhalten zu berufen, sofern sie ebenso wie der Delegatar entschieden hätten. Da das Delegationsverbot gerade nach persönlichem Tätigwerden verlangt, lässt der Schutzzweck der Norm dies schlicht nicht zu. Die Möglichkeit zur Berufung auf rechtmäßiges Alternativverhalten findet in diesem Punkt ihre Grenze.
12. Die Kriterien, die der BGH im Weltruf-Urteil aufgestellt hat, sind weitestgehend richtiger Bewertungsmaßstab für eine ordnungsgemäße horizontale Delegation. Mit dem Verlangen nach der Verteilung „aller" Geschäftsführungsaufgaben sind die Anforderungen jedoch überspannt. Außerdem überzeugt das Kriterium, die Verteilung müsse „sachgerecht" sein nicht.
13. Der problematische Fall, dass einzelne Geschäftsführungsaufgaben nicht klar und eindeutig aufgeteilt sind, führt nicht zur Unwirksamkeit der gesamten Geschäftsverteilung. Vielmehr ist der Rechtsgedanke des § 139 BGB heranzuziehen, wonach sich die Unwirksamkeit der Delegation – also das Ausbleiben der enthaftenden Wirkung – nur auf den jeweils unzureichend zugeteilten Geschäftsbereich beschränkt.
14. Um die vorstandsinterne Überwachungspflicht nicht durch die jederzeitige Regressmöglichkeit bei dem unmittelbaren Handelnden ihres Inhalts zu berauben, ist die Anwendung der starren Regelung des § 840 Abs. 2 BGB im

Innenregress zwischen Vorstandsmitgliedern abzulehnen und eine flexible Lösung über § 254 BGB zu suchen., wonach die jeweiligen Verursachungsbeiträge berücksichtigt werden können.

15. Die zustimmungswürdige deliktische Haftung der Vorstandsmitglieder für Verkehrspflichtverletzungen im Außenverhältnis wird durch die Delegation eingeschränkt. Dadurch wird zugleich verhindert, dass die Haftung ausufert.
16. Nachgeordnete Unternehmensangehörige können den Vorstand in Leitungsangelegenheiten vertreten, da sich das Delegationsverbot nicht auf die Vertetungsbefugnis auswirkt. Zu trennen ist hier die vorher wahrzunehmende Aufgabe und die Durchführung des Rechtsgeschäfts. Letzteres ist keine höchstpersönliche Pflicht.
17. Gerät ein Vorstandsmitglied mit einem leicht fahrlässig handelnden Angestellten gesamtschuldnerisch in die Haftung, so ist der Anspruch der AG gegen den Vorstand um den Verursachungsbeitrag des Arbeitnehmers zu kürzen. Dies stellt vor dem Hintergrund, dass zuvor von einer Anwendung der starren Regelung des § 840 Abs. 2 BGB Abstand genommen wird als Gesamtkonzept die interessengerechteste Lösung dar.
18. Die unzulässige externe Delegation durch den Vorstand führt nur dann zur Unwirksamkeit des Rechtsgeschäfts gem. § 134 BGB, wenn der Vorstand dadurch seine eigene Autonomie aufgibt, indem er faktisch weisungsgebunden ist. Andernfalls handelt es sich lediglich um eine Pflichtverletzung, die durch den Anspruch aus § 93 Abs. 2 AktG, vorbehaltlich eines Schadens, kompensiert werden kann.

Literaturverzeichnis

Abeltshauser, Thomas: Leitungshaftung im Kapitalgesellschaftsrecht: Zu den Sorgfalts- und Loyalitätspflichten von Unternehmensleitern im deutschen und im US-amerikanischen Kapitalgesellschaftsrecht, Köln, München, Berlin (u.a.) (zugl. Gießen Habil., 1994) [zitiert: *Abeltshauser,* Leitungshaftung].

Altmeppen, Holger: Gesetz betreffend die Gesellschaften mit beschränkter Haftung: GmbHG, 10. Aufl., München 2021 [zitiert: *Altmeppen,* in: GmbHG].

Altmeppen, Holger: Grenzen der Zustimmungsvorbehalte des Aufsichtsrats und die Folgen ihrer Verletzung durch den Vorstand, in: *Bitter, Georg/Lutter, Marcus/Priester, Hans-Joachim/Schön, Wolfgang/Ulmer, Peter*, Festschrift für Karsten Schmidt zum 70. Geburtstag, Köln 2009, S. 23 – 40 [zitiert: *Altmeppen,* FS K. Schmidt, 2009].

Altmeppen, Holger: Haftung der Geschäftsleiter einer Kapitalgesellschaft für Verletzung von Verkehrssicherungspflichten, ZIP 1995, S. 881 – 891.

Altmeppen, Holger: Haftung für Delikte „aus dem Unternehmen", dargestellt am Fall „Dieselgate", ZIP 2016, S. 97 – 103.

Altmeppen, Holger: Probleme der Konkursverschleppungshaftung, ZIP 1997, S. 1173 – 1185.

Annweiler, Matthias J./Graewe, Daniel: Sorgfaltspflichten des Vorstands im Zusammenhang mit dem Brexit, ZIP 2019, S. 2034 – 2040.

Apfelbacher, Gabriele/Hemeling, Peter/Hoffmann-Becking, Michael/Kremer, Thomas/Krieger, Gerd/Löbbe, Marc/Maier-Reimer, Georg: Zur Initiative #stayonboard für einen Anspruch auf Ruhenlassen des Vorstandsmandats bei längerer Verhinderung, NZG 2020, S. 1281 – 1283.

Arnold, Michael: Verantwortung und Zusammenwirken des Vorstands und Aufsichtsrats bei Compliance-Untersuchungen, ZGR 2014, S. 76 – 106.

Bachmann, Gregor: Reform der Organhaftung? Materielles Haftungsrecht und seine Durchsetzung in privaten und öffentlichen Unternehmen, Gutachten E, in: Verhandlungen des 70. Deutschen Juristentages, Hannover 2014, Band I, Gutachten, München 2014 [zitiert: Bachmann, 70. DJT, Bd. I, E].

Bachmann, Gregor: Die Beschränkung der Organhaftung nach den Grundsätzen des Arbeitsrechts, ZIP 2017, S. 841 – 851.

Bahrenfuss, Dirk: Die Entstehung des Aktiengesetzes von 1965, Berlin 2001 [zitiert: *Bahrenfuss,* Die Entstehung des Aktiengesetzes von 1965, 2001].

Backhaus, Richard: Anforderungen an die Geschäftsverteilung zwischen Geschäftsführern einer GmbH („Weltruf"), jurisPR-HaGesR 4/2019 Anm. 3.

Baumbach, Adolf/Hueck, Alfred/Hueck, Götz: Aktiengesetz 1937, 10. Aufl., München 1959 [zitiert: *Bearbeiter*, in: Komm AktG 1937].

Baums, Theodor: Der Geschäftsleitervertrag, Begründung, Inhalt und Beendigung der Rechtsstellung der Vorstandsmitglieder und Geschäftsführer in den Kapitalgesellschaften und Genossenschaften, Köln 1987 (zugl. Habil. Münster 1987) [zitiert: *Baums,* Geschäftsleitervertrag].

Baums, Theodor: Recht der Unternehmensfinanzierung, Frankfurt 2017 [zitiert: *Baums,* Recht der Unternehmensfinanzierung].

Bayer, Walter/Habersack, Mathias: Aktienrecht im Wandel, Band I, Entwicklung des Aktienrechts, Tübingen 2007 [zitiert: *Bearbeiter,* in: AktienR im Wandel, Bd I].

Bayer, Walter/Habersack, Mathias: Aktienrecht im Wandel, Band II, Grundsatzfragen des Aktienrechts, Tübingen 2007 [zitiert: *Bearbeiter,* in: AktienR im Wandel, Bd II].

Bayer, Walter: Der Missbrauch der Vertretungsmacht unter besonderer Berücksichtigung des Handels- und Gesellschaftsrechts, in: *Grunewald, Barbara/ Koch, Jens/Tielmann, Jörgen* (Hrsg.), Festschrift für Eberhard Vetter zum 70. Geburtstag, Köln, Bonn, Hamburg 2019, S. 51 – 78 [zitiert: *Bayer,* FS E. Vetter, 2019].

Bayer, Walter/Scholz, Philipp: Haftungsbegrenzung und D&O-Versicherung im Recht des aktienrechtlichen Organhaftung - Grundsatzüberlegungen zum 70. DJT 2014, NZG 2014, S. 926 –943.

Bayer, Walter Scholz, Philipp: Zweifelsfragen der gesamtschuldnerischen Organhaftung im Aktienrecht Zur Bewährung der bürgerlich-rechtlichen Institute der „gestörten Gesamtschuld" und „beschränkten Gesamtwirkung" vor der aktienrechtlichen Dogmatik, ZGR 2016, S. 619 – 643.

Becker, Marcus/Pordzik, Philipp, Digitalisierte Unternehmensführung, ZfPW 2020, S. 334 – 357.

BeckOGK AktG → siehe unter *Henssler*

BeckOGK BGB → siehe unter *Gsell/Krüger/Lorenz/Reymann*

BeckOGK HGB → siehe unter *Henssler*

BeckOK VwGO → siehe unter *Posser/Wolff*

Behrends, Okko: Die *bona fides* im *mandatum*, in: *Schermaier, Martin Josef/ Végh, Zoltán*, Ars Boni Et Aequi, Festschrift für Wolfgang Waldstein zum 65. Geburtstag, Stuttgart 1993 [zitiert: *Bearbeiter*, FS Waldstein, 1993].

Behrends, Okko/Knütel, Rolf/Kupisch, Berthold/Seiler, Hans Hermann: Corpus Iuris Civilis III, Digesten 11-20, Lüneburg, 1999 [zitiert: *Bearbeiter,* in: CIC III, Digesten 11-20].

Bergmann, Karl Otto: Delegation und Substitution ärztlicher Leistungen. Eine Bestandsaufnahme aus haftungsrechtlicher Sicht, in: *Arbeitsgemeinschaft Rechtsanwälteim Medizinrecht e.V,* Delegation und Substitution – wenn der Pfleger den Doktor ersetzt…, Sindelfingen 2010, S. 25-45 [zitiert: *Bergmann,* Delegation und Substitution].

Bezzenberger, Tilman: Der Vorstandsvorsitzende der Aktiengesellschaft, ZGR 2996, S. 661 – 673.

Boos, Karl-Heinz/Fischer, Reinfrid/Schulte-Mattler, Hermann: Kommentar zu Kreditwesengesetz, VO (EU) Nr. 575/2013 (CRR) und Ausführungsvorschriften, 5. Auflage, Bergisch-Gladbach (u.a.) 2016 [zitiert: *Bearbeiter*: in: Boos/Fischer/Schulte-Mattler KWG].

Bork, Reinhard: Pflichten der Geschäftsführung in Krise und Sanierung, ZIP 2011, S. 101 – 109.

Böttcher, Lars: Bankvorstandshaftung im Rahmen der Sub-Prime Krise, NZG 2009, S. 1047 – 1052.

Böttcher, Lars/Blasche, Sebastian: Die Grenzen der Leitungsmacht des Vorstands, S. 569 – 573.

Brandes, Stephan/Rabenau, Ela: Früherkennung und Bewältigung bestandgefährdender Risiken im Unternehmen, ZIP 2021, S. 2566 – 2572.

Brüggemeier, Gert: Organisationshaftung: Deliktsrechtliche Aspekte innerorganisatorischer Funktionsdifferenzierung, AcP 1991 (191), S. 33 – 68.

Bruch, Heike: Intra- und interorganisationale Delegation (zugl. Diss, Hannover 1996) [zitiert: *Bruch,* Intra- und interorganisationale Delegation].

Buck-Heeb, Petra: Ressortverteilung und Haftung von Geschäftsführern, BB 2019, S. 584 – 589.

Bürgers, Tobias/Körber, Torsten/Lieder, Jan: Aktiengesetz Kommentar, 5. Aufl., Heidelberg 2021 [zitiert: *Bearbeiter*, in: Bürgers/Körber/Lieder].

Bürgers, Tobias: Compliance in Aktiengesellschaften, Arbeitsteilung zwischen Vorstand und Aufsichtsrat sowie innerhalb der Organe, ZHR 179 (2015), S. 173 – 206.

Bürkle, Jürgen: Corporate Compliance - Pflicht oder Kür für den Vorstand der AG?, BB 2005, S. 565 – 570.

Bürkle, Jürgen: Corporate Compliance als Standard guter Unternehmensführung des Deutschen Corporate Governance Kodex, BB 2007, S. 1797 – 1801.

Cahn, Andreas: Business Judgment Rule und Rechtsfragen, Der Konzern, S. 105 – 111.

Canaris, Claus-Wilhelm: Die Vertrauenshaftung im deutschen Privatrecht, München 1971 [zitiert: *Canaris,* Vertrauenshaftung].

Dieckmann, Andreas: 30 Jahre „Baustoff-Entscheidung“ und ihre Relevanz für die Organaußenhaftung von heute, ZGR 2020, S. 1039 – 1077.

Dose, Stefan: Die Rechtsstellung der Vorstandsmitglieder einer Aktiengesellschaft, 3. Aufl., Köln 1975 [zitiert: *Dose,* Rechtsstellung der Vorstandsmitglieder].

Dreher, Meinrad: Die Ausstrahlungen des Aufsichstrechts auf das Aktienrecht – Unter besonderer Berücksichtigung des Risikomanagements, ZGR 2010, S. 496 – 542.

Dreher, Meinrad: Die Vorstandsverantwortung im Geflecht von Risikomanagement, Compliance und interner Revision, in: *Kindler, Peter/Koch, Jens/Ulmer, Peter/Winter, Martin,* Festschrift für Uwe Hüffer zum 70. Geburtstag, München (u.a.) 2010, S. 161 – 178 [zitiert: *Dreher,* FS Hüffer, 2010].

Dreher, Meinrad: Nicht delegierbare Geschäftsleiterpflichten, in: *Grundmann, Stefan/Haar, Brigitte/Merkt, Hanno* Festschrift für Klaus J. Hopt zum 70. Geburtstag, Band 1, Berlin u.a. 2010, S. 517-540 [zitiert: *Dreher*, FS Hopt Bd. I, 2010].

Dreher, Meinrad: Die persönliche Verantwortlichkeit von Geschäftsleitern nach außen und die innergesellschaftliche Aufgabenteilung, ZGR 1992, S. 22 – 63.

Drescher, Ingo/Fleischer, Holger/Schmidt, Karsten: Münchener Kommentar zum Handelsgesetzbuch, Band 1 (§§ 1 – 104a), 5. Aufl., München 2021 [zitiert: *Bearbeiter,* in: MüKoHGB].

Druey, Jean Nicolas: Verantwortlichkeit aus Leitung, in: *Lieb, Manfred/Noack, Ulrich/Westermann, Harm Peter,* Festschrift für Wolfgang Zöllner zum 70. Geburtstag Bd. I, Köln 1998, S. 129 – 143 [zitiert: *Druey,* FS Zöllner, 1998].

Druey, Jean Nicolas: Wo hört das Prüfen auf?, Das Misstrauensprinzip – insbesondere im Gesellschaftsrecht, in:. *Kramer, Ernst A/Schuhmacher, Wolfgang* (Hrsg.), Festschrift für Hans-Georg Koppensteiner zum 65. Geburtstag, Wien 2001, S. 3–14 [zitiert: *Druey*, FS Koppensteiner, 2001].

Dubovitskaya, Elena: Sind Vorstandsmitglieder einer AG wirklich Treuhänder?, NZG 2015, S. 983 – 988.

Emde, Ernst-Thomas: Gesamtverantwortung und Ressortverantwortung im Vorstand der AG, in: *Burgard, Ulrich/Hadding, Walther/Mülbert, Peter O./Nietsch, Michael/Welter, Reinhard,* Festschrift für Uwe H. Schneider zum 70. Geburtstag, Köln 2011, S.295-321 [zitiert: *Emde,* FS U. H. Schneider, 2011].

Emmerich, Volker/Habersack, Mathias: Aktien- und GmbH-Konzernrecht Kommentar, 9. Aufl., München (u.a.) 2019 [zitiert: *Bearbeiter,* in: Emmerich/Habersack KonzernR].

Endres, Egon: Endres: Organisation der Unternehmensleitung aus der Sicht der Praxis, ZHR 1999, S. 441 – 460.

Erk, Christian/Spoun, Sascha: Integrativ managen, St. Gallen, Lüneburg 2020 [zitiert: *Erk/Spoun,* Integrativ managen].

Feddersen, Dieter: Nochmals – Die Pflichten des Vorstands zur Unternehmensplanung, ZGR 1993, S. 114 – 117.

Fischer, Sebastian/Schucht, Carsten: Organpflichten und Organhaftung im Produktsicherheits- und Produkthaftungsrecht, BB 2018, S. 67 – 74.

Fleischer, Holger: Aktienrechtliche Compliance-Pflichten im Praxistest: Das Siemens/Neubürger-Urteil des LG München I, NZG 2014, S. 321 – 329.

Fleischer, Holger: Corporate Compliance im aktienrechtlichen Unternehmensverbund, CCZ 2008, S. 1 – 6.

Fleischer, Holger: Deliktische Geschäftsführerhaftung gegenüber außenstehenden Dritten im englischen Gesellschaftsrecht - Vergleichende Betrachtungen zu einer aktuellen Grundsatzentscheidung des House of Lords, ZGR 2000, S. 152 - 165.

Fleischer, Holger: Handbuch des Vorstandsrechts, München 2006 [zitiert: *Bearbeiter,* in: Hdb-VorstR].

Fleischer, Holger: Zur Unveräußerlichkeit der Leitungsmacht im deutschen, englischen und US-amerikanischen Aktienrecht, in *Windbichler, Christine/Grundmann, Stefan/Schwintowski, Hans-Peter/Raiser, Thomas/Kirchner, Christian/Weber, Martin*, Unternehmensrecht zu Beginn des 21. Jahrhunderts, 1. Auflage, Festschrift für Eberhard Schwark zum 70. Geburtstag, München 2009, S. 137-156 [zitiert: *Fleischer,* FS Schwark, 2009].

Fleischer, Holger: Reichweite und Grenzen der unbeschränkten Organvertretungsmacht im Kapitalgesellschaftsrecht, NZG 2005, S. 529 – 537.

Fleischer, Holger: Ressortverteilung zwischen GmbH-Geschäftsführern: Das Weltruf-Urteil des BGH, DB 2019, S. 472 – 478.

Fleischer, Holger: Vorstandsverantwortlichkeit in Spartenorganisation und virtueller Holding, BB 2017, 2499 – 2506.

Fleischer, Holger: Vorstandsverantwortlichkeit und Fehlverhalten von Unternehmensangehörigen – Von der Einzelüberwachung zur Errichtung einer Compliance-Organisation, AG 2003, S. 291 – 300.

Fleischer, Holger: Zur Leitungsaufgabe des Vorstands im Aktienrecht, ZIP 2003, S. 1 – 11.

Fleischer, Holger: Zur organschaftlichen Treuepflicht der Geschäftsleiter im Aktien- und GmbH-Recht, WM 2003, S. 1045 – 1058.

Fleischer, Holger: Reformperspektiven der Organhaftung: Empfiehlt sich eine stärkere Kodifizierung von Richterrecht? DB 2014, S. 1971 – 1975.

Fleischer, Hoger: Vertrauen von Geschäftsleitern und Aufsichtsratsmitgliedern auf Informationen Dritter, ZIP 2009, S. 1397 – 1406.

Fleischer, Holger: Zum Grundsatz der Gesamtverantwortung im Aktienrecht, NZG 2003, S. 449 – 459.

Flume, Werner: Allgemeiner Teil des Bürgerlichen Rechts, Erster Band – Zweiter Teil: Die juristische Person, Berlin u.a. 1983 [zitiert: *Flume*, BGB AT I 2].

Flume, Werner: Allgemeiner Teil des Bürgerlichen Rechts, Zweiter Band, Das Rechtsgeschäft, 3. Aufl., Berlin u. a. 1979 [zitiert: *Flume*, BGB AT II].

Freund, Stefan: Brennpunkte der Organhaftung – Anmerkungen aus der Praxis zur organrechtlichen Innenhaftung, NZG 2015, S. 1419 – 1424.

Freund, Stefan: Organhaftung von Vorständen und Geschäftsführern, GmbHR 2009, S. 1185 – 1190.

Freund, Stefan: Pflichtverletzung und Verschulden in der Organhaftung – Überlegungen zu einer in Kauf genommenen Dominanz der Pflichtverletzung, NZG 2022, S. 297 – 305.

Freund, Stefan: Risikomanagement für Geschäftsführer und Vorstände, NZG 2021, S. 579 – 586.

Fritz, Hans-Joachim: Die Führungskraft in der Matrixorganisation, NZA-Beilage 2018, S. 98 – 103.

Froesch, Daniel: Managerhaftung – Risikominimierung durch Delegation?, DB 2009, S. 722 – 726.

Gajo, Marianne: Studie zum Outsourcing in der Finanzindustrie, GmbHR 2021, R344 – R346.

Gehling, Christian/Ott, Nicolas/Lüneborg, Cäcile: Das neue Lieferkettensorgfaltspflichtengesetz – Umsetzung in der Unternehmenspraxis, CCZ 2021, S. 230 – 240.

Gehrlein, Markus: Grenzen der Geschäftsführungsbefugnisse - Stichentscheid bei Dissens innerhalb des Geschäftsführungsorgans?, WM 2018, S. 1865 – 1872.

Gessler, Ernst: Der Betriebsführungsvertrag im Lichte der aktienrechtlichen Zuständigkeitsordnung, in: *Fischer, Robert/Gessler, Ernst/Schilling, Wolfgang/Serick, Rolf/Ulmer, Peter* (Hrsg.), Strukturen und Entwicklungen im Handels- Gesellschafts- und Wirtschaftsrecht, Festschrift für Wolfgang Hefermehl zum 70. Geburtstag, München 1976, S. 263 – 282 [zitiert: *Gessler,* FS Hefermehl, 1976].

Godin, Reinhard Freiherr von/*Wilhelmi*, Hans: Gesetz über Aktiengesellschaften und Kommanditgesellschaften auf Aktien vom 30. Januar 1937, 2. Aufl., Berlin 1950 [zitiert: *v. Godin/Wilhelmi*, in: AktG 1937].

Goette, Wulf: Leitung, Aufsicht, Haftung – zur Rolle der Rechtsprechung bei der Sicherung einer modernen Unternehmensführung, in: *Karlmann/Nehm, Kay/ Brandner, Hans E/Hagen, Horst*: 50 Jahre Bundesgerichtshof: Festschrift auf Anlass des fünfzigjährigen Bestehens von Bundesgerichtshof, Bundesanwaltschaft und Rechtsanwaltschaft beim Bundesgerichtshof, München 2000, S. 123 – 142 [zitiert: *Goette*, FS 50 Jahre BGH, 2000].

Goette, Wulf: Organisationspflichten des Vorstands zwischen Rechtspflicht und Opportunität, ZHR 2011, S. 368 – 387.

Goette, Wulf: Zur Verteilung der Darlegungs- und Beweislast der objektiven Pflichtwidrigkeit bei der Organhaftung, ZGR 1995, S. 648 – 674.

Goette, Wulf/Habersack, Mathias: Münchener Kommentar zum Aktiengesetz, Band I (§§ 1 – 75 AktG), Band II (§§ 76–117 AktG, MitbestG, DrittelbG), Band III (§§ 118–178 AktG), Band IV (§§ 179 – 277 AktG), Band V (§§ 278–328 AktG, SpruchG, ÖGesAusG, Österreichisches Konzernrecht), 5. Aufl., München 2019 – 2022 [zitiert: *Bearbeiter*, in: MüKoAktG].

Gottwald, Peter: Insolvenzrechts-Handbuch, 5. Aufl, Regensburg 2015 [zitiert: *Bearbeiter*, in: Insolvenzrechts-Handbuch].

Göhler, Erich: Beck'scher Kurzkommentar OWiG, 18. Aufl., München 2021 [zitiert: *Bearbeiter*, in: Göhler OWiG].

Gößwein, Georg/Hohmann, Olaf: Modelle der Compliance-Organisation in Unternehmen – Wider den Chief Compliance Officer als „Überoberverantwortungsnehmer“, BB 2011, S. 963 – 968.

Götz, Heinrich: Die Überwachung der Aktiengesellschaft im Lichte jüngerer Unternehmenskrisen, AG 2995, S. 337 – 353.

Götz, Jürgen: Gesamtverantwortung des Vorstands bei vorschriftswidriger Unterbesetzung, ZIP 2002, S. 1745 – 1751.

Gomer, Maxim: Die Delegation von Compliance-Zuständigkeit des Vorstands einer Aktiengesellschaft, 2020 (zugl. Diss. Bonn 2020) [zitiert: *Gomer*, Delegation von Compliance-Zuständigkeit].

Graeber, Thorsten: Die Aufgaben des Insolvenzverwalters im Spannungsfeld zwischen Delegationsbedürfnis und Höchstpersönlichkeit, NZI 2003, S. 569 – 578.

Grabolle, Nina: Der unveräußerliche Kernbereich der Leitungsfunktion, Was der Gesamtvorstand einer Aktiengesellschaft zwingend selbst tun muss, Diss. Frankfurt am Main 2015, [zitiert: *Grabolle*, Kernbereich der Leitungsfunktion].

Grigoleit, Hans Christoph: Aktiengesetz Kommentar, 2. Aufl. München 2020 [zitiert: *Bearbeiter*, in: Grigoleit AktG].

Groh, Jakob: Einstandspflichten und gestörte Gesamtschuld in der Vorstandshaftung, Baden-Baden 2020 (zugl. Diss. Heidelberg 2020) [zitiert: *Groh*, Einstandspflichten und gestörte Gesamtschuld in der Vorstandshaftung].

Großkommentar Aktiengesetz → siehe unter *Hirte/Mülbert/Roth, Hopt/Wiedeman* und *von Gadow/Heinichen*

Von Gadow, Wilhelm/Heinichen, Eduard: Aktiengesetz Kommentar, 1. Aufl., Berlin 1939 [zitiert: *Bearbeiter*, in: Großkomm. AktG, 1939].

Von Gadow, Wilhelm/Heinichen, Eduard: Großkommentar Aktiengesetz, Erster Band, §§ 1–144, 2. Aufl., Berlin 1961; zitiert: *Bearbeiter*, in: Großkomm AktG, 2. Aufl.].

Grüneberg Bürgerliches Gesetzbuch: BGB, 81. Auflage, München 2022 [zitiert: *Bearbeiter*, in: Grüneberg].

Grunewald, Barbara: Die Haftung von Organmitgliedern nach Deliktsrecht, ZHR 157 (1993), S. 451

Gsell, Beate/Krüger, Wolfgang/ Lorenz, Stephan/Reymann, Christoph: beck-online.Großkommentar BGB, Stand: 01.03.2022 (u.a.), München 2021 [zitiert: *Bearbeiter*, in: BeckOGK BGB].

Guntermann, Lisa Marleen: Der Gesamtschuldnerregress unter Vorstandsmitgliedern, AG 2017, S. 606 – 612.

Guntermann, Lisa Marleen/Noack, Ulrich: Gesamtschuldnerregress in der aktienrechtlichen Organhaftung, in: *Dauner-Lieb, Barbara/Hennrichs, Joachim/ Henssler, Martin/Liebscher, Thomas/Morell, Alexander/Müller, Hans-Friedrich/ Schlitt, Michael,* Festschrift für Barbara Grunewald zum 70. Geburtstag, Köln 2021, S. 253 – 272 [zitiert: *Guntermann/Noack,* FS Grunewald, 2021].

Gutenberg, Erich: Unternehmensführung, Wiesbaden 1962 [zitiert: *Gutenberg*, Unternehmensführung].

Gutenberg, Erich: Grundlagen der Betriebswirtschaftslehre, 24. Aufl., Berlin (u.a.) 1983 [zitiert: *Gutenberg*, Grundlagen].

Habersack, Mathias: Gesteigerte Überwachungspflichten des Leiters eines „sachnahen" Vorstandsressorts?, WM 2005, S. 2360 – 2364.

Habersack, Mathias/Casper, Matthias/Löbbe, Marc: GmbHG Großkommentar, 3. Aufl., München 2020 [zitiert: *Bearbeiter*, in: HCL GmbHG].

Hamann, Hanjo: Evidenzbasierte Jurisprudenz: Methoden empirischer Forschung und ihr Erkenntniswert für das Recht am Beispiel des Gesellschaftsrechts, Tübingen 2014 (zugl. Diss Bonn, 2020) [zitiert: *Hamann*, Evidenzbasierte Jurisprudenz].

Hannes, Miriam, Der Vertrauensgrundsatz bei arbeitsteiligem Verhalten, Aachen 2002 (zugl. Diss Heidelberg, 2001) [zitiert: *Hannes,* Vertrauensgrundsatz].

Harbarth, Stephan: Unternehmensorganisation und Vertrauensgrundsatz im Aktienrecht, ZGR 2017, S. 211 – 238.

Harbarth, Stephan: Anforderungen an die Compliance-Organisation in börsennotierten Unternehmen, in: ZHR 179 (2015), S. 136 – 172.

Haubold, Jens: Haftungsverteilung und Regress in der Organhaftung, in: *Schütze, Rolf A./Klötzel, Thomas R./Gebauer, Martin*, Festschrift für Roderich C. Thümmel zum 65. Geburtstag, Thübingen, Stuttgart 2020, S. 331 – 350 [zitiert: *Haubold*, FS Thümmel, 2020].

Hauschka, Christoph E.: Compliance am Beispiel der Korruptionsbekämpfung, ZIP 2004, S. 877 – 883.

Hauschka, Christoph E./Moosmayer, Klaus/Lösler, Thomas: Corporate Compliance, Handbuch der Haftungsvermeidung im Unternehmen, 3.Aufl., München 2016 [zitiert: *Bearbeiter*, in: Corporate Compliance].

Hefermehl, Wolfgang: Zur Haftung der Vorstandsmitglieder bei Ausführung von Hauptversammlungsbeschlüssen, in: *Fischer, Robert/Hefermehl, Wolfgang*, Gesellschaftsrecht und Unternehmensrecht, Festschrift für Wolfgang Schilling zum 65. Geburtstag, Heidelberg 1973, S. 159 – 175 [zitiert: *Hefermehl*, FS Schilling, 1973].

Hegnon, Oliver: Aufsicht als Leitungspflicht, Umfang persönlich wahrzunehmender Aufsichtspflichten von Geschäftsleitern bei vertikaler Arbeitsteilung aus gesellschafts- und strafrechtlicher Sicht, CCZ 2009, S. 57 – 62.

Heimbach, Heinz-J./Boll, Lothar: Führungsaufgabe und persönliche Haftung der Vorstandsmitglieder und des Vorstandsvorsitzenden im ressortaufgeteilten Vorstand einer AG, VersR 2001, S. 801 – 809.

Von Hein, Jan: Vom Vorstandsvorsitzenden zum CEO, ZHR 166 (2002), S. 464 – 502.

Heller, Arne: Unternehmensführung und Unternehmenskontrolle: unter besonderer Berücksichtigung der Gesamtverantwortung des Vorstands, Heidelberg 1998 (zugl. Diss., Hamburg 1998) [zitiert: *Heller*, Unternehmensführung].

Henssler, Martin: beck-online.Großkommentar AktG, Stand: 01.02.2022, München 2022 [zitiert: *Bearbeiter*, in: BeckOGK AktG].

Henssler, Martin: beck-online.Großkommentar HGB, Stand: 01.02.2022, München 2022 [zitiert: *Bearbeiter*, in: BeckOGK HGB]

Henssler, Martin/Strohn, Lutz: Gesellschaftsrecht, 5.Auflage, Köln, Solingen, München 2021 [zitiert: *Bearbeiter*, in: Henssler/Strohn GesR].

Henze, Hartwig: Leitungsverantwortung des Vorstands – Überwachungspflicht des Aufsichtsrats, BB 2000, S. 209 – 216.

Herwig, Michael: Leitungsautonomie und Fremdeinfluss, Zulässigkeit und Grenzen vertraglicher Einflussnahmemöglichkeiten auf Leitungsentscheidungen des Vorstands einer Aktiengesellschaft, Berlin 2014, (zugl. Diss. Mainz 2014) [zitiert: *Herwig*, Leitungsautonomie und Fremdeinfluss].

Heß, Dominik: Investorenvereinbarungen, Köln 2014 (zugl. Diss., München 2014) [zitiert: *Heß*, Investorenvereinbarungen].

Hippeli, Michael/Diesing, Marco: Business Combination Agreements bei M&A-Transaktionen, AG 2015, S. 185 – 195.

Hirte, Heribert/Mülbert, Peter O./Roth, Markus: Großkommentar Aktiengesetz, Vierter Band, Teilband 1 (§§ 76–91) und Teilband 2 (§§ 92 – 94), Siebter Band, Teilband 1 (§§ 118 – 130), 5. Aufl., Berlin 2015/2017 [zitiert: *Bearbeiter*, in: Großkomm. AktG].

Hirte, Heribert: Gesellschaftsrechtliche Fragen des "Outsourcing". Grenzen und Folgen der Auslagerung der Datenverarbeitung, CR 1992, S. 193 – 198.

Hoffmann, Guido: Unternehmerische Leitungsentscheidungen in der (Corona-) Krise, WM 2021, S. 429 – 441.

Hoffmann, Andreas C./Schieffer, Anita: Pflichten des Vorstands bei der Ausgestaltung einer ordnungsgemäßen Compliance-Organisation, NZG 2017, S. 401 – 407.

Hoffmann-Becking, Michael: Haftungsbeschränkung durch Geschäftsverteilung in Geschäftsführung und Vorstand, NZG 2021, S. 93 – 95.

Hoffmann-Becking, Michael: Vorstandsvorsitzender oder CEO?, NZG 2003, S. 745 – 750.

Hoffmann-Becking, Michael: Zur rechtlichen Organisation der Zusammenarbeit im Vorstand der AG, ZGR 1998, S. 497 – 519.

Hoffmann-Becking, Michael: Münchener Handbuch des Gesellschaftsrechts, Band 4 Aktiengesellschaft, 5. Auflage, Düsseldorf 2020 [zitiert: *Bearbeiter*, in: MHdb GesR Bd. IV].

Hoffmann Linhard/Jan L.: Die Kompetenzordnung der Aktiengesellschaft und schuldrechtliche Vereinbarungen mit Dritten, Berlin 2018 (zugl. Diss. Freiburg 2018) [zitiert: *Hoffmann Linhard*, Kompetenzordnung].

Hofmann, Gerhard: Outsourcing und Bankenaufsicht, § 25a Abs. 2 KWG, in: *Hadding, Walther/Hopt, Klaus J./Schimansky, Herbert*, Funktionsauslagerung (Outsourcing) bei Kreditinstituten, Bankrechtstag 2000, Mainz, Hamburg, Karlsruhe 2001, S. 41 – 58 [zitiert: *Hofmann*, Funktionsauslagerung bei Kreditinstituten].

Holle, Philipp Maximilian: Legalitätskontrolle im Kapitalgesellschafts- und Konzernrechtrecht, Tübingen 2014 (zugl. Diss., Konstanz 2014) [zitiert: *Holle*, Legalitätskontrolle].

Hölters, Wolfgang/Weber, Marcus: Aktiengesetz Kommentar, 4. Aufl., München 2022 [zitiert: *Bearbeiter*, in: Hölters/Weber AktG].

Hopt, Klaus J./Wiedemann, Herbert: Großkommentar zum Aktiengesetz, Achter Band (§§ 278 – 310), Berlin 2012 [zitiert: *Bearbeiter*, in: Großkomm AktG].

Höhn, Reinhard/Böhme Gisela: Der Weg zur Delegation von Verantwortung im Unternehmen: ein Stufenplan, 5. Aufl., Bad Harzburg 1979 [zitiert: *Höhn/Böhme*, Der Weg zur Delegation].

Höpfner, Clemens/Seibl, Maximilian: Bankvertragliche Loyalitätspflicht und Haftung für kreditschädigende Äußerungen nach dem Kirch-Urteil, BB 2006, S. 673 – 679.

Hommelhoff, Peter: Die Konzernleitungspflicht – zentrale Aspekte eines Konzernverfassungsrechts, Köln, München (u.a.) 1982 (zugl. Habil. Bochum, 1980) [zitiert: *Hommelhoff*, Konzernleitungspflicht].

Huber, Ulrich: Betriebsführungsverträge zwischen selbstständigen Unternehmen, ZHR 1988, S. 1 - 37.

Huber, Ulrich: Betriebsführungsverträge zwischen konzernverbundenen Unternehmen, ZHR 1988, S. 123 – 164.

Hüffer, Uwer: Das Leitungsermessen des Vorstands in der Aktiengesellschaft, in: *Damm, Reinhard/Heermann, Peter W./Veil, Rüdiger*, Festschrift für Thoma Raiser zum 70. Geburtstag am 20. Februar 2005, Berlin 2005, S. 163 - 180 [zitiert: *Hüffer*, FS Raiser, 2005].

Hüffer, Uwe: Die Leitungsverantwortung des Vorstands in der Managementholding, in: *Hoffmann-Becking, Michael/Ludwig, Rüdiger*, Liber amicorum Wilhelm Happ zum 70. Geburtstag, Köln 2006, S. 93-108 [zitiert: *Hüffer*, Liber amicorum Happ, 2006].

Hüffer, Uwer: Informationen zwischen Tochtergesellschaft und herrschendem Unternehmen im vertragslosen Konzern, in: *Windbichler, Christine/Grundmann, Stefan/Schwintowski, Hans-Peter/Raiser, Thomas/Kirchner, Christian/Weber, Martin*, Unternehmensrecht zu Beginn des 21. Jahrhunderts, 1. Auflage, Festschrift für Eberhard Schwark zum 70. Geburtstag, München 2009, S. 185 - 198 [zitiert: *Hüffer*, FS Schwark, 2009].

Hüffer, Uwe: Minderheitsbeteiligungen als Gegenstand aktienrechtlicher Auskunftsbegehren, ZIP 1996, S. 401 – 411.

Hülsmann, Christoph: Anforderung an die Geschäftsverteilung, GmbHR 2019, S. 209 – 214.

Ihrig, Hans-Christoph/Schäfer, Carsten: Rechte und Pflichten des Vorstands, 2. Auflage, Köln 2020 [zitiert: *Ihrig/Schäfer*, in: Rechte und Pflichten des Vorstands].

Joussen, Edgar: Die Generalvollmacht im Handels- und Gesellschaftsrecht, WM 1994, S. 273 – 284.

Kallmeyer, Harald: Pflichten des Vorstands der Aktiengesellschaft zur Unternehmensplanung, ZGR 1998, S. 104 – 113.

Karlsruher Kommentar zum Gesetz über Ordnungswidrigkeiten: OWiG, 5. Aufl., Karlsruhe 2018 [zitiert: *Bearbeiter*, in: Karls. Komm. OWiG].

Kaser, Max/Knütel, Rolf/Lohsse, Sebastian: Römisches Privatrecht, 22. Auflage, Münster 2021 [zitiert: *Bearbeiter*, in: RömPrivatR].

Kiefner, Alexander: Cyber-Security als rechtliche Herausforderung für die Unternehmensleitung und Unternehmensorganisation, BB 2020, S. 2051 – 2058.

Kiefner, Alexander: Investorenvereinbarungen zwischen Aktien- und Vertragsrecht, ZHR 178 (2014), S. 547 – 602.

Kieth, Kurte: Die Haftung von Geschäftsleitern für Arbeitnehmerbeiträge zur Sozialversicherung in der Krise des Unternehmens, ZIP 2003, S. 1957 – 1964.

Kienzle, Philipp: Verdeckte Beherrschungsverträge im Aktienrecht, Baden-Baden 2010 (zugl. Diss. Bayreuth 2009) [zitiert: *Kienzle*, Verdeckte Beherrschungsverträge].

Klahold, Christoph: Interne Ermittlungen – Aktuelle Rechtsfragen und praktische Herausforderungen in: *Gesellschaftsrechtliche Vereinigung*, Gesellschaftsrecht in der Diskussion 2019, München 2020, S. 75 - 113 [zitiert: *Klahold*, VGR Tagungsband 2019].

Klausing, Friedrich: Gesetz über Aktiengesellschaften und Kommanditgesellschaften auf Aktien nebst Einführungsgesetz und amtlicher Begründung, Frankfurt 1937 [zitiert: *Klausing*, RegBegr].

Klein, Franz: Abgabenordnung: AO Kommentar, 15. Aufl., München 2020 [zitiert: *Bearbeiter*, in: Klein AO].

Kleindiek, Detlef, Deliktshaftung und juristische Person, Tübingen 1997 (zugl. Habil. Heidelberg 1997) [zitiert: *Kleindiek*, Deliktshaftung und juristische Person].

Klement, Jan: Verantwortung Funktion und Legitimation eines Begriffs im Öffentlichen Recht, Tübingen 2006 (zugl. Diss. Gießen 2006) [zitiert: *Klemet*, Verantwortung].

Koch, Jens: Der Vorstand im Kompetenzgefüge der Aktiengesellschaft, in: *Fleischer, Holger/ Koch, Jens/Kropff, Bruno/ Lutter, Marcus*, 50 Jahre AktG, Berlin 2016, S. 65–102 [zitiert: *Koch*, in: 50 Jahre AktG].

Koch, Jens: Beck'scher Kurzkommentar Aktiengesetz, 16. Aufl., Bonn 2022 [zitiert: *Bearbeiter*, in: Koch AktG].

Koch, Jens: Gesellschaftsrecht, 12. Auflage, Bonn 2021 [zitiert: *Koch*, Gesellschaftsrecht].

Kocher, Dirk/Schneider, Sebastian: Zuständigkeitsfragen im Rahmen der Ad-hoc-Publizität, ZIP 2013, S. 1607 – 1612.

Koenig, Ulrich: Beck'sche Steuerkommentare: Abgabenordnung, 4. Aufl., München 2021 [zitiert: *Bearbeiter*, in: Koenig AO].

Koller, Ingo: Das Haftungsprivileg des Geschäftsbesorgers gem. §§ 664 Abs. 1 S. 2, 675 BGB, ZIP 1985, S. 1243-1249.

Kort, Michael: Compliance-Pflichten von Vorstandsmitgliedern und Aufsichtsratsmitgliedern, in: *Grundmann, Stefan/Haar, Brigitte/Merkt, Hanno/Mülbert, Peter O./Wellenhofer, Martina*, Festschrift für Klaus J. Hopt zum 70. Geburtstag am 24. August 2010, Unternehmen, Markt und Verantwortung, Berlin (u.a.), S. 983 – 1004 [zitiert: *Kort*, FS Hopt Bd. I].

Kort, Michael: Die Errichtung eines Aktienregisters nach § 67 AktG – Leitungsaufgabe, einfache Geschäftsführungsaufgabe oder Vertretungsmaßnahme?, NZG 2005, S. 963 – 965.

Kölner Kommentar zum Aktiengesetz → siehe unter *Zöllner* bzw. *Zöllner/Noack*

Krause, Nils: Managerhaftung und Strategien zur Haftungsvermeidung, BB 2009, S. 1370-1375.

Kremer, Thomas: Verhandlungen des 70. Deutschen Juristentages Hannover 2014 Band II/1, Sitzungsberichte – Referate und Beschlüsse, München 2015, Abteilung Wirtschaftsrecht zum Thema: Reform der Organhaftung? – Materielles Haftungsrecht und seine Durchsetzung in privaten und öffentlichen Unternehmen, S. 29 – 46 [zitiert: *Kremer*, DJT 2014 Bd. II/1].

Krieger, Gerd/Schneider, Uwe H.: Handbuch Managerhaftung, 3. Aufl., Köln 2017 [zitiert: *Bearbeiter*, in: Hdb. Managerhaftung].

Kroppenberg, Inge: Amicitia und römisches Delegations- und Auftragsrecht. in: ZSR 126 (2009), S. 284 – 304.

Kropff, Bruno: Aktiengesetz. Textausgabe des Aktiengesetzes vom 6.9.1965 und des Einführungsgesetzes zum Aktiengesetz vom 6.9.1965; mit Begründung des Regierungsentwurfs und Bericht des Rechtsausschusses des Deutschen Bundestags, Düsseldorf 1965 [zitiert: *Kropff*, RegBegr].

Kuntz, Thilo: Grundlagen und Grenzen der aktienrechtlichen Leitungsautonomie, AG 2016, S. 101-116.

Kuntz, Thilo: Leitungsverantwortung des Vorstands und Delegation, AG 2020, S. 801-819.

Niels L./Lange: Der Matrixkonzern – Eine Untersuchung über die Leitung und Haftung im Matrixkonzern, Berlin 2020 (zugl. Diss., Hamburg, 2020) [zitiert: *Lange,* Matrixkonzern].

Langer, Heiko/Peters, Karoline, Rechtliche Möglichkeiten einer unterschiedlichen Kompetenzzuweisung an einzelne Vorstandsmitglieder, BB 2012, S. 2575 – 2581.

Larenz, Karl: Besonderer Teil – Lehrbuch des Schuldrecht Teil 1, München 1986, [zitiert: *Larenz* SchuldR BT I].

Lawall, Arne, Christian: Die virtuelle Holding nach deutschem Aktienrecht, Diss. Frankfurt am Main 2006 [zit. *Lawall,* Virtuelle Holding].

Lenz, Carsten/Ruchlak, Nicole: *Mohr,* Arno (Hrsg.), Kleines Politik-Lexikon, München, Wien, Oldenburg 2001 [zitiert: *Lenz, Rucklak,* Kleines Politik-Lexikon].

Leuschner, Lars: Das Konzernrecht des Vereins, Tübingen 2011 (zugl. Habil., Mainz 2011) [zitiert: *Leuschner,* Konzernrecht].

Lieder, Jan: Der Aufsichtsrat im Wandel der Zeit, Jena 2006 (zugl. Diss Jena 2006) [zitiert: *Lieder*, Der Aufsichtsrat im Wandel der Zeit].

Lutter, Marcus: Unternehmensplanung und Aufsichtsrat, AG 1991, S. 249 – 255.

Hoffmann-Linhard, Jan L.: Die Kompetenzordnung der Aktiengesellschaft und schuldrechtliche Vereinbarungen mit Dritten, Berlin 2019 (zugl. Diss., Hamburg 2019) [zitiert: *Hoffman Linhard,* Kompetenzordnung].

Linnertz, Anja: Die Delegation durch den Vorstand einer Aktiengesellschaft, Berlin 2020 (zugl. Diss. Düsseldorf 2019) [zitiert: *Linnertz,* Delegation].

Löbbe, Marc/Fischbach, Jonas: Die Business Judgment Rule bei Kollegialentscheidungen des Vorstands, AG 2014, S. 717 – 729.

Lutter, Marcus/Hommelhoff, Peter: GmbHG -Gesetz Kommentar, 20. Aufl., Jena, Heidelberg und Bielefeld 2020 [zitiert: *Bearbeiter,* in: Lutter/Hommelhof GmbHG].

Lutter, Marcus: Teilfusionen im Gesellschaftsrecht, in: *Fischer, Robert/Möhring, Philipp/Westermann, Harry,* (Hrsg.), Wirtschaftsfragen der Gegenwart. Festschrift für Carl Hans Barz, Berlin 1974, S. 199–218 [zitiert: *Lutter*, FS Barz, 1974].

Macharzina, Klaus/Wolf, Joachim: Unternehmensführung – Das internationale Managementwissen Konzepte – Methoden – Praxis, 11. Auflage, Hohenheim 2021 [zitiert: *Macharzina, Wolf,* Unternehmensführung].

Mascherini, Giancarlo: Die Ressortverteilung als Instrument zur Enthaftung der GmbH-Geschäftsführung, Baden-Baden 2021 (zugl. Diss. Konstanz 2021) [zitiert: *Mascherini,* Ressortverteilung].

Martens, Klaus-Peter: Der Grundsatz gemeinsamer Vorstandsverantwortung, in: *Goerdeler, Reinhard/Hommelhoff, peter/Lutter, Marcus/Wiedemann, Herbert,* Festschrift für Hans-Joachim Fleck zum 70. Geburtstag, Berlin 1988, S. 191-208 [zitiert: *Martens,* FS Fleck, 1988].

Martens, Klaus-Peter: Der Ausschluss des Bezugsrechts: BGHZ 33, S. 175. Zum Interesse an wirtschaftlicher Selbständigkeit, in: *Lutter, Marcus/ Stimpel, Walter/ Wiedemann, Herbert (*Hrsg.), Festschrift für Robert Fischer, Berlin 1979, S. 436–460 [zitiert: *Martens,* FS R. Fischer, 1979].

Medicus, Dieter: Deliktische Außenhaftung der Vorstandsmitglieder und Geschäftsführer, ZGR 1998, S. 570 – 585.

Medicus, Dieter: Die Außenhaftung des Führungspersonals juristischer Personen im Zusammenhang mit Produktmängeln, GmbHR 2002, S. 809 – 821.

Medicus, Dieter: Zur deliktischen Eigenhaftung von Organpersonen, in: *Pfister, Bernhard/Will, Michael R.*, Festschrift zum siebzigsten Geburtstag von Werner Lorenz, Thüringen 1991, S. 155 – 170 [zitiert: *Medicus,* FS Lorenz, 1991].

Merkt, Hanno: Compliance und Risikofrüherkennung in kleinen und mittleren Unternehmen, ZIP 2014, S. 1705 – 1714.

Merkt, Hanno: Der internationale Anwendungsbereich des deutschen Rechnungslegungsrechts (zugleich zur Frage, ob das Rechnungslegungsrecht zum Privatrecht gehört), ZGR 2017, S. 460 – 473.

Metzler, Ewald: Zur Substitution, insbesondere zu ihrer Abgrenzung von der Erfüllungsgehilfenschaft, AcP, S. 143 – 161.

Michalski, Lutz, Heidinger, Andreas/Leible, Stefan/Schmidt, Jessica: Kommentar zum Gesetz betreffend die Gesellschaften mit beschränkter Haftung (GmbH-Gesetz) Band II, 3. Aufl., München 2017 [zitiert: *Bearbeiter,* in: Michalski GmbHG].

Mielke, Werner, Die Leitung der unverbundenen Aktiengesellschaft, Frankfurt a.M. 1990 (zugl. Diss. Freiburg (Breisgau) 1989) [zitiert: *Mielke,* Leitung der AG].

Moench, Oliver: Verfassungsmäßigkeit der Bundestagsausschüsse: Zulässigkeit und Grenzen der Delegation parlamentarischer Aufgaben unter besonderer Berücksichtigung von Entscheidungsbefugnissen, Berlin 2017 (zugl. Diss. Hamburg 2016) [zitiert: *Moench,* Verfassungsmäßigekti der Bundestagsausschüsse].

Mugdan, Benno (Hrsg.): Die gesammten Materialien zum Bürgerlichen Gesetzbuch für das Deutsche Reich, Band II: Recht der Schuldverhältnisse, Berlin 1899 [zitiert: Mugdan Bd. II].

Mülbert, Peter O.: Aktiengesellschaft, Unternehmensgruppe und Kapitalmarkt: die Aktionärsrechte bei Bildung und Umbildung einer Unternehmensgruppe zwischen Verbands- und Anlegerschutzrecht, 2. Aufl., München 1996 [zitiert: *Mülbert,* Aktiengesellschaft].

Mülbert, Peter O.: Funktionsauslagerung bei Kreditinstituten aus gesellschafts- und konzernrechtlicher Sicht - aufsichtsrechtliche Vorgaben und gesellschafts- sowie konzernrechtliche Folgeprobleme, in: *Hadding, Walther/Hopt, Klaus J./Schimansky, Herbert,* Funktionsauslagerung (Outsourcing) bei Kreditinstituten, Bankrechtstag 2000, Mainz, Hamburg, Karlsruhe 2001, S. 3 – 40 [zitiert: *Mülbert,* Funktionsauslagerung bei Kreditinstituten].

Mülbert, Peter O.: Unternehmensbegriff und Konzernorganisationsrecht, ZHR 163 (1999), S. 1 – 53.

Müller-Glöge, Rudi/Preis, Ulrich/Schmidt, Ingrid: Erfurter Kommentar zum Arbeitsrecht, 22. Aufl., Erfurt 2022 [zitiert: *Bearbeiter,* in: Erfurter Kommentar].

Müller, Hans-Erich/Wrobel, Martin: Unternehmensführung, 4. Aufl., Berlin 2021 [zitiert: *Müller/Wrobel,* Unternehmensführung].

Müller, Knut: Führungskräfte: Haftung und Enthaftung, NZA-Beilage 2014, S. 30 – 37.

Münchener Handbuch des Gesellschaftsrechts, Band 3: Gesellschaft mit beschränkter Haftung → siehe unter *Priester/Mayer*

Münchener Handbuch des Gesellschaftsrechts, Band 4: Aktiengesellschaft → siehe unter *Hoffmann-Becking*

Münchener Kommentar zum Aktiengesetz → siehe unter *Goette/Habersack*

Münchener Kommentar zum Bürgerlichen Gesetzbuch → siehe unter *Säcker/Rixecker/Oetker/Limperg*

Münchener Kommentar zum Handelsgesetzbuch → siehe unter *Drescher/Fleischer/K. Schmidt*

Münchener Kommentar zur Insolvenzordnung → siehe unter *Stürner/Eidenmüller/Schoppmeyer*

Nicolaia, Christiana: Betriebliche Organisation, 3. Auflage, Frankfurt 2017 [zitiert: *Nicolai,* Betriebliche Organisation].

Nietsch, Michael: Die Garantenstellung von Geschäftsleitern im Außenverhältnis, CCZ 2013, S. 192 – 198.

Nietsch, Michael: Die Überwachungspflichten bei Kollegialorganen, ZIP 2013, S. 1449 – 1456.

Nietsch, Michael: Geschäftsleiterermessen und Unternehmensorganisation bei der AG, ZGR 2015, S. 631 – 666.

Noack, Ulrich/Servatius, Wolfgang/Haas, Ulrich: Beck'scher Kurzkommentar GmHG, 23. Aufl., Düsseldof, München, Passau, Regensburg und Zürich 2022 [zitiert: *Bearbeiter,* in: NSH GmbHG].

Noack, Ulrich: Organisationspflichten und -strukturen kraft Digitalisierung, ZHR 183 (2019), S. 105 – 153.

Nomos Kommentar zum Aktiengesetz und Kapitalmarktrecht, 4. Aufl., Baden-Baden 2014 [zitiert: *Bearbeiter*, in: NK-AktG].

Nörr, Dieter: Mandatum, fides, amicita, in: *Nörr, Dieter/Nishimura, Shigeo,* Mandatum und Verwandtes, München – Fukuoka 1993, [zitiert: *Nörr*, Mandatum und Verwandtes].

Nummer-Winkler, Gertrud: Kollektive, individuelle und solidarische (fürsorgliche) Verantwortung in: *Lampe, Ernst-Joachim,* Verantwortlichkeit und Recht, 1989, S. 169 – 190 [zitiert: *Bearbeiter,* in: Verantwortlichkeit und Recht].

Ott, Nicolas: Anwendungsbereich der Business Judgment Rule aus Sicht der Praxis – Unternehmerische Entscheidungen und Organisationsermessen des Vorstands, ZGR 2017, S. 149 – 173.

Paefgen, Walter G.: Unternehmerische Entscheidungen und Rechtsbindung der Organe in der AG, Köln 2002 [zitiert: *Paefgen,* Unternehmerische Entscheidungen].

Peitsmeyer, Philip/Klesse, Julia: Anforderung an die Aufgabenverteilung zwischen den Geschäftsführern einer GmbH BGH-Entscheidung bringt nur scheinbare Erleichterung, NZG 2019, S. 501 – 503.

Pfeifer, Gerlinde: Zum Begriff „leiten" in: *Pfeifer, Gerlinde/Petermann, Heinrich,* Etymologisches Wörterbuch des Deutschen, 2. Edition, Berlin 1993 [zitiert: *Pfeifer,* in: Etymologisches Wörterbuch des Deutschen].

Pöschke, Moritz: Wahlrechte und „Ermessensspielräume" im Bilanzrecht und die Business Judgement Rule, ZGR 2018, S. 647 – 687.

Posser, Herbert/Wolff, Heinrich Amadeus: BeckOK VwGO, 60. Edition, Stand: 01.10.2021, München 2021 [zitiert: *Bearbeiter,* in: BeckOK VwGO].

Priester, Hans-Joachim: Vertragliche Beschränkungen der Leitungsmacht des Vorstands, AG 2021, S. 15 – 18.

Priester, Hans-Joachim/Mayer, Dieter: Münchener Handbuch des Gesellschaftsrechts, Band 3: Gesellschaft mit beschränkter Haftung, 5. Aufl., München 2018 [zitiert: *Bearbeiter,* in: MHdb GesR Bd. III].

Rahn, Horst-Joachim: Unternehmensführung, 9. Auflage, Grünstadt 2015 [zitiert: *Rahn,* Unternehmensführung].

Raiser, Thomas/Veil, Rüdiger: Recht der Kapitalgesellschaften, 6. Aufl., München 2015 [zitiert: *Raiser/Veil,* in: Recht der Kapitalgesellschaften].

Rehm, Christian: Die Einzel- und Gesamtverantwortung der Vorstandsmitglieder der Aktiengesellschaft: die Verantwortung für die Leitung und Geschäftsführung im mehrköpfigen Vorstand in der unabhängigen und der herrschenden AG, Frankfurt a.M. 2013 (zugl. Diss Berlin, 2012) [zitiert: *Rehm,* Einzel- und Gesamtverantwortung].

Reichert, Jochem: Business Combination Agreements – Fallgruppen und Problemkreise, ZGR 2015, S. 1 – 32.

Reichert, Jochem/Lüneborg, Cäcile: Compliance in der GmbH – 10 Jahre MoMiG, GmbHR 2018, S. 1141 – 1151.

Reichert, Jochem: Reform des § 43 GmbHG durch Angleichung an § 93 AktG und Pflichtenspezifizierung?, ZGR 2017, S. 671 – 703.

Reinhardt, Thorsten: Delegation und Mandat im öffentlichen Recht.: Eine Untersuchung zur rechtlichen Zulässigkeit von Kompetenzübertragungen, Berlin 2011 (zugl. Diss. Mannheim 2005) [zitiert: *Reinhardt,* Delegation und Mandat im öffentlichen Recht].

Rieger, Harald: Gesetzeswortlaut und Rechtswirklichkeit im Aktiengesetz, in: *Lutter, Marcus/Scholz, Manfred/Sigle, Walter,* Festschrift für Martin Peltzer zum 70. Geburtstag, Köln 2001, S. 339 – 358 [zitiert: *Rieger,* FS Peltzer, 2001].

Roth, Markus: Unternehmerisches Ermessen und Haftung des Vorstands: Handlungsspielräume und Haftungsrisiken insbesondere in der wirtschaftlichen Krise, München 2001 (zugl. Diss., Köln 2001) [zitiert: *Roth,* Unternehmerisches Ermessen].

Rohde, Andreas/Geschwandtner, Marcus: Zur Beschränkbarkeit der Geschäftsführungsbefugnis des Vorstands einer Aktiengesellschaft Beschluss der Hauptversammlung nach § 119 II AktG und die Pflicht zur Ausführung durch den Vorstand, NZG 2005, S. 996 – 999.

Säcker, Franz Jürgen/Rixecker, Roland/Oetker, Hartmut/Säcker, Jürgen/ Limperg, Bettina: Münchener Kommentar zum Bürgerlichen Gesetzbuch, Band I (§§ 1-240 BGB, AllgPersönlR, ProstG, AGG), 9. Aufl., München 2021, Band II (§§ 241-310 BGB), Band III (§§ 311-432 BGB), Band VI (§§ 631 – 704), Band VII (§§ 705 – 853), 8. Aufl., München 2019/2020 [zitiert: *Bearbeiter,* in: MüKoBGB].

VonSalpius, Botho: Novation und Delegation nach römischem Recht: ein civilistischer Versuch, Stralsund 1864 [zitiert: *V. Salpius,* Novation und Delegation nach römischem Recht].

Von Salpius, Botho: Novation und Delegation nach römischem Recht, ein civilistischer Versuch, Berlin 1864 [zitiert: *v. Salpius,* Novation und Delegation nach römischem Recht, 1864].

Sander, Julian/Schneider, Stefan: Die Pflicht der Geschäftsleiter zur Einholung von Rat – Dogmatische Grundlagen und praktische Folgerungen, ZGR 2013, S. 725 – 759.

Von Savingy, Friedrich Carl: System des heutigen römischen Rechts, Band 2, Berlin 1840 [zitiert: *Von Savigny*, System des heutigen römischen Rechts II].

Schabram, Peter: Delegation und Substitution: Vertragsärztliche Sicht, in: *Arbeitsgemeinschaft Rechtsanwälte im Medizinrecht e.V*, Delegation und Substitution – wenn der Pfleger den Doktor ersetzt…, Sindelfingen 2010, S. 1-15 [zitiert: *Schabram*, Delegation und Substitution].

Schaefer, Hans/Missling, Patrick, Haftung von Vorstand und Aufsichtsrat, NZG 1998, S. 441-447.

Scheffler, Eberhard: Prüfung von Compliance-Management-Systemen (CMS), AG 2022, R25 – R27.

Schertler, Walter: Unternehmensorganisation: Lehrbuch der Organisation und strategischen Unternehmensführung, 7. Auflage, München (u.a.) [zitiert: *Schertler*, Unternehmensorganisation].

Schiessl, Maximilian: Gesellschafts- und mitbestimmungsrechtliche Probleme der Spartenorganisation (Divisionalisierung), ZGR 1992, S. 64 – 86.

Schirmer, Jan-Erik: Das Körperschaftsdelikt, Tübingen 2015 (zugl. Diss, Berlin 2015) [zitiert: *Schirmer*, Das Körperschaftsdelikt].

Schlegelberger, Franz/Quassowski, Leo/Herbig, Gustav/Geßler, Ernst/Hefermehl, Wolfgang (Hrsg.): Aktiengesetz vom 30. Januar 1937, 3. Aufl., Berlin 1939 [zitiert: *Schlegelberger/Quassowski*, Kommentar zum AktG 1937, 3. Aufl.].

Schmidt, Karsten: Betriebspacht, Betriebsüberlassung und Betriebsführung im handelsrechtlichen Stresstest – Ein „anderer“ Blick auf „andere“ Unternehmensverträge nach § 292 Abs. 1 Nr. 3 und auf Geschäftsführungsverträge nach § 291 Abs. 1 AktG, in: *Krieger, Gerd,* Festschrift für Michael Hoffmann-Becking zum 70. Geburtstag, München 2013, S. 1053 – 1070 [zitiert: *K. Schmidt*, FS Hoffmann-Becking, 2013].

Schmidt, Karsten/Lutter, Marcus: Aktiengesetz Kommentar, Band I (§§ 1-149 AktG), 4. Aufl., Köln 2020 [zitiert: *Bearbeiter*, in: K. Schmidt/Lutter AktG].

Schmidt, Karsten: Gesellschaftsrecht, 4. Auflage, Hamburg 2002 [zitiert: *K. Schmidt,* GesR].

Schmidt, Karsten: Haftung und Zurechnung im Unternehmensbereich – Grundlagen im Zivil- und Versicherungsrecht –, in: Karlsruher Forum 1993, Karlsruhe 1993, S. 4-15 [zitiert: *K. Schmidt*, Karlsruher Foum 1993].

Schmidt, Karsten: Beck'scher Kurzkommentar Insolvenzordnung: InsO mit EuInsVO, Hamburg 2016 [zitiert: *Bearbeiter,* in: K. Schmidt InsO].

Schmoeckel, Mathias/Rückert, Joachim/Schäfer, Frank L.: Historisch-kritischer Kommentar zum BGB Band III, 2. Teilband, Tübingen 2013 [zitiert: *Bearbeiter,* in: HKK].

Schnauder, Franz: Die Rechtsnatur der Anweisung, JZ 2009, S. 1092 – 1102.

Schneider, Uwe H.: Die Wahrnehmung öffentlich-rechtlicher Pflichten durch den Geschäftsführer, Zum Grundsatz der Gesamtverantwortung bei mehrköpfiger Geschäftsführung in der konzernfreien GmbH und im Konzern, in: *Lutter, Marcus/Ulmer, Peter, Zöllner Peter* (Hrsg.), Festschrift 100 Jahre GmbH-Gesetz, Köln 1992, S. 473–499 [zitiert: *U. H. Schneider*, FS 100 Jahre GmbHG, 1992].

Schneider, Uwe H./Brouwer, Tobias: Die Verantwortlichkeit der Gesellschaft und ihrer Geschäftsleiter bei Delegation öffentlich-rechtlicher Pflichten, in: *Hommelhoff, Peter/Rawert, Peter/Schmidt, Karsten* Festschrift für Hans-Joachim Priester zum 70. Geburtstag, Köln 2007, S. 713-736 [zitiert: *Schneider/Brouwer,* FS Priester, 2007].

Schönke, Adolf/Schröder, Horst: Strafgesetzbuch Kommentar, 29. Aufl. München 2014 [zitiert: *Bearbeiter,* in: Schönke/Schröder StGB, 29. Aufl.].

Schockenhoff, Martin: Ressortaufteilung unter GmbH-Geschäftsführern: Ein Minenfeld, GmbHR 2019, S. 514 – 522.

Schönbrod, Wolfgang: Die Organstellung von Vorstand und Aufsichtsrat in der Spartenorganisation: eine aktien- und konzernrechtliche Untersuchung, Frankfurt a.M. 1987 (zugl. Diss Frankfurt a.M., 1987) [zitiert: *Schönbrod,* Organstellung von Vorstand und AR].

Schürnbrand, Jan: Organschaft im Recht der privaten Verbände, Tübingen 2007 (zugl. Habil, Mainz, 2007) [zitiert: *Schürnbrand,* Organschaft im Recht der privaten Verbände].

Schubert, Werner/Hommelhoff, Peter: Hundert Jahre modernes Aktienrecht – Eine Sammlung von Texten und Quellen zur Aktienrechtsreform 1884 mit zwei Einführungen, Berlin 1985 [zitiert: *Schubert/Hommelhoff,* Aktienrechtsreform 1884].

Schulze, Fritz: Prinzipien des römischen Rechts, unveränderter Nachdruck Berlin 2003 [zitiert: *Schulze,* Prinzipien des röm. Rechts].

Schulze, Hans-Georg, Vermeidung von Haftung und Straftaten auf Führungsebene durch Delegation, NJW 2014, S. 3484 - 3488.

Schulze, Reiner: Bürgerliches Gesetzbuch: BGB Handkommentar, 11. Aufl., Baden-Baden 2022 [zitiert: *Bearbeiter,* in: Schulze BGB].

Schüppen, Matthias/Schaub, Bernhard: Münchener Anwaltshandbuch Aktienrecht, 3. Auflage, Stuttgart/München 2018 [zitiert: *Bearbeiter,* in: MAHdbAktR].

Schwark, Eberhard: Spartenorganisation in Großunternehmen und Unternehmensrecht, ZHR 142 (1978), S. 203 - 227.

Seibt, Christoph, Dekonstruktion des Delegationsverbots bei der Unternehmensleitung, in: *Bitter, Georg/Lutter, Marcus/Priester, Hans-Joachim/Schön, Wolfgang/Ulmer, Peter,* Festschrift für Karsten Schmidt zum 70. Geburtstag, Köln 2009, S. 1463-1488 [zitiert: *Seibt,* FS K. Schmidt, 2009].

Seibt, Christoph: Pflichten der Geschäftsleitung bei Eingehung von Finanzierungsgeschäften – in Normal- und Krisenzeiten des Unternehmens, ZIP 2013, S. 1597 - 1607.

Seibt, Christoph: 20 Thesen zur Corporate Governance und Unternehmensorganisation in VUCA-Zeiten, DB 2018, S. 237 - 245.

Seibt, Christoph/Cziupka, Johannes: 20 Thesen zur Compliance-Verantwortung im System der Organhaftung aus Anlass des Siemens/Neubürger-Urteils, DB 2014, 1598 - 1602.

Semler, Johannes: Die Unternehmensplanung in der Aktiengesellschaft – eine Betrachtung unter rechtlichen Aspekten, ZGR 1983, S. 1 – 33.

Semler, Johannes, Leitung und Überwachung der Aktiengesellschaft: die Leitungsaufgabe des Vorstands und die Überwachungsaufgabe des Aufsichtsrats, 2. Auflage, u.a. Köln 1996 (zugl. Diss. Bochum 1980), [zitiert: *Semler,* Leitung und Überwachung].

Semler, Johannes: Rechtsfragen der divisionalen Organisationsstruktur in der unabhängigen Aktiengesellschaft, in: *Klein, Franz/Knobbe-Keuk, Brigitte/ Moxter, Adolf,* Handelsrecht und Steuerrecht, Festschrift für Dr. Dr. h.c. Georg Döllerer, Düsseldorf 1988, S. 571 – 592 [zitiert: *Semler,* FS Döllerer, 1988].

Semler, Johannes: Zur Leitungsbefugnis des Vorstands und ihren Grenzen – Kompetenzen in der eigenständigen Aktiengesellschaft und in der Konzernobergesellschaft, in: *Doralt, Peter/Nowotny, Christian,* Kontinuität und Wandel, Festschrift für Walther Kastner zum 90. Geburtstag, Wien 1992, S. 397 – 409. [zitiert: *Selmer,* FS Kastner, 1992].

Semler, Johannes/Peltzer, Martin/ Kubis, Dietmar: Arbeitshandbuch für Vorstandsmitglieder, 2. Aufl., Jena 2015 [zitiert: *Bearbeiter,* in: Vostands-HdB].

Servatius, Wolfgang: Strukturmaßnahmen als Unternehmensleitung, Köln, München (u.a.) 2004 (zugl. Diss, München 2003) [zitiert: *Servatius,* Strukturmaßnahmen als Unternehmensleitung].

Spindler, Gerald/Stilz, Eberhard (Hrsg.): Kommentar zum Aktiengesetz, Band 1, §§ 1–149, 4. Aufl., München 2019 [zitiert: *Bearbeiter,* in: Spindler/Stilz].

Spindler, Gerald: Unternehmensorganisationspflichten: zivilrechtliche und öffentlich-rechtliche Regelungskonzepte, Göttingen 2011 (zugl. Habli. Frankfurt 1996) [zitiert: *Spindler,* Unternehmensorganisationspflichten].

von Staudinger, Julius: Kommentar zum Bürgerlichen Gesetzbuch, Buch 2: Abschnitt §§ 662-675b BGB (Neubearbeitung 2017, Updatestand: 25.05.2017), Berlin u.a. 2012, 2017 [zitiert: *Bearbeiter*, in: Staudinger BGB].

Stein, Ursula: Konzernherrschaft durch EDV? – Gesellschaftsrechtliche und konzernrechtliche Probleme der EDV-Auslagerung auf ein konzernverbundenes Unternehmen, ZGR 1988, S. 163 – 191.

Steinmann, Horst/Schreyögg, Georg/Koch, Jochen: Management. Grundlagen der Unternehmensführung, 7. Auflage, Wiesbaden 2013 [zitiert: *Steinmann/Schreyögg*, Management].

Strohn, Lutz, Pflichtenmaßstab und Verschulden bei der Haftung von Organen einer Kapitalgesellschaft, CCZ 2013, S. 177 – 184.

Stürner, Rolf/Eidenmüller, Horst/Schoppmeyer, Heinrich: Münchener Kommentar zur Insolvenzordnung Band 1, §§ 1 – 179 Insolvenzrechtliche Vergütungsverordnung (InsVV), 4. Aufl., München 2019 [zitiert: *Bearbeiter*, in: MüKoInsO].

Teichmann, Robert/Koehler, Walter: Aktiengesetz Kommentar, 2. Aufl., Berlin 1939 [zitiert: *Teichmann/Koehler*, in: Kommentar AktG 1937].

Thölke, Ulrich/Friedrichsen Johanna: Voraussetzungen einer wirksamen Geschäftsverteilung in der GmbH-Geschäftsführung, WpG 2019, S. 799 – 804.

Timm, Wolfram: Die Aktiengesellschaft als Konzernspitze. Die Zuständigkeitsordnung bei der Konzernbildung und Konzernumbildung, Köln 1980 [zitiert: *Timm*, Aktiengesellschaft als Konzernspitze].

Triepel, Heinrich: Delegation und Mandat im öffentlichen Recht. Eine kritische Studie, Stuttgart 1942 [zitiert: Delegation und Mandat im öffentlichen Recht, 1942].

Tröger, Tobias: Treupflicht im Konzern, Köln 1999 [zitiert: *Tröger*, Treupflicht].

Turiaux, André/Knigge, Dagmar: Vorstandshaftung ohne Grenzen? - Rechtssichere Vorstands- und Unternehmensorganisation als Instrument der Risikominimierung, DB 2004, S. 2199 – 2207.

Ulrich, Peter/Fluri, Peter: Management – Eine konzentrierte Einführung, 7. Aufl., St Gallen, Basel 1995 [zitiert: *Ulrich/Fluri,* Management].

Uwer, Dirk: Outsourcing digitaler Funktionen, ZHR (183) 2019, S. 154 – 168.

Veelken, Winfried: Der Betriebsführungsvertrag im deutschen und amerikanischen Aktien- und Konzernrecht, Baden-Baden 1975 (zugl. Diss., Bielefeld 1974) [zitiert: *Veelken,* Betriebsführungsvertrag].

Veil, Rüdiger: Unternehmensverträge (zugl. Habil., Berlin 2002) [zitiert: *Veil*, Unternehmensverträge].

Verse, Dirk A.: Compliance im Konzern, ZHR 175 (2011), S. 401 – 425.

Voß, Michael, Gesamtschuldnerische Organhaftung, Köln, München (u.a.) 2008 (zugl. Diss, Bonn 2008) [zitiert: *Voß,* Gesamtschuldnerische Organhaftung].

Wabnitz, Heinz-Bernd /Janovsky, Thomas /Schmitt, Lothar: Handbuch Wirtschafts- und Steuerstrafrecht, 5. Aufl., München 2020 [zitiert: *Bearbeiter,* in: Hdb. Wirtschafts- u. SteuerStrafR].

Wandt, Andre P.H./Herold, Dominic: Der Generalbevollmächtigte von AG und GmbH – Ein Plädoyer für ein Rechtsinstitut, NZG 2020, S. 201 – 210.

Weber, Christoph Andreas: Ressortverteilung unter GmbH-Geschäftsführern – das Weltruf-Urteil des BGH, ZGR 2020, S. 688 – 706.

Weber, Robert/Kiefner, Alexander/Jobst, Stefan: Künstliche Intelligenz und Unternehmensführung, NZG 2018, S. 1131 – 1136.

Weber, Klaus: Rechtswörterbuch, 24. Auflage, Augsburg 2022 [zitiert: *Bearbeiter,* in: Weber Rechtswörterbuch].

Weinbrenner, Christoph: Konzernexternes Outsourcing und Risikovorsorge, Baden-Baden 2009 (zugl. Diss, Darmstadt 2008) [zitiert: *Weinbrenner,* Konzernexternes Outsourcing].

Welge, Martin K./Eulerich, Marc: Corporate-Governance-Management, 3. Aufl., Wiesbaden 2021 [zitiert: *Welge/Eulerich,* Corporate-Governance-Management].

Weller, Matthias: Persönliche Leistungen, Tübingen 2012 (zugl. Habil. Heidelberg 2010) [zitiert: *Weller,* Persönliche Leistungen].

Wendt, Otto, Das allgemeine Anweisungsrecht, Jena 1895 [zitiert: *Wendt,* Das allgemeine Anweisungsrecht].

Westermann, Harm Peter/Grunewald, Barbara: Erman BGB Handkommentar mit AGG, EGBGB, ErbbauRG, LPartG, ProdhaftG, VBVG, VersAusglG, WEG und ausgewählten Rechtsquellen des IPR., 16. Aufl., München 2020 [zitiert: *Bearbeiter,* in: Erman BGB].

Wettich, Carsten: Vorstandsorganisation in der Aktiengesellschaft, Köln, München 2008 (zugl. Diss. Düsseldorf 2008) [zitiert: *Wettich,* Vorstandsorganisation].

Weuster, Arnulf: Unternehmensorganisation: Organisationsprojekte – Aufbaustrukturen, 4. Auflage, München 2010 [zitiert: *Weuster,* Unternehmensorganisation].

Weyland, Peter: Rechtsirrtum und Delegation durch den Vorstand, NZG 2019, S. 1041 – 1045.

Wicke, Hartmut: Der CEO im Spannungsverhältnis zum Kollegialprinzip, Gestaltungsüberlegungen zur Leitungsstruktur der AG, NJW 2007, S. 3755 – 3758.

Wiedemann, Herbert: Verantwortung in der Gesellschaft – Gedanken zur Haftung der Geschäftsleiter und der Gesellschafter in der Kapitalgesellschaft, ZGR 2011, S. 183 – 217.

Wiedemann, Herbert: Verbandssouveränität und Außeneinfluß. Gedanken zur Errichtung eines Beirats in einer Personengesellschaft, in: *Fischer, Robert/ Hefermehl, Wolfgang* (Hrsg.), Gesellschaftsrecht und Unternehmensrecht, Festschrift für Wolfgang Schilling zum 65. Geburtstag, Heidelberg 1973, S. 105 – 126 [zitiert: *Wiedemann*, FS Schilling, 1973].

Wilhelm, Jan: Kapitalgesellschaftsrecht, Mit Grundzügen des Kapitalmarktrechts, 5. Aufl., Berlin/Boston 2020 [zitiert: *Wilhelm*, Kapitalgesellschaftsrecht].

Wilhelmi, Rüdiger: Beschränkung der Organhaftung und innerbetrieblicher Schadensausgleich, NZG 2017, S. 681 – 690.

Wilhelmi, Rüdiger: Komplexe Compliance bei BankenInhalt, ZVglRWiss 117 (2018), S. 557 - 571.

Wolf, Martin: Wider eine Misstrauenspflicht im Kollegialorgan „Vorstand“, VersR 2005, S. 1042 - 1047.

Wöhe, Günter: Einführung in die Allgemeine Betriebswirtschaftslehre, 27. Auflage, München 2020 [zitiert: *Bearbeiter*, Einführung in die Allgemeine Betriebswirtschaftslehre].

Würdinger, Hans: Aktienrecht, 4. Aufl., Heidelberg 1981 [zitiert: *Würdinger*, Aktienrecht].

Zenner, Andreas: Die Anwendung der Business Judgement Rule im Rahmen der vertikalen Delegation, AG 2021, S. 502 – 510.

Zöllner, Wolfgang: Kölner Kommentar zum Aktiengesetz, Band. 1 (§§ 1 – 147 AktG), 1. Aufl., Köln 1985 [zitiert: *Bearbeiter*, in: Kölner Komm AktG, 1. Aufl.].

Zöllner, Wolfgang: Kölner Kommentar zum Aktiengesetz, Band 2 (§§ 76 - 117 AktG), 2. Aufl., Köln u.a. 1988 [zitiert: *Bearbeiter*, in: Kölner Komm AktG, 2. Aufl.].

Zöllner, Wolfgang/Noack, Ulrich: Kölner Kommentar zum Aktiengesetz, Band 1 (§§ 1-75 AktG), Band. 2/1 (§§ 76 – 94 AktG), Band 2/2, 3. Aufl., Köln 2010 [zitiert: *Bearbeiter*, in: Kölner Komm AktG].

Abkürzungsverzeichnis

aF	alte Fassung
aA	anderer Ansicht
aaO	am angegebenen Ort
Abs.	Absatz
AcP	Archiv für die civilistische Praxis (Zeitschrift)
ADHGB	Allgemeines Deutsches Handelsgesetzbuch
aE	am Ende
AG	Aktiengesellschaft; Die Aktiengesellschaft (Zeitschrift); Amtsgericht
AktG	Aktiengesetz
Allg.	Allgemein
allgM	allgemeine Meinung
Alt.	Alternative
amtl.	Amtlich
Amtl. Begr.	Amtliche Begründung
AnfG	Anfechtungsgesetz
Anh.	Anhang
Anm.	Anmerkung
Art.	Artikel
ARUG	Gesetz zur Umsetzung der Aktionärsrechterichtlinie vom 30. 07. 2009
Aufl.	Auflage
BB	Betriebsberater (Zeitschrift)
Bd.	Band
BeBiKo	Beck'scher Bilanz-Kommentar
BeckHdB	Beck'sches Handbuch
BeckOGK	Beck-online Großkommentar
BeckOK	Beck'scher Onlinekommentar
Begr.	Begründung; Begründer
BGB	Bürgerliches Gesetzbuch
BGBl.	Bundesgesetzblatt
BGH	Bundesgerichtshof

BGHZ	Entscheidungssammlung des Bundesgerichtshofs in Zivilsachen
bspw.	Beispielsweise
BT-Drucks.	Bundestags-Drucksache
bzgl.	bzgl.
bzw.	beziehungweise
CR	Computer und Recht (Zeitschrift)
DB	Der Betrieb (Zeitschrift)
ders.	Derselbe
dies.	dieselbe(n)
Diss.	Dissertation
DJT	Deutscher Juristentag
DStR	Deutsches Steuerrecht (Zeitschrift)
DZWiR	Deutsche Zeitschrift für Wirtschafts- und Insolvenzrecht
ebda.	Ebenda
EBJS HGB	Ebenroth/Boujong/Joost/Strohn Handelsgesetzbuch Kommentar
evtl.	Eventuell
EwiR	Entscheidungen zum Wirtschaftsrecht (Zeitschrift)
f. ff.	Folgende; fortfolgende
Fn.	Fußnote
FG	Festgabe
FS	Festschrift
gem.	gemäß
GesRZ	Der Gesellschafter (Zeitschrift)
GG	Grundgesetz
ggf.	gegebenenfalls
GmbH	Gesellschaft mit beschränkter Haftung
GmbHG	Gesetz betreffend die Gesellschaften mit beschränkter Haftung
GmbHR	GmbH-Rundschau (Zeitschrift)
Großkomm AktG	Großkommentar zum Aktiengesetz
GS	Gedächtnisschrift
Habil.	Habilitation
HdB	Handbuch
HGB	Handelsgesetzbuch
hL	herrschende Lehre

hM	herrschende Meinung
Hrsg.	Herausgeber
Hs.	Halbsatz
idF	in der Fassung
idR	in der Regel
iE	im Ergebnis
insbes.	insbesondere
InsO	Insolvenzordnung
iSd	im Sinne des/der
iSv	im Sinne von
iVm	in Verbindung mit
jew.	Jeweils
JZ	Juristenzeitung
KapGesR	Kapitalgesellschaftsrecht
KG	Kammergericht; Komanditgesellschaft
KölnKomm	Kölner Kommentar
krit.	Kritisch
Lfg.	Lieferung
LG	Landgericht
lit.	Litera
Ls.	Leitsatz
MHdB AG	Münchener Handbuch des Gesellschaftsrechts, Band 4: Aktiengesellschaft
MHLS GmbHG	Michalski/Heidinger/Leible/Schmidt GmbHG Kommentar
Mio.	Million(en)
MittRhNotK	Mitteilungen der Rheinischen Notarkammer (Zeitschrift)
mN	mit Nachweisen
MoMiG	Gesetz zur Modernisierung des GmbH-Rechts und zur Bekämpfung von Missbräuchen vom 23. 10. 2008, BGBl. 2008 Nr. 48 vom 28.10.2008, S. 2026
MüKo	Münchener Kommentar
mwN	mit weiteren Nachweisen
NBW	Neue Betriebswirtschaft (Zeitschrift)
n.F.	neue Fassung
NJW	Neue juristische Wochenschrift
Nr.	Nummer
NZG	Neue Zeitschrift für Gesellschaftsrecht

NZI	Neue Zeitschrift für Insolvenzrecht
OLG	Oberlandesgericht
RegE	Regierungsentwurf
RG	Reichsgericht
RGZ	Entscheidungssammlung des Reichsgerichts in Zivilsachen
Rn.	Randnummer
Rspr.	Rechtsprechung
Rz.	Randzeichen
S.	Satz; Seite
s.	siehe
scil.	scilicet
sog.	Sogenannte
str.	Streitig
teilw.	Teilweise
Tz.	Textziffer
u.a.	unter anderem
UHL GmbHG	Ulmer/Habersack/Löbbe Kommentar zum GmbHG
unstr.	Unstreitig
Usw	Und so weiter
v.	vom; von
v.a.	vor allem
vgl.	vergleiche
VGR	Gesellschaftsrechtliche Vereinigung
WM	Wertpapier-Mitteilungen (Zeitschrift)
WuB	Entscheidungsanmerkungen zum Wirtschafts- und Bankrecht
z.B.	Zum Beispiel
ZGR	Zeitschrift für Unternehmens- und Gesellschaftsrecht
ZHR	Zeitschrift für das gesamte Handels- und Wirtschaftsrecht
Ziff.	Ziffer
ZInsO	Zeitschrift für das gesamte Insolvenzrecht
ZIP	Zeitschrift für Wirtschaftsrecht
ZPO	Zivilprozessordnung
ZSR	Zeitschrift der Savigny-Stiftung für Rechtsgeschichte, Romanistische Abteilung

ZVglRWiss	Zeitschrift für Vergleichende Rechtswissenschaft
zust.	zustimmend
zutr.	Zutreffend

www.ingramcontent.com/pod-product-compliance
Ingram Content Group UK Ltd.
Pitfield, Milton Keynes, MK11 3LW, UK
UKHW021933290926
8980IPUK00016B/1598

9 783631 918890